Markus Oddey / Thomas Riis

Zukunft aus Trümmern

D1640202

Markus Oddey / Thomas Riis

Zukunft aus Trümmern

Wiederaufbau und Städtebau in Schleswig-Holstein
nach dem Zweiten Weltkrieg

Kiel 2000

Ludwig

Den Druck unterstützten großzügig:

Stiftung zur Erforschung der schleswig-holsteinischen
Landesgeschichte;
Ministerium für Bildung, Wissenschaft, Forschung und Kultur
des Landes Schleswig-Holstein;
Verband norddeutscher Wohnungsunternehmen e.V.;
Architekten- und Ingenieurkammer Schleswig-Holstein;
Provinzialversicherung Schleswig-Holstein;
Sparkasse Kiel

Die Deutsche Bibliothek - CIP-Einheitsaufnahme

Zukunft aus Trümmern : Wiederaufbau und Städtebau
in Schleswig-Holstein nach dem Zweiten Weltkrieg /
Markus Oddey / Thomas Riis. - Kiel : Ludwig, 2000
    ISBN 3-933598-14-1

© 2000 by Verlag Ludwig
Westring 431–451
24118 Kiel
Tel.: 0431-85464
Fax: 0431-8058305
email: webmaster@verlag-ludwig.de
http://www.verlag-ludwig.de

ISBN 3-933598-14-1

Inhaltsverzeichnis

»Dem Erdboden gleichgemacht«

Die Kieler Hafenindustrie im Zweiten Weltkrieg

Markus Oddey

Nach Kriegsende glich das Werftengelände auf dem Ostufer einer Trümmerlandschaft. Die Kieler Hafenwirtschaft lag, wie fast die gesamte Infrastruktur, darnieder und doch hatten die Werften ihre Produktionszahlen lange Zeit halten, ja teilweise sogar steigern können. Wie war das möglich?

Kiel, die eigentliche Marinestadt der deutschen Geschichte, älter noch als Wilhelmshaven, hatte jahrzehntelang wirtschaftlichen Nutzen aus dem Reichskriegshafen und der zugehörigen Rüstungsindustrie gezogen. So mußte eines bei Kriegsbeginn wohl jedem Kieler klar sein: Auf das selten geschlossene Kieler Werftengelände mit seinen ununterbrochen aneinanderstoßenden militärischen Anlagen von der Krupp Germaniawerft an der Hörnmündung über die Deutschen und die Howaldtswerke an der Schwentinemündung bis hin zu den unterirdischen Ölbunkeranlagen in Mönkeberg, würden im Kriegsfall Bomben fallen.

In welchem Ausmaß aber haben sich die Fliegerangriffe während des Krieges auf die Kieler Hafenwirtschaft und auf die Fertigung der Kieler Großwerften ausgewirkt? Welche Maßnahmen wurden ergriffen, um diese Auswirkungen möglichst gering zu halten? Die vorliegende Arbeit möchte versuchen, diese Fragen zu beantworten, indem sie zunächst in einem ersten Teil, ausgehend von übergeordneten Veränderungen in der Strategie der alliierten Luftkriegsführung die auf Kiel geflogenen Einsätze unter Berücksichtigung der sich wandelnden Stärke von Angreifern und Verteidigern darstellt.

Die Kieler Hafenwirtschaft mußte während des Zweiten Weltkrieges aber nicht nur allein mit dem Bombenkrieg fertig werden. Welche weiteren Faktoren beeinflußten also die Produktion? Wie ging die Kieler Hafenwirtschaft mit diesen Einflüssen um, und wie schützten die Verantwortlichen der Werften ihre Fertigung? Welche Maßnahmen wurden ergriffen, um negativen Auswirkungen der Luftangriffe auf die Arbeitsmoral und die Arbeitsleistung der Werftangehörigen entgegenzusteuern? Bei dem Versuch, Antworten auf die Fragen aus diesem zweiten Teil zu finden, fokussiert die Darstellung auf die Fertigung der Kieler Großwerften, da allein für diese Betriebe brauchbares Quellenmaterial, insbesondere Zahlen aus den Geschäftsbilanzen vorliegt.

Unterlagen über Luftangriffe auf das Reichsgebiet und den Werkluftschutz sind in verschiedenen Reichs- und NS-Beständen der Liegenschaft des Bundesarchivs in Berlin-Lichterfelde in unterschiedlicher Qualität und Quantität zusammengeführt worden. In erster Linie handelt es sich hierbei um Meldungen der einzelnen Gauleitungen über Bombenabwürfe und Fliegerschäden (1940–1944) im Bestand Reichsschatzmeister der NSDAP, um Lagemeldungen des Chefs der Ordnungspolizei über Luftangriffe auf das Reichsgebiet und um Unterlagen zu Luftkriegsschäden in verschiedensten Oberfinanzbezirken.[1] Aus den einzelnen Aktentiteln geht in der Regel aber kein regionaler Bezug hervor, so daß fragmentarische Hinweise auf Kiel und die Kieler Hafenindustrie nur durch sehr zeitaufwendiges Aktenstudium zu finden sind.

Die Unterlagen der zentralen Dienststellen der Wehrmacht sind weitgehend durch Kriegseinwirkungen oder Selbstvernichtung vor der Kapitulation verloren gegangen, wohingegen das Archivgut und die Masse der Kriegstagebücher der Marine erhalten geblieben sind. In erster Linie sind hier die Akten der Wehrwirtschaftsinspektion X, insbesondere des Rüstungskommandos Kiel von Bedeutung.[2] Die Berichte des Rüstungskommandos sind nahezu vollständig erhalten, sie basieren auf dem dem Rüstungskommando von den Werften zugetragenen Informationen über den Stand der Fertigung. Die Rüstungswirtschaft des Wehrwirtschaftsinspektionskreises X, zu dem auch die Kieler Rüstungsbetriebe zählten, ist wiederholt untersucht worden.[3]

Schon am 1.4.1935 schuf der Reichswehrminister als koordinierende Mittelinstanz auf der Wehrkreisebene Wehrwirtschaftsinspektionen und diesen unterstellte Wehrwirtschaftsstellen als ausführende Dienststellen des Wehrwirtschaftsinspekteurs. Diese Stellen wurden ab dem 22.11.1939 in Rüstungskommandos umbenannt. Zu ihren Aufgabenbereichen zählte die Mobilmachung der Rüstungsbetriebe, die Feststellung von Belagerungs-, Fertigungs- und Bedarfsanweisungen für Arbeitskräfte, Produktions- und Betriebsmittel sowie die Aufsicht über den Werkluftschutz und Werksicherheitsdienstmaßnahmen. Darüber hinaus verwalteten sie die ihnen durch die Wehrwirtschaftsinspektion zugewiesenen Haushaltsmittel.

Die Arbeit der Rüstungskommandos ist in Kriegstagebüchern, Lageberichten und Darstellungen zur Geschichte der Rüstungskommandos überliefert. Entsprechende Akten sind während des Krieges sukzessive ausgesondert und im »Archiv der Wehrwirtschaftsstellen« gesammelt worden. Das Archiv befand sich nach mehrmaligen kriegsbedingten Verlagerungen zuletzt in Muskau in der Oberlausitz, wurde am Kriegsende nach Vacha in Thüringen ausgelagert, dort von amerikanischen Truppen beschlagnahmt und 1960 an die Bundesrepublik Deutschland abgegeben. Die in den Registraturen verbliebenen Sachakten der jeweiligen Dienststellen dagegen sind größtenteils durch Kriegseinflüsse oder mutwillig am Kriegsende vernichtet worden. Die Rüstungsinspektionen fungierten als Bevollmächtigte des Reichskriegsministers und des Oberbefehlshabers der Wehrmacht und waren praktisch für alle Angelegenheiten der Wehrwirtschaft zuständig.

Ab dem 1.6.1942 erfuhren die Inspektionen eine Aufteilung in das Wehrwirtschafts-
amt des OKW auf der einen und in das Rüstungsamt des Reichsministers für Bewaff-
nung und Munition auf der anderen Seite. Das entsprach einer Umwandlung in eine
Rüstungsinspektion und eine Wehrwirtschaftsinspektion. Nicht zur Rüstungswirtschaft gehörende militärische Aufgaben der bisherigen Rüstungsdienststellen sollten
nun durch eine nachgeordnete Stelle des Wehrwirtschaftsamtes im OKW durchgeführt werden. Dazu zählte vor allem der militärische Schutz der Industrie und die
Bereitstellung und Versorgung der Truppe.[4] Auch die Überlieferung auf kommunaler Ebene ist äußerst fragmentarisch.

Aus den Beständen des Stadtarchivs Kiel müssen einzelne Informationen aus Ak-
tenkonvoluten recherchiert und zu einem Mosaik zusammengeführt werden. Aus den
eingesehenen Akten können Aufschlüsse noch am ehesten aus den Akten der Oberbaupolizeibehörde[5] gewonnen werden, die sich mit Baumaßnahmen im weiteren Sinne, etwa der Luftgefährdung von Gebäuden, befassen. Einen Überblick über den Gang
der Zerstörungen auf dem Ostufer liefern auch die im Stadtarchiv einsehbaren Handakten des Stadtrates Otto Voß, der unter Oberbürgermeister Andreas Gayk nach dem
Krieg für den wirtschaftlichen Wiederaufbau Kiels verantwortlich war.[6]

Die Kriegsschäden wurden in mehrfacher Weise fotografisch dokumentiert, so daß
eine ganze Reihe von Fotomaterialien auf uns gekommen ist. Britische und amerikanische Luftaufklärungseinheiten werteten erfolgte Angriffe schnellstmöglich aus, um
eine Erfolgskontrolle zu haben und die neue Zielvorgabe zu bestimmen. Im Kieler
Stadtarchiv liegt eine größere Anzahl von Papierbildern US-amerikanischer Verbände.[7] Hinzu kommt noch die Dokumentation durch das städtische Kriegsschädenamt
(insgesamt über 200.000 Einzelschadensakten), die etwa für die Auswertung der Bombardierungen der Kieler Arbeiterstadtteile von Bedeutung ist.[8] Man findet auch einige wenige Aufnahmen der werkseigenen Luftschutzleitstellen und deutscher Luftbild-
fotografen, die im Auftrag des Reichsministeriums Speer die Schäden bedeutender
deutscher Industriebetriebe dokumentierten und filmten. Diese Filme sind zum großen Teil im Bildarchiv Marburg. Drei Rollfilme über Kiel befinden sich im Besitz des
Kieler Stadtarchivs.[9] In die Recherche für diese Arbeit wurden auch die Bestände der
Landesbibliothek und der Fundus der Bibliothek des Instituts für Weltwirtschaft einbezogen.[10]

Aufschlußreiche Akten, Karten und Pläne von Kieler Wirtschaftsbetrieben, vor al-
lem der drei Kieler Großwerften sind wohl in britische Archive überführt worden.
Jedoch ist diese Feststellung nicht durch Recherchen in Firmenarchiven etwa von
Sartori und Berger oder des Marinearsenals auf dem Ostufer überprüft worden. Der
Bestand Germaniawerft des kruppschen Firmenarchivs ist ausgesprochen lückenhaft
und beinhaltet nur Unterlagen über Auslandsbeziehungen, Patent-, Lizenz- und Lie-
genschaftsangelegenheiten sowie technische Unterlagen über die Geschichte des U-
Bootsbaus. In den zugänglichen Ausgaben der Werkszeitungen wird der Luftkrieg,

abgesehen von drei Artikeln, vollständig ignoriert. Die Bestände der Werkluftschutzleitstellen über den Zeitraum 1939–1943 und teilweise auch 1944 wurden nach Verschärfung der Luftlage ausgelagert und blieben daher wohl zumindest teilweise erhalten. Obwohl die Rückgabe von einem Teil dieser Dokumente erwähnt wird, konnte der Verbleib nicht festgestellt werden. Es ist nicht unwahrscheinlich, daß auch hier ein Großteil der Dokumente durch Kriegsschäden zerstört worden ist, zumal das Hauptverwaltungsgebäude der Germaniawerft einen Bombenvolltreffer erhielt und hier die meisten Schriftstücke, vor allem der Konstruktions- und Maschinenbauabteilung, verbrannten.

Die weitgehend erhalten gebliebenen Geschäftsberichte sind äußerst lückenhaft und machen eine adäquate Bilanzrechnung vor allem aufgrund fehlender Aufschlüsselungen verschiedener Positionen, nahezu unmöglich. Die vorliegenden Bilanzen der Kriegsjahre nach 1940 sind, vielleicht aber nicht zwangsläufig, zur Vermeidung von Feindeinsicht nur noch in Kurzform aufgestellt,[11] was die Recherche von Informationen über Auftragslage, Liquidität, Personalbestand, etc. nicht einfacher macht. Erschwerend hinzu kommt, daß die angesprochenen Betriebe mit Ausnahme der Howaldtswerke nach Kriegsende von den Alliierten aufgelöst wurden.[12]

Für eine Darstellung der zur Verteidigung getroffenen Schutzmaßnahmen ist auch die Regelung zum Luftschutz auf der Reichsebene von Interesse, so daß die Reichsarbeitsblätter teilweise in die Untersuchung einbezogen worden sind.

Gleich in zweifacher Hinsicht problematisch ist die Bewertung von Zeitzeugenberichten. Zum einen ist es schon aus Altersgründen ein Problem, überhaupt Menschen zu finden, die bei Kriegsausbruch Einsicht in sensible Bereiche der Produktion besaßen.[13] Zum zweiten muß der Aussagewert dieser »Zeitzeugen« in aller Regel auf deren direktes Erfahrungsumfeld beschränkt bleiben.

Die internationale Literatur zur übergeordneten Thematik Bombenkrieg ist derart umfangreich, daß auch nur eine Aufzählung der wichtigsten Titel den Rahmen dieses Aufsatzes sprengen würde. Von besonderer Bedeutung sind die kurz nach Beendigung des Zweiten Weltkrieges herausgegebenen 208 Studien über die Auswirkungen des strategischen Luftkriegs in Europa.[14] Welche Dokumente als Grundlage für diese Studien herangezogen worden sind und wo diese sich heute befinden mögen, konnte leider nicht festgestellt werden.[15]

Ein – besonders im Hinblick auf die strategische Zielauswahl – interessanter Bestandteil der Forschung sind die im Public Record Office London, Air Ministry verfügbaren Quarterly reviews, Strategic Air War against Germany, Studien der British Bombing Survey Units, die als Kopie teilweise in deutschen Archiven einzusehen sind, jedoch nicht für die vorliegende Untersuchung herangezogen werden konnten.

Einen Überblick über die ältere Literatur zum Thema Luftkrieg bis 1966 vermittelt Karl Köhler.[16] Die neuere englische und amerikanische Literatur erfaßt Myron J. Smith.[17] In einer zweiten Phase ab Beginn der 80er Jahre sind die englischsprachigen

Darstellungen meist städte- und lokalgeschichtlich orientiert.[18] Die gleiche Tendenz läßt sich auch für die deutsche Literatur beobachten.[19]

Ein Großteil wissenschaftlich genügender Darstellungen liefert zwar eine Reihe von Informationen über die gegen das Reichsgebiet geflogenen Einsätze. Doch die Kieler Werftenindustrie wird, wenn überhaupt einmal ausführlicher beschrieben, auch hier meist nur als Bestandteil der deutschen Ubootrüstung im allgemeinen beschrieben.[20]

Weiterführende Arbeiten, die die Abhängigkeit der Durchführung von Bombenangriffen gegen den Kieler Hafen von einer Veränderung der allgemeinen militärischen Gesamtsituation her untersuchen und einen umfassenden Vergleich der erschlossenen Daten beider militärischer Gegner anstellen, stehen immer noch aus.[21] Die Bedeutung des Berichtes des Kieler Warnpostens im Rathaus Boelck muß für diese Arbeit allein schon aufgrund der Tatsache, daß die Kieler Werften an das militärische und nicht an das zivile Warnnetz angeschlossen waren, relativiert werden.[22]

Für die Auswirkungen des Bombenkrieges auf die Stadt Kiel liegt schon seit 1950 eine Überblicksdarstellung vor, die die Hafenindustrie aber nicht in die Untersuchung mit einbezieht.

»Von den Werften läßt sich über den Gang und das Ausmaß der Vernichtung keine klare Aussage machen, da diese Dinge als ›geheime Reichsangelegenheit‹ den städtischen Behörden nicht zugänglich waren und vom Verfasser nicht untersucht werden konnten.«[23]

Auch in den folgenden Jahrzehnten verlor man das Thema Luftkrieg über Kiel nie vollständig aus den Augen.[24] Für die Themenstellung sind diese Arbeiten aber nur bedingt von Interesse, da sie den Bereich Hafenwirtschaft meist nur am Rande berühren. Auch neuere Darstellungen tragen oft immer wieder die gleichen Ergebnisse zusammen.[25] Quellenkritisch problematisch sind ältere, meist schon in den 50er Jahren entstandene »Erinnerungen« ehemaliger Beteiligter allein schon aufgrund ihrer oft stark subjektiv gefärbten Wertungen und ihres emotionalen Stils.[26] Auch die zahlreichen Selbstdarstellungen und Firmenchroniken aus der Nachkriegszeit sind nur bedingt hilfreich, da die Epoche Nationalsozialismus nicht selten in kürzester Form und einem überaus populären und wohlwollenden Stil abgehandelt wird.

Bevor nun die Auswirkungen der Fliegerschäden auf die Produktion dargestellt werden können, muß zunächst einmal geklärt werden, welche Angriffe in welcher Form und Dimension überhaupt auf das Kieler Hafengebiet geflogen wurden.

Vorbereitungen auf den Krieg

Der Luftkrieg traf Kiel und die in Stadt und Hafen ansässigen Wirtschaftsbetriebe nicht unvorbereitet. Daß die kriegswirtschaftliche Bedeutung des Kieler Hafengebietes als »Ubootschmiede des Dritten Reiches« auch feindlichen Luftstreitkräften bekannt sein mußte, überrascht ebenso wenig wie die Tatsache, daß die in Stadt und Hafen getroffenen Vorbereitungsmaßnahmen auf den Bombenkrieg, vor allem diejenigen baulicher Art, umfangreich waren.

Die Stadt Kiel wurde als Luftschutzort erster Ordnung mit öffentlichen Luftschutzbauten geradezu überzogen. Bis ins Jahr 1944 baute man 28 Hochbunker, 17 Tiefbunker, 18 Luftschutzstellen, 26 Deckungsgräben und 132 5-Mann-Bunker, sowie 19 Werkluftschutzbunker und 10 Marinehochbunker.[27] Auf den Werften traf man ebenfalls Vorkehrungen, die vor allem dem Bau von Luftschutzräumen galten. Schon ab 1936 vollzog sich bei den Deutschen Werken der Einbau von zellenartigen Luftschutzräumen in den Kaianlagen: Deren Aufbau behinderte aber schnelle Einschleusezeiten, so daß 1938 mit dem Bau der dritten Helling größere zusammenhängende Schutzräume entstanden.[28] Die Baukosten waren beträchtlich. Allein für die Errichtung eines Luftschutzkellers unter der Helling für nur 650 Mann wurden 62.000 Reichsmark veranschlagt.[29] Schon zu diesem Zeitpunkt zeichnete sich eine Knappheit von Baumaterialien ab.[30] In den letzten Kriegsjahren ging man auch auf den Werften wohl aus bauorganisatorischen und aus Kostengründen zu Hochbunkerbauten über.[31]

Ein weiterer Bestandteil der Kriegsvorbereitungen war seit dem 1.7.1939 der Auf- und Ausbau einer straff organisierten Werkluftschutzleitstelle bei den Deutschen Werken sowie einer dieser seit 1938 unterstellten werkseigenen Feuerwache und Werkrettungsstelle mit Bädern, Duschen, Liegeräumen für Gasvergiftete, einem Hauptverbandsplatz und einem Medikamenten- und Arztraum.

Zu den Aufgaben der Leitstelle zählte das Registrieren von Luftangriffen, das Festhalten der erfolgten Bombenabwürfe auf Plankarten sowie die Feststellung des Bombentyps. Ferner wurde die Luftgefahr in Abhängigkeit von Witterungsbedingungen dargestellt und Plankarten ausgearbeitet, um die Einflüge feindlicher Bomber besser kontrollieren und eventuelle Verteidigungs- und Schutzmaßnahmen darauf abstimmen zu können. Die Schadensstellen sollten von Werksfotografen festgehalten werden, danach abschließend ein Bericht des Werkluftschutzstellenleiters an die Betriebsführung weitergereicht werden.[32] Die Mitarbeit in den Werkluftschutzleitstellen galt als hochanerkannte Gemeinschaftsleistung innerhalb der Belegschaft. Ihre Mitglieder übernahmen in den Kriegsjahren zum großen Teil auch die Organisation des Selbstschutzes von Werkswohnungen im angrenzenden Stadtteil Gaarden-Ost.[33]

Obwohl sich die kriegsvorbereitenden Maßnahmen bezüglich der an der Kieler Hafenwirtschaft beteiligten Betriebe vornehmlich auf die Rüstungsbetriebe konzentrierten, gingen diese auch am Handelshafen nicht ohne Folgen vorüber. So wurden, gemäß Eigenbetriebsverordnung des Deutschen Reiches, die am 1. Januar 1939 in Kraft trat, alle zivilwirtschaftlichen Unternehmen aus dem Verwaltungsapparat herausgelöst, um, so hoffte man, wirtschaftliche Beweglichkeit und Selbständigkeit zu erreichen. In erster Linie hatte man dabei die im Krieg bedeutenden Versorgungsunternehmen im Auge. Das waren in Kiel vor allem die Kieler Stadtwerke und die Hafen- und Verkehrsbetriebe.[34] Diese Verordnung bedeutete zumindest den Versuch einer teilweisen Auflösung der zentralistischen Verwaltungsstrukturen.[35]

Kriegsausbruch

Der Kriegsausbruch hatte weitreichende Folgen für den Kieler Hafen und seine Produktion. Am ehesten und intensivsten wirkte sich die Rekrutierung von Soldaten aus, die zu einem Arbeitskräftemangel führte. Vor allem die Arbeit handelsgewerblich orientierter Wirtschaftszweige, wie die der Kieler Hafen- und Verkehrsbetriebe und die der in Kiel ansässigen Reedereien, wurde durch Maßnahmen wie die Verminung der Ostsee, eine Hafeneinfahrtssperre, vor allem aber den Abbruch internationaler Handelsbeziehungen und die Reduzierung der Investitionen für den Hafen auf ein Minimum schwer behindert. Die aufwendigen militärischen Schutzmaßnahmen wurden teilweise damit erklärt, daß diese vorbeugend gegen eine eventuelle Verletzung der dänischen oder holländischen Neutralität durch feindliche Streitkräfte getroffen wurden.[36]

Jedoch wurden auf Kiel kaum nennenswerte Angriffe geflogen. Der Bombenkrieg ging scheinbar an Kiel vorbei. Die Aufmerksamkeit alliierter Luftstreitkräfte richtete sich 1940 noch nach Frankreich und später auf den Schutz der britischen Insel und noch nicht vornehmlich auf die strategische Bombardierung des deutschen Hinterlandes.[37] Zwar wurde nach dem Amtsantritt Churchills als Premierminister der strategische Luftkrieg durch die Freigabe der Bombardierung des deutschen Hinterlandes mit Rückgriff auf eine schon im September 1939 entworfene »schwarze Liste«, auf der auch Kiel verzeichnet war, ausgeweitet; auch kam es Anfang November 1940 zur Bildung von englischen Luftbildaufklärungseinheiten, doch wurde »die (Kieler) Rüstungsindustrie ... so gut wie gar nicht beeinträchtigt.«[38] Die britische Eigenverteidigung mußte noch erste Priorität haben.

Am 2., 5. und 9. Juli 1940 fanden kleinere Angriffe ohne größere Schäden statt. Bei den Deutschen Werken brannten Werkstätten mit Segelmacherei, Taklerei und Bootsbau aus. Auf der Kriegsmarinewerft Kiel kam es zu einzelnen Brandschäden. Der bei der Germaniawerft liegende Kreuzer Prinz Eugen erhielt einen Bombentreffer, der jedoch keine Folgen für den weiteren Einsatz des Schiffes hatte.

Bei 21 weiteren Bombenangriffen zwischen August und September 1940, die als Präzisionsangriffe noch fast ausschließlich nachts durchgeführt wurden, entstanden ebenfalls keinerlei Beeinträchtigungen für die Werften und deren Produktion. Und das, obwohl die Engländer, nachdem ihre Taktik, gegen auf See operierende U-Boote Angriffe zu fliegen, weitgehend erfolglos blieb, schon ab dem 21.9.1940 verstärkt die Produktionsstätten der U-Boote treffen wollten. Auf einer mit dieser Weisung verbundenen Liste mit ausgewählten strategischen Zielen hat die Germaniawerft in Kiel die zweifelhafte Ehre, noch vor der Deschimag in Bremen auf Platz eins zu stehen. Die Ölbunkeranlagen in Mönkeberg scheinen in dieser Zeit das vornehmliche Ziel der gegnerischen Verbände gewesen zu sein. Es stellte sich schon jetzt heraus, daß die eingesetzten Sperrballons unzureichende Schutzmittel waren.[39]

Das große Warten

Nach einer weiteren Direktive der Royal Air Force vom 9.3.1941 sollten die Angriffe auf Industriegebiete jetzt in Kombination mit Abwürfen auf Wohngebiete geflogen werden. Immer noch stand Kiel, eventuell auch aufgrund der relativen Geschlossenheit von Werften- und Wohngelände auf dem Ostufer der Kieler Förde, ganz oben auf der Liste der zu erfassenden Ziele. Die »Moral« der Arbeiterschaft wurde somit schon vor der Übernahme des britischen Bomber Commands durch Harris im Februar 1942 als Bombenziel erkannt und formuliert. Ab März 1941 flogen englische Verbände Wellenangriffe und setzten zunehmend Brandbomben ein. Die Zahl der gegen Kiel fliegenden Bomber erhöhte sich auf 60–70 Maschinen pro Angriff.

Die neuen Wellenangriffe wirkten sich in Kiel dahingehend aus, daß im Frühjahr 1941 Angriffe in einer ersten Welle gegen die südlich und nördlich an das Werftgelände grenzenden Stadtteile und dann in einer zweiten Angriffswelle auf das nun noch leichter zu erfassende Werftengelände geflogen wurden. Offensichtlich gab es auch eine neue Strategie beim Anflug auf Kiel. Die Gegner wählten den 25 km östlich von Kiel gelegenen Selenter See, eine große Wasserfläche, die kaum zu vernebeln und dauerhaft zu tarnen war, als Sammelpunkt für ihre Wellenangriffe.[40]

Hatte es zwischen dem 18.1.–28.2 nur einen unbedeutenden Fliegeralarm gegeben,[41] fiel auf den 7./8. 4.1941 der erste schwere Angriff, in dessen Folge einige Fremdarbeiter der betroffenen Betriebe in ihre Heimat abreisten und mehrere Dänen von ihrem Urlaub nicht wieder nach Kiel zurückkehrten.[42] Der deutsche Angriff auf die Sowjetunion und der Einsatz fast sämtlicher britischer Fliegerverbände zur Verteidigung Großbritanniens waren aber dafür verantwortlich, daß der strategische Luftkrieg gegen das deutsche Hinterland noch immer stark eingeschränkt wurde, so daß bis Ende des Jahres keine weiteren Fliegerangriffe von Bedeutung mehr stattfanden.[43]

»Bomber Harris« und Flächenbombardements

Der Kriegseintritt der USA im Dezember 1941 und die Übernahme des britischen Bomber Command der RAF durch Arthur Harris im Februar 1942 führten zu einer grundlegenden Veränderung der alliierten Angriffsstrategie. Es kam nun zu einer Aufteilung von amerikanischen Tages- und englischen Nachtangriffen. Während die US-Strategen an einem grundsätzlichen Primat der vornehmlichen Auswahl von Industrieflächen als Bombenziele festhalten wollten,[44] ging das RAF Bomber Command verstärkt zu Flächenbombardements, den sogenannten »area attacks« über, die auf Wunsch Harris eindeutig die Zivilbevölkerung treffen sollten. »Ich hoffe es ist klar, daß die Angriffspunkte die Wohngebiete sein sollen und nicht zum Beispiel Docks oder Fabriken.«[45] Das eigentliche Ziel dieser Neuorientierung war somit ganz eindeutig bestimmt: Das Untergraben der Moral der deutschen Zivilbevölkerung, vor allem der Arbeiterschaft. Die »central zone« (Innenstädte) und die Arbeiterviertel sollten zu diesem Zweck besonders intensiv bombardiert werden.[46] Harris faßte diese Taktik nach dem Krieg mit den Worten zusammen. »Es muß mit Nachdruck gesagt werden, daß ... wir niemals ein besonderes Industriewerk als Ziel gewählt haben. Die Zerstörung von Industrieanlagen erschien uns stets als eine Art Sonderprämie.«[47]

Tatsächlich nahm die Anzahl der Bombardierungen auf das Kieler Werftengelände zunächst einmal ab. 117 Alarmen und 33 Bombenangriffen von 1941, stehen nur 79 Alarme und 6 Bombenangriffe von 1942 gegenüber.[48] Gleichermaßen stieg der Grad der Zerstörung in der Altstadt und der Brunswik.

Bei allen Angriffen, egal ob gegen militärische oder zivile Ziele gerichtet, wurden jetzt verstärkt Brandbomben eingesetzt. Durch den Massenabwurf von Brandbomben sollten so viele Brände gleichzeitig entstehen, daß ihre rechtzeitige Bekämpfung erschwert wurde und dadurch Großschäden entstehen sollten. So wurden z.B. am 28./29.4. über 200 Brandbomben auf die Kieler Germaniawerft abgeworfen. Neben einer Vielzahl von Bränden kam es zu einer starken Beschädigung des Schnürbodens.[49] Ein erster Angriff auf die Torpedofertigung der Deutschen Werke in Friedrichsort hatte kaum Auswirkungen auf die Rüstungswirtschaft, doch waren 41 Tote im Kieler Stadtgebiet und 19 Flakbesatzungstote zu beklagen. Außerdem waren schwere Dachschäden an über 2800 Wohnhäusern entstanden.[50] Die rüstungswirtschaftliche Fragwürdigkeit der Luftangriffe wurde hier bereits deutlich. Angriffe, die sich ausschließlich auf die Werftindustrie konzentrierten, waren in diesem Zeitraum eher selten. Eine Ausnahme bildeten zwei schwere Nachtangriffe auf die Kieler Werften in den Nächten zum 25. und 26. Februar, die sich gegen die Kriegsschiffe Gneisenau (Schwimmdock C) und Scharnhorst (Liegeplatz 16, in unmittelbarer Nähe des Schwimmdocks C) richteten. Trotz Warnungen der Betriebe hatte sich die Marineleitung in Berlin dazu entschieden, beide Schiffe zu nach dem geglückten Kanaldurchbruch notwendig gewordenen Reparaturarbeiten nach Kiel zu verlegen. Die Gneisenau erhielt einen direkten Bombentreffer, in dessen Folge eine Munitionskammer in Brand geriet und das Vorschiff aufgerissen wurde, so daß das Schiff bis zum Ende des Krieges nicht mehr voll einsatzfähig war, außer Dienst gestellt, nach Gotenhafen geschleppt und später vor der dortigen Hafeneinfahrt versenkt wurde.[51]

Verbesserte alliierte Angriffsmethoden, vor allem im Radarbereich, waren dafür verantwortlich, daß es der RAF ab Mitte 1942 immer leichter gelang, das gewünschte Ziel zu treffen. Man darf sagen, daß für den Verlauf des strategischen Luftkrieges ab 1942 die technische Weiterentwicklung, wirkungsvoll gestützt durch das enorme Wirtschaftspotential der Amerikaner, von kriegsentscheidender Bedeutung war. Die Entlastung der britischen Verbände durch die achte US-Luftstaffel, personelle Aufstockungen auf alliierter Seite, ein verstärkter Ausstoß von Luftstreitkräften durch die amerikanischen Industrien, der Übergang zu Wellenangriffen und vor allem Verbesserungen der Navigations- und Ortungsmittel führten zu einer hoffnungslosen Überforderung der Verteidiger.[52]

Gerade für den Bereich der Hochfrequenztechnik gilt, daß eine Waffe die andere, ein technischer Fortschritt den nächsten nach sich zog. Überblickt man den Gesamtkomplex der Funkortung und Funknavigation, so ist festzustellen, daß Deutschland in der Praxis den alliierten Verbesserungen stets hinterherhinken mußte. Das rechtzeitige Erkennen eines einfliegenden Feindverbandes und dessen Geschwindigkeit, Höhe und Richtung, ermöglichte zwar eine wirkungsvollere Verteidigung, aber das nur dann, wenn genügend Abwehrmittel zur Verfügung standen. Die unzureichende deutsche Flakabwehr konnte auch in Kiel nicht mehr viel ausrichten, nachdem sich die Flug- und Bombenabwurfhöhe der feindlichen Verbände auf über 3.000 Meter erhöht hatte.[53]

Das Gewicht der alliierten Bomben wuchs ins Unermeßliche. Wog im Frühjahr 1942 der schwerste Bombentyp noch 900 kg, so waren es im Sommer bereits 1800 und im Herbst sogar schon 3600 kg. Die durch Bomben angerichteten Zerstörungen sollten sich noch erhöhen, als man auf alliierter Seite die leicht löschbaren Magnesiumbrandbomben durch Flüssigkeitsbrandbomben, mit einem Gemisch aus Benzin, Gummi, Öl, Asphalt, Magnesiumstaub und Phosphor ersetzte, was das Löschen von Bränden zusätzlich erschwerte.[54]

»Casablancadirektive« und »erste ernstzunehmende Schäden«

Der Beginn des Jahres 1943 führte zu zwei für die Planung und Durchführung alliierter Bomberangriffe maßgeblichen Ereignissen. Die Casablancadirektive beinhaltete die Aufstellung von 76 Präzisionszielen mit sechs zu zerstörenden Produktionssystemen, wobei die U-Boot Werften zusammen mit den Flugzeugfertigungsbetrieben und der Ölindustrie zu vornehmlichen Zielen bestimmt wurden. Erreicht werden sollte ein Produktionsrückgang um bis zu 89% innerhalb der nächsten zwei Jahre.[55]

Zum zweiten zeichnete sich spätestens nach der für Deutschland verlorenen Schlacht um Stalingrad eine deutsche militärische Gesamtniederlage ab. Die deutsche Flugabwehr wurde durch den Abzug deutscher Jagdverbände an die Ostfront und durch gravierende strategische Fehler in der Flugabwehr, insbesondere durch den Einsatz des Messerschmitt Düsenjägers Me 262 als Jagdbomber, bis Herbst 1944 zusätzlich geschwächt.[56]

Im allgemeinen war das Jahr 1943 durch eine deutliche Intensivierung der Bombenabwürfe auf Kiel bestimmt. Als besonders schwerwiegend für die Hafenwirtschaft erwies sich der seit Kriegsbeginn schwerste Luftangriff vom 29.7.1943, der mit über 120 Maschinen und mit der jetzt immer öfter praktizierten Kombination aus in diesem Fall 552 Spreng- und bis zu 6000 Brandbomben auf das Kieler Hafengebiet geflogen wurde. Das Resultat dieses Angriffes waren »erhebliche Schäden« an Industrieanlagen und Wohnvierteln in Gaarden, die Unterbrechung der Seewasser- und Frischwasserzufuhr, sowie unzählige Bombentrichter auf den Zufahrtswegen, die die Löscharbeiten »außerordentlich« behinderten. Das große Dock der Germaniawerft sank.[57]

Ein für die Werften ebenfalls schwerer Luftangriff wurde am 13.12. geflogen. 600 in Staffeln abgesetzt operierende Flugzeuge warfen 173 Spreng- und 2500 Stabbrandbomben allein auf die Deutschen Werke ab, wo durchgeführte Luftschutzmaßnahmen vor allem baulicher Art menschliche Verluste relativ gering halten konnten, wohingegen sich das Werksgelände den Luftangriffen verhältnismäßig schutzlos darbot, zumal die Flak- und Flugabwehr vollkommen unzureichend war und somit kaum eine entscheidende Beeinträchtigung des Angriffes mit sich brachte.

Invasion und Sommeroffensiven 1944

Das enorme wirtschaftliche Potential der US-amerikanischen Wirtschaft wirkte sich auch auf den Luftkrieg über Kiel aus. Der regelmäßige Einsatz immer größerer Brandbombentypen und Verbandsstärken von oft mehr als 100 gleichzeitig angreifenden Flugzeugen führte im Laufe des Jahres infolge vieler schwerer Luftangriffe zu vermehrten Schiffsbeschädigungen und Schiffsverlusten der Kriegsmarine.

Die Monate Juli und August brachten besonders starke Angriffe, von denen vor allem der Großangriff vom 18.7. bei den Howaldtswerken und den Deutschen Werken wieder »erhebliche Schäden« anrichtete.[58] Ein weiterer Angriff vom 24./25. Juli mit insgesamt über 1.200 Flugzeugen ließ allein bei den Deutschen Werken, wo zu diesem Zeitpunkt bereits 65 von 170 Gebäuden zerstört waren, 136 Sprengbomben detonieren. Ein anderer Angriff vom 26.8. mit über 1.000 Bombern führte erneut zu verheerenden Wirkungen für die Werften. Besonders schwerwiegend wirkte sich die

Unterbrechung der Stromversorgung auf den Betrieb aus.[59] Zu großen Behinderungen durch Luftangriffe kam es auch auf den Betriebsflächen des Handelshafens. Der Fischfang mußte bereits unmittelbar nach Kriegsbeginn stark eingeschränkt werden. Insbesondere der Verkauf und Vertrieb in der Fischauktionshalle wurde durch mehrere schwere Angriffe, etwa in der Nacht vom 26. auf den 27. August 1944, stark beeinträchtigt, konnte aber notdürftig aufrecht gehalten werden.[60]

Nach starken Beschädigungen infolge von Luftangriffen mußte darüber hinaus die Fährverbindung Kiel-Gaarden ab dem 18.7.1944 eingestellt werden. Der Betrieb war schon ab 1940 aufgrund der Luftverdunkelungsmaßnahmen stark eingeschränkt worden und kam dann aufgrund erheblicher Bombenschäden, vor allem an Brücken und Leitwerken, vollständig zum Erliegen.[61] Wirtschaftlich bedeutend war die Zerstörung des großen Getreidesilos der Kieler Hafen- und Verkehrsbetriebe am Nordhafen durch einen Fliegergroßangriff vom 5. Januar, in dessen Folge ein Kapazitätsausfall um 9.000 Tonnen zu verzeichnen war und die Getreideversorgung teilweise zusammenbrach.[62]

Nach dem 16. September 1944 fanden dann aber bis März 1945 keine weiteren Großangriffe auf den Kieler Hafen mehr statt, da sich die Angriffe auf amerikanischen Druck hin mehr auf die Zulieferwege konzentrierten. An einzelnen Stellen wird die Vermutung geäußert, daß diese Zäsur mit der Tatsache in Verbindung steht, daß die alliierten Aufklärungsverbände nach der fast vollständigen Verlagerung der Produktion in die Bunker, die leeren Hellinge irrtümlicherweise als Zeichen für eine Einstellung des U-Bootneubaus gewertet hätten.[63]

Die Abnahme der Angriffe ist wohl auch auf die Tatsache zurückzuführen, daß nach der erfolgreichen Invasion vor allem Ziele ausgewählt wurden, die eine kriegsverkürzende Wirkung hatten, vornehmlich die deutsche Petroleumindustrie sowie Kommunikations- und Transportwege.

Bis zur totalen Zerstörung

Auf Druck der englischen Admiralität wurde am 19.1.1945 eine neue Direktive erlassen, nach der die U-Bootindustrie wieder Angriffsziel mit oberster Prioritätsstufe werden sollte. An einigen Stellen wird immer wieder behauptet, die Alliierten hätten aufgrund der Entwicklungen im Sektions-, Schnorchel- und Elektroantriebsbereich eine ernsthafte Wiederbelebung des U-Bootkrieges befürchtet.[64] Doch muß man diese Thesen angesichts der gesamtpolitischen und militärischen Lage zu diesem Zeitpunkt doch zumindest relativieren.

Zumindest hatten die Frühjahrsoffensiven, insbesondere die Angriffe vom 11.3 und 9.4. mit bis zu 42 Bombenteppichen, die vollständige Zerstörung der Werften und den Stillstand der Fertigung bis zur Besetzung der Stadt durch englische Landstreitkräfte am 3.5.1945 zur Folge.[65] Die Zerstörungen im Hafengebiet waren nach einer

1 *Luftbildaufnahme der Hörnmündung vom 7. Juli 1944.*

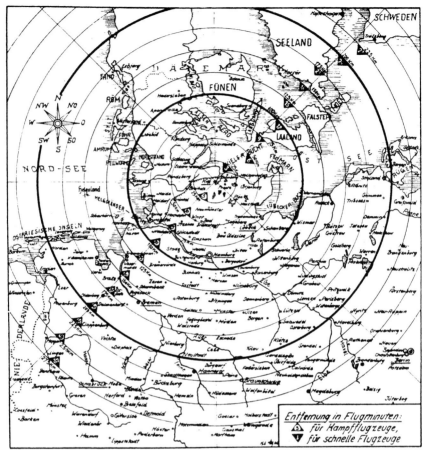

2 *Plankarte zur Kontrolle der Einflüge feindlicher Fliegerverbände. Nach erfolgtem Alarm blieben oft nur 12–20 Minuten, um sich auf den Luftangriff einzustellen. Um unnötige Fehlalarme zu vermeiden, wählte man nicht selten eine besonders kurze Warnzeit und gab erst dann Alarm, wenn klar war, daß wirklich Kiel Angriffsziel werden würde.*

Steigerung der Gewichte der abgeworfenen Sprengbomben auf 5,8 Tonnen vollkommen. Von 17 Kränen fielen 11 durch Fliegerschäden aus, ihre Betriebsbereitschaft von 44,5t Gesamthubkraft reduzierte sich auf 23t.[66] Es fällt auf, daß im Gegensatz zu den Vorkriegsjahren bei den Frühjahrsoffensiven 1945 fast ausschließlich die größten Sprengbombentypen verwendet worden sind, vielleicht, weil dieser Bombentyp für die hier beabsichtigte vollständige Zerstörung des Werftenbestandes am ehesten geeignet schien.[67]

Die ohnehin unzureichende Flugzeugabwehr konnte schon seit längerer Zeit nicht mehr auf die feindliche Flughöhe aufschließen und krankte erheblich unter Munitions- und Treibstoffproblemen. Infolge der Aprilangriffe konnten nur noch notdürftige Reparaturarbeiten an einzelnen U-Booten und eine teilweise Beseitigung der Trümmer durchgeführt werden. Die Kriegsmarine war unmittelbar nach dem ersten Großangriff vom 9. April bemüht, noch intakte Wassereinheiten aus dem Kieler Hafengebiet abzuziehen. Ein geregeltes Arbeiten auf den Werften war fortan jedenfalls nicht mehr möglich.[68]

Die Industrieanlagen und Wohngebiete in Ellerbek und Wellingdorf wurden zielsicher getroffen.[69] Die Bebauung der Dietrichsdorfer Höhe ist fast vollkommen zerbombt worden[70] und auf den Werften waren 80% der Gebäude und 70% der Maschinen total zerstört. Sämtliche Docks waren gesunken oder so stark beschädigt, daß eine Reparatur kaum möglich erschien.[71] Allein auf die Germaniawerft waren zu diesem Zeitpunkt 24 Präzisionsangriffe geflogen worden.

»Total loads carried for these attacks were 3,738 tons of Hes and 207 tons of Ibs. The size of He bombs varied from 100 to 2,000 pounds and the number of hits recorded by the plant were 100 Hes and 41 Ibs on buildings and 145 Hes and 77 Ibs in the area. In addition to that the yard was hit on 15 occasions during area raids and raids directed against neighbouring targets. During these raids the plant recorded hits by 233 Hes and 1,824 Ibs on buildings and 384 Hes and 3,015 Ibs in the yard area.«[72]

Die Gesamtschäden durch Kriegseinwirkungen, Sprengungen und Demontage beliefen sich auf 122 Mio. Reichsmark allein bei den Deutschen Werken. Zunächst wurden allen Werftbetrieben jegliche wirtschaftliche Betätigung untersagt. Erst 1950 sollte durch die Besatzungsmacht die Erlaubnis zur Ansiedlung von Leichtindustriebetrieben erfolgen. Im Frühjahr 1953 begann dann wieder der Kleinschiffbau.[73] Die Kosten für die Trümmerbeseitigung allein auf dem Gelände der Deutschen Werke Kiel, auf dem 130.000 cbm Schutt lagen, betrugen rund 600.000 Deutsche Mark.[74] Der Bund, 1954 Alleinaktionär der Deutschen Werke Kiel AG, versuchte sich nach Freigabe des demontierten Werkgeländes erfolglos am Aufbau diverser anderer Fabrikationszweige, wie der Marmeladen-, Damenunterwäsche- und Kunstblumenproduktion, um die angespannte Beschäftigungssituation im Notstandsgebiet Kiel zu entschärfen. Schon zur selben Zeit erwog man anscheinend bereits eine Fusion mit den bundeseigenen Howaldtswerken.[75]

Immer neue Hindernisse: Was hemmte die Fertigung?

Die Frage stellt sich an dieser Stelle fast automatisch, wie sich die Bombenangriffe konkret auf die einzelnen Fertigungszweige, im besonderen auf die Arbeitsbereitschaft der

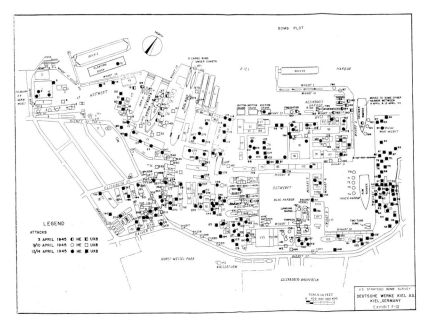

3 *Bombenabwürfe auf die Deutschen Werke Kiel während der Großoffensiven im April 1945.*

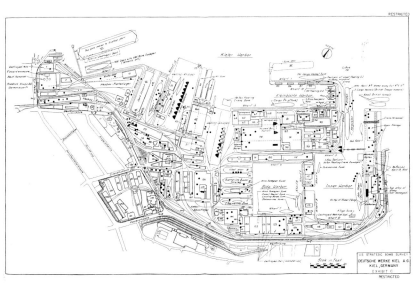

4 *Auswertung der Bombenabwürfe auf die Deutschen Werke Kiel.*

Belegschaft, ausgewirkt haben. Eine Antwort wird dabei sowohl das Ausmaß der Flieger-schäden in Relation zu anderen produktionshemmenden Faktoren zu berücksichtigen haben, als auch näher auf die von den verschiedenen deutschen Stellen getroffenen schadensbegrenzenden Luftschutz- und Abhilfemaßnahmen eingehen müssen.

Die Produktion der an der Kieler Hafenwirtschaft beteiligten Betriebe wurde durch eine Vielzahl unterschiedlichster Störfaktoren behindert. Grundlegende Be-lastungsfaktoren auf der Reichsebene waren ein Mobilmachungsplan ohne Sicherun-gen der Materialmengen für die Rüstungswirtschaft und ein ausuferndes bürokra-tisches Prozedere mit zum Teil durchaus gewollten unscharfen Abgrenzungen der Zu-ständigkeiten und Kompetenzen. Das Ergebnis war ein Kompetenzgerangel, das auch im Kieler Hafenwirtschaftsleben mit zunehmender Kriegsdauer zu einer dramati-schen Verzögerung bei der Beseitigung von Engpässen insbesondere bei Materiallie-ferungen führte.[76]

Trotz der durch die Einberufungen zum Kriegsdienst bedingten Reduzierung von Arbeitskräften war nach Kriegsbeginn in den meisten Betrieben eine Zunahme der Beschäftigung in allen Bereichen zu verzeichnen.[77] Die ohnehin schon prekäre Situa-tion spitzte sich 1941 mit der Aufkündigung von 2.500 gedienten und 1.200 unge-dienten Männern (bisherigen Unabkömmlichkeitsstellen) im Bereich des Rüstungs-kommandos Kiel zu.[78] Da die von den Werften durchgeführten »Maßnahmen für die Umschulung und Heranbildung neuer Kräfte« den Bedarf an Arbeitskräften nicht annähernd deckte,[79] wich man auch auf den Einsatz von Frauen und Fremdarbei-tern, später auch Zwangsarbeitern aus.

Deren Integration in die Betriebe und in die Gefolgschaft fiel in der Regel schwer.[80] In den Geschäftsberichten sind Fremd- und Zwangsarbeiter aus nachvollziehbaren Gründen nicht als selbständiger Bilanzposten aufgeführt, es findet sich hier nur der Vermerk auf »vermehrte Anlernung und Umschulung berufsfremder (und in aller Re-gel wohl deutscher) Arbeiter«.[81]

Für die Produktion ebenso hinderlich wie die angespannte Situation auf dem Arbeitsmarkt wirkten sich eine Reihe von Planungsfehlern in der U-Bootbaustra-tegie aus. So erfolgte auf dem Höhepunkt des U-Boot-Handelskrieges vor der US-Küste die Direktive, daß Reparaturen vor Neubauten vorerst Vorrang genießen soll-ten, so daß sich die Ablieferungszeiten für Neubauten erheblich verzögerten.[82] Fer-ner erfuhr der U-Bootbau bei den Deutschen Werken Kiel zu dieser Zeit eine Ver-zögerung durch eine kurzfristig angesetzte größere Kreuzerreparatur,[83] einen 10% Leistungsabfall bei der Torpedofertigung durch die Einberufung von weiteren 572 Männern an die Front[84] und die Absicht, kurzfristig Reichsbahnaufträge in die Pro-duktion mit aufzunehmen.[85]

Ferner band bei den Deutschen Werken der Weiterbau am Flugzeugträger Graf Zep-pelin unnötig Arbeitskräfte. »Graf Zeppelin« wurde im Juli 1940 nach Gotenhafen verholt. Erst im Mai 1942 erfolgte der Beschluß zum Fertigbau, so daß eine erneute

5   *Luftbildaufnahme
Kriegsmarinewerft (Arse-
nal) 1944.*

Verholung nach Stettin erfolgte, wo das Schiff ab Dezember 1942 eindockte. Hier erfolgte ein zeitraubender Einbau von breiten Wulsten über dem Schlingerkiel zwecks
Gewährleistung einer besseren Standhaftigkeit, Betriebssicherheit und Unterwasser-
schutzes. Kurz vor Beginn weiterführender Arbeiten verhängte Dönitz zugunsten einer
absoluten Priorität des U-Bootbaus einen Baustopp für alle weiteren Einheiten.[86]

Während es den Großwerften, wohl aufgrund tiefgreifender Strukturänderungen
schon in den Vorkriegsjahren, primär durch die Konzentration auf den Kriegsschiffbau seit 1935,[87] trotz aller Negativfaktoren problemlos gelang, ihre Produktion und
ihre Anlagen auf die Kriegserfordernisse umzustellen,[88] trifft der Kriegsausbruch und
die nun drastisch reduzierten Investitionen für den Handelshafen, die zivile Schiffahrt besonders schwer.

6 *Luftbildaufnahme Kriegsmarinewerft (Arsenal) 1945, oben Osten.*

Die Umstellung der Produktion auf die Bedürfnisse des Krieges mußte in diesen Produktionszweigen erheblich schwerer sein als im Schiffsbau. Gewachsene Handelsbeziehungen, vor allem bei englischen Kohlen, amerikanischem Getreide und skandinavischem Fisch, die unter der nationalsozialistischen Wirtschaftspolitik schon in den letzten Friedensjahren stark rückläufig gewesen waren, brachen jetzt vollständig zusammen.[89] Die im Vergleich mit dem Kriegsschiffbau und zur Vorkriegszeit geringen Investitionen im Bereich des Handesschiffbaus mußten zwangsläufig zu technischen Mängeln der Ausstattung führen, so daß trotz Verlagerung des Umschlagverkehrs in die Ostsee schon im zweiten Kriegsjahr allein im Nordhafen ein Verlust von über 10.000 RM zu verzeichnen war.[90] Während des Krieges kam es immer wieder zu Beschwerden, daß unter den aktuellen Bedingungen eine produktive handelspolitische Betätigung nicht möglich wäre, zumal die Verteilung der Kaiflächen ganz auf die Belange der Kriegsmarine ausgerichtet worden war.[91]

Aus den Interessen der Kriegsmarine erklären sich wohl auch die für einen Betriebszweig des Handelshafens vergleichsweise hohen Investitionen und die aufwendigen Schutz- und Reparaturmaßnahmen in den Betriebszweig Kleinbahn Kiel-Suchsdorf, der eine nicht zu unterschätzende strategische Bedeutung als Kohle- und Öllieferungstrasse besaß.[92] Jedoch stellten eine erhebliche Unterschreitung der Solltiefe des Kieler Hafens (5–6 Meter gegenüber 7–8,5 Metern Solltiefe, da notwendige Baggerarbeiten in den Kriegsmonaten nicht durchgeführt werden konnten) und am Kriegsende 242 Wracks im Bereich des Kieler Hafens eine zusätzliche Behinderung des Schiffsverkehrs dar, der schon vor Kriegsende fast vollständig zum Erliegen gekommen war.[93]

Was tun gegen die Bombengefahr?

Die Gefahren, die sich aus den Luftangriffen und den eben geschilderten Faktoren für die Produktion ergaben, mußten auch für deutsche Stellen offensichtlich sein. Daher ist die Frage zu stellen, welche Maßnahmen die Werftleitungen, eventuell in Abstimmung mit Reichsstellen und der Kriegsmarine, unternahmen, um die Bedrohung für die Produktion möglichst gering zu halten und der von den Alliierten beabsichtigten negativen Beeinflussung der Arbeitsmoral der Werftarbeiter vorzubeugen.

Direkter Schutz

Eine besondere Gefahr für das Kieler Werftengebiet lag in den geographischen und klimatischen Begebenheiten, da das Werftengelände ein einzigartig geschlossenes Angriffsziel[94] und die Kieler Förde als große Wasserfläche kaum ausreichend zu tarnen war. Ein in der Regel starker Wind ließ Vernebelungen in vielen Fällen scheitern. Zudem zeigten Vernebelungen auf den Werften desöfteren an, wo es etwas zu verbergen galt und zogen somit Abwürfe erst an.[95] Allenfalls solange die technische Entwicklung noch nicht soweit fortgeschritten war, daß die Piloten der angreifenden Verbände von einer Bodensicht unabhängig waren, erwiesen sich die Vernebelungen bei entsprechenden Witterungsbedingungen als erfolgreich. Bei Vernebelungen des Stadt- und Werftengebietes wichen die Bomberverbände gewöhnlich auf nicht vernebelte Stadtgebiete aus und richteten dort große Schäden an. So wurden beispielsweise bei einem Angriff vom 13./14.10.1942 von nur 23 Bomberflugzeugen ca. 16.000 Stabbrandbomben und 500 Phosphorbomben über den nicht vernebelten Stadtgebieten Raisdorf, Laboe und Elmschenhagen[96] ausgeklinkt.

Neben den Vernebelungen griff man zu einer Vielzahl anderer Luftschutzmaßnahmen, deren (Bau)kosten in der Regel vom Reich übernommen wurden.[97] Für deren

Mehrzahl gilt, daß sie, nachdem die feindlichen Maschinen mit neuesten Funkmeß-systemen keinen Sichtkontakt zum Boden mehr benötigten, ineffektiv wurden.

Das gilt insbesondere für Ballonsperren und Verdunkelungen,[98] die ebenso erfolg-los blieben, wie der Versuch, durch die landeinwärts gerichtete Nachahmung be-stimmter Gebiete und Uferkantenstrukturen an der Kieler Förde, in Anlehnung etwa an die Scheinwerke von Ploesti in Rumänien, die jahrelange Fehlabwürfe der russi-schen Luftwaffe auf sich zogen,[99] alliierte Verbände zu irritieren. Ein im Mai 1944 erfolgter Abwurf von 200 Sprengbomben, der eventuell auf das Errichten dieser An-lage zurückzuführen ist, blieb ein Einzelfall.[100] Auch versuchte man, die Angreifer durch das Aufstellen von Attrappen zu täuschen.

»Three very large freight submarines of Type XIV were scattered over the yard. Their production was cancelled months before but no acetylene gas was allotted to the yard to cut them up and they continued rusting on the ways ... to focus Allied air attacks.«[101]

Besondere Mühe gab man sich bei der Anlage von neu zu errichtenden Baracken-lagern, vor allem in gebührlicher Entfernung von den Werften. Für mögliche Lösch-arbeiten sollten Wohnbaracken in unmittelbarer Nachbarschaft von Teichen und Was-sergräben errichtet werden. Außerdem durften Barackenlager keine schematisch-geo-metrischen Anlagen darstellen, die ein leicht zu erfassendes Fliegerziel gewesen wären. Es war ferner »stets von vornherein eine Gesamtplanung einschließlich Nebenanlagen« zu projektieren. »Andernfalls werden später kurze Baracken dazwischen geschoben, da nicht genügend Platz vorgesehen ist, so daß die beabsichtigte Feuersicherheit durch zu geringe Abstände illusorisch bleibt.« Bei vorhandener streng geometrischer Bebauung, etwa in der Nähe einer bereits vorhandenen Reihenbebauung, würde »eine ungeordnete Anlage den Blick des Fliegers eher auf diese Stellen hinlenken, als wenn sie ... sich der Umgebung anpaßte.«[102] Besonders im Zusammenhang mit dem Errichten eines Wohn-barackenlagers der Deutschen Werke für russische Zwangsarbeiter am Langsee kam es zu einem Disput zwischen der Oberbaupolizeibehörde Kiel und den Interessen der Werft um eine Einhaltung des Luft- und Feuerschutzes, der die Fertigstellung der Baracken stark beeinträchtigte und verzögerte.[103]

Es ist möglich, daß die dort einquartierten Arbeiter auch für den noch in den Kriegsjahren betriebenen Werkswohnungsbau der Deutschen Werke in Kiel-Elm-schenhagen eingesetzt wurden, zumal sich in der betreffenden Akte fast im direkten Anschluß eine Anfrage an die Oberbaupolizeibehörde findet, die um eine Sprengung eines Schornsteines der früheren Hansenschen Ziegelei am Ende der Karlsbader Stra-ße in Elmschenhagen mit der Begründung nachsucht, daß sich in der Umgebung des Schornsteins »ein von mehreren Familien bewohntes Gebäude und ein großes Barak-kenlager, in dem mehrere hundert Arbeiter untergebracht sind«, befindet und »in der Nähe ... die neuen Siedlungen der Deutschen Werke Kiel« stehen. Im Schreiben wird

Beispiel 1

Bei Anordnung vieler Baracken keine schematisch – geometrischen Anlagen ! Straßenzüge ausnutzen unter Weiterführung bestehender Wege in unregelmäßiger Form! Lageplan nach der städtebaulichen Aufschließung der Umgebung gestalten! (offene Bebauung, Reihenbauweise o. a.).

Beispiel 2

Bebauungsweise stets den örtlichen Gegebenheiten anpassen! Baracken parallel zum Waldrand, zur Straße, zur Grundstücksgrenze oder Baumreihen! Kleine Baracken (Aborte) und Deckungsgräben können in den Wald gelegt werden, ohne daß Bäume gefällt werden müssen.

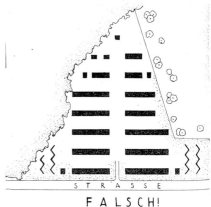

7 *Merkblatt zur Anlage von Lagern und Wohnbaracken.*

die Vermutung geäußert, daß der »Schornstein als Richtungsweiser für feindliche Flugzeuge bei ihren Einflügen« dient.[104]

Ohnehin gab es gerade in Kiel immer wieder Probleme mit der Einhaltung der Richtlinien für den baulichen Luftschutz. So kam die Oberbaupolizeibehörde schon vor Kriegsbeginn zu der Einsicht, daß »die Richtlinien für den baulichen Luftschutz im Städtebau vom 28.3.1938 in Bezug auf die Einhaltung der Abstände der Industriegebiete vom Wohngebiet wegen der beschränkten Ost-West Ausdehnung in Kiel nicht anwendbar« sind.[105]

Doch kehren wir zurück auf das Kieler Werftengelände und zur Verlagerung der Produktion in Zweigstellen oder in besetzte Gebiete.[106] Einen Teil der Produktion lagerten die Deutschen Werke auf die Kanalinsel am Westufer der Kieler Förde aus; ab dem 29.11.1943 einen anderen auf die Orlogswerft in Kopenhagen.[107] Außerdem hatte man schon 1939 in Gotenhafen eine Zweigstelle errichtet. Es sollte aber auch vorkommen, daß Betriebe des südlichen Teiles des Gaus, die besonders unter einer Bombardierung zu leiden hatten, Teile ihrer Produktion an Kieler Werften, die aufgrund der verschiedenen baulichen Maßnahmen ein verhältnismäßig hohen Grad an Luftschutzsicherheit garantierten, übergaben. So übernahm die Kieler Germaniawerft

28

Beispiel 3

Bei vorhandener streng geometrischer Bebauung, etwa in der Nähe einer Reihenbebauung, zwischen Lagerschuppen und ähnlichem, würde eine ungeordnete
Anlage den Blick des Fliegers eher auf diese Stellen hinlenken, als wenn sie
in der Linienführung sich der Umgebung anpaßte.

Beispiel 4

Stets von vornherein eine Gesamtplanung einschließlich Nebenanlagen projektieren! Andernfalls werden später kurze Baracken dazwischen geschoben,
da nicht genügend Platz dafür vorgesehen ist, so daß die beabsichtigte
Feuersicherheit durch zu geringe Abstände illusorisch wird.

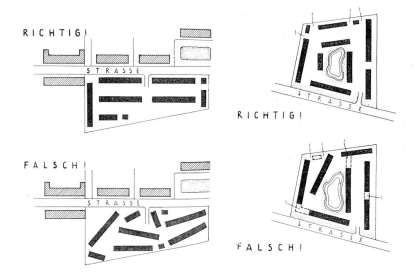

zeitweise die Drucköpumpenfertigung verschiedener Betriebe, die die Produktion
aufgrund von Fliegerschäden sonst hätten einstellen müssen.[108]

Ein 1940 begonnenes reichsweites Bunkerbauprogramm, das 79 Städte umfaßte
und in das auch die Stadt Kiel eingegliedert war, wurde 1943 durch die Organisation
einer umfangreichen Verbunkerung und Erdverlagerung zentraler Rüstungsbetriebe
ergänzt und fortgesetzt.[109] Eine Hauptaufgabe bestand dabei auch für die Kieler Werften darin, die Produktion, insbesondere den U-Bootneubau, von den Hellingen, die
sich den angreifenden Verbänden fast schutzlos darboten, in zwei luftschutzsichere
Produktionsbunker zu verlagern, deren Bau man schon im Winter 1941/42 begonnen
hatte und die man »Kilian« und »Konrad« taufte. Ursprünglich plante man noch einen zusätzlichen Naßunterstand (Projekt »Kaspar«) für die Torpedobestückung bei
den Deutschen Werken in Friedrichsort. Der am 13.11.1943 in Funktion genommene
Kilianbunker, der heute als Ruine am Ostufer der Kieler Förde auf seinen Abriß war-
tet, hatte die Aufgabe, Ausbildungs- und Frontboote, sowie U-Boot-Neubauten bei
Restarbeiten vor Fliegerangriffen unter einer 4,8 Meter starken Stahlbetondecke zu
schützen. Außergewöhnlich waren die beiden 150 Meter langen Naßboxen mit einer
Nutzlänge von 138 Metern, denn damit stellte Kilian zu dieser Zeit den einzigen fer-

tiggestellten U-Bootbunker dar, in dem zwei Hochseeboote hintereinander liegen konnten.[110] Ob im Kilianbunker ab dem Spätsommer 1944 auch der Sektionsbau oder zumindest eine Vorfertigung des »Schnorchels« auf Pontonstegen stattgefunden hat, ist umstritten.[111] In den ersten Kriegsjahren war der U-Bootbunkerbau im Reich noch unbedeutend. Die anfangs insgesamt noch mehr oder weniger entspannte Luftlage gerechtfertigte hohe Investitionen nicht, so daß mit Ausnahme des U-Bootbunkerbaus an der französischen Atlantikküste fast alle anderen Arbeiten mit Zweit- und Drittmittelpriorität liefen. So wurde am Kilianbunker, den man im Vergleich zu den französischen Bunkern getrost als »Babybunker« bezeichnen darf, volle 24 Monate gebaut.

Beim Bau des Bunkers kam erschwerend dazu, daß die Baustelle direkt am Wasser lag, so daß Baumaterialien, vor allem Zement, Kies, Sand und Baueisen direkt von See her herangeschafft werden mußte, zumal kein direkter Eisenbahnanschluß und keine Seiteneingänge vorhanden waren. Man hat sich wohl auch mit Hilfe von Bausegmenten beholfen, die man an Ort und Stelle nur noch zusammensetzen mußte und die in Werkstätten an Orten vorgefertigt waren, die nicht unter akuter Luftgefahr litten. Die eigentliche Bauausführung lag bei der Firma Dyckerhof und Widmann AG, die den Bau mit einer Belegschaftsstärke von 1200 Mann, die in zwei Schichten im 24 Stunden Takt voran trieb. Hierbei wurden auch russische Zwangsarbeiter, die zum Teil im benachbarten Lager Solomit in Dietrichsdorf unterkamen, eingesetzt.[112]

Die strategische Bedeutung der Bunker im Reich, die den U-Booten als Unterstände dienen sollten, war zumindest bis 1942 beschränkt. Das sollte sich nach Wegfall der französischen Stützpunkte 1944 ändern, denn die Vielzahl der reparaturbe-

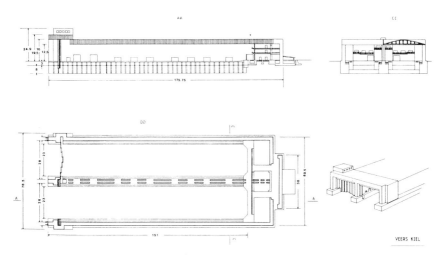

8 *Bauskizzen des U-Bootbunkers Kilian.*

dürftigen U-Boote mußte von nun an in Stützpunkten im Reich untergebracht werden. Schon sehr viel früher war man sich des vollkommen unzureichenden Schutzes für den U-Bootneubau bewußt geworden und drängte auf die Verbunkerung der U-Bootrüstung. Drohte bis dorthin doch ein Ausfall von 30 bis 40 Sektionen durch einen einzigen Bombenteppich.[113]

Der Bau des Bunkers Konrad, der Schutz für Restarbeiten an U-Bootneubauten der Deutschen Werke bieten und Arbeiten wie Standproben, die Übernahme von Treibstoff und Torpedos, sowie Batterieladungen schützen sollte,[114] stellte hingegen nur die Überdachung eines vorhandenen Trockendocks dar. Der »Konrad« war erst Anfang Oktober 1944 völlig fertiggestellt, hatte aber bereits bei einem Fliegerangriff vom 24./25.7.1944 zehn schwere Bombentreffer genommen, die umfangreiche Schäden an den Betonmischmaschinen, den Gleisanlagen und dem Baustofflager verursacht hatten. Nach seiner Fertigstellung kam es zu keinerlei Schäden durch Luftangriffe mehr. Sogar ein Direkttreffer einer 227 kg Bombe verursachte bei einem Angriff vom 13./14. April 1945 nur ein ein Meter breites und 50 cm tiefes Loch in der Bunkerdecke.[115] Alles in allem läßt sich feststellen, daß die Bombardierungen der Bunker während der Bauphase am erfolgreichsten waren, wohingegen die fertigen Bunker die Angriffe meist schadlos überstanden.[116] Nach seiner Fertigstellung wurde Konrad vornehmlich für die Sektionsfertigung, ab März 1945 dann für den Einbau von Schnorchelanlagen und den Neubau von Kleinst-U-Booten genutzt.[117]

Wie wichtig die Produktionsverlagerung in die Bunker sein sollte, zeigte sich nach Kriegsende, als die Alliierten das Werftengelände inspizierten. Die Kommission gestand Fehler bei der strategischen Zielauswahl ein: »The covered slipways or hellings would have been a desirable target if they had been in use for submarine buildings when hit; but they had ceased to be so utilized many months before and their destruction served to no particular purpose.«[118] Betrachtet man die Gesamtkapazitäten der U-Bootbunker, so muß man sich die Frage stellen, ob die U-Bootwaffe nicht ohnehin der einzige Schiffstyp war, der unter den Bedingungen des Luftkrieges ab 1942/43 in größerem Stil in den Bunkern weiter gebaut werden konnte. Ein Umstand, der zur Devise »Der Seekrieg ist der U-Bootkrieg« nach dem Wechsel von Raeder zu Dönitz beigetragen haben mag.[119]

Um ein noch höheres Maß an Luftschutzsicherheit zu erlangen, nahm man 1943 zusätzlich die Werkluftschutzbefehlsstelle im »Konrad« auf, in dem nun auch die fahrbaren Geräte der Werksfeuerwehr untergestellt wurden. Zudem verbesserte man den Vorgang des Einschleusens, so daß im Bunker fast 2.000 Beschäftigte schnellstmöglich eingeschleust werden konnten. Der Umstand, daß die Bunker auf den Werften einen größeren Luftschutz boten als die Zivilbunker, mag für den einen oder anderen Arbeiter ein zusätzlicher Grund gewesen sein, pünktlich an seinem Arbeitsplatz zu erscheinen. Zusätzlich stand für 1.000 weitere Arbeiter eine neue Verbands- und Ent-

9 *Zerstörungen bei den Deutschen Werken 1945, oben Osten.*

giftungsstelle in einem Hochbunker direkt neben der großen Maschinenbauhalle zur
Verfügung.[120] Hier wurden die Arbeiter zusätzlich über die »Wirkungsweise« der abgeworfenen Bombentypen aufgeklärt.

»Der Feind verwendet hauptsächlich Stabbrandbomben, durch welche Gebäude,
Lager und Vorräte in Brand gesetzt werden sollen. Die Stabbrandbombe ist sechseckig,
hat eine Länge von 54 Zentimetern und ein Gewicht von 1,7 Kilogramm. Sie zündet
sofort beim Aufschlagen und brennt etwa 20 Minuten mit grellweißer Glut ab.«[121]

Sicherlich dienten solche Anweisungen in erster Linie der Brandbekämpfung und
dem fachgerechten Umgang mit Luftschutzhandspritze und Feuerpatsche,[122] jedoch
bemühen sich die deutschen Stellen auch, die subtile Seite des Angriffsverhalten der
Alliierten besonders herauszustreichen.

10 *Zerstörungen bei den Ho waldtswerken 1945, oben Osten.*

»Unter den abgeworfenen Brandbomben befindet sich ein geringer Prozentsatz, der nicht wie die übrigen mit ruhiger Flamme abbrennt, sondern während des Ab-brennens etwa 3 bis 5 Minuten nach Einschlag mit lautem Knall zerplatzt. Dabei werden kleine Teile der Brandbombe umhergeschleudert. Die Durchschlagskraft der fortgeschleuderten Teile ist jedoch gering. Damit soll die Bevölkerung bei der Brand-bekämpfung eingeschüchtert werden…Insbesondere müssen Brandbomben, die auf Straßen, Höfen und auf freiem Gelände einschlagen, mit Sand oder Erde abgedeckt werden, da die hellen Lichterscheinungen der abbrennenden Brandbombe den feind-lichen Fliegern das Auffinden ihrer Ziele erleichtert.«[123]

Auffallend ist, daß auf den Werften trotz der Aufklärungskampagnen über die Wir-kungsweise von Brandbomben und trotz des vielfachen Betonens, daß die Brand-bomben eine besondere Gefahr für Werft und Werftarbeiter darstellen, wohl aus Ko-

33

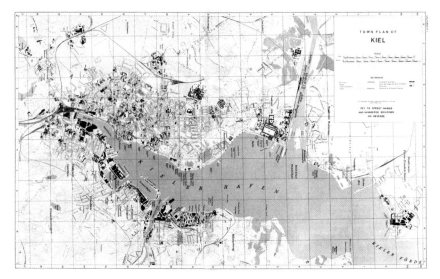

11 *Fliegerkarte der RAF, oben Westen.*

stengründen in der Regel keine feuerfesten oder gar feuerresistenten Baumaterialien verwendet wurden. »The yard was overcrowded with old type buildings, constructed over a period of years and apparently not kept in particularly good repair.«[124] »Apparently no effort was made to reduce the fire hazards of wood roofed buildings so the yard suffered excessively from damage by fire during raids.«[125] Die unterlassenen Baumaßnahmen sind eventuell darauf zurückzuführen, daß die erforderlichen Baumaterialien nicht zur Verfügung standen oder ganz einfach zu teuer waren. Jedoch ist in dem ansonsten recht umfangreichen Aktenkonvolut, das den Umgang von Oberbaupolizeibehörde und Rüstungsbetrieben belegt, keine Anfrage nach feuerfesten Baumaterialien aufzufinden,[126] obwohl fast 70% der Sachschäden durch Brandbomben entstanden.[127]

Innerbetriebliche Maßnahmen als Reaktion auf die Bombenabwürfe

Neben den Maßnahmen baulicher und vorbeugend-schützender Art wurden während des Krieges modifizierte, genaueste Regelungen der Lohnausfallerstattung aus Reichsmitteln bei Fliegeralarm und Fliegerschäden, gleichfalls für Luftschutzmaßnahmen und für zusätzliche kurzfristige Notdienste getroffen.[128] Zu einem durch Reichsgesetze geregelten umfassenden Maßnahmenkatalog zählten während des Krieges etwa die vorsorgliche Errichtung von Behelfsheimen für Bombengeschädigte, wie auch Familienbesuchs- und Heimfahrten zu nach auswärts umquartierten Familienmitgliedern.[129]

An dieser Stelle nur die wichtigsten Maßnahmen aufzuzählen, würde vom Umfang her den Rahmen dieses Beitrags sprengen.[130] Hier sei nur festgehalten, daß immer wieder zusammenfassende Übersichten über das gegenwärtig geltende Arbeitsrecht, vor allem Regelungen zu Lohnausfallerstattungen bei Luftschutzmaßnahmen und Lohnausfallregelungen bei Fliegerangriffen, aufzufinden sind. Das sich stetig verändernde Recht mag als Reaktion auf eine gerade 1944 stetig ernster werdende Luftlage verstanden werden. Zumindest scheint sicher, daß sich das Arbeitsrecht mit zunehmender Intensivierung der Angriffe mehr und mehr verkomplizierte, um das Verhalten der Arbeiter nach einem erfolgten Angriff dahin zu kanalisieren, daß die Arbeitsdisziplin aufrecht und der Arbeitsausfall gering gehalten werden konnte.

Arbeitsstundenausfälle dürften ein zunehmend ernsthaftes Problem gewesen sein. Viele Betriebe prämierten in Eigenregie die rechtzeitige Wiederaufnahme der Arbeit nach Luftangriffen. Ein Versuch, der vom Reichsarbeitsministerium mit der Begründung, daß »die alsbaldige Wiederaufnahme der Arbeit ... eine selbstverständliche Pflicht« sei, die »nicht noch eine besondere Belohnung zur Folge haben könne«, für unzulässig erklärt wurde.[131]

Auch in Kiel wurde eine Reihe von Maßnahmen angestrengt, um den Arbeitsausfall der Kieler Rüstungsbetriebe zu begrenzen. Dazu zählte z.B. die Sicherung des öffentlichen Nahverkehrs. Um diesen Transport nach Fliegerangriffen, die den öffentlichen Schienenverkehr für längere Zeit lahmzulegen drohten, aufrecht zu erhalten, wurden Beschlagnahmungen von Autobussen in anderen Städten des Wehrkreises X vorgenommen. In unmittelbarer Nachbarschaft der kriegswichtigen Kieler Großwerften, insbesondere im von Luftangriffen stark betroffenen Gaarden, behielt man auch nach vorläufiger Beendigung dieser Maßnahme die beschlagnahmten Autobusse einfach ein.[132] Zusätzlich wurde ein gesonderter Führungsstab gebildet, der Maßnahmen planen und durchführen sollte, die im Ernstfall durch Luftangriffe entstandene Schäden möglichst schnell beheben, besser noch ihnen vorbeugen sollten.[133] Dieser Stab erstellte beispielsweise Pläne zur Evakuierung von Kiel-Gaarden[134] sowie von ersten Verschickungsprogrammen und sorgte dafür, daß Arbeiterwohnbaracken nicht mehr in unmittelbarer Nachbarschaft der Werften angelegt wurden.[135]

Die Absicht, die ausfallende Arbeitszeit nach Fliegerangriffen möglichst gering zu halten, fand auch Ausdruck in der Hilfe für bombengeschädigte Arbeiter bei Ausbombungen, etwa durch die Bereitstellung sogenannter Einsatzwagen. »Diese Einsatzwagen sind mit allen möglichen Ersatzteilen ausgestattet, um leicht beschädigte Wohnungen provisorisch wieder schnell herzurichten.« Die Werksleitung war mit zunehmender Kriegsdauer mehr und mehr bemüht herauszuheben, wie sehr ihr das »Schicksal ihrer Gefolgschaftsmitglieder« am Herzen lag. »Unsere Hauptsorge galt der Hilfe für die bombengeschädigten Arbeitskameraden ... In Kiel haben wir ... verschiedene Wohngrundstücke erworben, die unmittelbar an der Werft gelegen und für spätere Werfterweiterungen von Bedeutung sind.«[136] Der Vorstand muß zu diesem Zeitpunkt bereits gewußt haben, daß der Krieg für Deutschland verloren war. So sind, die Zeilen eventuell beschönigende propagandistische Phrasen. Vielleicht wurde auch schon an eine vermeintlich ungehinderte Produktion für die Zeit nach Beendigung des Krieges gedacht. Doch lassen sich keine weiteren Quellenbelege finden, die über eventuelle Nachkriegspläne der Werksleitungen genauer Auskunft geben könnten.[137]

Besonders betont wurden bei den Werften immer wieder die betrieblichen und außerbetrieblichen Sozialmaßnahmen. So kam es beispielsweise bei Howaldt zu einer weiteren Verbesserung der Betreuung durch Anpachtung eines Kinderheimes in der Lüneburger Heide, einem Vertrag mit einem Hotel in Malente für zweiwöchige Ferienaufenthalte, der Errichtung eines Lehrlingsheimes sowie zur Gründung einer Altersversorgung. Dabei unterstrich man, daß man »... erstmalig über die bisherigen, freiwilligen sozialen Aufwendungen .. durch Schaffung einer zusätzlichen Altersversorgung wesentlich« herausgehe. »Die Kieler Gefolgschaft[138] wurde in die Zusatzversorgungsanstalt des Reiches und der Länder aufgenommen ... Der Wohnungsbau wurde in Kiel weiterhin tatkräftig gefördert.«[139]

Gemäß dem Grundsatz, daß der Facharbeiter genauso wie der Soldat am Krieg beteiligt sei, kam es in den Kriegsjahren auch zu regelmäßigen Ordens- und Kriegsmedaillenverleihungen,[140] die für die Werksleitung eine äußerst kostengünstige Variante waren, um die Arbeitsmoral zu stützen und voranzutreiben. Im Zusammenhang mit den Verleihungen kommt es immer wieder zu Beschwerden an das Rüstungskommando Kiel, daß zu wenig Kriegsverdienstkreuze zur Verfügung gestellt werden würden.[141] Ähnlich häufige Beschwerden gab es ansonsten nur bei Sonderzuweisungen wie vor allem Zigaretten, Alkohol und Pralinen für die Rüstungsarbeiter in der Schwerpunktfertigung ab 1942.[142]

Zwangsmaßnahmen und Reglementierungen

Auf einer ersten Ebene läßt sich somit die Aufrechterhaltung und der teilweise Ausbau einer schon vor Kriegsbeginn betriebenen betrieblichen Sozialbetreuung festhalten, die auf den Kieler Werften eine fast 100-jährige Tradition besaß, jedoch keinen rechtsverbindlichen Charakter aufwies. Im eigentlichen Zentrum des Interesses wird aller Wahrscheinlichkeit nach nicht unbedingt so sehr das Wohl der Arbeiter, als vielmehr deren unbedingte Anpassung an die bestehende Ordnung, die eine geregelte Fortführung der Produktion gewährleisten sollte, gestanden haben.

Erst aber wenn Sozialmaßnahmen nicht den gewünschten Erfolg nach sich zogen, griff man zu einem Katalog von Zwangsmaßnahmen. »Außerbetriebliche Maßnahmen gegenüber Disziplinlosigkeiten sind erst dann anzuwenden, nachdem alle Möglichkeiten betrieblicher Menschenführung erschöpft sind. Notfalls ist hart vorzugehen.«[143] Maßnahmen auf beiden Ebenen dienten dem Ziel der »Unterbindung willkürlicher Abwanderungen nach Luftangriffen«, sowie der »Sicherung der höchstmöglichen Antrittsstärke«.[144] Die zur Überwachung notwendigen Maßnahmen, wie etwa die Kontrolle der Meldepflicht, der nach erfolgten Luftangriffen in vorgeschriebenen Fristen nachzukommen ist, werden in vielen Fällen auch dem »nebenamtlichen Werkluftschutz« angetragen. »Hierzu sind besonders zuverlässige und für die politisch-polizeilichen Aufgaben geeignete Gefolgschaftsmitglieder heranzuziehen.«[145] An dieser Stelle wird auch die Empfehlung einer stärkeren Bewachung von ausländischen Arbeitskräften mit Hilfe eines von der Sicherheitspolizei und dem SD gesteuerten Überwachungsnetzes ausgesprochen, um zu verhindern, daß diese nach dem Angriff einfach abreisen. Mit Hilfe des vorliegenden Quellenmaterials hat sich leider nicht feststellen lassen können, ob und in welchem Maße gerade Fremd- und Zwangsarbeiter Sabotageakte verübt haben. Die Angst vor Sabotage aber hat es gewiß gegeben, was unter anderem die strikte Überwachung der Zwangsarbeiter während ihres Arbeitseinsatzes erklärt.[146]

Zu einer Reihe weiterer repressiver Maßnahmen zählte das öffentliche Bekanntgeben der Ausfälle unter der Überschrift »Wer fehlt heute?« Die Listen wurden nach den Kategorien unentschuldigtes Fehlen, Krankheit und Urlaub gegliedert und hatten ebenfalls den Abbau des Krankenstandes, der bis 1942 kontinuierlich gestiegen war, zum Ziel.[147] Die Werften beschwerten sich diesbezüglich desöfteren über ein »zu großes Entgegenkommen der Zivilärzte.«[148] Um Gründe, die das Fernbleiben vom Dienst legitimierten, möglichst einzuschränken, gingen die Deutschen Werke zeitweise sogar soweit, daß sie in Selbsthilfe Schuhhandwerker einstellten, um den Arbeitern die Ausrede zu nehmen, sie hätten aufgrund zerrissenen Schuhwerks nicht rechtzeitig zur Arbeit erscheinen können.[149]

Hinzu trat der Entzug der Arbeitern in kriegswichtigen Betrieben gewährten Lebensmittelzulagen bei »pflichtwidriger Arbeitsversäumnis«[150] und die Einführung von Fehlzeitkarten, die »richtig geführt … eine unentbehrliche Grundlage für den zweckmäßigen Einsatz der zur Bekämpfung der Arbeitszeitversäumnis dienenden Maßnahmen« seien.[151] Es gab auf den Werften allem Anschein nach ebenfalls größere Probleme mit dem Verhalten von Schiffsbesatzungen, die nach Luftangriffen die Bestände der Werkskantine plünderten und in den Eingangsbereichen von Luftschutzräumen aufgestellte Taschenlampen stahlen.[152] Deren Verhalten mußte sich auf die Werftarbeiter negativ auswirken, wenn es nicht verfolgt wurde. Zu ähnlichen Vorgängen kam es wohl auch bei der Plünderung des Kellers des Hauptverwaltungsgebäudes der Deutschen Werke nach einem Fliegerangriff.[153]

Ständig war das Wehrmachtskommando Kiel um die Aufrechterhaltung von Disziplin unter den Soldaten bemüht, die den in der Hafenindustrie beschäftigten Arbeitern als Vorbild dienen sollten. Es hat den Anschein, daß es gerade um diese Disziplin nicht allzu gut bestellt war. Jedenfalls wurden vermehrt Beschwerden laut, daß die Disziplin der in Kiel stationierten und untergebrachten Soldaten insbesondere nach Fliegerangriffen »betreffend Haltung, Anzug und vor allem Ehrenbezeigung stark zu wünschen übrig« lasse.[154] Insbesondere ab 1943, nachdem Soldaten verstärkt zu Aufräumarbeiten nach Fliegerangriffen, aber auch zum Anlegen von Splittergräben herangezogen wurden,[155] häuften sich die Beschwerden des Wehrkommandoamtes Kiel über das nachlässige Verhalten von Soldaten in der Öffentlichkeit, insbesondere in den Straßenbahnen, wo es zu Todesfällen durch Trittbrettfahrer kam.[156] Zusätzlich wurde kritisiert, daß »Wehrmachtsangehörige bei in ihrer Nähe stattfindenden feierlichen Veranstaltungen, z.B. Indienststellungen von U-Booten mit Flaggenparade und Spielen der Lieder der Nation, nicht die erforderliche Haltung einnehmen und damit ein militärisch unmögliches Bild bieten.«[157] Oftmals finden sich Klagen, daß durch vom Stadturlaub heimkehrende oder die Kantinen verlassende Soldaten auf den Straßen und in den Kasernenanlagen die nächtliche Ruhe durch lautes Singen und Randalieren empfindlich gestört wird.«[158]

Die Anzahl der Standortbefehle erhöhte sich mit zunehmender Kriegsdauer. Finden sich in den Akten des Wehrbereichskommandos Kiel 1942 noch 23 Berichte, so sind es 1943 schon 35, 1944 sind es bis zum 10. März schon 11 Berichte, gegenüber erst vier Berichten aus dem Vergleichszeitraum des Vorjahres. Auch die Länge der Berichte nimmt zu. Während diejenigen aus dem Jahr 1942 und die ersten aus dem Jahr 1943 meist nur eine Seite umfassen, sind die Berichte des Jahres 1944 fast durchweg mehrseitig, was vermuten läßt, daß es immer mehr zu regeln und zu maßregeln galt. Anstoß fand offenbar auch der, der offiziellen nationalsozialistischen Ideologie widersprechende, lockere Umgang von Soldaten und Marinehelferinnen. Zumindest lassen das die wiederholten Anweisungen an die Marinediensthelferinnen, das Dienstgebäude sofort nach Dienstschluß zu verlassen, vermuten. Wiederholt wird beanstandet, daß »Soldaten trotz Verbots in den Voranlagen und Vorbauten der Marinehelferinnenheime herumlungern.« Während der Luftangriffe führe »das Verhalten der Soldaten und ihrer weiblichen Begleitung in den Schutzräumen zu erheblichen Klagen seitens der Bevölkerung. So sitzen beispielsweise viele Soldaten mit ihren weiblichen Begleiterinnen eng umschlungen zusammen und tauschen Zärtlichkeiten aus. Durch dieses unsoldatische Verhalten der Öffentlichkeit gegenüber wird der Bevölkerung ein schlechtes Beispiel gegeben, ferner wird das Ansehen der Wehrmacht auf das schwerste geschädigt.«[159] Der deutsche Soldat sollte offenbar sein Volk und sein Vaterland lieben und sonst nichts. Diesen Vorbildscharakter erfüllte er aber etwa gegenüber einem Arbeiter, der seine evakuierte Familie vermißte oder Frauen, deren Männer an der (Ost)front waren, allem Anschein nach nicht.

Besonders arg muß es auch um die Grußmoral den Vorgesetzten gegenüber gestanden haben. Die Soldaten versuchten »sich erst durch genaueres Hineinblicken in den Kraftwagen davon zu überzeugen, ob sich in ihm der Vorgesetzte befindet dessen Kommandozeichen oder Wimpel gefahren wird, und bequemen sich erst nach dieser Feststellung zu einer Ehrenbezeigung.«[160] Gleiches gilt für das formelle Verhalten der vorgesetzten Offiziere gegenüber ihren Mannschaften. So kritisiert der Wehrkommandant die Offiziere, daß wiederholt beobachtet wurde, daß auf vorschriftsmäßig erwiesene Ehrenbezeigugen gegenüber Vorgesetzten im geschlossenen und offenen Kraftwagen seitens der Insassen nicht gedankt wurde.«[161]

Es ist nachvollziehbar, daß gerade die Form gewahrt bleiben sollte, zum einen, um noch eine Spur von Normalität zu wahren, zum anderen gerade um Zivilisten durch ein geregeltes Auftreten nach außen als Vorbild zu dienen und nicht »durch ein unmilitärisches Bild ... den Gesamteindruck des Straßenbildes zu verschlechtern.«[162] Wie gezeigt hat es dieses »unmilitärische Bild« aber immer wieder gegeben. So darf mit ziemlicher Sicherheit ausgeschlossen werden, daß die Arbeitsmoral der Kieler Werftarbeiter durch ein eventuelles vorbildliches Verhalten von Wehrmachtsangehörigen positiv beeinflußt worden ist. Das Soldatenbild, das sich den Arbeitern stellte, mußte vielmehr im krassen Gegensatz zu dem Image des deutschen Soldaten aus der nationalsozialistischen Propaganda stehen und mag an der einen oder anderen Stelle bei den deutschen Arbeitern zu Irritationen geführt haben, zumal diese auch Kontakt zu den Besatzungen, der im Kieler Hafen zu Reparaturarbeiten liegenden Schiffe suchten.[163] Wohl auch um diese Kontakte zu unterbinden oder zu steuern, sollten Schiffsbesatzungen möglichst schnell nach Ankunft für die Dauer der Reparatur in Arsenalunterkünften, in den ersten Kriegsjahren noch auf Wohnschiffen, untergebracht werden.[164] An dieser Stelle findet sich auch der leider undatierte Hinweis, daß Schiffsbesatzungen mit zunehmendem Arbeitskräftemangel verstärkt zu Reparaturarbeiten herangezogen worden sind. Ein Austausch von Informationen mit den Werftarbeitern dürfte dabei unvermeidlich gewesen sein. Offenbar blieb die Absicht der deutschen Propaganda, die Kontakte von Arbeitern und Schiffsbesatzungen einzuschränken, nur ein frommer Wunsch, da sich in Zeiten des akuten Arbeitskräftemangels wirtschaftliche Zwänge gegenüber propagandistischen Interessen zwangsläufig durchsetzen mußten.

Daß es bei den beschriebenen »Vorbildern« auch zu Disziplinlosigkeiten bei den Arbeitern kam, ist nicht unwahrscheinlich. So beschwerten sich die Wachposten an den Torkontrollen wiederholt, daß die »Gefolgschaftsmitglieder ohne ordnungsgemäßes Vorzeigen des Ausweises die Sperren passieren und dem Kontrolpersonal nicht den notwendigen Respekt zollen« würden.[165] Das Verhalten der Soldaten und das Vermitteln eines realistischen Bildes der Kriegslage durch die Soldaten an die Werftarbeiter muß für die offizielle Propaganda ein großes Problem gewesen sein.

Man reagierte seitens der Werftleitungen mit einer »geeigneten Behandlung der Fälle bei den Betriebsappellen« und mit wiederholten Anweisungen an die Deutsche Arbeitsfront, mehr Druck auf die Belegschaften auszuüben.[166] Die Betriebsführer der Kieler Werften beschwerten sich darüber hinaus desöfteren beim Rüstungskommando, daß die der Betriebsleitung »zur Verfügung stehenden Strafmittel nicht ausreichend sind«, um »wirksam eingreifen zu können« und forderten ein »für die Reduzierung von Fehlzeiten unbedingt notwendiges enges Zusammenarbeiten von Gestapo,

Deutscher Arbeitsfront, Marine und dem Rüstungskommando.«[167] Derartige Forderungen, die zweifelsohne einen krassen Kontrast zu den propagierten Sozialmaßnahmen darstellen, gingen somit zumindest teilweise von den Betrieben selbst aus und wurden diesen nicht nur von oben über die Deutsche Arbeitsfront angeordnet. Der Unternehmer war um möglichst weitreichende wirtschaftliche Unabhängigkeit bemüht, verstand darunter aber wohl nur die Freiheit des Unternehmers in einer staatlich-gelenkten und risikoentschärften Wirtschaft und dachte dabei solange an den einfachen Arbeiter, wie dieser den eigenen betriebswirtschaftlichen Interessen dienlich war.

Letztendlich wollte aber auch die Deutsche Arbeitsfront »insbesondere bei Großangriffen mit ihrer betrieblichen und überbetrieblichen Organisation der entscheidende Helfer bei der Beseitigung betrieblicher Schäden sein«[168] und legte »allergrößten Wert auf engste Zusammenarbeit mit den Außenstellen der Staatspolizei.« »Wir sind heute mehr denn je verpflichtet, das Tun und Lassen der Arbeiter zu überwachen und das kann nur ... in kameradschaftlicher Form erfolgen.«[169] Art und Umfang der Mitarbeit der DAF und des SD wurden bindend dahin festgelegt, daß »die Sicherheitspolizei und der SD ... alle zur Aufrechterhaltung der Ruhe und Ordnung in den Betrieben erforderlichen Maßnahmen, vor allem zur Bekämpfung staatsfeindlicher Bestrebungen und zur Abwehr von Sabotageakten zu treffen« hatte.[170]

Die immer wieder eingeforderte Zusammenarbeit, insbesondere mit der Gestapo, wurde von den Verantwortlichen der Kriegsmarine strikt abgelehnt, was zur Folge hatte, daß es zu unterschiedlichen Behandlungen der Werftarbeiter auf der Kriegsmarinewerft Kiel und auf den anderen Großwerften kam. Dieser Umstand wurde vom Rüstungskommando Kiel streng gerügt.[171] Es wurde aus dessen Akten leider nicht deutlich, wie der Konflikt beigelegt worden ist. Jedoch ist auf Sonderwünsche der Kriegsmarine in Kiel trotz mannigfacher Engpässe und Beschränkungen immer wieder eingegangen worden. So gab das Rüstungskommando Kiel in einem Schriftwechsel mit der Kriegsmarinewerft Kiel dem Einwand statt, daß zur Bestuhlung eines Marinewohnschiffs nicht auf den Einbau von ehemaligen Kinosesseln zu je zwei Reichsmark zurückgegriffen werden dürfe, da »ein Feldwebel auf einem Armsessel, ein Unteroffizier auf einem Sessel und ein Matrose auf einem Schemel« zu sitzen habe. Das Ergebnis des Schriftwechsels sollten letztendlich Neubestellungen bei der Stuhlindustrie sein.[172]

Trotz der unterschiedlichen Maßnahmen verschiedenster Stellen gewinnt man den Eindruck, daß es nur sehr schwer gelang, die Arbeitsdisziplin in gewünschter Form aufrecht zu erhalten. Vor allem mit fortschreitender Kriegsdauer führte eine ungeschickte deutsche Propaganda, besonders der abrupte Bruch zwischen stets zuversichtlichen Nachrichten und plötzlichem Schwarz-in-schwarz-Malen nach der deutschen Niederlage von Stalingrad, besonders bei den Fremdarbeitern zu Irritationen.[173] Vereinzelt kam es auch schon sehr viel früher zu offenen Unmutsäußerungen der Arbeiterschaft, z.B. in den Pendlerzügen, ausgelöst durch eine negative Grundeinstellung zum Krieg und den Einsatz der V1, von dem man britische Vergeltungsschläge befürchtete.[174]

Faßt man alle getroffenen Maßnahmen zusammen, so läßt sich, zumindest hinsichtlich der Rettung von Menschenleben, insbesondere durch die Wirksamkeit der Luftschutzanweisungen, der Feuerschutzkräfte und der Luftschutzbauten, sagen, daß der Verlust an Menschenleben auf den Werften verhältnismäßig gering war.

LUFTANGRIFFE UND FERTIGUNG

Wie gezeigt stand also einem Zusammenspiel verschiedenster produktionshemmender Faktoren, insbesondere dem Luftkrieg, eine beträchtliche Anzahl von Maßnahmen entgegen, die genau diese Produktionshemmung verhindern sollte. Bei einer Gegenüberstellung der Maßnahmen von Angreifern und Verteidigern kommt man zu dem Ergebnis, daß sich sowohl die beiderseitigen Bemühungen der Angreifer als auch der Verteidiger – zumindest mittelbar – an der Arbeitsbereitschaft der Gefolgschaftsmitglieder orientierte, die man, z.B. durch außerbetriebliche Sozialmaßnahmen, vor allem mit Hilfe der geförderten Wohnungsbauprogramme, auf der einen und durch Auswahl gerade dieser Werkswohnungen als primäres Bombenziel auf der anderen Seite, zu beeinflussen suchte.

Aufgrund dieses Umstandes soll im nun folgenden Abschnitt nicht nur untersucht werden, in welchem Ausmaß die Produktion wirklich beeinträchtigt worden ist, das heißt durch welche Faktoren ein eventueller Produktionsausfall hauptsächlich bedingt war und welcher Stellenwert dabei dem Luftkrieg bezüglich einer Behinderung der Kieler Hafenwirtschaft zukam, sondern auch welchen Einfluß die von Angreifern und Verteidigern angestrengten Maßnahmen auf die Arbeitsmoral der Kieler Werftarbeiter wirklich hatten.

Eine solche Untersuchung der Auswirkungen der Luftangriffe auf die Fertigung kommt an einer Analyse der wirtschaftlichen Gewinnentwicklungen der betroffenen Wirtschaftsbetriebe nicht vorbei.[175] Ansatzweise aufschlußreiche Geschäftsberichte lagen nur für die drei Kieler Großwerften vor, so daß die daraus gewonnenen Ergebnisse noch durch verstreute Informationen aus anderen Quellen, z.B. den Akten des Rüstungskommandos Kiels, ergänzt werden. Die Ergebnisse dieses Abschnittes basieren somit mehrheitlich auf von deutschen Stellen erhobenem Datenmaterial. Es hat aber selbstverständlich auch eine Erhebung des durch die Fliegerangriffe entstandenen Schadens durch britische Luftaufklärungseinheiten gegeben. So wurde anhand von Aufklärungsfotos das Verhältnis von bebauter Fläche zu zerstörten Häusern und Fabriken geschätzt und daran der durch den Angriff entstandene direkte Schaden und die Fehlzeiten der Arbeiter berechnet. Bei der Einschätzung der Fehlstundenanzahl berücksichtigte man auch den Ausfall von Versorgungsleitungen und die für die Reparatur von beschädigten Wohnhäusern. Die entscheidende Maßeinheit für die Planung und Durchführung von Bombenangriffen benötigte Arbeitszeit waren somit in erster Linie die verlorenen Arbeitsstunden.[176] Daß diese Art von Berechnung nicht hundertprozentig aufgehen kann, war den Planern sicherlich bewußt und doch kommt ein alliierter Abschlußbericht nach Kriegsende zu folgendem Ergebnis: »Pre raids identification of buildings and intelligence data, as well, as photo interpretation of interior damage to buildings were generally accurate within 10 to 15%.«[177] Die Masse der Daten alliierter Aufklärungsverbände hat aber leider nicht vorgelegen, vielmehr mußte mit den in den Surveys einsehbaren Daten Vorlieb genommen werden.[178]

Der Bombenkrieg und die Entwicklung der Geschäftsbilanzen

Noch bis Mitte der dreißiger Jahre standen militärische und zivile Aufträge fast gleichberechtigt nebeneinander, doch brachte der zivile Handelsschiffbau keinerlei nennenswerten wirtschaftlichen Erfolg. Bis 1937 wiesen die Werften durchweg negative Geschäftsbilanzen aus. Noch 1939 wurden 353.000 Reichsmark als Verlust ausgewiesen.[179] Erst die vollständige Umstellung der Produktion auf die Bedürfnisse des Krieges, konkret ist der Kriegsschiffbau gemeint, ermöglichte wirtschaftliche Effizienz und Vollauslastung.[180] Die Umstellung fand mit der Übergabe der Howaldtszweigstelle an die Marine, »wodurch der Handelsschiffbau auf dieser Werft aufgehört hat und das Werk auf Kriegsschiffbau umgestaltet wurde«,[181] einen vorläufigen Höhepunkt. Hinzu kam der Ausbau der früheren Kolbewerft an der Schwentine für die »Zwecke der Kriegsmarine«. Ausbau meint hier den Bau einer 800 Meter langen Kaimauer mit acht Metern Wassertiefe und das Errichten von Versorgungseinrichtungen für 18 Millionen Reichsmark.[182]

Vom Geschäftsjahr 1938 zum Geschäftsjahr 1940 erfolgte bei den Deutschen Werken eine Verdoppelung der Kapitaldecke durch eine Verdoppelung des Grundkapitals.[183] Wie schon im ersten Abschnitt erwähnt stellte die Umstellung der Produktion auf die Kriegswirtschaft kein besonderes Problem für die Großwerften dar, da es durch frühzeitige Orientierung am Kriegsschiffbau[184] nicht allzuviel umzustellen gab. Lediglich eine noch 1937 als vielversprechend angesehene Aktivierung des Exportgeschäftes mußte zu empfindlichen Behinderungen durch den Kriegsausbruch führen.[185] In den ersten Kriegsjahren kam es zu einer konstanten Vollauslastung und Vollbeschäftigung der Werften durch verschiedenste Rüstungsaufträge.[186] Die Großwerften konnten ihre Gewinne von Geschäftsjahr zu Geschäftsjahr stetig steigern, so daß schon am Ende des Geschäftsjahres 1940/41 allein bei den Deutschen Werken ein Geschäftsgewinn von 7.495.23 Reichsmark ausgewiesen werden konnte.[187] Obwohl sich immer wieder ein Verweis auf »schwierige Verhältnisse«[188] findet, wurden Fliegerangriffe und die durch sie entstandenen Schäden, sowie Ausgaben für Ausbesserungen nicht erwähnt. Lediglich im Geschäftsbericht der Howaldtwerke in Hamburg wird 1941 zum ersten Mal ein infolge eines Fliegerangriffes vom 14.3.1941 getöteter Elektriker erwähnt.[189] Die Fliegerangriffe stellten wohl bis zum Geschäftsjahr 1941/42 keine ernstzunehmenden Fertigungshindernisse dar und fielen weitaus weniger ins Gewicht als etwa Zulieferschwierigkeiten.[190] Der Fertigungsausfall betrug nicht mehr als ein Hundertstel der Produktion, lag somit unter 1%. Sämtliche Schäden waren nach weniger als 14 Tagen nach dem jeweiligen Angriff wieder behoben.[191]

Fliegerangriffe und Produktion nach »Stalingrad«

Erst nachdem die deutsche Wehrmacht Niederlagen an fast allen Fronten hinzunehmen hatte, und es parallel zu einer Intensivierung der nun kaum von deutschen Verteidigungsstellen behinderten Luftangriffe kam, wurden im Geschäftsjahr 1943/44 erstmals größere Passiva ausgewiesen und zwar allein bei den Howaldtswerken 10.026.214,15 Reichsmark. Von diesem Zeitpunkt an ist es fraglich, ob sämtliche Aufträge der letzten Kriegsmonate gedeckt wurden, denn zumindest den Verantwortlichen der Werft mußte klar sein, daß der Krieg für Deutschland nicht mehr zu gewinnen war und bei einer Niederlage Reparationszahlungen und Demontage drohten. Wie gezeigt, mag die Werftleitung aber auch eine Weiterführung der Produktion nach Kriegsende angenommen und gehofft haben, daß sich Reparationen in erster Linie auf Ablieferungen von Schiffen an die Sieger beschränken könnten. So lieferten etwa italienische Betriebe nach der Kapitulation Italiens Busse nach Griechenland.

Vielleicht liegt darin die auffällige Reduzierung der Rücklagen im Geschäftsjahr 1944/45 begründet. Die Produktionsplanung Howaldts wurde zurückgefahren, da die Werksleitung zu dem Ergebnis kam, daß »der weitere Ausbau der Kieler Anlagen im ursprünglich geplanten Umfang ... nicht möglich« sei.[192] Unter den Abgängen fielen zu dieser Zeit vor allem die Abgänge für Fliegerschäden ins Gewicht. Jedoch gelang es noch immer »trotz der schwierigen Verhältnisse ... die Bestände auf Vorjahreshöhe zu halten.«[193] Die für die Fortführung des U-Bootbaus entscheidenden halbfertigen Erzeugnisse, in erster Linie wohl Sektionen für den U-Bootbau, stellen mit 26.320.000 Reichsmark noch immer den größten Posten dar. Trotz einer Auseinandersetzung mit Reichsbehörden um die Beteiligung verschiedener Stellen an den Kosten zur Beseitigung der durch Luftangriffe entstandenen Fliegerschäden,[194] werden bei den Howaldtswerken »ungedeckte Gemeinkosten bis 30.11.1944 für Kiel vom OKM erstattet«, so daß eine Wertberichtigung der halbfertigen Erzeugnisse aufgrund von Fliegerschäden für die Werftleitung nicht notwendig war.

Hatten die Sommeroffensiven des Jahres 1943, vor allem der Angriff vom 29.7.1943, in dessen Folge ein Großteil der Arbeiter 2–3 Tage für die Aufräumarbeiten an eigenen Häusern und in der Stadtmitte abgezogen und teilweise durch die Besatzungen von eingedockten Schiffen ersetzt worden war,[195] noch »ernsthafte Fertigungshindernisse« dargestellt, so erlitt der U-Bootsektionsbau nach den schweren Angriffen des Frühjahrs 1944 keinen »allzu großen Schaden«, auch wenn »die Zulieferungen aus den maschinenbaulichen Werkstätten nach wie vor durch Verzögerungen behindert« waren.[196] Zu ähnlichem Ergebnis kam das Rüstungskommando in Bezug auf die Torpedoherstellung in Friedrichsort, deren Produktion gleichfalls weniger durch Luftangriffe, als durch stockende Belieferung mit Bauteilen beeinflußt wurde. Gegenüber einer schon fast vollständig ausgebrannten Innenstadt, war der Fertigungsausfall auf dem Ostufer »nicht stark ... Auch die in mittleren und kleineren Betrieben aufgetretenen Schäden haben keinen fühlbaren Ausfall der Fertigung zur Folge.«[197]

Stellt das Rüstungskommando im Februar bei der Sektionsfertigung der Kieler Germaniawerft auch einen zeitweisen Verlust »von ca. 15% gegenüber der Normalleistung« fest,[198] so war dieser doch hauptsächlich durch eine Verzögerung der Fertigung eines durch einen Bombentreffer stark beschädigten Typ VII-C U-Bootes der Germaniawerft um volle sieben Monate bedingt.[199] Zudem hatten die Werften auch einen Großteil der für die Produktion wichtigen (Maschinen)-Ersatzteile in Kellern unter den Bunkern deponiert. »Special machine tools used for building diesel engines were removed from the shops and stored undamaged in a large sub-cellar of the shelter.«[200]

Bis Mitte Juni ging die Anzahl der auf Kiel geflogene Angriffe dann so stark zurück, daß sich die Produktion wieder vollständig erholte. Es ist denkbar, daß diese Zäsur durch einen Abzug eines Großteils der Lufteinheiten zum Einsatz im Umfeld der alliierten Landung in der Normandie bedingt war. Waren die in zerstörtem Schiffsraum bemessenen Fertigungsverluste bis Mitte 1944 für nicht länger als zwei Wochen aufgetreten, wurde die Produktion nun nach den Fliegerangriffen des (Spät)sommers 1944 vor allem durch eine starke Beschädigung der Energieversorgung, in erster Linie der Verteilernetze für Strom, Wasser und Gas, die an vielen Stellen aufgerissen wurden, in großem Umfang beeinträchtigt.[201]

Die Deutschen Werke blieben im Juli mit 8 von 21 und im August mit 16 von 37 geplanten U-Bootsektionen, auf die sich die Fertigung jetzt konzentrierte, deutlich unter dem geforderten Soll.[202] Die maschinenbaulichen Werkstätten fielen für den Sektionsbau für fast 8 Wochen aus. Bei Schwimm- und Hallenkränen, die für den Transport und die Umladung der Sektionsbauteile genutzt wurden, entstanden ebenfalls so starke Schäden, daß sie für mehrere Wochen für den Betrieb nicht verfügbar waren. Bei Hagenuk wurde die Produktion von Geschwindigkeitsschaltern infolge eines Volltreffers auf den Montageraum so stark beeinträchtigt, daß der Apparateausfall an Schnellbootzielsäulen erst im November unter Einschaltung der Ausweichstelle Oldenburg wieder aufgefangen werden konnte.[203]

So umfassend die Fliegerschäden aber auch waren, das vornehmliche Fertigungshindernis blieben Zulieferschwierigkeiten. Konnten schon im zweiten Quartal 1944 »die Fertigungsauflagen ... nicht voll erfüllt werden«, entstanden im dritten Quartal

44

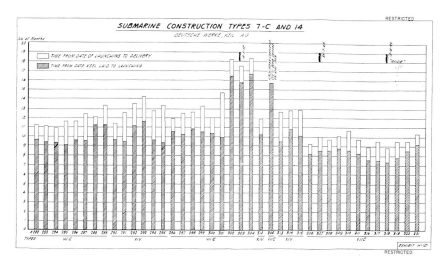

12 *U-Bootfertigung Typ VII-C und 14, Deutsche Werke.*

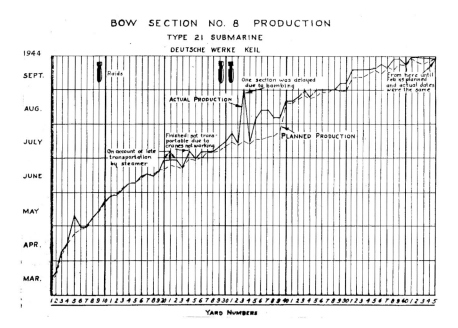

13 *Gesamte Fertigung der Sektionsnummer 8, Deutsche Werke.*

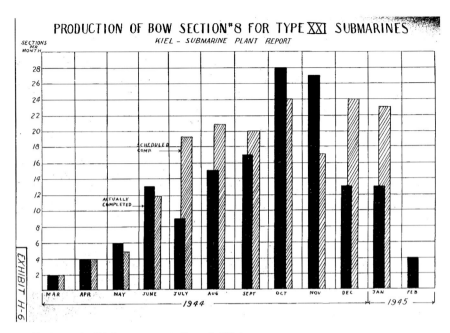

14 *Fertigung der Sektionsnummer 8, Deutsche Werke.*

»vor allem aufgrund der Beeinträchtigung der Zulieferung von Stahlguß, Edelstahl und Schrauben« in einigen kleineren Betrieben Ausfälle von bis zu 80% der Fertigung.[204] Zusätzlich war der Fertigungsausfall durch den Wegfall der Zulieferungen aus Frankreich, Belgien und Holland beeinträchtigt.[205]

Die nach Kriegsende durchgeführte Inspektion der Besatzungsmächte kam wie das Rüstungskommando zu dem Ergebnis, daß bis zur Nacht vom 9. auf den 10.4.1945 mit Ausnahme der Verzögerungen im Auswurf der Sektionsteile infolge der Angriffe vom Sommer 1943 und 1944[206] keine entscheidenden Auswirkungen auf die ab 1944 nun teilweise in den Bunkern vollzogene Produktion zu verzeichnen war.[207]

Sehr viel dramatischer waren die Folgen der Kombination aus Zulieferschwierigkeiten und Luftangriffen 1944 im Kieler Handelshafen. Das Rüstungskommando Kiel forderte »Kräne, Greifer, Lkws, offene Waggons, Klappschuten und Schlepper als maschinelle Beseitigungsmittel (für Trümmer), ... den Einsatz eines Sonderbevollmächtigten mit von auswärts kommenden Arbeitskräften und vor allem einem Sonderkontingent von Brennstoff«, um die entstandenen Schäden wirksam zu beseitigen.

Doch blieben diese Forderungen in Zeiten einer äußerst angespannten wirtschaftlichen und militärischen Lage ungehört. Die Schäden mußten von den betroffenen Betrieben meist in Eigenregie behoben werden.[208] Während der Großoffensiven 1945

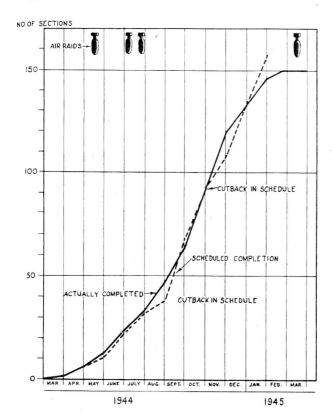

CUMULATIVE PRODUCTION
OF
BOW SECTION #8 FOR TYPE XXI SUBMARINES

NO. OF SECTIONS

AIR RAIDS→

150

CUTBACK IN SCHEDULE

100

SCHEDULED COMPLETION

50

ACTUALLY COMPLETED→

CUTBACK IN SCHEDULE

0

MAR. | APR. | MAY | JUNE | JULY | AUG. | SEPT. | OCT. | NOV. | DEC. | JAN. | FEB. | MAR.

1944   1945

15   *Fertigung Sektionsnummer 8, Deutsche Werke.*

offenbarte sich ein weiteres schwerwiegendes Problem. Es zeigte sich, daß die Energieversorgung ein Schwachpunkt der Werften war. »The yard's power station (Germaniawerft) normally carried part of the load of the city of Kiel. There was no interconnection with any large grid system.«[209] »The only alternative source of power was the powerhouse of the neighbouring yard Deutsche Werke ... Since both were usually the target of the same air raid such interconnection had exeedingly little value as demonstrated by the April 1945 raids.« »Later this (the powerhouse) was replaced by one of the submarine propulsion units on the test floor which was still running at the time the yard was visited.«[210]

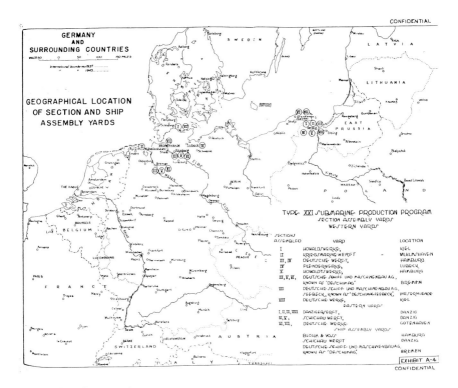

16 *Das deutsche U-Bootbauprogramm.*

Trotz unterschiedlichster Beeinträchtigung der Produktion konnten jedoch selbst noch in der Zeit vom 1.9.1944 bis Anfang April 1945 in einigen Produktionsbereichen Maximalgewinne erzielt werden.[211]

Schon seit 1944 produzierte man in Kiel U-Boote fast nur noch mit Hilfe der die Bauzeit drastisch verkürzenden Sektionsbauweise in den Bunkern.[212] Nach einer schon in den 20er Jahren ursprünglich für den amerikanischen Handelsschiffsbau konzipierten Fließbandtechnik sollte die Produktion räumlich entzerrt werden. Die neue dezentrale Gliederung des U-Bootbaus war sinnvoll, damit bei besonders intensiver Bombardierung einzelner Produktiongsgebiete und Transportwege nicht die gesamte Produktion zum Erliegen kam.

Die Aufteilung des neuen Sektionsbaus auf die verschiedenen deutschen Werften wurde nach folgender Struktur organisiert.[213]

Mehrere Gründe sprechen dafür, daß Kiel nicht als Endfertigungsstätte für den Sektionsbau ausgewählt worden ist. Zum einen war die Stadt und das Werftengelände ein einfachst zu erfassendes Angriffsziel. Die Produktion wurde auch dann beeinträch-

Das deutsche U-Bootsektionsbauprogramm

	Sektionsausstattung	Endfertigung
I Hannemann Lübeck Norddeutsche Eisenbau Wilhelmshaven (N) Gresse Wittenberg (M) Hermann Göring Werke Straßburg (W)	Howaldtswerke Kiel Danziger Werft	
VIII Hilgus Rheinbrohl (W) GHH Rheinwerft Duisburg (W) Carl Spamter HH (N) Beuchelt, Grünberg (M)	Deutsche Werke Kiel Danziger Werft	
II Gutehoffnunghütte Sterkrade Seibert Aschaffenburg Dellschau Berlin Eilers Hannover	Kriegsmarinewerft Wilhelmshaven Danziger Werft	
III MAN Mainz Krupp Stahlbau Hannover Mittelstahl Riesau Gollnow Stettin	Deutsche Werft HH Bremer Vulkan Vegesack Danziger Werft	Die Endfertigung fand auf den Werften in Bremen, Hamburg und Danzig statt
IV Fries und Sohn Frankfurt Hein-Lehmann & Co. Düsseldorf Kelle und Hildebrandt Dresden Heyking Danzig	Flenderwerke Lübeck Schichauwerft Danzig	
V Krupp Stahlbau Rheinhausen Eggers Hamburg Juno Rendsburg August Klönne Danzig	Howaldtswerke Hamburg Bremer Vulkan Vegesack Schichau Danzig	
VI MAN Hamburg Dortmunder Union Gelsenkirchen DEMAG Bodenwerder Krupp-Druckenmöller Stetten	Deschimag Bremen	
VII Schäfer Ludwigshafen Grohmann und Frosch Wittenberg Ubigau Dresden Beuchelt Grünberg	Deschimag Wesermünde DWK Gdynia	

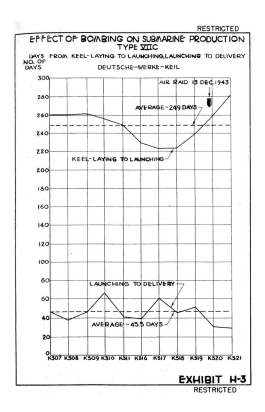

17 *Auswirkungen der Bombardie-rungen auf die Fertigung von U-Boo-ten, Typ VII C, Deutsche Werke.*

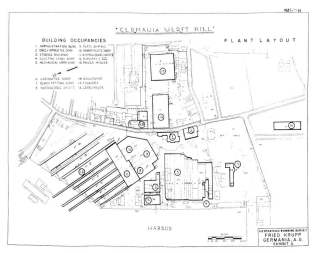

18 *Übersichtsplan Germaniawerft.*

50

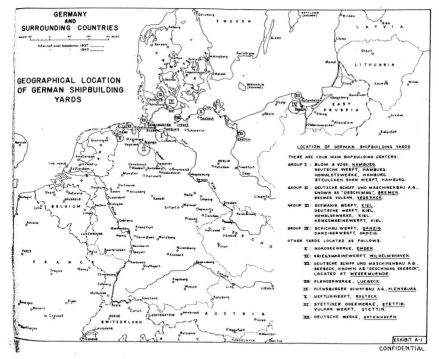

19 *Deutsche Schiffswerften.*

tigt, wenn das eigentliche Ziel des Bombenangriffes das Stadtzentrum gewesen war. Zum zweiten hätten es die neugefertigten U-Boote 1942/43 von Kiel aus sehr weit zu ihren Einsatzgebieten gehabt. Zum dritten, und dieser Grund muß als ganz entscheidend gewertet werden, fehlte es den Kieler Werften auch ganz einfach an Möglichkeiten, eine für den Sektionsbau unbedingt notwendige Vergrößerung ihres Werksgeländes vorzunehmen. Schon beim Bau des Ubootbunkers Kilian hatte man sich aus Platzgründen für einen für Bau, Zulieferung und Fliegerschutz nicht unbedingt günstigen Standort entscheiden müssen.[214]

Neben dem Sektionsbau griff man zum Ende des Krieges noch zu einer weiteren Maßnahme, die gewährleisten sollte, daß U-Boote in möglichst hoher Stückzahl ausgeworfen werden konnten. Gemeint ist der Bau von Kleinst-U-Booten, den Typen Hecht und Seehund, deren Produktion bis zu den Großoffensiven im April 1945, nach denen praktisch nur noch Instandsetzungsarbeiten, Ausbesserungen und Reparaturen vorgenommen werden konnten, aufrecht gehalten und durch meterdicke Betonmauern geschützt wurde, kaum direkte Beeinträchtigungen durch Fliegerangriffe erfuhr. Bei der Besetzung des Werftengeländes durch britische Einheiten im

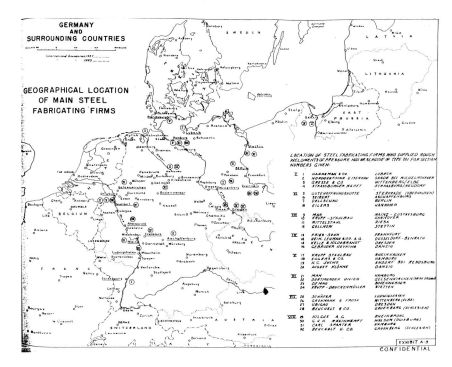

20 *Wichtigste Hersteller von Stahl, Unterlieferanten für den U-Bootbau.*

Mai 1945 fanden diese im Bunker »Konrad« fast fertige Erzeugnisse dieser beiden U-Boottypen.[215]

Einen Schwerpunkt der U-Bootfertigung der letzten Kriegsmonate stellte die Entwicklung eines neuen Typs, des »Elektro«-Bootes, dar, dessen Antrieb die Lücke in der Hochfrequenztechnik unterlaufen sollte.[216] Die Forschungsabteilung der Germaniawerft war in Zusammenarbeit mit den im Projensdorfer Gehölz lokalisierten Walter-Werken maßgeblich an der Entwicklung des neuen Antriebes beteiligt. Schon 1943 und 1944 hatte man mit dem Bau von U-794 am 14.11.1943 und dem Bau von U-795 am 24.4.1944 zwei Prototypen getestet.[217] Zudem verzeichnet das Auftragsbuch der Germaniawerft auch den Bau eines großen Walter-Typ-XVII-U-Bootes, »but no actual construction of it was ever undertaken.« Die Forschungsarbeiten scheinen von Luftangriffen kaum beeinträchtigt worden zu sein.[218] Ein weiterer Schwerpunkt der technologischen Weiterentwicklung stellte die Entwicklung des »Schnorchels« dar, der den alten Booten längere Tauchzeiten ermöglichen sollte. »The schnorkel was of the swing type, with exhaust gases being led through the privot up to within about three feet from the top, where they were discharged through a downpointed gooseneck.«[219]

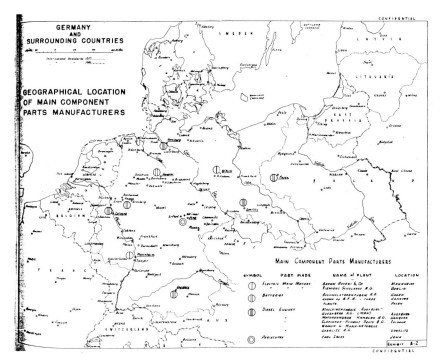

GERMANY
AND
SURROUNDING COUNTRIES

GEOGRAPHICAL LOCATION
OF MAIN COMPONENT
PARTS MANUFACTURERS

MAIN COMPONENT PARTS MANUFACTURERS

SYMBOL	PART MADE	NAME of PLANT	LOCATION
◐	ELECTRIC MAIN MOTORS	BROWN BOVERI & Co SIEMENS SCHUCKERT A.G.	MANNHEIM BERLIN
◑	BATTERIES	ACCUMULATORENFABRIK A.G. KNOWN as A.F.A. - THREE PLANTS	HAGEN HANNOVER POSEN
◓	DIESEL ENGINES	MASCHINENFABRIK AUGSBURG- NÜRNBERG A.G. (MAN) MOTORENWERKE HANNOVER A.G. KLOECKNER-HUMBOLT DEUTZ A.G. KRAUSS u. MASCHINENFABRIK GÖRLITZ A.G.	AUGSBURG NÜRNBERG HANNOVER COLOGNE GÖRLITZ
◎	PERISCOPES	CARL ZEISS	JENA

EXHIBIT A-2

21 *Wichtigste Hersteller von Maschinen, Batterien und Periskopen.*

Ein Sonderfall: Der Kaiser-Wilhelm-Kanal

Zwar erhielten auch die Schleusenanlagen und Brücken des Kanals teilweise schwere Bombentreffer, so wurden im Rahmen der zwischen dem 15. und dem 22.6.1944 vornehmlich gegen den Süden des Gaus Schleswig-Holstein geflogene Angriffe die Schleusenanlagen in Brunsbüttel getroffen, so daß die Kanaldurchfahrt fast eine Woche lang unterbrochen war,[220] jedoch waren die Gesamtschäden, vor allem an den Kieler Schleusenanlagen, verhältnismäßig gering, und der Kanal blieb noch bis Kriegsende einsatzbereit, obwohl die Deutschen Werke im Bereich des Schleuseneingangs Teile ihrer Produktion ausgelagert hatten und dort zeitweise bis zu 200 Menschen beschäftigten.[221] Zusätzlich besaß der Kanal eine nicht zu unterschätzende Bedeutung als Transportweg für die U-Bootsektionsteile.

Ab Mitte 1944 sind kaum ernsthafte Versuche zu erkennen, die Schleusenanlagen des Kanals vollständig zu zerstören, was aufgrund der Luftüberlegenheit der angreifenden Verbände wohl leicht gefallen wäre. Nicht einmal die Großoffensiven des Früh-

22 *Luftbild Schleusen am Kanal. Einzelne auslaufende Schiffe wurden getroffen, die Schleusenanlagen selbst blieben unbeschädigt, oben Süden.*

jahrs 1945, die das Werftengelände in eine Trümmerwüste verwandelten, hatten die Schleusenanlagen zum Ziel, wohingegen es immer wieder zur Bombardierung einzelner aus den Schleusen auslaufender Schiffe und der Auffahrtswege zur Prinz-Heinrich-Brücke kam.[222] Auch der Stadtteil Wyk, insbesondere die am Kanal gelegenen Gebiete, wiesen einen im Verhältnis zur Dichte ihrer militärischen Anlagen relativ geringen Schaden auf.[223]

Wie ist nun dieser krasse Gegensatz zwischen technischen Möglichkeiten und ausgeführten Einsätzen zu erklären? Die Alliierten kamen nach Kriegsende bei ihren Untersuchungen zu dem »überraschenden« Ergebnis, daß ihre Strategen die besondere Rolle des Kanals vor allem beim Transport von Sektionsbauteilen in seiner Dimension nicht erkannt hätten. »Apparently not enough emphasis in target selection was placed on the 60 mile Kiel-canal ... Though a destruction would have proved a serious, if not insurmountable handicap for the production ... locks were undamaged and the canal was navigable.« Es folgt der unkommentierte Zusatz: »It is recognized that the non attack on the canal may have been determined by other considerations that those pertaining to submarine production.«[224] Jedoch finden sich keine weiteren Ausführungen oder Verweise, welche das hätten sein können.

Es hatte jedoch schon während des Krieges immer wieder Überlegungen gegeben, wie man den Kanal nach einer sich abzeichnenden deutschen Niederlage am ehesten nutzen könnte, da man sich dessen strategischen Wertes durchaus bewußt war. Schon in Teheran machte Roosevelt den Vorschlag, ein internationales Kanalgebiet zu schaffen. Eine Idee, die sich noch im Truman-Memorandum vom 5.1.1946 wiederfinden sollte. Der Vorwurf, sich durch Funktionsfähigkeit des Kanals nach Kriegsende für den alliierten Gebrauch die Möglichkeit eines schnellen Eingreifens der US-Flotte in der Ostsee sichern zu wollen,[225] läßt sich nicht ganz von der Hand weisen, zumal die Gewährleistung einer raschen Flottenverlegung auch die mit dem Kanalbau ursprünglich von deutscher Seite verbundene Grundüberlegung war. Die Westalliierten begannen, seit 1943 darüber nachzudenken, welche Folgen es haben könnte, wenn die Sowjetunion den alleinigen Sieg über Deutschland davontragen würde. Der sich abzeichnende neue weltpolitische Gegensatz zwischen Ost- und West wurde zweifellos auch von deutscher Seite erkannt. So rechnete man Anfang 1945 aufgrund des sowjetischen Vormarsches mit einer eventuellen britischen Landung in der Elbmündung oder am Nord-Ostsee-Kanal,[226] versuchte aber gleichzeitig, sich an die Westalliierten anzunähern und hoffte, Schleswig-Holstein mit diesen zu einer »gigantischen Festung« gegen den Kommunismus auszubauen.[227] Die deutschen Hoffnungen waren trotz der Casablancadirektive und ihrer Forderung nach einer bedingungslosen Kapitulation nicht vollkommen unbegründet. Ein Historiker des US-Kriegsministeriums erklärte 1948 fast schon bedauernd:

»Vielleicht hätten wir unserer Politik nach dem sowjetischen Sieg bei Stalingrad und der ersten erfolgreichen sowjetischen Gegenoffensive Anfang 1943 eine neue Richtung geben müssen. Hätten wir uns mit den Deutschen geeinigt, dann hätten wir ihre Reserven an Menschen und Industriepotential einsetzen können, um die Sowjetunion in Schranken zu halten.«[228]

Wenn Deutschland schnell zusammenbrechen würde, was einigen US-Amerikanern wohl schon 1943 als reale Möglichkeit erschien, dann würden die Russen Mittel- und Westeuropa noch vor den Westalliierten erreichen.[229] Auch britische Sympathiebekundungen gegenüber einem solchen Plan hat es immer wieder gegeben. So sollen RAF Piloten zu Beginn des Krieges auf ihren Flugkarten Listen mit sich geführt haben, in denen Sperrzonen verzeichnet gewesen waren, die Betriebe dargestellt hätten, an denen Alliierte Anteile besessen hätten oder die sie in Friedenszeiten für eigene Zwecke hätten nutzen wollen. Ob etwa die Torpedofertigung der Deutschen Werke in Friedrichsort, die trotz ihrer nachweislichen kriegswirtschaftlichen Bedeutung[230] kaum nennenswerte Fliegerschäden zu verzeichnen hatte,[231] eventuell in einer solchen Sperrzone lag oder aufgrund ihrer Nachbarschaft zum Kanal geschont worden ist, konnte nicht geklärt werden.

Fliegerangriffe und Arbeitsmoral

Die Bemühungen von Angreifern und Verteidigern konzentrierten sich aber nicht nur auf die Beeinträchtigung, bzw. Aufrechterhaltung der Fertigung, sondern insbesondere auch auf die Arbeitsmoral der in den Rüstungsbetrieben beschäftigten Arbeiter.[232] Ein nicht zu unterschätzendes Problem bei der Darstellung des unmittelbaren Zusammenhangs von Bombenkrieg und Arbeitsmoral ist es, aufzuzeigen, welchen konkreten Anteil der Luftkrieg an eventuellen Veränderungen der Arbeitsmoral besaß, da solche Veränderungen sicher von einer Vielzahl verschiedener Faktoren, wie z.B. der Entwicklung der allgemeinen Kriegslage, der Art und dem Umfang der deutschen Propaganda und vor allem der individuellen Situation eines jeden Arbeiters sowie dem Arbeitsklima und Arbeitsumfeld im jeweiligen Betrieb abhängig gewesen sein muß. Änderungen in der Moral und Siegesgewißheit sind von einem Wirkungsgeflecht und nicht von einem einzelnen Faktor abhängig, obwohl der Bombenkrieg in diesem Geflecht allein schon aufgrund der ständigen Bedrohung für Besitz und Leben, die von ihm ausging, eine nicht zu unterschätzende Rolle gespielt haben dürfte.

Mit Sicherheit aber läßt sich die Frage nach den Auswirkungen der Fliegerangriffe auf die Moral noch schwieriger beantworten als bei den Auswirkungen auf die Fertigung.

Zuerst einmal lassen sich folgende Faktoren festhalten, die alle die Moral treffen, bzw. sie stärken sollten.

Luftangriffe auf Wohngebiete

Folgen:
> Verletzte/Tote
> Evakuierungen (Nachreisen)
> Zerstörung der Wohnungen
> Verlust des persönlichen Besitzes

Intention:
> Zeigen der eigenen militärischen Überlegenheit
> Entlarvung der nationalsozialistischen Propaganda

sollen treffen:
> Widerstandswillen der Zivilbevölkerung, von der man die Arbeitsmoral und die Arbeitsleistung abhängig machen will

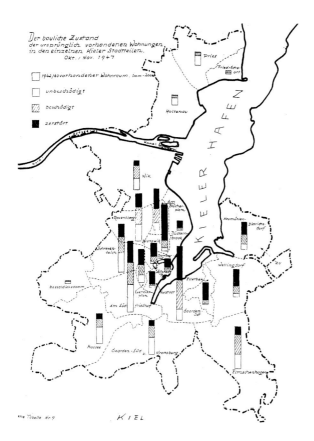

23 *Der bauliche Zustand der ursprünglich vorhandenen Wohnungen in den einzelnen Kieler Stadtteilen im Okt/Nov 1947.*

wird beeinflußt durch:

konstante Faktoren auf der Reichsebene
   Glaube an den »Endsieg«
   Glaube an das »Gute« und das »Richtige« des Nationalsozialismus
   Vertrauen in die NS-Führung und deren Propaganda
   Ideologie der »Völkergemeinschaft«

Hinzu treten lokale Faktoren
   Luftschutzmaßnahmen
   lokale Propaganda
   Erleichterung
   Terror-/Zwangsmaßnahmen

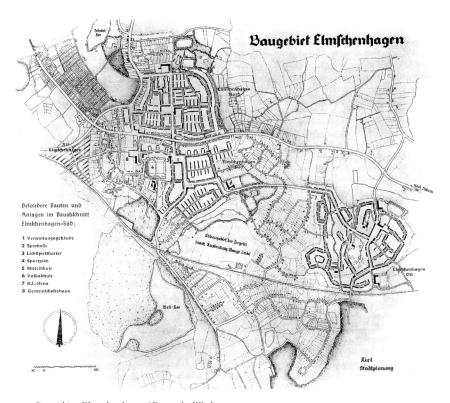

24 *Baugebiet Elmschenhagen/Deutsche Werke, u.a.*

Betrachtet man den Zerstörungsgrad der verschiedenen Kieler Stadtteile nach Kriegsende, so ist dabei zunächst einmal der starke Zerstörungsgrad der östlichen Stadtteile in relativer Entfernung vom Stadtzentrum, bzw. den großen Industrieanlagen auffallend. Insbesondere die Bezirke Gaarden-Ost, Ellerbek, Wellingdorf und Neumühlen-Dietrichsdorf wiesen einen sehr hohen Zerstörungsgrad auf.[233] Die Reihenfolge der am stärksten zerstörten Stadtteile bleibt trotz wechselnder Kriterien erhalten, das heißt gleichgültig, ob nach geringstem Prozentsatz unbeschädigter Gebäude, größter prozentualer Häufigkeit völlig zerstörter Gebäude und Wohnungen oder nach dem Verhältnisgrad zwischen bewohnbaren und unbewohnbaren Wohnungen gefragt wird, wiesen die Stadtteile Altstadt und Brunswik gefolgt von Gaarden-Ost, Wellingdorf, Ellerbek und Neumühlen-Dietrichsdorf die höchsten Zerstörungsgrade auf.[234]

Die südliche Hörnmündung und der Kaiser-Wilhelm-Kanal mögen den einfliegenden Bomberverbänden als Orientierungsmarke für ihre Abwürfe gedient haben,

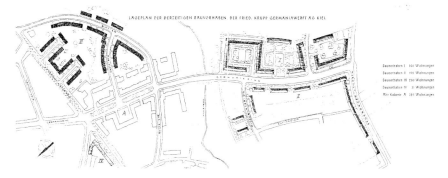

Bauvorhaben I   300 Wohnungen
Bauvorhaben II   195 Wohnungen
Bauvorhaben III 250 Wohnungen
Bauvorhaben IV   31 Wohnungen
Alte Kolonie A 389 Wohnungen

25 *Bauvorhaben Germaniawerft.*

zumindest wurden die südlich der Gablenzbrücke liegenden Industrien – mit Ausnahme der Gleisanlagen[235] – und die dortigen Stadtteile Hassee, Gaarden-Süd und Kronsburg, aber auch die nördlich des Kanals liegenden Stadtbezirke Friedrichsort, Holtenau und Pries weitaus weniger zerstört.[236] In Bezug auf den absoluten Wohnungsbestand machten die Brunswik und Gaarden-Ost mit 9.251 zerstörten Wohnungen mehr als 25% des gesamten ausgefallenen Wohnraums aus.[237]

Vergleicht man diese ersten Ergebnisse mit den Gebieten, in denen der Werkwohnungsbau in erster Linie stattgefunden hatte, so muß man feststellen, daß die alliierten Bombenangriffe, wie in den allgemeinen Direktiven vorgegeben, im Stadtzentrum, das heißt in der Altstadt und der Brunswik sowie in den ausgewiesenen Kieler Arbeitervierteln Gaarden-Ost, Ellerbek, Wellingdorf und Dietrichsdorf-Neumühlen starke Zerstörungen anrichteten.

Es gibt aber auch einige Beobachtungen, die die erzielten Ergebnisse relativieren. Zum einen mußte die gleiche Anzahl von Bomben in einer Arbeitersiedlung zu erheblich höheren Schäden als in den aufgelockert bebauten Wohngebieten sozial besser stehender Schichten führen. Zum zweiten war in Kiel im Gegensatz zu den meisten anderen deutschen Großstädten das Herz der Industrie im Stadtzentrum lokalisiert, so daß häufig nicht klar abgegrenzt werden kann, ob Bombenabwürfe nun dem Stadtzentrum, den Hafenanlagen oder beiden Gebieten galten. Um diese Abgrenzung vorzunehmen, bedarf es unbedingt einer Einsicht in alliierte Planungsdokumente, die die jeweiligen Angriffsziele ausweisen. Jedoch liegt lediglich ein Auszug aus diesen Dokumenten anhand der Surveys vor, in denen für die schwereren Angriffe des Jahres 1944 mit Ausnahme eines Angriffes der 8. US-Fliegerstaffel vom 22.5.1944, für den »naval installations« als Ziel ausgewiesen wurden, immer die »city area« als Ziel der Angriffe geführt wurde.[238]

Die Beobachtung einer direkten Umsetzung der Direktive auf die Angriffe auf Kiel ist auch insofern einzuschränken, als die »Gartenstadt Elmschenhagen« zwar einen in Bezug auf die Entfernung von Stadtzentrum und den Industriestandorten verhältnis-

Der bauliche Zustand der Gebäude in den einzelnen Kieler Stadtteilen
Wohngebäude

Stadtteil	Ausgang	unbeschädigt		beschädigt		zerstört	
		absolut	in %	absolut	in %	absolut	in %
Altstadt	328	8	2,4	35	10,7	285	86,9
Vorstadt	397	40	10,1	45	11,3	312	78,6
Exerzierplatz	542	64	11,8	225	41,5	253	46,7
Damperhof	415	23	5,5	98	23,6	294	70,9
Brunswik	783	24	3,1	149	19,0	610	77,9
Düsternbrook	605	72	14,2	114	22,5	320	63,3
Am Blücherplatz	770	68	8,8	364	47,3	338	43,9
Wik	986	416	42,2	421	42,7	149	15,1
Ravensberg	759	134	17,7	453	59,7	172	22,6
Schreventeich	1.042	287	27,5	591	56,7	164	15,8
Am Südfriedhof	1.353	423	31,3	594	43,9	336	24,8
Gaarden-Ost	1.255	76	6,1	614	48,9	565	45,0
Gaarden-Süd	1.561	891	57,1	470	80,1	20	12,8
Hassee	1.056	624	59,1	308	29,2	124	11,7
Hasseldieks-damm	216	201	93,1	10	4,6	5	2,3
Ellerbek	1.352	53	3,9	219	16,2	1.080	79,9
Wellingdorf	1.231	143	11,6	467	37,9	621	50,5
Holtenau	459	272	59,3	161	35,1	26	5,6
Pries	715	508	71,0	196	27,5	11	1,5
Friedrichsort	191	51	26,7	135	70,7	5	2,6
Neum. Dietrichsdorf	1.259	173	13,4	451	34,8	671	51,8
Elmschenhagen	2.928	616	21,0	1.859	63,5	453	15,5
Summe	20.140	5.167	25,7	7.979	39,6	6.994	34,7

Nichtwohngebäude

Stadtteil	Ausgang	unbeschädigt		beschädigt		zerstört	
		absolut	in %	absolut	in %	absolut	in %
Altstadt	127	8	6,3	28	22,0	91	71,7
Vorstadt	170	24	14,1	62	36,5	84	49,5
Exerzierplatz	42	8	19,0	18	42,9	16	38,1
Damperhof	70	7	10,0	39	55,7	24	34,3
Brunswik	53	3	5,7	32	60,4	18	33,9
Düsternbrook	60	10	16,7	20	33,3	30	50,0
Am Blücherplatz	30	3	10,0	14	46,7	13	43,3
Wik	97	19	19,6	68	70,1	10	10,3
Ravensberg	43	12	27,2	21	48,8	10	23,3
Schreventeich	67	10	14,9	39	58,2	18	26,9
Am Südfriedhof	106	18	16,9	45	42,5	43	40,6
Gaarden-Ost	74	3	4,1	38	51,4	33	44,5
Gaarden-Süd	48	24	50,0	21	43,7	3	6,3
Hassee	86	31	36,0	52	60,5	3	3,5
Hasseldieks-damm	7	2	28,5	5	71,4	–	–
Ellerbek	31	–	–	25	80,6	6	19,4
Wellingdorf	14	3	21,4	6	42,9	5	35,7
Holtenau	51	26	50,9	25	49,1	–	–
Pries	11	6	54,5	5	45,5	–	–
Friedrichsort	16	10	62,5	6	37,5	–	–
Neum. Dietrichsdorf	31	6	19,4	14	45,2	11	35,4
Elmschenhagen	34	–	–	30	88,2	4	11,8
Summe	1.268	233	18,4	613	48,3	422	33,3

Wohngebäude und Nichtwohngebäude

Stadtteil	Ausgang	unbeschädigt		beschädigt		zerstört	
		absolut	in %	absolut	in %	absolut	in %
Altstadt	455	16	3,5	63	13,8	376	82,7
Vorstadt	567	64	11,3	107	18,9	396	69,8
Exerzierplatz	584	72	12,3	243	41,6	269	46,1
Damperhof	485	30	6,2	137	28,2	318	65,6
Brunswik	836	27	3,2	181	21,7	628	75,1
Düsternbrook	566	82	14,5	134	23,7	350	61,8
Am Blücherplatz	800	71	8,9	378	47,3	351	43,8
Wik	1.083	435	40,2	489	45,2	159	14,6
Ravensberg	802	146	18,2	474	59,1	182	22,7
Schreventeich	1.109	297	26,8	630	56,8	182	16,4
Am Südfriedhof	1.459	441	30,2	639	43,8	379	26,0
Gaarden-Ost	1.329	79	5,9	652	49,1	598	45,0
Gaarden-Süd	1.609	915	56,9	491	30,5	203	12,6
Hassee	1.142	655	57,4	360	31,5	127	11,1
Hasseldieks-damm	223	203	91,0	15	6,7	5	2,3
Ellerbek	1.383	53	3,8	244	17,6	1.086	78,6
Wellingdorf	1.245	146	11,7	473	38,0	626	50,3
Holtenau	510	298	58,4	186	36,5	26	5,1
Pries	726	514	70,8	201	27,7	11	1,5
Friedrichsort	207	61	29,5	141	68,1	5	2,4
Neum. Dietrichsdorf	1.326	179	13,5	465	35,1	628	51,4
Elmschenhagen	2.962	616	20,8	1.889	63,8	457	15,4
Summe	21.408	5.400	25,2	8.592	40,1	7.416	34,7

Beschädigungsgrad der beschädigten Wohngebäude in den einzelnen Kieler Stadtteilen

Stadtteil	kaum beschädigt		leicht- beschädigt		mittel- beschädigt		schwer(st)- beschädigt		alle Grade	
	abs.	in %	abs.	in %	abs.	in %	abs.	in %	abs.	in %
Altstadt	0	0	8	22,8	18	51,4	9	25,8	35	100,0
Vorstadt	3	6,7	19	42,2	14	31,1	9	20,0	45	100,0
Exerzierplatz	10	4,4	109	48,5	85	37,8	21	9,3	225	100,0
Damperhof	2	2,0	42	42,9	35	35,7	19	19,4	98	100,0
Brunswik	5	3,4	53	35,6	56	37,5	35	23,5	149	100,0
Düsternbrook	3	2,6	38	33,3	45	39,5	28	24,6	114	100,0
Am Blücherplatz	21	5,8	112	30,8	151	41,4	80	22,0	364	100,0
Wik	18	4,3	235	55,8	134	31,8	34	8,1	421	100,0
Ravensberg	36	7,9	266	58,7	127	28,1	24	5,3	453	100,0
Schreventeich	74	12,5	324	54,9	137	23,1	56	9,5	591	100,0
Am Südfriedhof	68	11,5	295	49,6	173	29,1	58	9,8	594	100,0
Gaarden-Ost	44	7,2	279	45,4	185	30,1	106	17,3	614	100,0
Gaarden-Süd	53	11,3	272	57,9	123	26,1	22	4,7	470	100,0
Hassee	46	14,9	201	65,3	44	14,3	17	5,5	308	100,0
Hasseldieks- damm	–	–	7	70,0	2	20,0	1	10,0	10	100,0
Ellerbek	21	9,6	81	37,0	92	42,0	25	11,4	219	100,0
Wellingdorf	21	4,5	133	28,5	222	47,5	91	19,5	467	100,0
Holtenau	34	21,1	104	64,6	20	12,4	3	1,9	161	100,0
Pries	46	23,5	144	73,5	6	3,0	–	–	196	100,0
Friedrichsort	46	34,1	88	65,2	1	0,7	–	–	135	100,0
Neum. Dietrichsdorf	27	6,0	204	45,2	148	32,8	72	16,0	451	100,0
Elmschenhagen	344	18,5	1.274	68,5	147	8,0	94	5,0	1.859	100,0
Summe	922	11,6	4.288	53,7	1.965	24,6	804	10,1	7.979	100,0

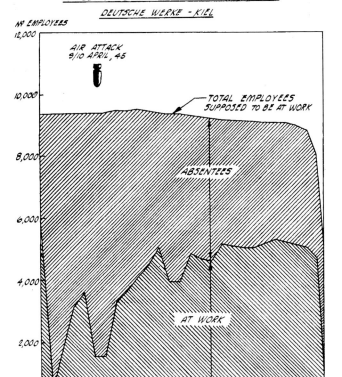

EMPLOYEES AT WORK AND ABSENTEES
FOLLOWING 9 APRIL 1945 AIR RAID

DEUTSCHE WERKE - KIEL

N° EMPLOYEES

AIR ATTACK
9/10 APRIL, 45

TOTAL EMPLOYEES
SUPPOSED TO BE AT WORK

ABSENTEES

AT WORK

APRIL 1945

MAY 1945

EXHIBIT H-9

26 *Anwesenheit und Fehlzeiten der Arbeiter, Deutsche Werke.*

mäßig hohen Grad der Zerstörung aufweist, was besonders für das mit Werkswohnungen gespickte Neubaugebiet gilt,[239] doch fallen die Schäden im Vergleich mit den näher zu den Werften lokalisierten Arbeitervierteln moderat aus. Nur 5% der Wohnungen waren schwer und schwerstbeschädigt, nur 8% mittelbeschädigt.[240] Das sind Zahlen, die einem Vergleich mit den Quoten der an die Werftanlagen grenzenden Stadtteile Wellingdorf (19,5% und 47,5%), Ellerbek (11,4% und 42%), sowie Gaarden-Ost (30% und 17%) nicht standhalten.[241]

Zur Beantwortung der Frage, ob für Angriffe gegen die Werften und Industrieanlagen Kiels auf der einen und gegen Arbeiterwohnviertel auf der anderen Seite

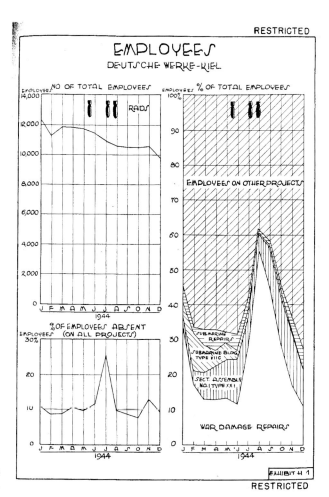

EMPLOYEES
DEUTSCHE WERKE-KIEL

NO OF TOTAL EMPLOYEES
% OF TOTAL EMPLOYEES

RAIDS

EMPLOYEES ON OTHER PROJECTS

%OF EMPLOYEES ABSENT
(ON ALL PROJECTS)

SUBMARINE REPAIRS

SUBMARINE BLDG. TYPE VIIC

SECT. ASSEMBLY NO. 1 TYPE XXI

WAR DAMAGE REPAIRS

1944

EXHIBIT H 1

27 Beschäftigungszahlen,
Deutsche Werke Kiel 1944.

verschiedene Bombentypen, etwa Schwerstbomben gegenüber Brandbomben, eingesetzt worden sind, hat leider kein Quellenmaterial vorgelegen. In der Regel setzte
man bei Luftangriffen auf Arbeiterviertel auf eine Kombination aus Brandbomben,
zum Erzeugen möglichst vieler Brandherde und auf Spreng- bzw. Splitterbomben,
um die Bevölkerung in ihren Schutzräumen zu halten und so die Brandschäden zu
vergrößern.[242]

»Angesichts jahrzehntelanger schwerer Versäumnisse auf dem Wohnbausektor mul-
tiplizierten sich (die Schäden) unter den Auswirkungen des Flächenbombardements
zu einem Schneeballeffekt und machten das Wort »ausgebombt« zu einem Stigma der

Trost- und Aussichtslosigkeit.«[243] Anfang 1939 waren von 17,8 Millionen Wohnungen im Deutschen Reich 1/3 dringendst renovierungsbedürftig und einem Bedarf von 6 Millionen Einwohnern stand ein Reinzugang von nur 202.229 Wohneinheiten gegenüber. Dieser Umstand führte dazu, daß die durch die »Flächenangriffe herbeigeführte massenhafte Wohnraumvernichtung sich für die deutschen Machthaber und auch die Großbetriebe zu einem der größten sozialen Probleme entwickelte.«[244]

Die entscheidende Frage ist aber, wie sich die Zerstörungen von Werften und Arbeiterwohnungen auf die Arbeitsmoral der Werftarbeiter auswirkten? Wenn man den Ausführungen des Rüstungskommandos Glauben schenken darf, so ist die Arbeitsmoral der in den Rüstungsbetrieben beschäftigten Arbeiter durch Luftangriffe, abgesehen von einzelnen Entgleisungen, weitgehend aufrecht gehalten worden. Das gelang aber wohl nur mit einem nicht unbeträchtlichen Aufwand und einem umfassenden Maßnahmenkatalog.

Dieses Ergebnis legen zumindest die Berichte des Rüstungskommandos Kiels nahe, die immer wieder die außerordentliche Einsatzbereitschaft hervorheben, mit der Instandsetzungs- und Aufräumarbeiten auch noch nach den schweren Fliegerangriffen vom Juli und August 1944 in Angriff genommen wurden und daher ein innerer Zusammenbruch wie 1918 nicht zu befürchten gewesen sei.[245] Die Ernennung Himmlers zum Befehlshaber des Ersatzheeres im gleichen Zeitraum, habe, vor allem nach dem auf Hitler verübten Attentat vom 20.7.1944, zu einer »erheblichen Verstärkung der allgemeinen Abneigung und Abwehr gegen Defätismus jeder Art« geführt.[246]

Die Tatsache, daß sich die Fliegerangriffe verstärkt gegen die »typischen« Kieler Arbeiterwohnviertel richteten, machte sich die nationalsozialistische Propaganda gerade nach dem 20. Juli zu Nutzen. Von einem Gegner, der seine Luftangriffe bewußt gegen die Wohnstätten der deutschen Bevölkerung richtete, mußte im Falle einer Niederlage noch sehr viel Schlimmeres befürchtet werden.

Die area-bombing-Strategie verfehlte somit nicht nur ihr Ziel, die Arbeitsmoral der Bevölkerung und der Rüstungsarbeiter zu treffen, sondern schlug auch kontraproduktiv auf ihre Träger zurück, da sie die deutsche Propaganda bei ihrer Absicht, den Widerstandswillen der Zivilbevölkerung zu erhöhen, unterstützte,[247] obwohl schon zu Beginn des Jahres 1944 mehr als 75% der Deutschen den Krieg verloren glaubten.[248] Auch für das Deutsche Reich negative Entwicklungen der allgemeinen gesamtpolitischen und militärischen Kriegslage, wie etwa die Niederlage von Stalingrad oder die Aufgabe Nordafrikas sollen sich nicht mittelbar auf den Krankenstand ausgewirkt haben. Zumindest hielt sich die Zahl der unentschuldigt Fehlenden nach diesen Ereignissen auf ca. 1%.[249]

Während somit von Luftangriffen keine direkten Veränderungen und negative Auswirkungen auf die Arbeitsmoral abzuleiten sind, wurde die Motivation der Arbeiter durch kriegs- und dadurch zumindest auch mittelbar durch luftkriegsbedingte

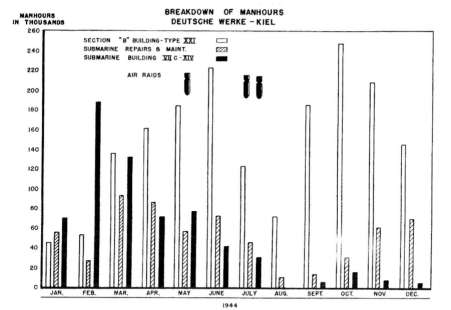

MANHOURS IN THOUSANDS

**BREAKDOWN OF MANHOURS
DEUTSCHE WERKE – KIEL**

SECTION "B" BUILDING – TYPE XXI
SUBMARINE REPAIRS & MAINT.
SUBMARINE BUILDING VII C – XIV

AIR RAIDS

JAN. FEB. MAR. APR. MAY JUNE JULY AUG. SEPT. OCT. NOV. DEC.

1944

28 *U-Bootfertigung / Ausfall von Arbeitsstunden / Deutsche Werke.*

Maßnahmen durchaus beeinträchtigt. Vor allem Neuerungen begegnete man auf den Werften immer wieder mit Unverständnis und Unmutsäußerungen. So setzte die Germaniawerft für den 4.5.1941 Sonntagsarbeit an, zu der 1.400 Mann nicht erschienen.[250] Ohnehin wandte sich der Unmut der Arbeiter vor allem in den ersten Kriegsjahren gegen eine zentrale staatliche Wirtschaftslenkung und dessen Begleiterscheinungen, insbesondere gegen die Ausweitung von Frauenarbeit und die praktizierte Lohnpolitik mit ihrem Lohnstopsystem.[251] Zu Beschwerden kommt es auch über Urlaubssperren, infolge der Anordnung über die Einführung einer vorläufigen Urlaubssperre vom 11.8.1944.[252]

Vor allem auch drohende Einberufungen und die besprochenen Maßnahmen führten später aber wohl dazu, daß Arbeitsbetrieb und Arbeitsdisziplin weitgehend geregelt fortgeführt werden konnten.[253] Wie zwanghaft eine solche Fortführung gerade im letzten Kriegsjahr aber gewesen sein muß, zeigt ein Schreiben des Kieler Kreisobmanns der Deutschen Arbeitsfront (DAF) an die Betriebsführer rüstungswirtschaftlicher Unternehmen vom 9.10.1944. »Nachdem die schweren Terrorangriffe auf unsere Stadt nunmehr hinter uns liegen, ist es allen Aktivisten in den Betrieben ein Bedürfnis, in alter Form durch eine Kundgebung zu beweisen, daß sich der Geist der arbeitenden Männer in den Betrieben keineswegs geändert hat.«[254]

Themenausblick und Rahmenschluss

Unsere Untersuchung hat die folgenden Ergebnisse geliefert, die wir zusammenfassen können.

1. Durch die zahlreichen Bombenabwürfe auf das Kieler Hafengebiet ist der Kieler Hafenwirtschaft zwar ein großer Gesamtschaden entstanden, der jedoch gemessen an dem von den Angreifern betriebenen Aufwand in keinem adäquaten Verhältnis steht.

2. Die durch den Luftkrieg verursachten Auswirkungen auf die Fertigung – gemessen am ausgestoßenen Schiffsraum – traten vereinzelt infolge der Angriffe der zweiten Julihälfte des Jahres 1943 und im Frühjahr und in den Sommermonaten des Jahres 1944 auf. Aufgrund der Tatsache, daß Kiel und seine Hafenwirtschaft von September 1944 bis Mitte März 1945 von schweren Luftangriffen verschont blieb, konnte die Produktion aber bis zu den Großoffensiven im April 1945 aufrecht gehalten werden.

3. Festzuhalten ist ferner, daß die Kieler Werften am Kriegsschiffbau gut verdient haben. Über fast alles andere aber, das über diese pauschale Feststellung hinausgeht, lassen sich für diesen Aspekt der Themenstellung nur Spekulationen anstellen, da die Hauptbilanzen der vorliegenden Geschäftsberichte der drei Kieler Großwerften für die Beantwortung der Fragestellung nur unbefriedigend oder gar nicht aufgeschlüsselt werden können und geschlossene Geschäftsbilanzen anderer Betriebe nicht eingesehen werden konnten.

4. Trotz dieser Einschränkung sind bis Anfang 1945 die Fertigungsausfälle in der Kieler Hafenwirtschaft eher durch strukturelle oder andere Faktoren, wie vor allem Arbeitskräftemangel, später auch Materialmangel und die daraus resultierenden Folgen bedingt. Der Bombenkrieg war somit ein, aber nicht das einzige und entscheidende Moment, das die Kriegsrüstung des Kieler Hafens beeinflusste. Besonders im zivilen Handelshafen sind Auswirkungen auf die Wirtschaftlichkeit in erster Linie nicht durch den Bombenkrieg, sondern vielmehr durch die Struktur der Kriegswirtschaftsordnung und den daraus resultierenden Problemen bei der Treibstoff- und Energieversorgung, der Sicherung des Transport- und Zulieferwesens, letztendlich auch durch eine lähmende übersteigerte Bürokratie mit sich gewollt überschneidenden Kompetenzbereichen bedingt.[255]

5. Die alliierten Bombenangriffe führen in Kiel, gemäß der vorgegebenen »areabombing« Strategie vor allem im Stadtzentrum und den Arbeiterwohnvierteln zu stärksten Zerstörungen. Ein derartiges Angriffsverhalten trifft die Kieler Rüstungsindustrie auf diese Weise nur auf dem Umweg über die Zivilbevölkerung. Die »Areaattacks« haben in Kiel aber kaum die intendierte Auswirkung auf die Arbeitsmotivation der in der Kieler Rüstungs- und Hafenindustrie beschäftigten Arbeiter. Eine intensive Bombardierung von Präzisionszielen und Zulieferwegen, zu der man auf

amerikanischen Druck hin ab 1944 verstärkt überging, erzielte im Vergleich zu den Flächenbombardements seit Frühjahr 1944 vergleichsweise beträchtliche, auch kriegsverkürzende Wirkungen in der deutschen Petrolwirtschaft und im Verkehrswesen, so daß sich die Zulieferprobleme auch für die Kieler Hafenwirtschaft erheblich ausweiten. Diese Angriffsstrategie hätte wohl, wenn sie schon früher konsequent praktiziert worden wäre, nicht nur eine sehr viel umfassendere Beeinträchtigung der Kieler Hafenwirtschaft mit sich gebracht, sondern auch Tausenden von Kielern das Leben gerettet. Präzise Bombardierungen waren ab 1942 technisch möglich, nachdem man beispielsweise im September 1939 noch Esbjerg anstatt Wilhelmshavens getroffen hatte.

Das Ergebnis dieser Arbeit entbehrt letztendlich auch nicht einer gewissen Ironie, wenn man bedenkt, daß die Kieler Hafenwirtschaft ihre rationalisierte, ausgelagerte und verbunkerte Fertigung auf eine Waffe konzentrierte, die, bezogen auf die alten VII-C U-Boote, ab 1942/1943 weitgehend nicht einsatztauglich und bezogen auf die Entwicklung der neuen Elektro-U-Boote und den Walterantrieb, bis kurz vor Kriegsende nicht einsetzbar war.

Die Fortführung der Produktion bis in das Frühjahr 1945 und die gefertigten Waffen waren mitverantwortlich dafür, daß sich der für Deutschland ab 1943 verlorene Krieg unnötig verlängerte und die Stadt Kiel wie so viele andere Städte am Kriegsende in Trümmern lag. Die Beseitigung der Kriegsschäden sollte Jahre dauern.

Anmerkungen

[1] Bestände NS 1, R19 Hauptamt/Ordnungspolizei und R 3102 städtisches Reichsamt, R2 Reichsfinanzministerium. In diesem Bestand finden sich einige spezielle Akten zum zivilen Luftschutz und zum Werkluftschutz allgemein: R2, Aktenplangruppen Lu und O 6035. Für die Einschätzung der Arbeitsmoral der Werftarbeiter vgl. auch den Bestand R 58, Reichssicherheitshauptamt, hier insbesondere die Berichte zu Inlandsfragen. Die Bestände des Bundesarchivs Berlin sind für den Beitrag nicht umfassend ausgewertet worden.

[2] Bestand: RW 20 und RW 21, vor allem RW 21-32/1 bis 32/20 (Kriegstagebücher des Rüstungskommandos Kiel), ferner: RW 19/72 (Ritter von Wurmb (Oberst): Kriegserfahrungen aus dem Arbeitsgebiet der Rüstungsinspektionen für den Zeitraum 1.9.1939 bis 30.9.1942.)

[3] Zuletzt : Grieser 1987.

[4] Vgl. Findbuch des Bestandes BA-MA-RW 22.

[5] Vor allem StaK 34610, 38323 und 48554. Weitere Kleinstinformationen aus 32879, 33417, 34598, 34599, 38068, 38312 und 45769. In einer zweiten Kategorie: 32875, 35198, 35199, 38110, 38352 und 48554.

[6] Bestand: Handakten des Stadtrats Otto Voß, Ostufer I, III–VI. Hier auch Übersichten zum Zerstörungsgrad des Gebäudebestandes auf dem Werftgelände.

[7] Papierbilder des Stadtarchivs, vor allem: Album Nr. 61, 62 und 63 mit Bezug auf die Angriffe vom 14.5.1943, 4.5.1944 und 19.5.1944.

[8] Stadt Kiel, 1949.

[9] Weitere Fotobestände größeren Umfangs befinden sich in der Air Photo Library, Departement of Geography, University of Staffordshire und im Public Record Office in London.

[10] Vor allem die Bestände LAS 301 (Oberpräsident), 309 (Regierungspräsident), 454 (Gauleitung) und 455 (Stapoleitstelle).

[11] Nicht notwendigerweise, da die veröffentlichte Bilanz anders aussehen kann als die interne. In die Untersuchung einbezogen wurden: Deutsche Werke Kiel, Aktiengesellschaft, Geschäftsbericht und Bilanzen, Jg. 1937/38 bis 1943/44; Friedrich Krupp Germaniawerft, Aktiengesellschaft, Jahresbericht von Jg. 1937/38 bis 1941/42 und Howaldtswerke Kiel, Aktiengesellschaft, Geschäftsbericht, Jg. 1937/38 bis 1943/44. Die Reihen liegen nicht geschlossen vor. Der Bericht für den Zeitraum 1944/45 ist nur notdürftig aufgestellt worden.

[12] Laut Auskunft der HDW erhält das firmeneigene Archiv kein aufschlußreiches Material für die Themenstellung.

[13] Wohl Jahrgang 1914 und älter.

[14] Deutsche Werke AG Kiel, Germany, The United States Strategic Bombing Survey, 1947. Friedrich Krupp Germaniawerft AG Kiel, Germany, The United States Strategic Bombing Survey, 1947.

[15] Eine solche Feststellung wäre für eine Beantwortung der Frage aber wichtig, das gilt insbesondere auch für die Aussageprotokolle der interviewten Vorstandsmitglieder. Vgl. US-Survey, Germaniawerft, S. 2. Die 1947 herausgegebenen Surveys beziehen sich auf Daten, die oft nicht im angegeben sind. Der Quellenwert der Surveys ist daher einzuschränken.

[16] Von grundlegender Bedeutung sind dabei die erstmals 1949 bzw. 1951 herausgegebenen beiden Bände von Wesley Frank Craven und James Lea Cate: The Army Forces in World War II. 2 Bd, Chicago sowie: Charles Webster und Noble Frankland: The Strategic Air Offensive against Germany 1939–1945, London 1961.

[17] Smith, Myron J.: Air War Bibliography 1939–1945. English language sources, Kansas, 1982.

[18] Middlebrook, Martin: The Bomber Command War Diaries, London 1985. US-amerikanisch: Schaffer, Ronald. Wings of judgement. American Bombing in World War II, New York, Oxford 1983.

[19] Einen brauchbaren Überblick über die umfangreiche Regionalliteratur liefert: Groehler 1990. Eine der besten Studien ist die Arbeit von Bergander über Dresden.

[20] An dieser Stelle sei besonders auf die Arbeit von Robert Harris verwiesen: Despatches on War Operations, London, 1995.

[21] Boelck 1959.

[22] Hinzu kommt, daß Boelcks Augenzeugenbericht, aufgrund der stark eingeschränkten Sicht aus dem Kieler Rathausturm, kaum weitreichende Aufschlüsse über Ablauf und Folgen der Bombenangriffe für das Hafengebiet liefert.

[23] Voigt 1950.

[24] Aus der Vielzahl: H. G. Flenker: Kiel im Luftkrieg 1939–1945, Kiel 1982. Menzel, Christian: Luftkrieg über Kiel, Kiel 1989.

[25] Diese Tendenz gilt insbesondere für das Material, wie z.B. die stadtgeographische Karte von Voigt oder den town-target-plan der britischen Angreifer. Vgl. Jensen 1989, S. 13.

[26] In erster Linie sei hier erwähnt: Neuerburg 1955. Besonders für Neuerburg 1961 aber gilt, daß hier brauchbare, an anderen Stellen nicht verzeichnete Informationen zu finden sind.

[27] Jensen 1989, S. 8.

[28] Bau- und Lagepläne, auf denen Bunkerschutzvorrichtungen auszumachen sind, finden sich im Stadtarchiv Kiel. StaK 34610. In einer Festschrift der Deutschen Werke von 1936 findet sich sogar ein Foto, das Angehörige der Werksschaar beim Bunkerbau zeigt, wohingegen in den Folgejahren Bunkerbauprogramm und auch später der Luftkrieg aus naheliegenden Gründen in Werkszeitungen und Selbstdarstellungen keine Erwähnung mehr finden.

[29] Vgl. StaK 38323. Schreiben der Deutschen Werke Kiel an die Oberbaupolizei vom 28.3.1938.

[30] Vgl. Ebda. Erst am 11.5.1938 genehmigt das Arbeitsamt Kiel 7,5 t Baueisen.

[31] Neuerburg 1961, S. 6–7. Zu den Bunkerbauten vgl. StaK 38354, 38068, 38312 und 38354.

[32] Neuerburg 1961, S. 8. Nach Verschärfung der Luftlage werden die Bestände über den Zeitraum 1939–1944 ausgelagert. Deren Verbleib konnte aber nicht mehr festgestellt werden.

[33] Neuerburg 1961, S. 9.

[34] Die Kieler HVB waren für den Wirtschaftsbetrieb des Binnen-, Nord- und Schwentinehafens, des Olympiahafens Düsternbrook, der Fischereieinrichtungen und Krananlagen, der Silos, der Nordostsee- und Fischhalle, sowie aller städtischen Lagerhäuser am Hafen und ferner auch der Kleinbahn Suchsdorf-Wyk, der Anschlußbahn Neuwittenbek-Voßbrook und der Fähre Kiel-Gaarden zuständig. Jedoch nahm der Kieler Handelshafen in den Kriegsplänen eine eher untergeordnete Rolle ein, denn auch wenn nicht von einem Primat der militärischen Nutzung des Hafengebietes von 1933 an gesprochen werden darf, so kann doch spätestens seit dem Deutsch-Britischen Flottenabkommen von 1935 und dem Verkauf des Voßbrooker Geländes an die Kriegsmarine von einem solchen ausgegangen werden.

[35] Ziemann 1990, S. 68.

[36] Über die Gründe für die abwartende Haltung Frankreichs und Großbritanniens ist viel spekuliert worden. Diese Diskussion soll aber nicht Bestandteil dieser Arbeit sein. Vgl. Dahm 1965. Hier vor allem das dritte Kapitel über Kriegsmittel und Organisationen, S. 55–71.

[37] Vgl. Verrier, Anthony: Bomberoffensive gegen Deutschland, Frankfurt am Main 1990; Le-

vine, J.: The Strategic Bombing of Germany 1940–1945, London 1992 und bzgl. der Liste Groehler 1990.

[38] Grieser 1987, S. 164. Mit Verweis auf Rü Kdo Kiel, Vierteljahresbericht vom 30.6.1940.

[39] Neuerburg 1961, S. 11.

[40] Ibid., S. 13. Aus strategischen Gründen wählten die RAF-Verbände verschiedene Routen für ihre Einflüge, meist von Norden her. So flogen die Briten etwa über Svendborg bis nach Skaarup, 6 km nordöstlich von Svendborg, ein und folgten von dort dem großen Belt und der Westküste Langelands.

[41] Grieser 1987, mit Verweis auf Bericht der Wehrwirtschaftsstelle des Bezirks Kiel, Nr. 1673.

[42] Grieser 1987, S. 164.

[43] Ibid., S. 165.

[44] Diese theoretischen Überlegungen wirkten sich in Kiel aber erst ab 1944 aus, als die Amerikaner verstärkt auf die Strategie der RAF Einfluß nahmen.

[45] Wolf 1983, S. 35. Zitat hier aus einem Schreiben von Sir Charles Portal an Harris vom 14.2.1942.

[46] Vor 1942 wurde von einer »defensiven« Zielauswahl gesprochen. Es erging die Weisung vom 9.7. und 27.10.1941, vornehmlich U-Bootstützpunkte zu bombardieren. Vgl. Wolf 1983, S. 11–20 und S. 20–31.

[47] Irving 1962, S. 32. Die Arbeiten Irvings sind tendenziell, die Intention Harris' aber korrekt wiedergegeben. Zu diesem Themenkomplex vgl. auch Dielmann 1996.

[48] Neuerburg 1961, S. 15.

[49] Grieser 1987, S. 167. Verweis auf Rü Kdo Kiel, Vierzehntagesbericht vom 13.9.1942.

[50] Ibid., S. 168.

[51] Neuerburg 1961, S. 16.

[52] Wolf 1983, S. 41–53.

[53] Ibid., S. 130.

[54] Ibid., S.54–55.

[55] Der Abzug vieler Angriffe auf Kugellager (Zulieferer, z.B. Schweinfurt) und Flugzeugindustrie und die Tatsache, daß deutsche Abwehrjäger vor allen den US-Streitkräften übermäßig hohe Verluste zuführen sollten, ließen die Alliierten diese Vorgabe ab Sommer 1943 relativieren. Allerdings hatten in der ersten Hälfte des Jahres 1943 noch 63% der US-Bomben und 30% aller britischen Bomben der U-Bootwaffe gegolten. Der Anteil der U-Bootproduktionsstätten an der jeweiligen Gesamtbombenmenge der 8. US-Luftflotte fiel 1943/

44 quartalsweise von 41%, über 16% auf ca. 4%. Vgl. Rössler: Die deutschen U-Boote und ihre Werften, Kiel 1990, S.360.

56 Wolf 1983, S. 45 ff.

57 Grieser 1987, S. 170. Mit Verweis auf Rü Kdo Kiel, Nr. 2172 geh. Monatsbericht bis zum 30.6.1943.

58 Grieser 1987, S.177. Mit Verweis auf Rü Kdo Kiel, Nr. 2151 geh Z. an Rü In X, 31.7.1944.

59 Grieser 1987, S. 178. Mit Verweis auf Rü Kdo Kiel, Nr. 2591 geh Z., Lagebericht vom August 1944.

60 Ziemann 1990, S. 72. Konkrete Maßnahmen nennt Ziemann leider nicht.

61 Ibid., S. 72.

62 Ibid., S. 70.

63 Grieser 1987, S 181. Sollten diese Vermutungen zutreffen, dann könnte es Entscheidungen von höchster strategischer Bedeutung nach sich gezogen haben. Die Überlieferung der KTB der Rü Kdo bricht Ende September ab.

64 Irving 1962, S. 2. Diese These wird auch in populären Darstellungen, z.B. auch auf dem Videosektor immer wieder gerne verwendet, kann aber wohl als Mythos abgetan werden.

65 Boelck 1959, S. 62. Zum Ausmaß der entstandenen Schäden vgl. auch die Kartennummern 827, 882, 991 und 986/989 des Kieler Stadtarchivs.

66 Ziemann 1990, S. 74.

67 US-Survey, Germaniawerft 1947, Exhibit C.

68 Neuerburg 1961, S.17.

69 Fotos britischer Luftaufklärung vom 14.4.1945. Vgl. Jensen 1989, S. 83.

70 Fotos britischer Luftaufklärung vom 14.4.1945. Vgl. Ibid., S. 86.

71 Fotos amerikanischer und britischer Luftaufklärung nach den Apriloffensiven. Vgl. Jensen 1989, S. 82/83 (Kriegsmarinearsenal), S.86 (Deutsche Werke Kiel) und S. 88 (Howaldtswerke).

72 US-Survey, Germaniawerft 1947, S. 2–3. (Ib-Brandbomben / HE-Sprengbomben)

73 Howaldtswerke Kiel 1954, S.1.

74 Ibid., S. 2.

75 Stellungnahme der Deutschen Werke Kiel Aktiengesellschaft zu dem Artikel des Herrn Brestel »Millionenverluste in Kiel« in der Frankfurter Allgemeinen Zeitung vom 22. Juni 1954, Nr. 141, S. 2.

76 Die Probleme, die sich aus Fehlern bei der übergeordneten Planung der Kriegswirtschaft auf der Reichsebene ergaben, sind so zahlreich, daß sie an dieser Stelle unmöglich auch nur aufgelistet werden können. Die langfristigen Belastungsfaktoren der nationalsozialistischen Wirtschaftsordnung sind aber in verschiedensten Arbeiten untersucht worden. Es sei hier verwiesen auf: Forstmeier, Friedrich/ Volkmann, Hans Erich: Kriegswirtschaft und Rüstung 1939–1945, Düsseldorf 1977. Darin insbesondere den Aufsatz von Milward, Alan: Arbeitspolitik und Produktivität in der deutschen Kriegswirtschaft unter vergleichendem Aspekt, S. 73–92.

77 Geschäftsberichte der Howaldtswerke AG, Jg. 1939/1940, S. 2; Deutsche Werke Kiel AG 1939/1940, S.2.

78 Grieser 1987, Anhang 2.

79 Geschäftsberichte Howaldtswerke AG, Jg. 1939/40 , S.2.

80 US-Survey, Germaniawerft 1947, S. 14.

81 Geschäftsbericht Deutsche Werke Kiel AG 1940/41, S. 1.

82 Grieser 1987, S. 195. Mit Verweis auf Rü Kdo Kiel, Monatsbericht vom Februar 1942, S.1. Verzögerungen bei den Neubauten ergaben sich vor allem durch Probleme bei der Zulieferung oder durch Bombentreffer auf einzelne Sektionsbauteile.

83 Grieser 1987, S. 198. Mit Verweis auf Rü Kdo Kiel, Monatsbericht vom Februar 1942, S. 3.

84 Grieser 1987, S. 198. Mit Verweis auf Rü Kdo Kiel, Vierzehntagesbericht vom 15.7.1942, S.1.

85 Grieser 1987, S. 98. Mit Verweis auf Rü Kdo Kiel, Vierzehntagesbericht vom 30.6.1942, S.1.

86 Flenker 1985. Das Beispiel zeigt anschaulich, wie noch Ende 1942 eine größere Anzahl von Arbeitskräften an strategisch überholten Bauprogramme gebunden wurde.

87 Vgl. die Geschäftsberichte der drei Großwerften in den entsprechenden Jahrgängen.

88 Howaldtswerke AG, Jg. 1939/1940, S. 2.

89 Ziemann 1990, S. 70. Die für eine Bilanzrechnung des Handelshafens in erster Linie interessanten Lage- und Abschlußberichte der HVB sind verlorengegangen.

90 Ibid., S. 72. Der HVB Finanzplan kritisiert die Ineffizienz der im Nordhafen zur Kohlelöschung vorhandenen 1,5 Tonnen Kräne, die vor allem keine Greifer besaßen. Nach quellenkritischen Gesichtspunkten ist die Arbeit von Ziemann unbefriedigend. Die Eindeutigkeit und Überprüfbarkeit der Aussagen ist nicht immer gegeben.

91 Ibid., S. 73–74. Ein Hinweis auf eine Beschwerde aus den Akten der Reichskanzlei, in denen sich die Stadt Kiel über einen unzu-

reichenden Luftschutz der Stadt und seines (Handels-)hafens beschwert, konnte an entsprechender Stelle leider nicht aufgefunden werden.

[92] Ibid., S. 72. So erklärt sich auch, daß die Bahnverbindung, außer einem durch Fliegerschaden bedingten anderthalbmonatigen Ausfall im Sommer 1944, ständig in Betrieb gehalten wurde.

[93] Übersicht über den Zustand der Hafenanlagen im Binnenhafen in Bezug auf zerstörte Kaimauern und Lagerräume. Vgl. Ibid., S. 75.

[94] Zu diesem Ergebnis kommen auch alliierte Untersuchungskommissionen nach Kriegsende. »The emergence of strategic bombing during this war made such vulnerable concentration unjustifiable.« Vgl. US-Survey, Germaniawerft, 1947, S. 2.

[95] Ortmann 1992, S.237.

[96] Grieser 1987, S. 168. Mit Verweis auf einen Auszug aus dem Lagebericht des örtlichen Luftschutzleiters Kiel vom 17.10.1942 über den Luftangriff vom 13./14.10.1942.

[97] Reichsgesetzblatt Jg. 1942, Teil I, 12. Durchführungsverordnung zum Luftschutzgesetz (Tarnverordnung) vom 26.2.1942 zur Regelung des Kostenerstattungs- und Entschädigungsverfahrens.

[98] Ortmann 1992, S.237.

[99] Wolf, S. 129. Auch in Hamburg versuchte man feindliche Fliegerverbände dadurch zu irritieren, daß man z. B. den ursprünglichen Verlauf der Außenalster durch überdimensional große Holzplatten tarnte und an anderer Stelle imitierte.

[100] Neuerburg 1961, S. 18.

[101] US-Survey, Deutsche Werke 1947, S. 16.

[102] StaK 48554. Verschiedene Arbeitsanweisungen, sowie Lage- und Bauskizzen des Projektes sind erhalten geblieben. Ferner wurde insbesondere beim Anlegen von Wohnbarackenlagern auf eine Unterteilung des Baugeländes durch breite Grünstreifen als Feuerbarriere geachtet, damit die »nach einem Luftangriff vorherrschenden Winde etwa vorhandene Luftkampfstoffe nicht in die Wohnviertel« hineintrugen. Die Langseite des Lagers sei, somit senkrecht zur vorherrschenden Windrichtung zu errichten.

[103] StaK 48554. Am 10.2.1941 schreibt das Arbeitsamt Kiel an die Oberbaupolizeibehörde, daß der Bau von Luftschutzkellern auf dem Werftengelände in Eigenregie der Betriebe zu erfolgen habe.

[104] StaK 48554. Oberbürgermeister/Baupolizei an Polizeipräsidenten/örtl. Luftschutz; Kiel, den 2.4.1941.

[105] StaK 48554. Tiefbauverwaltung an Oberbaupolizei vom 17.3. 1939.

[106] An anderer Stelle wird eine Produktionsverlagerung nicht nur nach Friedrichsort, Kopenhagen und Gotenhafen, sondern auch nach Athen und Scaramanga in Griechenland erwähnt. Vgl. US-Survey, DWK 1947, S. 6.

[107] Grieser 1987, S. 145. Vor allem bei nach Dänemark ausgelagerter Produktion kam es immer wieder zu Sabotageakten. So beschwerte sich Dönitz bei Hitler, daß auf der Werft in Kopenhagen sieben von acht Neubauten durch Sabotageakte versenkt worden waren. Vgl.: Salewski 1975, Bd. III, S. 394.

[108] Grieser 1987, S. 177. Mit Verweis auf Rü Kdo Kiel, Nr. 1689/44, geh. Monatsbericht zum 30.6.1944.

[109] Groehler 1990, S. 339. Mit Bezug auf: ZSta, Reichsministerium für Rüstung und Kriegsproduktion, Nr. 47, Bl. 33ff.

[110] Neitzel 1991, S. 89.

[111] Ibid., S. 185.

[112] Dokumente, die aufschlußreiches Zahlenmaterial in bezug auf eingesetzte Arbeiter, Ablauf der Bauorganisation und ähnliches liefern würden, sind wohl noch während des Krieges verloren gegangen. Sollte noch Schriftmaterial existieren, so darf gerade im Kontext der aktuellen Diskussion über die Entschädigung von Zwangsarbeitern kein plötzliches Erscheinen erwartet werden.

[113] Vgl. Niederschrift über Besprechungen des Ob.d.M. im Führerhauptquartier vom 13./14. 10.1944, in: Wagner: Lagevorträge, S. 604.

[114] Neitzel 1991, S. 94.

[115] Ibid., S. 95–96.

[116] Eben das haben die Alliierten aber größtenteils unterlassen, wohingegen sie den Bau der V-Waffenbunker am Kanal immer wieder erfolgreich behinderten.

[117] Ibid., S. 196. Auf die Produktionsumstellung, sowie auf die besondere Bedeutung des Schnorchels und der Sektionsbauweise wird unten noch genauer einzugehen sein.

[118] US-Survey, Germaniawerft 1947, S. 2.

[119] Entscheidend für den »U-Bootfan« Dönitz war aber wohl die kriegsstrategische Bedeutung in den Einsatzgebieten.

[120] Neuerburg 1961, S. 22.

[121] Werkszeitung, Deutsche Werke Kiel, vom 1.8.1941, S.4.

122 Artikel: »Kennst Du die verschiedenen Hand-feuerlöscher in unserem Werk?«, der klarstel-len soll, welcher Typ in welcher Brand-situation auf welche Weise einzusetzen ist. Vgl. Werkszeitung, Deutsche Werke, Folge 940; Seite 8, vom 15.9.1941.

123 Werkszeitung, Deutsche Werke, vom 15.9.1944, Seite 8. Vgl. Anweisungen des Luftgau-kommandos XV Hamburg- Blankenese vom 22.11.1941 zur Bekämpfung neuer britischer Bombentypen, insbesondere eines Phosphor-Kautschuk-Kanisters. Vgl. StaK 48554.

124 US-Survey, Germaniawerft 1947, S. 4.

125 US-Survey, Germaniawerft 1947, S. 12. Es waren vor allem die Gebäude mit leichten Stahlträger-gerüsten betroffen. Vgl. Exhibit B, Fotos 9–12.

126 StaK 48554. Es finden sich lediglich Anwei-sungen der Oberbaupolizeibehörde an die Betriebsleiter vom 9.5.1942, daß von der Ver-wendung von Holz als Baustoff in allen Fäl-len, wo irgendwie vermeidbar, abzusehen sei.

127 US-Survey, Germaniawerft 1947, S. 11.

128 Zusammenfassende Übersicht des 1944 gel-tenden Rechts. Vgl. Reichsarbeitsblatt Teil V (Soziales Deutschland), Nr.8/9 1944, V 83.

129 Reichsarbeitsblatt 1943, I, 565, sowie Reichs-arbeitsblatt 1943, IV, 794ff.

130 Überblick, wie sich das Arbeitsrecht in den Kriegsjahren 1943 und 1944 zuspitzte, vgl. Reichsarbeitsblätter: 1943, V-29/30, 61, 83, 98, 103, 149, 171–177, 209. 1944, V-29, 83–89, 103–107, 171–177, 185–186, 210–217, 329, 346. Ins-besondere die Artikel 1944, V, 171–175 (zusätz-liche Punkte: Das Arbeitsrecht im Luftkrieg) und V, 212–216 (Der Betrieb als Lebensge-meinschaft).

131 Reichsarbeitsblatt vom 28.4.1944, I, 181.

132 Grieser 1987, S. 165. Mit Verweis auf Rü Kdo Kiel, Wochenbericht vom 20–26.4.1941, 13.

133 Grieser 1987, S.165. Mit Verweis auf Rü Kdo Kiel, Vierteljahresbericht über die Zeit vom 1.3.1941 bis 31.5.1941, S. 8.

134 Später wurden diese Evakuierungsmaßnahmen konkreter. So waren die Zellen- und Block-verwalter ab dem 6.9.1943 verpflichtet, ein na-mentliches Verzeichnis und ein Verzeichnis al-ler Wohnadressen der Gefolgschaftsmitglieder, die zu ihrem Betrieb gehörten, anzulegen. Gleichfalls legte man ein Adressenverzeichnis der zu evakuierenden Familien an.

135 Grieser 1987, S 165. Mit Verweis auf Rü In X vom 21.4.1941, Bl. 94.

136 Geschäftsbericht, Deutsche Werke Kiel Jg. 1943/1944.

137 In Verkennung der politischen Lage mag man auch einen ähnlichen Fortlauf der Produkti-on nach Beendigung des Krieges, wie etwa eine Zuwendung zur zivilen Produktion wie nach dem ersten Weltkrieg angenommen ha-ben. Ein Bewußtsein oder gar ein Eingeständ-nis von Mitverantwortung und Schuld aber ist nirgends zu erkennen, auch nicht in den spä-teren Untersuchungen der Alliierten. Als Werft produzierte man Waffen, was mit den Waffen letztendlich geschah, das sollten ande-re zu entscheiden und zu verantworten haben. Hier läßt sich die Frage nach dem »Ende der Unschuld« von Technikern, Unternehmern und Naturwissenschaftlern anschließen, die erst nach Abwurf der Atombomben auf Hiro-shima und Nagasaki problematisiert wurde.

138 Man mag es als NS-Größenwahn empfinden, eine ursprünglich ritterromantische Termino-logie auf Werftarbeiter zu übertragen und fra-gen, was Richard Wagner, gegebenenfalls in Zusammenarbeit mit Kurt Weil daraus hätte machen können.

139 Geschäftsbericht und Bilanzen, Howaldtswer-ke Jg. 1938/1939, S.2. Zu diesem Aspekt vgl. die Magisterarbeit von Daniel Roth zu den sozialbetrieblichen Maßnahmen der Deut-schen Werke Kiel AG aus dem Wintersemes-ter 1999/2000 (Universität Kiel).

140 Grieser 1987, S. 156. Mit Bezug auf Rü Kdo Kiel Wochenbericht vom 24.–30.5.1942.

141 Grieser 1987, S. 165. Mit Bezug auf Rü Kdo Kiel, Bericht vom 29.4.1943.

142 Ortmann 1992, S. 246.

143 StaK 34610.

144 Reichsarbeitsblatt 1943, I, 382.

145 Schreiben des Kreisobmanns an die Betriebs-führer der Kieler Rüstungsbetriebe. Vgl. StaK 34610, S.3.

146 Nach mündlichen Aussagen von ehemaligen Zwangsarbeitern sollen die Möglichkeiten zu Sabotageakten äußerst beschränkt gewesen sein. Ob aber wirklich überprüft werden konnte, ob eine Niete fest angezogen wurde, scheint zumindest fraglich. Einige Tätigkei-ten, wie etwa Unterwasserarbeiten beim Bau des Kilianbunkers, müssen sich darüber hin-aus vollständig der Kontrolle entzogen haben. Vgl. die Magisterarbeit von Tillmann-Mumm aus dem Wintersemester 1998/1999 (Univer-sität Kiel).

147 Reichsarbeitsblatt, V, 139–141, 1944.

148 Grieser 1987, S. 154. Mit Bezug auf: BA-MA, RW 20–10/14, Bl.198f. Hier auch unkommen-

tierter Verweis auf Gestapo-Sonderkommandos in Betrieben.

149 Grieser 1987, S. 155. Mit Bezug auf Rü Kdo Kiel Nr 2104, Bericht vom Juni 1940.

150 Erlaß vom 19.10.1944, in: Reichsarbeitsblatt I, 390.

151 Reichsarbeitsblatt 1944 III, 193–195.

152 Ortmann 1992, S. 239.

153 Ibid., S. 243.

154 BA-MA 17/30, v.a. der Standortbefehl 8/43 und der Bericht 2/44 vom 14. Januar 1944.

155 Ibid., Bericht 33/43 vom 11.12.1943.

156 Ibid., Bericht 30/43 vom 11. November 1943.

157 Ibid., Bericht 19/43 vom 11. Mai 1943.

158 Ibid., Bericht 6/43 vom 6. April 1943.

159 Ebda.

160 BA-MA 17/30, Bericht 12/43 vom 24.6.1943.

161 Ibid., Berichte 12/43 und 4/44.

162 Ibid., Bericht 16/43 vom 27.7. 1943.

163 Ibid., Bericht 35/43 vom 31. Dezember 1943.

164 Ebda., S. 11.

165 Vgl. BA-MA RW 17/30, Bericht 4/44 vom 24. Januar 1944.

166 Ebda., S. 154. Mit Bezug auf: BA-MA, RW 21–32/S. 1,3.

167 Ebda. S. 157. Rü Kdo Kiel Wochenbericht vom 8.–14.6.1941.

168 Schreiben des Gauobmanns der DAF, Gau Schleswig-Holstein an die Betriebsführer und Betriebsobmänner vom Dezember 1943. Vgl. StaK 34610.

169 DAF-Rundschreiben/32/44 an die Betriebsführer rüstungswirtschaftlicher Betriebe vom 1.12.1944. Vgl. StaK 34610.

170 Schreiben des Kreisobmanns DAF an die Betriebsführer der Kieler Rüstungsbetriebe vom 11.9.1944 mit Bezug auf die Vereinbarung des Reichsorganisationsleiters mit dem Reichsführer SS und dem Chef der Deutschen Polizei vom 16.10.1943. Das »Erinnern« nach fast einem Jahr kann als Beleg dafür gesehen werden, daß nicht alle Rüstungsbetriebe zu einer Kooperation, insbesondere mit der Gestapo und dem SD bereit waren.

171 Grieser 1987, S. 155. Mit Bezug auf Rü Kdo Kiel, 2104, Bericht vom Juni 1940.

172 Grieser 1987, S. 158, bzgl.: Rü Kdo Kiel, Bericht vom 3.3.1942.

173 Vgl. wieder den Bericht vom 20.3.1943, sowie das Schreiben des OLG-Präsidenten Kiel an das Reichsjustizministerium vom 19.4. 1943.

174 Grieser 1987, S. 161. Mit Verweis auf Schreiben des Oberlandesgerichtspräsidenten Kiel (Haastert) an den Reichsjustizminister (Thierack) vom 4.8.1944.

175 Auf die Problematik – etwa die nicht aufgeschlüsselten Hauptbilanzposten – , die sich bei der Untersuchung der in Kiel vorliegenden Geschäftsberichte ergibt, ist oben bereits eingegangen worden. Eine aussagekräftige Ausarbeitung setzt unter anderem die Analyse und Darstellung von Anzahl und Namen der Wirtschaftsbetriebe voraus. Bei den Werften gilt das zusätzlich für deren vorhandenen Baukapazitäten, Beschäftigungslage, Auslastung, Ertragssituation und Bilanzrechnungen.

176 Wolf 1983, S. 55–56.

177 US-Survey, Germaniawerft 1947, S. 2.

178 Ibid., S. 17. Allein im Bezug der Auswertungen erfolgter Angriffe auf die Germaniawerft seien die Aufklärungsdaten zu 90% korrekt gewesen, (Seite 2) und das, obwohl man bei der Errechnung der Grundfläche des Werftengeländes von 250.000 qm, anstatt der tatsächlichen 300.000 qm, ausgegangen war. Problematisch ist, daß die Surveys nicht genau ausweisen, aus welchen Quellen die deutschen Daten erhoben worden sind.

179 Vgl. die vorliegenden Jahrgänge der Geschäftsberichte der drei Kieler Großwerften zwischen 1933/1934–1937/1938.

180 Geschäftsbericht, Howaldtswerke, Jg. 1938–1939. Die genaue Anzahl der beschäftigten Arbeiter in den Kriegsjahren ist nicht definitiv ermittelbar. In den Surveys findet man für die Germaniawerft 10.500 ausgewiesene Arbeiter für Mai 1943 und 9.200 für Anfang 1945. In Friedenszeiten sollen allein bei den Deutschen Werken Kiel 13.000 Arbeiter, davon 4.000 in der Torpedofertigung in Friedrichsort beschäftigt gewesen sein. Am 9.4.1945 wären dann aber nur noch 9.500 deutsche und 1.500 ausländische Arbeitskräften im Werk tätig gewesen. Diese Zahlen stehen teilweise im Widerspruch zu anderen Ergebnissen. Vgl. Grieser 1987, Anlage 2.

181 Zu den Maßnahmen der Umgestaltung Nauticus. Jahrbuch für Deutschlands Seeinteressen, Hrsg. auf Veranlassung des OKM von Admiral Gottfried Hansen, Jg.1944, Berlin, S. 149.

182 Ibid., S. 150.

183 Geschäftsberichte der Deutschen Werke der entsprechenden Jahrgänge. Auch bei Howaldt wird das Grundkapital um 12 Millionen Reichsmark auf 15 Millionen Reichsmark und im folgenden Geschäftsjahr um nochmalige 15 Millionen Reichsmark erhöht. Die Herkunft der Mittel für diese beachtlichen Kapitalerhöhun-

184 gen sind nicht ausgewiesen. Denkbar wäre die Aufnahmen neuer Aktionäre, bzw. eine Erweiterung des Staatsengagements.

184 Howaldtswerke, Geschäftsberichte, Jg. 1936/ 1937.

185 Doch findet sich auch schon im Geschäftsbericht 1937/1938 der Germaniawerft der Verweis, daß auf dem Weltmarkt eine stark rückläufige Bewegung aufgrund geringer Nachfrage zu verzeichnen sei, wohingegen »aussichtsreiche Verhandlungen« hinsichtlich des Kriegsschiffbaues bestänen. Auch von der Abhängigkeit von ausländischen Rohstoffzufuhren versuchte man, sich in den Folgejahren »durch das Verwenden deutscher Erze und legierungsarmer Stähle« unabhängig zu machen. Vgl. Geschäftsbericht Germaniawerft Jg. 1939/1940.

186 Geschäftsberichte der Kieler Großwerften der Jahrgänge 1939/1940 bis 1942/1943.

187 Geschäftsbericht, Deutsche Werke 1940/1941. Zusätzlich gelingt es den Deutschen Werken, bei einem durchschnittlich erwirtschafteten Betrag in Höhe von 415.000 Reichsmark in den Jahren 1940 bis 1942 einen Großteil ihrer Bankverpflichtungen auszugleichen.

188 Bericht, S. 2.

189 Bericht, S. 4.

190 Grieser 1987, S. 165. Verweis auf Rü Kdo Kiel, Bericht vom 12.–18.1.1941, BA-MA, RW 21–32/5, S.13.

191 Grieser 1987, S. 165. Mit Verweis auf Rü Kdo Kiel, Wochenbericht 27.7.–2.8.1941, S. 11.

192 Jedoch weist der Geschäftsbericht der Kieler Howaldtswerke AG für 1944 immer noch einen Gewinn von 1.200.000 Reichsmark aus. Das Geschäftsjahr 1943/1944 war mit einem ausgewiesenen Gewinn von 3,5 Millionen Reichsmark offenkundig sogar das erfolgreichste Geschäftsjahr überhaupt.

193 Ibid., Seite 2.

194 Ibid., Seite 3.

195 Vgl. diesen äußerst interessanten Einzelaspekt in: US-Survey, Deutsche Werke 1947, S. 11.

196 Grieser 1987, S. 200. Mit Verweis auf Rü Kdo Kiel, Monatsbericht zum 31.7.1944, S. 1.

197 Grieser 1987, S. 200. Mit Verweis auf Rü Kdo Kiel, Bericht vom 4.7.1944, S. 1.

198 Neuerburg 1961, S. 22.

199 Grieser 1987, S. 171. Mit Verweis auf Rü Kdo Kiel, geheimer Monatsbericht zum 31.5.1943, S. 2.

200 US-Survey, Deutsche Werke, 1947, S. 9.

201 Neuerburg 1961, S. 24.

202 Ibid., S. 23.

203 Grieser 1987, S. 179. Mit Verweis auf Rü Kdo Kiel, Bericht vom 14.9.1944, S.1.

204 Grieser 1987, S, 204. Mit Verweis auf Rü IN X II/44, Juli 1944, S.88. Es sei darauf hingewiesen, daß ab Juli 1944 verstärkt Zulieferwege bombardiert wurden. Fliegerangriffe haben somit zumindest mittelbar einen Produktionsrückgang verursacht.

205 Grieser 1987, S. 205. Mit Verweis auf Rü IN X/44, Monatsbericht vom Oktober 1944, S. 142.

206 Grieser 1987, S. 11.

207 Ibid., S.12. Die Kapazitäten der Bunkerproduktion scheinen von den Alliierten für sehr lange Zeit unterschätzt worden zu sein.

208 Ibid., S. 178. Mit Verweis auf Rü Kdo Kiel, Monatsbericht vom August 1944, S. 3.

209 US-Survey, Germaniawerft 1947, S. 4.

210 Ibid., S.17.

211 Geschäftsbericht, Howaldtswerke, Jg. 1944/ 1945. Nur notdürftig, unvollständig verfaßter Abschlußbericht. Der Gesamtverlustausweis von zehn Millionen Reichsmark ist auf die infolge der Großoffensiven entstandenen Schäden zurückzuführen.

212 Grieser 1987, S. 199. Der genaue Zeitpunkt der Verlagerung der Fertigung von U-Bootsektionsteilen in die Bunker ist äußerst strittig.

213 PRO AIR 40/2587

214 Der Bunker war aufgrund seiner Position ein überaus leicht zu erfassendes Bombenziel. Bedeutender aber ist, daß er nur von einer Seite begehbar war und kein Schienenanschluß gelegt werden konnte, was sich vor allem auf den Bau äußerst hinderlich ausgewirkt haben muß.

215 Zu Umstellungen der Produktion und zu Verlagerung auf neue Bootstypen vgl. US-Survey, Germaniawerft 1947, S. 7–9. Hier auch ein Kurzüberblick über die gesamte U-Bootfertigung der Germaniawerft von 1935 bis 1945. Von Ende 1944 bis Kriegsende sollten allein bei der Germaniawerft 202 Kleinst-U-Boote mit einer Tonnage von 2.765 t gebaut werden.

216 Die Montage der neuen Typen wurde hauptsächlich in den Werften Bremen, Hamburg und Danzig fortgeführt. Über erfolgte Luftangriffe auf die Walterwerke im Projensdorfer Gehölz und deren Auswirkungen konnten leider keine Ergebnisse gewonnen werden, je-

doch zeugen noch heute mehrere Einschlags-
krater in unmittelbarer Umgebung des noch
heute erhaltenen Hauptgebäudes davon, daß
auch dieses Gebiet massiv bombardiert worden ist. Ein Vorteil der Forschungsabteilungen
war, daß sie wenig Platz erforderten und von
Zulieferungen weitgehend unabhängig waren,
so daß etwa die Raketenerprobung der H.
Walter AG in Stadtbek am Plöner See – von
Luftangriffen verschont – erfolgte. Vgl. Pause, Kurt: Das Geheimnis von Stadtbek am
Plöner See, in: Jahrbuch für Heimatkunde,
Bd. 16, Eutin 1982, S. 144–147.

[217] US-Survey, Germaniawerft 1947, S. 11. Zusätzlich die Fotos Nr. 35 und 36 im Anhang. Die
Frage, warum die Fertigung des neuen Typus
an Kiel vorüberging, ein Umstand, der für den
Angriffsausfall zwischen September 1944 und
April 1945 mitverantwortlich sein könnte,
wird hier mit dem Hinweis auf ein Fehlen jun-
ger Männer in höheren Verwaltungsposten
sowie auf eine Unterbestückung mit hochqua-
lifizierten Ingenieuren beantwortet. Vgl. S.9.

[218] Ibid., S. 11–12.

[219] Ibid., S. 10.

[220] Grieser 1987, S. 194. Mit Verweis auf Rü Kdo
Kiel. Lagebericht für Juni 1944 vom
29.6.1944, S. 5.

[221] US-Survey, Deutsche Werke, S. 21.

[222] Aus der Menge des vorhandenen Fotomate-
rials: Papierbilder der US-Luftaufklärung vom
7.1.1945. Vgl. Jensen, 1989, S. 29.

[223] Ibid., S. 28.

[224] US-Survey, Deutsche Werke 1947, S. 2 und 13.

[225] Reintanz, 1963, S. 626. Besonders deutlich trat
auch schon ähnliche Kritik nach den Regelungen des Versailler Vertrages hervor. In Bezug auf
den Artikel 380, der den Rechtsstatus des Kanals
festlegt, stellt Reintanz fest, daß »die politische
Begründung für diese friedensvertragliche Regelung ... darin zu sehen (ist), daß es den Sieger-
mächten darauf ankam, den Kieler Kanal frei zur
Verfügung zu halten, um kurzzeit schnell in der
Ostsee gegen den jungen Sowjetstaat interveni-
ren zu können« Vgl. S. 627.

[226] Grieser 1987, S. 163.

[227] Reintanz, S. 628. In der Literatur finden sich
an einzelnen Stellen auch Mutmaßungen über
deutsch-sowjetische Verhandlungen über einen Separatfrieden, jedoch meist ohne Quel-
lenangaben. Vgl. Smith 1983, S. 33.

[228] R. A. Winnacker: Yalta another Munich?, in:
Robert Devine: Causes and Consequences of

World War II, Chicago 1969, S. 248. Vgl. weitere Aussagen, die nicht ex eventu aufgestellt
wurden, bei Smith 1983, S. 29–34.

[229] Auch um die zu Dänemark gehörige Insel
Bornholm gab es eine Art »Wettlauf« zwischen
westalliierten und sowjetischen Verbänden.
Zu den Bedenken, besonders der Briten, vgl.
Smith 1983, S. 29–82.

[230] Hier wurden immerhin 70 (luftgesteuerte)
Torpedos des Typs 12G7A pro Monat herge-
stellt. Vgl. Dates of Survey, Deutsche Werke,
S.1. Außerdem war das Gelände auf den
Fliegerkarten der RAF als primäres Angriffs-
ziel ausgewiesen. Vgl. Jensen 1989, S. 8.

[231] Ibid., S. 28.

[232] Es sei hier angemerkt, daß die Bombardierung
der Arbeiterwohnviertel mittelbar einen Ferti-
gungsrückgang zum Ziel hatte.

[233] Fotos der britischen Luftaufklärung vom
14.4.1945, Vgl. Jensen 1989, S. 80–81.

[234] Fotos US-amerikanischer Luftaufklärung vom
4.5.1945. Ibid., S. 85. Vor allem der östliche
Altstadtkern ist nahezu pulverisiert.

[235] Fotos der britischen Luftaufklärung vom
14.4.1945. Ibid., S. 80.

[236] Stadt Kiel 1947, S. 10.

[237] Ibid., S. 21.

[238] US-Survey, Germaniawerft, Exhibit F. Bombing effort.

[239] Fotos der britischen Luftaufklärung vom
14.4.1945. Vgl. Jensen, S. 78.

[240] Stadt Kiel 1947, S. 22.

[241] Ibid., S. 24.

[242] Groehler 1993, S. 333. Zur Wirkungsweise der
unterschiedlichen Bombentypen vgl. US-
Survey, Germaniawerft 1947, S. 14.

[243] Groehler 1993, S. 341. Trotzdem existierte das
Sprichwort »Lieber zweimal ausgebombt als
einmal umgezogen«. Ein Hinweis darauf, daß
sich der Großteil der Bevölkerung trotz akuter Bombengefahr nur widerwillig von seiner
vertrauten Umgebung trennen lassen wollte.
Für die Arbeitsmoral der Werftarbeiter ist in
diesem Zusammenhang der bestehende Kontakt zu Verwandten von Bedeutung. So war es
allem Anschein nach ein Problem, Arbeiter
während und nach Fliegerangriffen davon ab-
zuhalten, in betroffenen Stadtteilen nach ihren Familien zu suchen.

[244] Ibid., S.341.

[245] Grieser 1987, S. 180. Mit Verweis auf Rü Kdo
Kiel, Bericht vom 14.9.1944. Hinsichtlich Sabotage vgl. den Bericht vom 29.1.1943, S. 1.

[246] Grieser 1987, S. 160. Mit Verweis auf Schreiben des OLG-Präsidenten an den Reichsjustizminister vom 4.8.1944.

[247] Wolf diskutiert die Wirksamkeit dieser Strategie auf Reichsebene und kommt unter Berufung auf den US General Patton zu dem Ergebnis, daß die Bombenangriffe in der durchgeführten Form »rechtswidrig und militärisch ein großer Fehler gewesen« seien, S. 36–137. Die von den Briten erwartete Wirkung auf die Moral entsprach nicht den Erwartungen. Sie erzielten im Gegenteil eine Vergrößerung des Widerstandswillens und damit auch eine Verlängerung des Krieges. Es bedarf einer besonderen Untersuchung, um den Grad der Wirksamkeit von area-attacks gegenüber Präzisionsangriffen in ihrem Verhältnis zueinander zu erarbeiten.

[248] Zu diesem Ergebnis kamen britische Untersuchungskommisionen des US-bombing Surveys nach Kriegsende. Die gleiche Kommission stellt auch fest, daß die Kriegsmüdigkeit in Städten, die unter leichter oder mittlerer Bombardierung standen, höher war als in Städten, die unter starker und stärkster Bombardierung standen. Hier war – vielleicht aus Trotz oder Verbitterung – das Widerstandspotential ebenso hoch wie in den Städten, an denen der Bombenkrieg vorbei gezogen war.

[249] Grieser 1987, S. 158. Mit Verweis auf Rü Kdo Kiel, Bericht vom 28.1.1943, und 20.3.1943.

[250] Grieser 1987, S. 160. Mit Verweis auf Rü Kdo Kiel, Wochenbericht vom 18. bis zum 24.4.1941.

[251] Grieser 1987, S. 159. Mit Verweis auf Rü Kdo Kiel, Bericht vom 1.12.1943, S.4.

[252] StaK 34610. Vgl. auch Regelungen über Nacharbeit (Reichsarbeitsblatt, 1939, I, 314/315), Lohnabzug (ibid., 1944, V, 186) oder die Aufhebung arbeitsfreier Tage (ibid., 1944,V185). Es mag auch sein, daß die Werften verdeckt versuchten, eigenen Profit aus den Sparmaßnahmen zu ziehen, denn wiederholt bittet der Reichsarbeitsminister, die Reichstreuhänder der Arbeit darauf zu achten, daß die durch den Lohnstopp bedingten Ermäßigungen in der Lohnsteuer und in den Sozialversicherungsbeiträgen auch bei vereinbarten Nettoentgelten dem Gefolgschaftsmitglied zu Gute kommen soll.

[253] Grieser 1987, S. 159. Mit Verweis auf Rü Kdo Kiel, Bericht vom 1.12.1943, S.4.

[254] StaK 34610.

[255] Vgl. die Dokumentation zur Energie- und Treibstoffzufuhr bei Grieser 1987.

BIBLIOGRAPHIE

Quellen

I. Ungedruckte Quellen

Bundesarchiv- Militärarchiv Freiburg:
RW 17/30 Kriegstagebücher des Wehrkommandoamtes Kiel
RW 21/32 Kriegstagebücher des Rüstungskommandos Kiel
Stadtarchiv Kiel:
32879 Kriegschronik (1939–1945)
33417 Hochbauamt der Stadt Kiel. Akten betreffend Luftschutz
34598 Die Werkschaar (Stoßtrupp der Deutschen Arbeitsfront) (1938–1944)
34599 Der Werkschutz zur Sicherung der Stadtwerke und zu anderen rüstungswirtschaftlichen Betrieben in Kiel
34610 Rundschreiben der deutschen Arbeitsfront – insbesondere betreffend Einsatz, Unterbringung, Betreuung und Behandlung ausländischer Arbeitskräfte (1942–1945)
38312 Bauordnungsamt. Deutsche Werke AG (1942)
38323 Bauordnungsamt. Deutsche Werke AG. Luftschutzkeller zwischen Gebäude 66 und 67 (1938)
38352 Bauordnungsamt. Deutsche Werke AG
48554 Baupolizei. Kriegsmaßnahmen. Enthält u.a. Verordnungen zum Luftschutz, Kriegsbau, Kriegsschädenbeseitigung und Einrichtung von Barackenlagern
Landesarchiv Schleswig:
Abt. 301/Nr. 6211–6219 Oberpräsident
Abt. 309/Nr. 36554 Regierungspräsident
Abt. 454/Nr. 4/II Gauleitung Schleswig-Holstein
Abt. 455/3 Stapo(leit)stelle Kiel
Public Record Office/Kew:
AIR 40–2587 British Bombing Survey Unit – shipbuilding panel

II. Gedruckte Quellen

Deutsche Werke Kiel AG: Demontage und industrielle Wiedererschließung der Deutschen Werke Kiel Aktiengesellschaft, Kiel 1954.
Dies.: Die Betriebsgemeinschaften unserer Werke Kiel und Friedrichsort in Wort und Bild, Hamburg 1940.
Dies.: Geschäftsbericht und Bilanzen, Jg. 1937/38 bis 1943/44.
Dies.: Von unseren sozialen Einrichtungen, Hamburg 1940.
Dies.: Werks-Zeitung-Deutsche Werke Kiel, Aktiengesellschaft,

Jg. 1939–1944, Hrsg. in Zusammenarbeit mit der Gesellschaft für Arbeitspädagogik im Einvernehmen mit der Deutschen Arbeitsfront.

Friedrich Krupp Germaniawerft AG: Jahresberichte der Geschäftsjahre 1937/38 bis 1941/42.

Howaldtswerke Kiel AG: Geschäftsbericht, Jg. 1937/38–1943/44.

Reicharbeitsminister (Hg.): Reichsarbeitsblatt, Jg. 1939–1945.

Reichsjustizminister (Hg.): Reichsgesetzblatt, Jg. 1939–1945.

Stadt Kiel/ Amt für Statistik: Kriegszerstörte und beschädigte Gebäude und Wohnungen in Kiel, Kiel 1949.

United States Strategic Bombing Survey: German submarine industry, Washington D.C., 1947.

Dies.: Munitions Division. Deutsche Werke Kiel AG, Washington D.C., 1947.

Dies.: Munitions Division. Friedrich Krupp Germaniawerft, Washington D.C. 1947.

Literatur

Bergander, Goetz: Dresden im Luftkrieg, Vorgeschichte, Zerstörung, Folgen, Würzburg 1998

Boelck, Detlef: Kiel im Luftkrieg 1939–1945, Kiel 1959.

Boberach, Heinz: Meldungen aus dem Reich. Die Geheimen Lageberichte des Sicherheitsdienstes der SS, 17 Bd., Koblenz 1984.

Bock, Bruno: Gebaut bei HDW. Howaldtswerke Deutsche Werft A.G. 150 Jahre, Herford 1988.

Boog, Horst/Boelcke, Willi: Luftkriegsführung im Zweiten Weltkrieg. Ein internationaler Vergleich, Herford 1993.

Cox, Sebastian: The strategic air war against Germany 1939–1945, Cass 1998.

Crane, C.: Bombs, cities and civilians. American air power strategy in World War II, Lawrence/Kansas 1993.

Craven, Wesley/Frank, Cate/James, Lea: The army forces in World War II, 2 Bd., Chicago 1949/1951.

Dahm, H.G.: Geschichte des Zweiten Weltkrieges, Tübingen 1965.

Devine, Robert: Causes and consequences of World War II, Chicago 1969.

Dielmann, Susanne: Der alliierte Luftkrieg gegen Deutschland im Zweiten Weltkrieg in der parlamentarischen Diskussion des »House of Lords« und des »House of Commons«, Magisterarbeit Kiel 1997.

Dietze, Reimer: Die Rüstungswirtschaft in Schleswig-Holstein 1939–1944 im Spiegel der Berichte des Rüstungskommandos Kiel, Seminararbeit an der CAU, 1984.

Flenker, Hans-Heinrich: Kiel im Luftkrieg 1939–1945, Kiel 1982.

Ders.: Kriegsschiffbau in Kiel, Kiel 1983.

Forstmeier, Friedrich/Volkmann, Hans-Erich: Kriegswirtschaft und Rüstung, Düsseldorf 1977.

Garett, S.: Ethics and airpower in World War II, New York 1993.

Grieser, Helmut: Materialien zur Rüstungswirtschaft und Kriegswirtschaft in Schleswig-Holstein, Kiel 1987.

Ders.: »Man wird vom deutschen Arbeiter bei richtiger Aufklärung alles fordern können. Kiel-Rüstungsschmiede und Kriegshafen. In: Paul, Gerhard/Danker, Uwe/Wulf, Peter (Hg.): Geschichtsumschlungen. Sozial- und kulturgeschichtliches Lesebuch Schleswig-Holstein 1848–1948, Bonn 1996, S. 236–240.

Groehler, Olaf: Bombenkrieg gegen Deutschland, Berlin 1990.

Ders.: Der strategische Luftkrieg und seine Auswirkungen auf die deutsche Zivilbevölkerung, in: Luftkrieg im Zweiten Weltkrieg, Vorträge zur Militärgeschichte, Bd. 12, Herford/Bonn 1993.

Harris, Arthur: Despatch on war operations (23 Feb. 1942–8 May 1945), London 1995.

Herbert, Ulrich: Fremdarbeiter. Politik und Praxis des »Ausländereinsatzes« in der Kriegswirtschaft des Dritten Reiches, Berlin 1985.

Hupp, Klaus: Bei der Marineflak zur Verteidigung der Stadt und Festung Kiel im 2. Weltkrieg, Husum 1998.

Irving, David: Kriegshafen Kiel. Magnet für Tag- und Nachtbomber, in: Neue Illustrierte, Heft 18, 1962.

Jensen, Jürgen: Kriegsschauplatz Kiel, Kiel 1989.

Korte, Detlef: »Erziehung« ins Massengrab. Die Geschichte des »Arbeitserziehungslagers Nordmark« Kiel-Russee 1944–1945, Kiel 1991.

Kuckuck, Peter: Bremer Großwerften im Dritten Reich, Bremen 1993.

Levine, J.: The strategic bombing of Germany 1940–1945, London 1992.

Löttgers, Rolf: Die Triebwagen der Deutschen Werke Kiel. Mit »U-Boot« und Komißbrot fing es an, Lübeck 1988.

Magistrat der Stadt Kiel: »Bürger bauen eine neue Stadt«, Kiel 1955.

Mason, Timothy: Sozialpolitik im Dritten Reich, Arbeiterklasse und Volksgemeinschaft, Opladen 1977.

Menzel, Christian: Luftkrieg über Kiel, Kiel 1989.

Middlebrook, M./Everitt, C.: The bomber command war diaries. An operational reference book, London 1985.

Neitzel, Sönke: Die deutschen U-Bootbunker, Koblenz 1991.

Neuerburg, Otto: Menschenwerk im Mahlstrom der Zeit. Die hundertjährige Geschichte der Kaiserlichen Werft und der Deutschen Werke Kiel AG, Ms. Manuskript, Kiel 1955.

Ders.: Dem Erdboden gleichgemacht. Das Schicksal einer Kieler Großwerft in und nach dem Zweiten Weltkrieg, Kiel 1961.

Ortmann, Johann: Sind Kriege notwendig?, Kiel 1992.

Pause, Kurt: Das Geheimnis von Stadtbek am Plöner See, in: Jahrbuch für Heimatkunde, Bd. 16, Eutin 1982, S. 144–147.

Prinz, Michael: Nationalsozialismus und Modernisierung, Darmstadt 1991.

Radunz, Karl: Kieler Werften im Wandel der Zeiten, in: Mitteilungen der Gesellschaft für Kieler Stadtgeschichte, Bd. 48 (Jg. 1957), S. 171–186.

Rössler, Eberhard: Geschichte des deutschen U-Bootbaus, München 1975.

Ders.: Die deutschen U-Boote und ihre Werften, Kiel 1984.

Roth, Daniel: Sozialbetriebliche Maßnahmen der Deutschen Werke Kiel A.G. 1933–1945, Kiel 2000.

Salewski, Michael: Die deutsche Seekriegsleitung, 3 Bände, München 1975.

Scheffer, Ronald: Wings of judgement. American Bombing in World War II, New York, Oxford 1983.

Schneider, Michael: Unterm Hakenkreuz. Arbeiter und Arbeiterbewegung 1933 bis 1939, Bonn 1999.

Schulze-Wegener, Guntram: Die deutsche Kriegsmarinerüstung 1942–1945, Hamburg, Berlin, Bonn 1997.

Smith, Arthur: Churchills deutsche Armee. Die Anfänge des kalten Krieges (1943–1947), Bergisch-Gladbach 1983.

Tillmann-Mumm, Jörg: Der Fremdarbeitereinsatz in der Kieler Rüstungsindustrie, Kiel 1999.

Verrier, Anthony: Bomberoffensive gegen Deutschland, Frankfurt am Main 1990.

Voigt, Hans: Die Veränderungen der Großstadt Kiel durch den Luftkrieg. Eine siedlungs- und wirtschaftsgeographische Untersuchung, Kiel 1950.

Weber-Karge, Ulrike: Wohnungsbau in Gaarden 1880–1950. Zwischen Mietskaserne und Kleinsiedlungsbau, in: Mitteilungen der Gesellschaft für Kieler Stadtgeschichte, Bd. 77 (1991–1994), S. 3–25.

Webster, C./Frankland, N.: The Strategic Air Offensive against Germany, London 1961.

Wolf, Werner: Die deutsche Rüstungswirtschaft zwischen 1942 und 1945, München 1983.

Ziemann, Klaus: Die Geschichte des Kieler Handelshafens. 50 Jahre Hafen- und Verkehrsbetriebe, Neumünster 1990.

Zottmann, A.: Der Aufbau einer Friedensindustrie auf dem Ostufer als Grundlage für Kiels zukünftige Existenz, Kiel 1946.

ABBILDUNGSNACHWEIS

1. Luftbildaufnahme der Hörnmündung vom 7. Juli 1944/Jensen 1989, S.79.

2. Plankarte zur Kontrolle der Einflüge feindlicher Fliegerverbände/Jensen 1989, S.13.

3. Überblick über die Bombenabwürfe auf die Deutschen Werke im April 1945/US-Bombing-Survey, exhibit F-II.
Das Beispiel des Kreuzers »Emden«, der nach Beschädigung infolge des Luftangriffes vom 9. April wie auch andere Einheiten aus dem Kieler Hafen abgezogen wurde, ist gewissermaßen beispielhaft. Die Ursachen für die in kurzen Abständen durchgeführten Großangriffe auf den Kieler Hafen lagen sicher auch in der Tatsache begründet, daß man in Kiel eine große Anzahl von noch einsatzbereiten Einheiten zusammengezogen hatte, die sich den angreifenden Verbänden nun weitgehend schutzlos auf dem »Präsentierteller« darboten. Eine Aneinanderreihung von Angriffen in kürzester Zeit sollte wohl erreichen, daß möglichst wenige Boote abgezogen werden konnten.

4. Auswertung der Bombenabwürfe auf die Deutschen Werke Kiel 1945/ US-Bombing-Survey, exhibit C.
Nahezu alle Produktionsbereiche sind getroffen. Der Großteil der sich im Kieler Hafen befindlichen Wassereinheiten ist gesunken oder beschädigt. Die vier Einschläge in unmittelbarer Nähe des Hecks, die das Kentern der »Admiral Scheer« zur Folge haben, sind gut auszumachen. Ebenso die vier Treffer auf die unter einem Tarnnetz im Dock liegende »Hipper«. Die auf den Helling-Anlagen liegenden Sektionsteile aber erhielten keine Treffer. Der Konradbunker weist nur einen Bombeneinschlag auf, so daß die Produktion

hier nicht direkt in Mitleidenschaft gezogen sein dürfte. Auch ist zu erkennen, daß einzelne kleinere Produktionsbereiche nach deren Zerstörung im Laufe des Krieges nicht wieder aufgebaut wurden (etwa die Nummern 126, 129–133, die schon 1941 durch Brandbombeneinschläge zerstört wurden oder die Nummern 118, 120–122)

5. Luftbildaufnahme Kriegsmarinewerft (Arsenal) 1944/Jensen 1989, S.82.
6. Luftbildaufnahme Kriegsmarinewerft (Arsenal) 1945/Jensen 1989, S. 83.
7. Merkblatt zur Anlage von Lagern und Wohnbaracken/StaK 48554.
8. Bauskizzen des U-Bootbunkers Kilian/Neitzel 1989, S. 89.
9. Zerstörungen bei den Deutschen Werken 1945/Jensen 1989, S. 86.
    Nicht nur das Werftgelände, auch die angrenzenden Stadtteile, wie hier Ellerbek, gleichen einer Mondlandschaft. Im Vordergrund die gekenterte »Admiral Scheer« in einem der beiden Ausrüstungsbassins der Deutschen Werke (nach Kriegsende zugeschüttet).
10. Zerstörungen bei den Howaldtswerken 1945/ Jensen 1989, S. 88.
    80% der Gebäude und 60% der Maschinen sind zerstört, nur der U-Bootbunker Kilian bleibt fast unbeschädigt.
11. Fliegerkarte der RAF 1944/Jensen 1989, S. 12/ 13.
    Gebäude, die für eine vornehmliche Bombardierung ausgewählt worden waren, sind schwarz markiert. Die Schleusenanlagen und der Werftbunker »Konrad« sind nicht erfaßt. Diese Tatsache stützt die Vermutung, daß alliierte Fliegerverbände die leeren Hellinge evtl. als Anzeichen für die Einstellung des U-Bootneubaus gewertet haben könnten.
12. Submarine construction types VII-C and 14/ US-Bombing Survey, Deutsche Werke, exhibit H-1D.
    Die Übersicht zeigt eindrucksvoll, daß 1943 mit Ausnahme des VII-C Typs, Nr. K 305 alle anderen Baunummern abgeliefert und einsatzbereit gemacht werden konnten. Den aus der Produktion gefallenen K 305, der aufgrund eines direkten Treffers nicht fertiggestellt werden konnte, ließ die Werftleitung auf den nach der Verlagerung der Produktion in den Bunker nicht mehr benötigten Hellingen stehen, wo er als Attrappe feindliche Bomben auf sich ziehen sollte. Abgesehen vielleicht vom Angriff des 14. Mai 1943 haben die Frühjahrs-

und Sommeroffensiven des Jahres 1943 keinen erheblichen Einfluß auf die Produktionszeiten. Insgesamt verkürzen sich die Bauzeiten zum Jahresende sogar noch. Es kann nicht ausgeschlossen werden, daß Ablieferungsfristen nur durch schnelleres und flüchtigeres Arbeiten eingehalten werden konnten. Zumindest beschwerten sich die Endfertigungswerften zunehmend über Fehler bei der Montage und der Installation von Einzelteilen in den U-Bootsektionen.

13. Cumulative Production of bow section No. 8 for type XXI submarines, US-Bombing-Survey, Deutsche Werke, exhibit H-7.
14. Bow section No. 8 Production/US-Bombing-Survey, Deutsche Werke, exhibit H-2E.
15. Production of bow section No. 8/US-Bombing-Survey, Deutsche Werke, exhibit H6.
    Auch die Auslieferung der Sektionen ging trotz aller Kriegseinflüsse bis Sommer 1944 gut voran. Noch im Mai und Juni 1944 wurde jeweils eine Sektion über dem Soll gefertigt. Die Verzögerungen im Auswurf von Sektionen der Monate Juli bis September sind vor allem auf einen Betriebsausfall des Transportdampfers und des Verladekranes nach Fliegerangriffen im Juni/Juli zurückzuführen. Im Juni wurde eine Sektion, auf der Helling auf den Weitertransport wartend, durch eine Fliegerbombe total zerstört. Jedoch konnten nach Rückgang der Angriffe im Herbst in den Monaten Oktober und November sieben Sektionen über dem Soll gefertigt werden. Die Produktion in diesen Monaten erreichte mit 28, bzw. 27 Sektionen einen Rekord. Die Probleme bei der Produktion ab Dezember 1944 sind wohl eher auf Probleme bei der Zulieferung und beim Transport als auf Luftangriffe zurückzuführen.
16. Submarine production program/US-Bombing-Survey, German submarine industry, exhibit A-4.
17. Effect of Bombing on submarine production type VII-C/US-Bombing-Survey, Germaniawerft, exhibit H-3.
    Vor Beginn des Sektionsbaus wurde ein U-Boot mit hohem Zeitaufwand in einem Stück gebaut. Für ein einzelnes Boot des Kampftyps VII-C waren bei den Deutschen Werken in Kiel durchschnittlich 249 Tage von der Kiellegung bis zum Stapellauf und dann nochmals zusätzliche 45,5 Tage bis zur Auslieferung notwendig gewesen. Insgesamt waren das 294,5 Tage für ein einziges U-Boot. Nachdem im-

mer mehr U-Boote versenkt worden waren, mußten die Bauzeiten für die Neubauten drastisch verkürzt werden, um den entstandenen Verlust zumindest einigermaßen wieder auffangen zu können.

18. Plant layout Germaniawerft/US-Bombing-Survey, Germaniawerft, exhibit A.

Besonders bei der Germaniawerft fehlte es an allen Ecken und Enden an Platz. Das verhältnismäßig kleine Werftengelände war gen Osten durch Werkswohnungen und im Süden durch die Hörnmündung und das alte Schlachthofgelände eingegrenzt. Zu Beginn des Jahrhunderts waren die neuen Hellinge der Werft das Modernste, was der Schiffsbau, insbesondere der U-Bootbau, zu bieten hatte. Im Zweiten Weltkrieg aber waren die Produktionsanlagen der Werft größtenteils veraltet und was noch schlimmer war, für eine Verbunkerung der Produktion fehlte es ganz einfach an Platz. Das Werftengelände war zu sehr auf die Erfordernisse des Hellingbaus zugeschnitten. Ein Umstand, der wohl dafür verantwortlich war, daß diese Werft gar nicht erst in das Sektionsbauprogramm aufgenommen wurde.

19. German shipbuilding yards/US-Bombing-Sur-vey, German submarine industry, exhibit A-1.

20. Main steel fabricating firms/US-Bombing-Survey, German submarine industry, exhibit A-3.

Ein U-Boot wurde jetzt nicht mehr in einem Stück, sondern in einzelnen, insgesamt acht Sektionen gefertigt, die bei den Stahl verarbeitenden Betrieben als Rohsektionen vorgefertigt und dann an die jeweils für das entsprechende Sektionselement zuständige Werft geliefert wurden. Aufgrund der Größe der Sektionsteile geschah das in der Regel über den Wasserweg. Erkennbar ist die Absicht, Zulieferungen aus möglichst vielen Industriegebieten zu gewährleisten, so daß, wenn ein Bereich durch Bombardierungen in Mitleidenschaft gezogen worden war, immer noch die Lieferungen aus den anderen Gebieten blieben und die Produktion nicht unnötig gelähmt wurde.

21. Main component parts manufacturers/US-Bombing-Survey, German submarine industry, exhibit A-2.

Nach dem gleichen Schlüssel wie bei den Rohsektionen wurde auch die Produktion von elektrischen Motoren, Batterien, Dieselmoto-

ren und Periskopen organisiert. Doch gab es nur relativ wenige Betriebe, die auf die anspruchsvolle Fertigung derart spezialisiert waren, daß sie in größeren Mengen liefern konnten, so daß hier ein Schwachpunkt im Sektionsbau lag. Gerade bei den Batterien und den Elektromotoren gab es eine empfindliche Konzentration der Produktion auf nur zwei, bzw. drei Betriebe. Und tatsächlich kam es nach zeitweisem Ausfall der Werke in Mannheim und Hannover immer wieder zu Engpässen bei der Zulieferung.

22. Luftbild Schleusen am Kanal/Jensen 1989; S. 29.

23. Baulicher Zustand von Wohnungen/Stadt Kiel 1947, Abb.6.

24. Baugebiet Elmschenhagen (Deutsche Werke, u.a.)/StaK.

Die »Gartenstadt Elmschenhagen« war das größte Wohnbauprojekt während des Nationalsozialismus in Kiel. Hier sollte auch ein Großteil der Werftarbeiterschaft in komfortablen Werkswohnungen untergebracht werden.

25. Bauvorhaben Germaniawerft 1940/StaK.

Fehlender Wohnraum war schon vor Kriegsbeginn in Kiel das ganz große Problem: Auch bei der Germaniawerft plante man 1940, fast 1000 neue Wohnungen zu bauen.

26. Employees at work and absentees/US-Bombing-Survey, DWK, exhibit H9.

Am drastischsten waren die Fehlzeiten nach dem ersten Großangriff vom 9. April 1945. Von knapp 9.500 Arbeitern, die an diesem Tag Schicht hatten, erschienen weniger als 1.000 bei der Arbeit. Sicher werden zu diesem Zeitpunkt des Krieges die Disziplinierungsmaßnahmen nicht mehr in dem Maße gegriffen haben wie in den Vorjahren, eine derart hohe Abwesenheit aber ist dennoch erstaunlich. Zwar erleidet die Kurve nach dem zweiten und dritten Großangriff vom 13./14. April, bzw. vom 21./22. April nicht wieder einen solchen Einbruch, jedoch bleibt die Hälfte der Belegschaft der Arbeit bis zum Kriegsende fern. Für die Produktion sind diese Fehlziffern aber unbedeutend, denn nach den großen Zerstörungen wurden praktisch nur noch Aufräumarbeiten durchgeführt.

27. Employees, Deutsche Werke Kiel, 1944/US-Bombing-Survey, exhibit H-4.

Offenbar war es nach den großen Luftangriffen des Sommers 1944 nicht nur ein Problem, die Werftarbeiter zur Arbeit zu locken, sondern es wurde zusätzlich ein Großteil der Arbeiter für Reparatur- und Aufräumungsarbeiten benötigt.

28. Submarine production, breakdown of manhours, DWK/US-Bombing-Survey exhibit H-5.

Zwar war der Ausfall an Arbeitsstunden nicht gering, jedoch nicht ausschließlich oder vornehmlich auf die Fliegerangriffe zurückzuführen.

»Die Aufgaben, die uns gestellt werden, sind groß und außergewöhnlich. Ebenso groß, ja noch größer müssen die Anstrengungen sein, die wir machen, um sie zu lösen.«
(Andreas Gayk)

Wiederaufbau der Kieler Innenstadt

Arne Miltkau

Oftmals wird vermutet, der Wiederaufbau stehe in keiner Kontinuität zu vorherigen Planungen und bilde eine Stunde Null in der Kieler Stadtentwicklungsplanung. Welche Planungen gab es also für eine Umgestaltung der Kieler Innenstadt vor dem Zweiten Weltkrieg? Hat man beim Wiederaufbau nach dem Krieg auf diese Pläne zurückgegriffen? Von einer knappen Schilderung der Geschichte Kiels und dessen Erscheinungsbild bis 1900 ausgehend, sollen verschiedene Planungsphasen bis zum Ende des Zweiten Weltkrieges vorgestellt werden. Einem kurzen Abschnitt über die durch den Krieg entstandenen Zerstörungen in der Kieler Innenstadt folgt im nächsten Kapitel die Untersuchung der Planungen nach dem Kriege, um abschließend sämtliche Entwürfe auf die Ausgangsfragen hin beantworten zu können.

Heute assoziiert man mit dem Namen der Landeshauptstadt Kiel zahlreiche »Kieler Wochen«, die beiden olympischen Segelwettbewerbe 1936 und 1972 sowie das »Fährhaus zum Norden«. Nach dem Krieg lag die Stadt Kiel in Schutt und Asche, gerade das Zentrum war schwer getroffen. Nur wenige Städte waren durch den Luftkrieg noch stärker zerstört worden.

Jedoch konnten die vielen unnennbaren Schäden materieller, physischer und seelischer Art die Einwohner Kiels nicht von ihrem Wunsch abhalten, in Kiel zu bleiben. Für viele Kieler war es nach Kriegsende unvorstellbar, wie angesichts der riesigen Trümmerberge jemals wieder eine Stadt entstehen sollte.[1]

Andreas Gayk sagte in einer Haushaltsrede 1953 vor der Kieler Ratsversammlung: »Tausende waren mit der Räumung der Stadt, mit der Instandsetzung der Wohnungen und mit dem Wiederaufbau der Versorgungsanlagen beschäftigt. Indem wir Tausende zur Großräumung und zum Wiederaufbau heranzogen, gaben wir ihnen den Glauben an die Zukunft Kiels zurück, brachten wir ein wenig Hoffnung in das düstere Bild der Stadt.«[2] Er gab ein Zeichen des Aufraffens aus einer deprimierenden moralischen, geistigen und materiellen Niederlage. Und auch die Bürger gleich welcher Schicht, Partei oder Lebensstellung zeigten ihren Willen durch folgenden Ausspruch:

Kiel wird leben, weil wir es wollen! Man war sich einig, daß über aller Arbeit als Forderung und Ziel stehen muß: Kiel schafft es! Dem Wohl der Stadt und dem Ideal eines gerechten Lebens! Andreas Gayks Durchhalteparole lautete: »Kiel ist keine tote und keine sterbende, Kiel ist eine durch den Nationalsozialismus geschändete Stadt! Kiel ist keine Stadt ohne Zukunft!«.[3] Da Kiel vor dem Krieg als ein übelgewachsenes Gefüge aufgefaßt wurde, konnte man nun die einmalige Chance zu einer grundlegenden Neuordnung im Geist der Zeit nutzen und mögliche Sünden der Vergangenheit vermeiden.

Diese schreckliche Zerstörung gab der Stadt die Gelegenheit, das zu vollbringen, was das unzerstörte Kiel in seiner Gebundenheit nicht hätte vollführen können: Erkannte Fehler des Stadtorganismus zu beseitigen und Mängel des Stadtkörpers in verkehrstechnischer, sozialer, wirtschaftlicher und städtebaulicher Hinsicht zu beheben. Denn der Zwang zum Aufbau einer zerstörten Innenstadt bedeutet immer auch den Zwang zur durchgreifenden städtebaulichen Neuordnung. So gesehen konnten die Städteplaner den Zerstörungen auch Gutes abgewinnen, wenn auch die Bereitschaft der Menschen zum Mitmachen Voraussetzung war, wie dies beispielsweise 1666 in London oder 1728 in Kopenhagen zu beobachten war. Welche Summe gründlicher Gedanken, besonderer Planung und reifen städtebaulichen Formensinns von den Städteplanern und -bauern an den Tag gelegt werden mußte, sollen folgende, diese Arbeit bestimmende, Leitfragen zeigen. Aufgrund des von Deutschland ausgegangenen Krieges mit seinen fürchterlichen Folgen kann man sicherlich nicht einfach so tun, »als ob nichts geschehen wäre«, und die heile Welt von 1939 als Kulisse wiedererstehen lassen. Denn würde eine Rekonstruktion des Zerstörten die Schrecken des Krieges nicht verdrängen? Ist eine Rekonstruktion nicht sowieso durch technische Fortschritte und neue architektonische Ideen ausgeschlossen? Wenn man an dem Historischen aber nicht anknüpfen wollte, sollte man dann neu gestalten? Wie sollte das Verlorene ersetzt werden?

Wie kann ein solcher Neuanfang aussehen, der sich an den Bedürfnissen einer besseren, modernen Gesellschaft orientiert? Welche Wege der Realisierung wurden dabei bestritten? Welche Schwierigkeiten und Widerstände waren zu überwinden? Wie wurde der Wiederaufbau geplant und schließlich auch umgesetzt? Wie wurde die außergewöhnlich verpflichtende Aufgabe durch die für den Wiederaufbau verantwortlichen Stellen gemeistert? Wie kann er im zeitlichen Abstand einiger Jahrzehnte bewertet und eingeordnet werden? Wurde die »einzigartige Chance« der zerstörten Innenstadt tatsächlich genutzt, ehemalige Mißstände endgültig zu beseitigen? Können die Kieler also stolz auf ihre Stadt und ihre Aufbauarbeit sein? Sollten sie deshalb auch das Erbe und die Qualität der Bauten der 50er Jahre bewahren? Ist es bewahrenswerte Tradition oder nur Zeugnis einer Notlage? Vermittelt sich die Historie überhaupt noch über erlebbare bauliche Substanz? In diesem Rahmen ist es gleichsam notwendig zu fragen, welche Bedeutung der Wiederaufbau für die heutige Stadtplanung hat. Denn schon Gayk erkannte, daß es von den Städteplanern abhängen werde, »ob der Aufbau unserer Stadt vor der Zukunft bestehen kann, oder ob kommende Generationen mit denselben Gefühlen auf die Schöpfungen unserer Zeit sehen werden, mit denen wir die Bauten der Gründerjahre mit ihren lieblosen Mietskasernen betrachten«.[4]

Wie die meisten anderen Publikationen zum Thema verwendet diese Arbeit meist Quellen aus den Jahren 1945–1960. Erstmals im Jahre 1990 wurde durch das Baudezernat der Landeshauptstadt Kiel anläßlich der Ausstellung »Wiederaufbau der Innenstädte Kiel, Coventry, Lübeck (Chancen und Pläne)« eine umfassende Untersuchung hinsichtlich dieses Themas vorgenommen. Erst anläßlich dieser Ausstellung bemühte man sich, das Kieler Stadtarchiv im Hinblick auf dieses Thema zu durchforsten und fand in vergessenen Schubladen und verstaubten Papprollen wahre Schätze: Originalpläne, Skizzen, Grafiken, Gipsmodelle, Fotos, Zitate. Auch enthält diese Dokumentation weiterführende Literaturhinweise zum Neuaufbau in Kiel,[5] die für eine erste Analyse als sehr hilfreich anzusehen sind. Diese Quellen sind nicht die einzigen. Vielmehr haben das Baudezernat, der Magistrat und das Presseamt der Stadt Kiel eine umfangreiche Anzahl an Publikationen veröffentlicht, die sich direkt mit der Problematik des Wiederaufbaus auseinandersetzen.

Hervorgehoben werden soll hier besonders das vom Magistrat der Stadt Kiel herausgegebene und auch gut bebilderte Werk »Kiel. Bürger bauen eine neue Stadt«, das schon im Titel die damalige Motivation der Kieler und Kielerinnen wiedergeben soll. In gleichem Tone ist auch die Schrift Andreas Gayks, einem der beiden bedeutenden Personen des Kieler Wiederaufbaus geschrieben. »Eine Stadt kämpft um ihre Zukunft« zeigt die vielfältigen Probleme und Grundsätze des Wiederaufbaus auf. Von dem neben Gayk zweiten wichtigen Repräsentanten, dem Stadtbaudirektor Herbert Jensen, sind noch mehr Arbeiten vorhanden. In zahlreichen Artikeln hat er den Wiederaufbau Kiels geschildert und bundesweit bekannt gemacht. »Die neue Stadt Kiel«, »Das Gesicht der Landeshauptstadt Kiel« und das zusammen mit Paul Schnoor verfaßte Werk »Der Neubau der deutschen Städte als Kulturaufbau, dargestellt am Beispiel der Landeshauptstadt Kiel«, mögen hier als eine kleine Auswahl dienen. Die meisten Schriften behandeln jedoch lediglich einzelne Aspekte des Wiederaufbaus und finden dementsprechend nur in einzelnen Kapiteln ihren Niederschlag. Wichtige Hinweise für das Kapitel »Kiel in der Zerstörungsbilanz« hat hierbei die von Werner Sauer verfaßte Darstellung »Trümmerbeseitigung und Trümmerverwertung« geliefert.

Einen interessanten optischen Eindruck vermitteln Jürgen Jensen und Friedrich Magnussen (»Kieler Zeitgeschichte im Pressefoto. Die 40er/50er Jahre auf Bildern von Friedrich Magnussen«). Erwähnung sollen hier die Bilderfolgen finden, die jeweils vom gleichen Standpunkt, aber zu drei verschiedenen Zeitpunkten (vor dem Krieg, nach der Zerstörung, nach dem Wiederaufbau) aufgenommen, einen Eindruck vom alten Zustand, der Zerstörung und der Aufbauleistung geben.

WIEDERAUFBAU

Das Wort »Wiederaufbau« als allgemeine Umschreibung für die nach dem Zweiten Weltkrieg einsetzende und dessen Schäden in verschiedener Form behebende Bautätigkeit ist wertneutral. Es kann Instandsetzung, Ergänzung oder Kopie beinhalten sowie auch – unabhängig von Stil und Umfang – erneute Bebauung eines bereits zuvor bebauten Grundstückes mit einem Gebäude gleicher Funktion. »Wiederaufbau« wird daher weder ausschließlich im wortwörtlichen Sinne seiner Bedeutung – des erneuten Aufbaus des bis dato Gewesenen (also der Wiederherstellung beschädigter Wohnhäuser) – noch in qualitativer Abgrenzung zu »Neubau« benutzt.

Dieser Vorgang der Schadensbehebung, der Ersatzbeschaffung für zerstörte materielle Werte und verlorene Erwerbsmöglichkeiten der Bevölkerung sowie der zwingenden Notwendigkeit einer durchgreifenden städtebaulichen Neuordnung wird auf den fest umschriebenen Zeitraum der Jahre 1945 bis 1955 eingegrenzt.

Innenstadt

Die Kieler Innenstadt besteht aus der ca. 18 ha großen halbinselartig vom »Kleinen Kiel« und der Förde umfaßten Altstadt und der sich nach Süden in Richtung Hauptbahnhof erstreckenden und zum Verkehrszentrum gewordenen Vorstadt. Beide zusammen bilden den sogenannten »Citybereich«, das heutige Stadtzentrum und Kernstück. Die verschiedenen baulich-funktional differenzierten Viertel der Kieler Innenstadt (Verwaltungs-, Kultur- und Geschäftszentrum) sollen hier keine weitere Berücksichtigung finden. Begrenzt wird die Innenstadt im Osten durch die Förde mit ihrem Personen- und Frachtgutverkehr, den Fährlinien nach Skandinavien und der Bahnlinie; im Norden durch den Schloßgarten; im Westen durch den Kleinen Kiel und den Exerzierplatz sowie im Süden durch das Bahnhofsgelände.

Wenn sich diese Arbeit auf die Innenstadt konzentriert, muß aber klar sein, daß die Planer über diese »Innenstadt« hinaus dachten und sich nicht auf diese beschränkten. Die Konzentrierung auf die Innenstadt aber erwuchs aus der Tatsache, daß dieses Gebiet zu den älteren Teilen der Stadt gehört, als Mittelpunkt des gemeindlichen Lebens und Ort der Befriedigung materieller und kultureller Bedürfnisse auch überregionale Aufmerksamkeit erhält und gemeinhin für die ganze Stadt steht, an der man sich sein Urteil bildet. »Es ist eine jedem erfahrenen Städtebauer geläufige Wahrnehmung, daß jede noch so große Stadt ihr charakteristisches Gepräge durch den Eindruck weniger Straßen- und Platzräume im Stadtzentrum erhält. Die ganze Stadt wird nach der mehr oder weniger gelungenen Gestaltung der Hauptgeschäftsstraßen und den mit ihnen zusammenhängenden Straßen- und Platzanlagen beurteilt. Man mag diese Art der Beurteilung oberflächlich nennen oder nicht, sie trifft insofern den Kern der Sache, als sie vom »Gesundheitszustand des Herzens« her auf die Gesamtkonstitution des Stadtorganismusses ihre Schlüsse zieht.«[6]

Die Stadt Kiel ist nicht in langsamer Entwicklung aus einem Dorf entstanden, sondern ist eine zwischen den Jahren 1233 und 1242 im Zuge der deutschen Ostkoloni-
sation nach einfachem, klarem Plan erfolgte Gründung von dem holsteinischen Grafen Adolf IV. von Schauenburg. 1242 erhielt die Stadt durch seinen Sohn Graf Johann
I. lübisches Stadtrecht. Die hervorragend gewählte geographische Lage des Siedlungs-
platzes war denkbar günstig für die Anlage. Eine 18 ha große Halbinsel an der Westseite der Innenförde, eine schmale Landbrücke nach Norden, die Förde im Osten und
der Kleine Kiel im Westen und Süden schützten den Handelsplatz. Die Stadtanlage
entspricht dem üblichen Gründungsschema mit Marktplatz, Kirche und Rathaus im
Zentrum, von dem aus die Straßen zum Stadtrand ausstrahlen.

Innerhalb der Hanse, der Kiel von 1284 bis 1518 angehörte, hat die Stadt nie eine Rolle
gespielt, nachhaltiger Erfolg blieb ihr versagt. Im Jahre 1665 gründete Herzog Christian
Albrecht die Landesuniversität, die für die Stadt geistigen und auch wirtschaftlichen Auftrieb brachte. Die Eröffnung des Eider Kanals 1784 belebte den Handel zur Nordsee. Im
Jahre 1957 schrieb der Stadtbaudirektor Herbert Jensen in einem Aufsatz:

»Vor gut 100 Jahren war es noch möglich, die Stadt aus der Ferne als Gesamter-
scheinung, als Ganzes mit einem Blick zu erfassen und zu erleben. Und wer vom Holstentor her den Marktplatz betrat, begriff sofort den gesamten einfachen Organismus
der kleinen Stadt, dessen Herz am Alten Markt schlug. Welch ein liebliches Bild bot
die auf einer kleinen Halbinsel zwischen Förde und Kleinem Kiel gelegene Stadt! Der
Stadtkörper wurde wirkungsvoll beherrscht von der die Stadtmitte bezeichnenden
Baumasse der alten Nicolaikirche und an der nördlichen schmalen Landverbindung
geschützt von dem trutzigen Bau des Schlosses, der alten Burg. Aber das Wertvollste
war, daß diese kleine mit einem Blick überschaubare Stadt noch mit der umgebenden
Natur verbunden war. Die sanfte holsteinische Hügellandschaft mit herrlichen Bu-
chenwäldern an der blauen Ostsee umschloß die kleine Stadt so eng, daß allen Bewohnern dieses »Landstadt«-Erlebnis stets zugänglich war.«[7]

Der Verlust dieses Erlebnisses ist auf die wirtschaftliche und städtebauliche Entwicklung im 19. Jahrhundert zurückzuführen, die sich »rücksichtslos über die besonderen und stadtgestalterisch außerordentlich wertvollen topographischen Gegebenheiten hinweggesetzt und nur weniges davon für das Augenerlebnis, das sich nach
sinnvoller Gliederung sehnt, begreifbar erhalten«[8] hat.

Kiel blieb zunächst eine geschlossene Stadt von anmutig-idyllischem Charakter,
da es sich seit ihrer Entstehung vor sechs Jahrhunderten räumlich nur unwesentlich
über die Grenzen des alten Mauerringes hinaus entwickelt hatte. Bestimmt wurde
Kiels Erscheinung weiterhin durch die auf drei Seiten von Wasser umgebene mittel-

alterliche Stadt, so daß immer noch enge Verbundenheit mit der umgebenden Natur das Stadtbild prägte. Die Einwohner lebten von Handwerk, Handel und Schiffahrt.

1865 aber wurde Kiel Preußens Marinestation der Ostsee, 1867 die des Norddeutschen Bundes und schließlich 1871 Reichskriegshafen. Schon 1632 hatte Christian IV. von Dänemark am Eingang der Förde die Festung Christianspries (Friedrichsort) errichtet. Doch erst mit der Reichsgründung und den damit verbundenen politischen Umbrüchen und dem Aufbau einer deutschen Flotte wurde man sich der seestrategischen Bedeutung des Kieler Hafens bewußt, da die Förde nicht nur vorzügliche Tiefenverhältnisse, sondern auch eine günstige strategische Lage im westlichen Ostseeraum besaß.

Es begann ein Ausbau am Hafen, an Werften und Marineeinrichtungen, der die Stadt innerhalb weniger Jahrzehnte völlig veränderte. Der mit allem Nachdruck be-

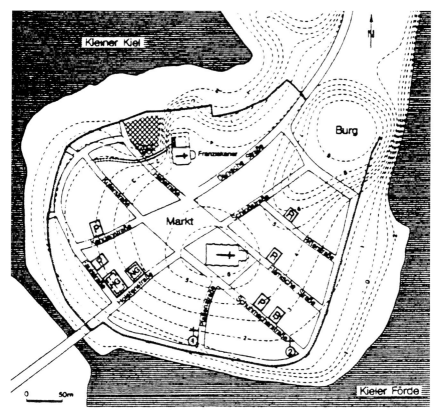

1 *Mittelalterlicher Stadtgrundriß.*

89

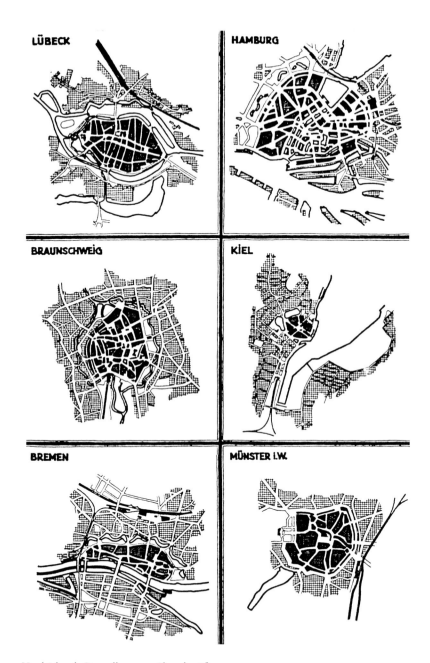

2 *Vergleichende Darstellung von Altstadtgrößen.*

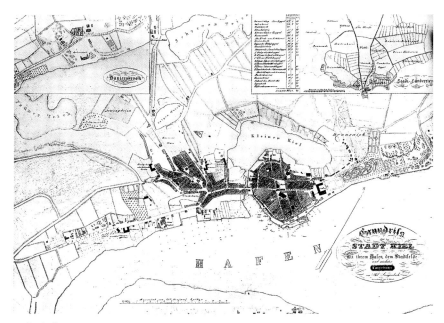

3 *Stadtplan von 1838.*

Einwohnerzahlen Kiels[9]

1730	4.500	1890	86.000	1939	262.000
1750	4.500	1895	100.000	1943	300.000
1798	7.000	1900	108.000	1945	143.000
1825	10.000	1904	145.000	1946	213.000
1835	12.000	1908	183.000	1948	295.000
1845	14.000	1910	212.000	1970	271.000
1855	16.000	1914	220.000	1978	256.000
1864	18.000	1919	211.000	1984	245.000
1867	24.000	1922	204.000	1990	242.000
1870	30.000	1928	186.000	1995	242.000
1880	44.000	1933	218.000	2000	239.000
				2005	235.000

triebene Ausbau der Kriegsmarine führte zum einem zu einer Abhängigkeit von dieser und von der damit verbundenen Rüstungsindustrie, zum anderen zu einem so raschen Wachstum der bis dahin in regionalen und unbedeutenden Beziehungen lebenden bescheidenen Kleinstadt von 24.000 (1867) zu einer Großstadt von mehr als 200.000 Einwohnern (1911), so daß ihr jede Möglichkeit eines organischen Wachstums genommen wurde. Formlos, häßlich, ohne Beziehung zu den landschaftlichen Gegebenheiten schossen die öden neuen Stadtteile empor, ungenügende Sicht, Luft- und Sanitärverhältnisse beeinträchtigten die alte Idylle. Gewohnt und gearbeitet wurde in der Innenstadt, die durch kleinteilige Parzellierung der Grundstücke bestimmt war. Diese stürmische Stadt- und Wirtschaftsentwicklung nahm »maßgeblichen Einfluß auf Erscheinungsbild und Nutzungsverteilung in der Innenstadt«.[10]

Kiel, durch völlige Neuorientierung aufgrund politischer Umbrüche des 19. Jahrhunderts zu nationalen Aufgaben verpflichtet, wurde so zu einem »Musterbeispiel der städtebaulichen Unzulänglichkeiten des späten 19. Jahrhunderts und des Verderbnis einer großartigen landschaftlichen Situation durch Besiedlung und Industriegelände«.[11] Kiel verwandelte sich in einen Industrieort mit ausgesprochen unfreundlichen und ausufernden Gesichtszügen, die den Bedingungen ihrer Entstehung entsprechend eben nicht zu den schönsten zählen konnten.[12]

»Die Marine lebte im Grunde neben Kiel. Sie baute ohne Verständigung mit der Stadt, und die städtebaulichen Mängel des alten Kiel gehen zum Teil darauf zurück, daß Stadt und Marine bei ihren Bauplänen wenig Kontakt miteinander hatten, und die Stadt auf diese Weise keine echte bauliche Einheit werden konnte.«[13] Hier liegt in der Tat die Hauptursache für die verfehlte Entwicklung. »Erst nach 30 Jahren, als die Einwohnerzahl im Jahre 1895 bereits auf rund 100.000 angewachsen war, erkannte man das angerichtete Unheil. Seitdem setzte sich die Stadtführung mit wechselndem Erfolg für eine planmäßige Gestaltung des Stadtbildes nach zeitgemäßen städtebaulichen Gesichtspunkten ein.«[14]

Umgestaltungspläne für die Innenstadt bis 1945

1901 Generalbebauungsplan des Geheimrats Josef Stübben

Der Wohnungsbauboom, der mit dem Ausbau der Flotte einsetzte, benötigte kurzfristig die Bereitstellung riesiger Wohnbauflächen. Vor Stübben wurden diese neuen Baugebiete und Straßen nach aktuellem Bedarf erschlossen. Verbindliche baurechtliche Grundlagen wurden dabei erst nach und nach geschaffen. Die bisher geübte Praxis, Stadterweiterungspläne lediglich für Teilbereiche zu erstellen, stieß jetzt an ihre Grenzen. Ein umfassender Stadterweiterungsplan als Grundmuster der städtischen Entwicklung wurde erforderlich, da die bisherigen Pläne dem rasanten Wachstum nicht mehr den notwendigen Rahmen bieten konnten.»Der Magistrat beauftragte

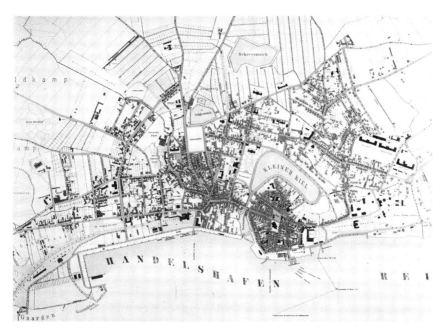

4 *Stadtplan von 1883, WNW nach oben.*

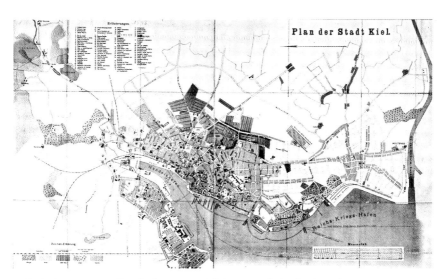

5 *Stadtplan um 1914, W nach oben, mit projektierter nördlicher Stadterweiterung.*

deshalb 1895 den renommierten Kölner Stadtplaner Josef Stübben mit der Ausarbeitung eines neuen Stadtentwicklungsplans, den dieser 1901 vorlegte, und der als »Stübbenplan« bis auf einige spätere Änderungen bis in die 1920er Jahre hinein Gültigkeit behalten sollte.«[15] Gegenüber früheren Plänen enthielt dieser Plan zahlreiche neue Elemente. Von der Vorstellung einer Millionenstadt ausgehend, da mit einem ungebremsten Wachstum der Bevölkerung gerechnet wurde, sah er eine fünfstöckige Bebauung in Form des Großmiethauses vor. »Stübben versuchte mit Ringstraßen das West- und Ostufer zu verbinden, berücksichtigte die Topographie, unterschied Haupt- und Nebenstraßen[16] und differenzierte Stadtteile. Die Anlage des heutigen Rathausplatzes sowie die Durchdämmung des Kleinen Kiels geht auf Stübben zurück.«[17] Weitsichtig erfaßte seine Planung auch die Stadtteile Hassee und Gaarden-Süd, die erst später eingemeindet werden sollten.[18] »Entsprechend den liberalistischen Vorstellungen der Zeit über die Aufgabe des Städtebaus, der Entwicklung nur einen Rahmen zu bieten, schuf Stübben ein für die Zeit überaus modernes Planwerk.«[19]

1922 Stadtentwicklungsplan von Wilhelm Hahn

Die Abhängigkeit von der Kriegsmarine mußte nach der Niederlage im Ersten Weltkrieg verhängnisvolle Folgen haben. Die Bestimmungen des Versailler Vertrages entzogen der Stadt ihre wirtschaftliche Basis, zumal sie keine leistungsfähige Friedensindustrie hatte.[20] Arbeitslosigkeit, Inflation und Wohnungsnot wurden zu den beherrschenden Themen der Zeit. Diese Umbrüche mußten natürlich auch eine Änderung des planerischen und baurechtlichen Instrumentariums bewirken. Über den Plan von Stübben wurde ein neuer gelegt, der ein etwas anderes Grundmuster vorsah. 1922 legte Hahn ein Stadtentwicklungsprogramm vor, das er 1928 modifizierte, den sogenannten Grünflächenplan. Inhalt dieses Planes war die klare Trennung der Industrie von den Wohngebieten, die Bebauung sollte vorwiegend zweigeschossig sein. Um die Stadt herum wurde ein Grüngürtel geplant, bestehend aus Kleingärten, Friedhöfen, Sport- und Parkanlagen sowie Wäldern. ...Im Stadtbild selbst sollten demokratische Strukturen sichtbar werden, also nicht mehr wilhelminische Repräsentationsbauten, sondern Zweckbauten der Verwaltung, der städtischen Versorgung, u.ä. waren nun in erster Linie gefragt.«[21]

Man wollte eine klare Abgrenzung und Abstufung der Bebauung nach Art und Dichte vornehmen[22] und die Trennung der Menschen von der Naturlandschaft, die in allen größeren Städten als ungesund und bedrohlich empfunden wurde, aufheben. Diese städtebauliche Reformidee um Schaffung eines »Grüngürtels« führte nach dem Ersten Weltkrieg zum Erfolg,[23] wobei aber die Innenstadt selbst sanierungsbedürftig blieb, da Verbesserungen wegen der schwierigen Wirtschaftslage nur langsam vorangingen.[24] Ebenfalls überzeugte die Planung durch Komplexität und Tiefe, deren Wir-

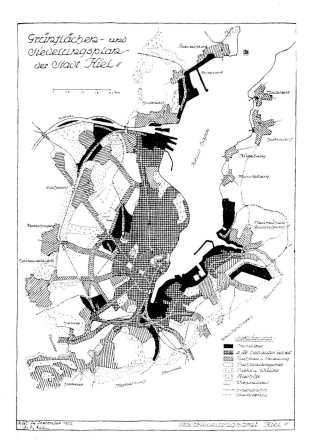

6   Der Grünflächen und
Siedlungsplan von Wilhelm
Hahn 1922.

kungen bis in die Nachkriegszeit spürbar waren.[25] Hahn (geb. 1887, gest. 1930) selbst
war so populär, daß man den Vornamen in »Willy« verkürzte, mit dem dieser auch in
die lokale Literatur einging.[26]

Pläne der Nationalsozialisten

Der Versuch Kiels, sich nach dem Ersten Weltkrieg grundlegend auf Friedenswirtschaft umzustellen, konnte wegen der schwierigen gesamtwirtschaftlichen Rahmenbedingungen nur geringen Erfolg erzielen. Erst durch die »Machtergreifung« Hitlers
1933 sollte wieder eine Umkehr eintreten, indem Kiel zu seiner traditionellen »Mono-
kultur« zurückkehrte. »Um so eher suchte Kiel sein Heil wieder in einer expandieren-

95

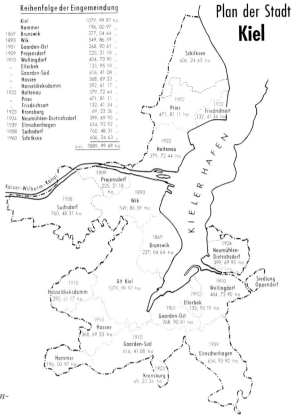

Reihenfolge der Eingemeindung

	Kiel	1079, 99 97 ha
	Hammer	196, 00 97 „
1869	Brunswik	277, 04 64 „
1893	Wik	549, 86 59 „
1901	Gaarden-Ost	268, 90 61 „
1909	Projensdorf	225, 21 18 „
1910	Wellingdorf	404, 73 90 „
„	Ellerbek	135, 95 19 „
„	Gaarden-Süd	616, 41 08 „
„	Hassee	368, 69 33 „
„	Hasseldieksdamm	292, 61 17 „
1922	Holtenau	379, 72 44 „
„	Pries	471, 81 11 „
„	Friedrichsort	132, 41 34 „
1923	Kronsburg	69, 23 36 „
1924	Neumühlen-Dietrichsdorf	399, 69 95 „
1939	Elmschenhagen	654, 93 92 „
1958	Suchsdorf	760, 48 31 „
1960	Schilksee	606, 24 63 „
	zus.	7889, 99 69 ha

Plan der Stadt
Kiel

7 *Plan der Stadt Kiel, Reihen-*
folge der Eingemeindungen.

den Marine, übernahm willig die Rolle, die die Stadt im Rahmen der nationalsozialistischen Aufrüstung zu spielen hatte: Kriegsmarinebasis und deren Rüstungszentrum mit hochspezialisierten Werften[27] und Zulieferbetrieben.«[28] Obwohl die Nationalsozialisten in der Zeit von 1933 bis 1939 auf den städtebaulichen Leistungen seit 1900 aufbauten, diese auch fortführten und dadurch das Grundmuster der Innenstadt kaum veränderten (es also für das Bauen zu keiner entscheidenden Zäsur gekommen ist, da auf traditionelle Architekturmotive zurückgegriffen wurde), gaben sie vor, etwas grundlegend Neues begonnen zu haben.[29]

Man betonte die Geschichte der Stadt und ihre damalige Bedeutung im Leben der Nation, durch die sie einen Symbolwert besitze, der auch in den zu schaffenden Anlagen zum Ausdruck kommen sollte.[30] Um diesen Herrschaftsanspruch der neuen Machthaber zu demonstrieren, steht vorrangig das Bemühen der Stadt, Wohnraum für die in die Stadt strömenden Menschen zu schaffen.[31] »Auch politische Vorgaben

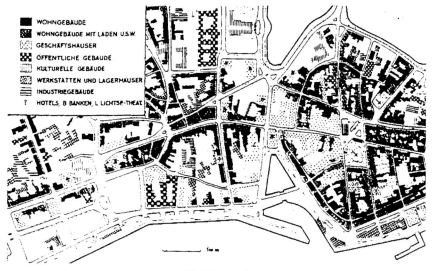

WOHNGEBÄUDE
WOHNGEBÄUDE MIT LADEN U.S.W.
GESCHÄFTSHAUSER
ÖFFENTLICHE GEBÄUDE
KULTURELLE GEBÄUDE
WERKSTÄTTEN UND LAGERHÄUSER
INDUSTRIEGEBÄUDE
? HOTELS, B BANKEN, L LICHTSP.-THEAT.

Vorkriegsstand

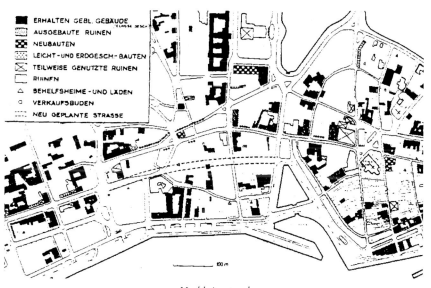

ERHALTEN GEBL. GEBÄUDE
AUSGEBAUTE RUINEN
NEUBAUTEN
LEICHT- UND ERDGESCH.- BAUTEN
TEILWEISE GENUTZTE RUINEN
RUINEN
△ BEHELFSHEIME - UND LÄDEN
○ VERKAUFSBUDEN
NEU GEPLANTE STRASSE

Nachkriegsstand

8 *Gliederung des Stadtzentrums vor und nach dem Krieg, NW oben.*

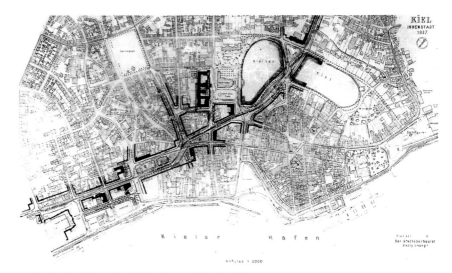

9 *Nationalsozialistische Städteplanung, Verkehrsführung 1937.*

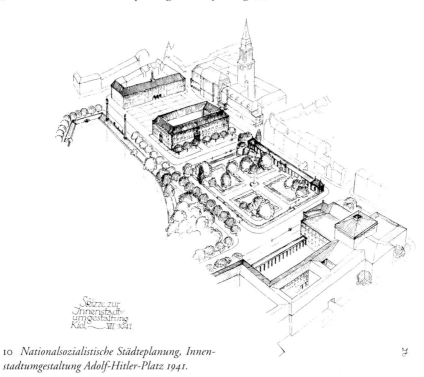

10 *Nationalsozialistische Städteplanung, Innen-*
stadtumgestaltung Adolf-Hitler-Platz 1941.

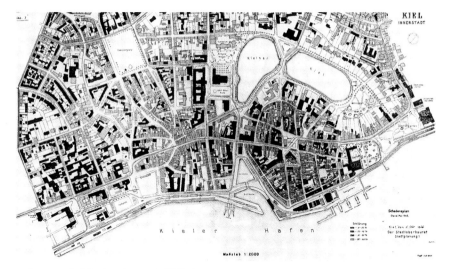

11 *Innenstadt Schadensplan 1946, NW oben.*

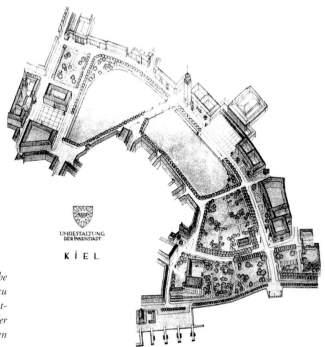

12 *Nationalsozialistische Städteplanung, Umbau Kiels zur › Gauhauptstadt ‹, Umgestaltung der Bebauung am Großen und Kleinen Kiel 1941.*

waren in der Stadtplanung enthalten, um den Umschwung seit 1933 auch in der Stadt-architektur deutlich zu machen. Vor allem ging es um Aufmarschplätze für Massen-demonstrationen, um Gemeinschaftseinrichtungen der Partei und der Bevölkerung und um die Zusammenballung beherrschender Bauten im Zentrum der Stadt mit der Absicht, durch die Monumentalität Wirkung zu erzielen.« Dabei wurde die Stadtpla-nung nicht mehr pluralistisch, sondern zentralistisch geregelt. Das Wohnungssied-lungsgesetz vom September 1933 lieferte hierfür die Grundlage.[32]

1940/41 Pläne von Herbert Jensen zum Umbau der Stadt Kiel

Als in Kiel im Jahre 1935 das Stadtplanungsamt geschaffen wurde, um der wach-senden Bedeutung städtebaulicher Aspekte zu entsprechen, versuchte die Stadt erneut, ihrem verunstalteten Gesicht einen gepflegteren Ausdruck zu geben bzw. etwas von den freundlichen Zügen, die Kiel ursprünglich einmal gehabt hatte, zu-rückzugewinnen.[33] Leiter dieses Amtes war Herbert Jensen, der dann auch schon während des Krieges 1940/41, aufbauend auf vorherigen Planungen, aber unter Be-rücksichtigung veränderter Bedürfnisse und gewandelter Zielvorstellungen, den Umbau der Stadt im neuen Geist der Zeit forderte und hierzu die Sünden der Ver-gangenheit in sicherlich leicht übertriebener Weise beschrieb. »Es wird auch nie-mand bedauern, wenn die Innenstadt eine Umgestaltung erfährt. Wir können nur hoffen, daß es bald und gründlich geschieht, denn es gibt kaum eine Stadt, die im Zentrum so regellos und lückenhaft, so eng und häßlich gebaut ist wie Kiel ... Man stellt überall nur Mittelmäßigkeit oder Belanglosigkeit fest.«[34] Für Jensen war der Gedanke leitend, einen unter Vernichtung vorhandener Bausubstanz und unter Verdrängung des Wohnraums aus der Innenstadt weitgehend aufgelockerten Stadt-körper zu schaffen.[35]

Jensens Pläne stießen scheinbar auf breiten Konsens und wurden offizielles Ziel der Kieler Stadtplanung.[36] Ihre Einzelheiten sahen wie folgt aus:

»Die gesamte Innenstadt vom Schloß bis zum Bahnhof sollte – ergänzt durch kul-turelle Einrichtungen – zu einer reinen Verwaltungs- und Geschäftsstadt umgebaut werden. Die Vorstadt von der Holstenbrücke bis zum Bahnhof war als neuer geschäft-licher Mittelpunkt vorgesehen.

In der Altstadt sollten unter Beibehaltung des alten Stadtgrundrisses zwei Baublöcke ganz abgerissen und neu bebaut werden.

Vom Sophienblatt über die Willestraße bis zum Martensdamm war eine leistungs-fähige Verkehrsstraße geplant, die den zunehmenden Pkw-Verkehr aus Richtung Sü-den am Altstadtkern vorbeiführen sollte.

Das alte, traditionelle Arbeiterviertel am Kuhberg – heute Ostseehalle mit Ostsee-hallenvorplatz – sollte abgerissen und neu bebaut werden.

Auch das Aushängeschild des späteren Kieler ›Wiederaufbaus‹, die Holstenstraße als Fußgängerzone, war bereits Bestandteil seiner Planungen.«[37]

Die Vorbereitungen auf den Krieg und der Krieg selbst verhinderten die tatsächliche Umsetzung der Pläne zur Veränderung der Innenstadt. Jedoch wurden die Pläne bereits während des Krieges den fortschreitenden Zerstörungen angepaßt.[38] »1944 erklärte Hitler Kiel als eine von 42 besonders hart getroffenen Städten zur ›Wiederaufbaustadt‹, nachdem kurz zuvor noch erwogen worden war, Schleswig-Holstein zu einem möglichst reinen ›Agrargau‹ und die Stadt Kiel zu einem Fischerort zurückzuentwickeln.«[39]

Kiel in der Zerstörungsbilanz

Die Stadt Kiel wurde durch die Bombenangriffe des Zweiten Weltkrieges weitgehend zerstört. »In 90 Luft-Großangriffen,[40] bei denen insgesamt 43.559 Sprengbomben, 931 schwere Minen, 1.000 Flammenstrahlbomben, 30.055 Flüssigkeits-Brandbomben, 456.357 Stabbrandbomben, 21.557 Phosphor-Brandbomben und 49 Phosphor-Kanister abgeworfen wurden, wurden 2.600 Personen getötet (ohne Wehrmacht- und Polizeiangehörige) und 5.181 Personen schwer verletzt. Obdachlos wurden 167.000 Personen, davon wurden 39.650 evakuiert, während 127.350 Notunterkünfte beziehen mußten. Von 20.000 Häusern mit 83.083 Wohnungen wurden 7.466 Häuser mit 36.062 Wohnungen völlig zerstört, schwerbeschädigt 2.627 Häuser mit 6.883 Wohnungen.«[41]

Wasser, Gas und Licht waren nicht vorhanden, Massenküchen versorgten die übriggebliebenen Einwohner. Aus der Zahl der zerstörten und beschädigten Wohnungen wurde die Trümmermenge errechnet. Auf Kiel entfielen insgesamt 5,3 Mil. cbm Trümmerschutt,[42] was einer Trümmermenge von 23,44 cbm je Einwohner[43] entspricht. Hiermit gehörte Kiel zu den schwerstgeschädigten Städten Deutschlands.[44]

»Die Stadtvertretung richtet an alle Einwohner der Stadt den dringenden Appell, durch eigene Mitarbeit an den Aufräumungs- und Aufbauarbeiten ihren ungebrochenen Lebenswillen zu bekunden. Unsere Stadt, die durch den Zweiten Weltkrieg die schwersten Schäden erlitten hat, erwartet, daß sie in ihren Aufbaubestrebungen vorbehaltlos und nachdrücklich unterstützt wird.«[45] Dieser Aufruf, sich zur Beschleunigung der Aufräumarbeiten an Sonn- und Feiertagen im Rahmen des sogenannten »Ehrenamtlichen Aufräumungsdienstes« freiwillig zur Verfügung zu stellen, geht auf eine Initiative Gayks[46] zurück, die für die Durchführung der Trümmerbeseitigungsarbeiten von großer Bedeutung war.[47] Der Aufräumdienst hatte eine enorme psychische, aber auch eine praktische Bedeutung für den Wiederaufbau in Kiel.[48] Zwar ging die Hauptleistung der Räumung auf die Verwendung von Großräumgeräten, vor allem Baggern, zurück, für deren Einsatz die Stadt weitsichtig ihre letzten Reserven verbrauchte.[49] Doch konnten die Bagger nicht überall eingesetzt werden, Hinterhöfe und enge Straßen mußten per Hand trümmerfrei gemacht werden.[50]

Als vordringlichstes Aufräumgebiet wurden die Altstadt und die Vorstadt bis zum Hauptbahnhof angesehen, da dieses Gebiet das Herz der Stadt bilde und somit schnellstens von den Kriegsfolgen zu befreien und mit neuem Leben zu erfüllen sei.[51] Voraussetzung einer planmäßigen Trümmerräumung war zunächst eine Klärung der Rechtslage bezüglich der Besitzverhältnisse.[52] Zur Anwendung kamen dann zwei Methoden der Trümmerbeseitigung: 1. Trümmerbeseitigung durch endgültiges Ablagern in Kippen und sonstigen Schüttungen 2. Trümmerbeseitigung durch Trümmerverwertung im Zuge des Neuaufbaues.[53] Trümmerfreie Flächen wurden dann vorläufig begrünt, um Winderosion zu vermeiden, sich für den erhofften allmählichen Fortschritt große Entwicklungsflächen freizuhalten und sie einer späteren Nutzung zur Verfügung zu stellen. Die so entstandenen »Gayk-Wäldchen« brachten nach Jahren des Grauens erstmals wieder freundlichere Züge in das Stadtbild.[54] Bereits vor der Währungsreform waren die Trümmer zur Hälfte beseitigt, 1951 war die Trümmerbeseitigung praktisch abgeschlossen. Kiel erwarb sich dadurch den Titel der am besten aufgeräumtesten Stadt der Britischen Zone. Dies findet auch in der Ehrentafel in der Ausstellung der »Septemberwoche 1947« ihren Niederschlag: »Kiel, die bestaufgeräumteste Großstadt Deutschlands. Diesen Ruf verdankt unsere Stadt nicht zuletzt ihrem ehrenamtlichen Aufräumdienst. Mit vorbildlichem Idealismus schritten Männer und Frauen zur Tat, packten die Steine und warfen den Schutt und schafften so die Voraussetzungen zur Normalisierung des Stadtlebens und zu einem sich stetig entwickelnden Neuaufbau. Ihren tatkräftigen Einsatz anzuerkennen und zu würdigen ist unser aller Pflicht«.[55]

Vorüberlegungen für den Wiederaufbau

Mit der schweren Aufgabe des Wiederaufbaus konnte in Kiel erst begonnen werden, nachdem die Frage nach der zukünftigen Daseinsberechtigung der Stadt hinreichend beantwortet war.[56] So wurden »überaus ernste und umfassende Überlegungen über die Möglichkeiten des Fortbestandes der Stadt Kiel angestellt«.[57] Da für die englische Öffentlichkeit der Name Kiel nach dem Krieg mit einer tödlichen Drohung gleichgesetzt wurde,[58] hatte die Militärregierung zunächst ernstlich erwogen, die ehemals bedrohende Marinestadt Kiel dem Erdboden gleichzumachen und zu einem Fischerdorf verfallen zu lassen,[59] wie es ja schon kurzfristig zur NS-Zeit angedacht worden war. Dieser Herabstufung mußte sich die Stadt also mit einem heftigen Entschluß entgegenstellen. Die Stadtplanung mußte kämpferische Züge annehmen, einen Weg zurück sollte es nicht geben.[60] Die folgende entschlossene Aussage Herbert Jensens im Mai 1946 zeigt, daß eine zweckmäßige Planung, eine zielklare Lenkung des Neuaufbaus vorteilhaft ist: »Wir gehen also aus von dem einheitlichen Wunsche und Willen der Stadtvertretung, diese Stadt als Landeshauptstadt, Universitäts- und Gewerbestadt wieder mit neuem Leben zu erfüllen. Wir unterstellen, daß die großen Zentren der Arbeit, des Geschäftslebens, des Handels und der Verwaltung ungefähr ihre alten Plätze behalten, so daß sie die Grundlage bilden können für eine ruhige und stetige Entwicklung (im Unterschied zu der früher ungesunden sprunghaften) und für das Dasein von 200.000 bis 250.000 Menschen. Wir geben also den Gedanken an eine wesentliche Ausweitung auf 300.000 bis 400.000 Einwohner, der vor zehn Jahren etwa berechtigt erschien, bewußt auf«.[61]

Um zu vermeiden, daß die durch die Zerstörung verursachten unnatürlichen Verkehrsspannungen und wirtschaftlichen Dezentralisationen zum Dauerzustand werden, sollte zunächst auf eine Stadterweiterung zugunsten des Wiederaufbaus der zerstörten Innenstadt verzichtet werden.[62]

Man wollte sich auf Schwerpunkte konzentrieren, geordnet bauen und sich dabei schrittweise ein Stadtteil nach dem anderen vornehmen.[63] Es ging um die Erhaltung der territorialen Einheit, die nur durch die geschlossene Besiedlung der Stadt wiederherzustellen war. Dem Bestreben, außerhalb der Stadtgrenzen zu bauen, mußte eine klare Absage erteilt werden.[64] Zunächst mußte versucht werden, die menschenunwürdigen Lebensbedingungen und die große Not ohne jedes Zögern zu beseitigen. Folgende Sofortmaßnahmen wurden bereits 1945 in Angriff genommen: Behelfsmäßiges Decken von Dächern (Wetterfestmachung des bestehenden Wohnungsbestandes), Reparatur von Leitungen und der Kanalisation, Räumung von Straßen und deren Instandsetzung als erster Stufe des Aufbaus.[65] Auch mußte der Schulbau forciert werden, da bei Kriegsende alle Schulen geschlossen waren und 90% des Schulraums verlorengegangen war.[66] Weiterhin war man sich darin einig, die Kieler Wirtschaft vielseitiger und damit auch gesunder, dauerhafter und krisenfester zu gestalten, somit eine grundsätzliche Veränderung der wirtschaftlichen Struktur zu erreichen. Gayk begründete diese Absicht mit den folgenden Worten: »Eines wollen wir gerade heute nicht verschweigen: Wäre beim Aufbau der Kriegsmarine mehr Rücksicht auf die Friedensbedürfnisse unserer Stadt genommen worden, dann wäre der Absturz in den Abgrund der Nachkriegskatastrophe nicht halb so tief gewesen«.[67] Das breite Fundament einer echten Friedensindustrie mußte geschaffen werden, der Wille dazu war nach 1945 ungleich stärker als nach 1919. Auch konnte nach 1945 auf Marshallplanhilfe zurückgegriffen werden, während in der Folge des Versailler Vertrages von 1919 Reparationen zu zahlen waren. »Eine Stadt, die darauf angewiesen ist, wirtschaftliches Leben auf jede Art zu fördern, muß vor allem bestrebt sein, belebenden Verkehr anzuziehen. Demgemäß wurde bei der Planung für den Neuaufbau in erster Linie Wert darauf gelegt, das höchst unzulängliche Verkehrsstraßennetz zu verbessern«.[68] Vor allem an eine zügige Führung des Hauptverkehrszuges Sophienblatt-Holstenstraße war dabei gedacht worden. Gehemmt wurden diese Bestrebungen durch die bis Mai 1950 betriebene Demontage auf dem Ostufer, die auch als »englische Krankheit« bezeichnet wurde. Hierdurch ist nicht nur wirtschaftliche Substanz zerstört worden, die den Aufbau einer Friedensindustrie unterstützt hätte, sondern auch wertvolle Zeit und einige Chancen verlorengegangen.[69]

Jedoch ließ sich die Bevölkerung durch die Zerstörungen der Demontage nicht den Mut und den Glauben an ihre Stadt nehmen, vielmehr wurde der Kampf gegen diese Demontage mit einer großen Leidenschaft und Unerschrockenheit geführt,[70] die bei der englischen Militärregierung nicht ohne Eindruck blieb. Die baulichen Maßnahmen sollten unter schonender Berücksichtigung der landschaftlichen Gegebenheiten durchgeführt werden, die entstehende Raumfolge sollte klar und eindrucksvoll gestaltet werden, um die Eigenart und das Wesen dieser Stadt (Kiel als eine Stadt am Wasser mit Orientierungs- und Identifikationselementen eigener maritimer Ausprägung) zum Ausdruck zu bringen.[71] Leitmotiv und Mittelpunkt aller Planungen war sicherlich auch in anderen Städten der Gedanke, daß ein Mensch in seiner Stadt ein Leben in menschlicher Würde führen kann. Gayk bringt dies für die Stadt Kiel in einer Rede anläßlich einer außerordentlichen Sitzung der Kieler Stadtvertretung auf den Punkt. »Das tragende sittliche Fundament unseres Kieler Neuaufbaues ist der Geist des Friedens, der Geist echter Menschlichkeit, der Geist sozialer Verantwortung und Gerechtigkeit, der Geist echten Bürgersinns und gegenseitiger Hilfe und der Geist unbeugsamer Selbstbehauptung«.[72]

WIEDERAUFBAUPLANUNGEN FÜR DIE INNENSTADT NACH 1945

1946 Generalbebauungsplan

Die Stadtvertretung der Stadt Kiel faßte am 29. Mai 1946 einstimmig folgenden Entschluß:

»Nachdem die Stadtvertretung in der Sitzung vom 15. Mai d.J. einstimmig ihren Willen zum wirtschaftlichen Wiederaufbau der Stadt bekundet hat, erklärt sie heute, daß mit der Umstellung von der Rüstungsindustrie auf eine Friedenswirtschaft zugleich eine den veränderten Verhältnissen entsprechende städtebauliche Neugestaltung erfolgen soll. Die Stadtvertretung billigt daher grundsätzlich die Vorschläge des Stadtbauamtes, die den Aufbau der Stadt für die wirtschaftlichen, gesundheitlichen und kulturellen Bedürfnisse ihrer Bürger unter besonderer Berücksichtigung der durch den Krieg verarmten und schwer geschädigten Bevölkerungskreise nach neuzeitlichen Grundsätzen vorsehen«.[73]

Diese vorbereiteten, gründlich durchdachten Planungen ermöglichten am gleichen Tag die Vorlage eines neuen Generalbebauungsplanes. In einer Zeit, die durch Ungewißheit und Not geprägt war, wurden also die stadtplanerischen Voraussetzungen für den grundsätzlichen Neuaufbau geschaffen.[74] In Berechnung der mutmaßlichen künftigen Entwicklung und unter Berücksichtigung der durch die Kriegszerstörungen geschaffenen Umstände strebte man folgende Ziele des Wiederaufbaus an:

1. Wirtschaftliche Neuorientierung
2. Wiederaufbau, vor allem von Wohnungen
3. Städtebauliche Neuordnung unter Beseitigung städtebaulicher Fehler der Vergangenheit.[75]

Dieser Generalbebauungsplan ist als erste Grundlage für die erforderlichen Vorbereitungen organisatorischer, rechtlicher und finanzieller Art anzusehen, um eine städtebauliche Neuordnung im Sinne friedenswirtschaftlicher Tätigkeit vorzunehmen. Somit bot er »die Grundlage für eine geordnete räumliche Entwicklung eines Gemeinwesens«[76] Als eine Art »Flächennutzungsplan« kann man ihn auch in die Gruppen Freiflächen oder Grünflächen, Verkehrsflächen und Bauflächen unterteilen.

Zur wirtschaftlichen Neuorientierung

Man ist bestrebt, sich auf die aus der funktionalen Bedeutung der Stadt als Landeshaupt- und Universitätsstadt resultierenden Erwerbsquellen zu stützen. Dem Neuaufbau einer gut organisierten Innenstadt als Verwaltungs-, Kultur- und Geschäftszentrum (zentrale Einkaufsgelegenheit) kommt darüber hinaus besondere Bedeutung zu.[77] Diese wirtschaftliche Umstellung auf eine breitere Friedenswirtschaft setzt grundsätzliche Neuordnungsmaßnahmen voraus.

Zum Wiederaufbau, vor allem von Wohnungen

In der Innenstadt konzentrierten sich die Planungen zunächst auf die Trümmerflächen, in denen eine Entkernung der verwinkelten Bebauung zwischen Sophienblatt und Holstenbrücke zu erfolgen hatte, um zukünftig ein aufgelockertes, mit geräumigen Plätzen reichlicher ausgestattetes Kiel bieten zu können.[78] Es sollte ein Wechsel von Straßen und Plätzen, von Enge und Weite entstehen.[79] »Diese Einschränkung sollte sich auch auf die nicht im Stadtgebiet gelegenen Vororte beschränken, damit nicht die private Bauinitiative in die Außengebiete ausweicht in der Annahme, daß hier die Bauwünsche leichter erfüllbar sind.«[80] Es sollte dadurch einer späteren Fehlentwicklung der Innenstadt vorgebeugt werden. Auf den wiederherzurichtenden Bauflächen sollte der Aufbau räumlich und zeitlich konzentriert vorgenommen werden[81] (»befristete Bausperre«).

Zur städtebaulichen Neuordnung

Dem Zeitgeist entsprechend sollte die gegliederte und aufgelockerte Stadt das Strukturmodell für die Stadtplanung werden. »An der in den zwanziger Jahren begonnenen systematischen Durchgrünung der Stadt wird festgehalten. Dabei wird das Freiflächensystem nun zu einem zusammenhängenden Netz entwickelt, in dem innerstädtische Schmuck- und Parkflächen über Grünverbindungen mit der freien Landschaft verbunden sind ...«.[82] Gerade das Gebiet vom Kleinen Kiel bis zum Schloßgarten sollte von Grünflächen (gedacht war dabei an Wälder, Wiesen, Parks, Friedhöfe, Spielplätze, Gärten, Ackerland und Wasserflächen) verbunden und umschlossen werden,[83] um die Schaffung einer »Stadtlandschaft« zu ermöglichen. Die wichtigste Grundlage der Planung war aber die Neuordnung des Straßenverkehrsnetzes, dabei sollte ein klar aufgebautes System, eine eindrucksvolle räumliche Ordnung für den Durchgangs- und Quellverkehr wie für den innerörtlichen Verkehr geschaffen werden (Einfachheit des neu geordneten Verkehrsstraßennetzes).[84] »Als Kernproblem des innerstädtischen Verkehrs ist die Aufgabe einer zügigen Führung des Hauptstraßenzuges Sophienblatt-Willestraße-Martensdamm zu lösen«.[85] Für die Schaffung dieses aufnahmefähigen Straßenzuges zwischen diesen Punkten wurden verschiedene Möglichkeiten der Linienführung aufgezeigt. Weiterhin war am Bootshafen die Schaffung eines neuen Platzes (heute: Berliner Platz) geplant, um als Drehscheibe und Verteiler zu dienen.[86] Dies trifft auch auf die dringend notwendige Neugestaltung des Bahnhofsvorplatzes zu, der dem auswärtigen Besucher einen ersten Eindruck von Kiel vermittelt. Er sollte »zu einem lebendigen Gebiet am Verkehrsstrom« ausgebaut werden. Die Innenstadt selbst sollte allmählich für Fußgänger vorbehalten werden.[87] Dies bot sich an, da die Altstadt nur einen Durchmesser von 500 Metern aufzuweisen hat.

Ideenwettbewerb zur Erlangung von Entwürfen für die städtebauliche Gestaltung der Kieler Innenstadt

»Nach einer beispiellosen Entwicklung aus fast bedeutungslosem Provinzdasein zur Großstadt und Landeshauptstadt in den vergangenen acht Jahrzehnten steht die Stadt Kiel am Ende des Zweiten Weltkrieges nicht nur vor den Trümmern eines großen Teiles ihrer baulichen Substanz, sondern sieht sich ebenso auch einer fast völligen Vernichtung ihrer bisherigen wirtschaftlichen Existenzgrundlagen gegenüber. Je schwerwiegender diese Tatsache ist und je aussichtsloser danach die Lage erscheinen könnte, um so größer ist die daraus für die Stadtverwaltung sich ergebende Aufgabe, der Katastrophe die Stirn zu bieten und unter Einsatz aller Kräfte den Versuch zu unternehmen, dem wirtschaftlichen Dasein der Stadt eine neue Grundlage und damit auch ihrer allmählichen baulichen Wiederauferstehung die unerläßliche Voraussetzung zu geben. Die letztere gewinnt dadurch größte Bedeutung, daß die fast völlige Zerstörung weiter Stadtgebiete eine einmalige und – so hoffen wir – nie wiederkehrende Gelegenheit bietet, erkannte Fehler des Stadtorganismus zu beseitigen, Mängel des Stadtkörpers in verkehrstechnischer, sozialer, wirtschaftlicher und städtekünstlerischer Hinsicht zu beheben. Diese Gelegenheit wird damit für die verantwortlichen Stellen zur zwingenden Verpflichtung. Das aber wiederum bedeutet Zwang zu sorgfältiger und umfassender Planung«.[88]

13 *Ideenwettbewerb 1947, 1. Preisträger.*

Mit diesen Sätzen beginnt der im August 1947 von der Stadtverwaltung ausgeschriebene »Ideenwettbewerb zur Erlangung von Entwürfen für die städtebauliche Gestaltung der Kieler Innenstadt«, mit dem die Kieler Aufbaupläne einem weiten Kreis von Fachleuten zur Diskussion gestellt wurden[89] und Bewegung in die Neuordnungspläne der Innenstadt gebracht werden sollte. Die Ausschreibung, an die Architektenschaft der nördlichen Teile der britischen Besatzungszone gerichtet, hat 79 Einsendungen gezeigt. Obwohl keiner der Entwürfe den Kielern so gefiel, daß sie ihn komplett übernahmen, gingen doch Impulse von den Vorschlägen aus. »Verteilt wurden die ausgesetzten vier Preise, vier weitere Arbeiten wurden angekauft«.[90] Keine Chance erhielten traditionelle Entwürfe, die noch die alten, vorhandenen Strukturen berücksichtigten,[91] aber es war ebenfalls vernünftiger Verzicht auf alles Utopische oder Verpflichtende in den Einzelheiten der Aufbaugestaltung gefordert.

Den ersten Preis dieses Ideenwettbewerbs erhielt das Kieler Architektenbüro Otto Schnittger mit seinem Partner Erwin Belani und dem Gartenarchitekten Kurt Lorenzen. In seiner Würdigung schrieb das Preisgericht, bestehend unter anderem aus dem Ministerpräsidenten Lüdemann, dem Oberbürgermeister Gayk und dem Stadtbaudirektor Jensen, folgendes Urteil über den ersten Preis.

»Der Plan zeigt in seiner Gesamtauffassung eine moderne Baugesinnung, die sich sowohl in der Bebauung als auch in der Durchdringung des Stadtgebietes mit Grün ausdrückt. Die Verkehrsführung sowohl von Nord nach Süd als auch nach Westen einschließlich der Einführung dieses Straßenzuges ist gut. Nicht gelöst ist die Führung der Straße an der ehemaligen Holstenbrücke. Nicht wünschenswert für eine fernere Bearbeitung erscheint die Anbindung des alten Stadtkerns an die Vorstadt in der Richtung Bahnhof. Die Umgestaltung des Kleinen Kiels von einer weich gefaßten in eine starr gefaßte architektonische Rahmung sollte ebenfalls vermieden werden«.[92]

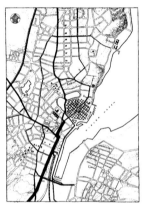

Eine wichtige Rolle im Ideenwettbewerb spielte die Verkehrsführung und die Anbindung der Altstadt, auf den Skizzen schraffiert. Links die Hauptverkehrslinien bis 1950.

14   *Verkehrsführung im Rahmen des Ideenwettbewerbs von 1947.*

Der Vorschlag des ersten Preisträgers (unten links): Die Hauptverkehrsstraße biegt über die heutige Holstenbrücke ab und führt zwischen Kleinem Kiel und Opernhaus nach Nordwesten zum Knooper Weg. Die mittlere Zeichnung zeigt den Vorschlag des dritten Preisträgers, der von den Stadtplanern weitgehend übernommen wurde. Der Verkehr teilt sich am Berliner Platz. Die Straße verläuft über die Holstenbrücke, am Kleinen Kiel vorbei, nach rechts in den Jensendamm und dann über die Dahlmannstraße zur Brunswiker Straße. Die rechte Karte zeigt den Verkehrslauf nach 1950. Änderung zum dritten Preisträger: Der Verkehr nach Norden läuft über die Bergstraße.

Lediglich die ersten Preisträger hoben den inselartigen Charakter der Altstadt mit ihrem mittelalterlichen Stadtgrundriß auf, um an der Schnittstelle zwischen Alt- und Vorstadt ein Geschäftszentrum als bauliche und räumliche »Verklammerung« zu schaffen.[93] In fast allen anderen Entwürfen wurde die Insellage beibehalten oder noch weiter betont. Der zentrale Punkt drehte sich jedoch um die Frage der zukünftigen Verkehrsführung und ihre Anbindung an die Altstadt. Die Linienführung einer Hauptverkehrsstraße vom Sophienblatt zur Holtenauer Straße wurde von Entwurf zu Entwurf anders geregelt.

Einigkeit wurde aber darin erzielt, den Verkehr möglichst zügig in das Geschäftszentrum zu führen, um den Umsatz zu fördern. Keine Berücksichtigung fand der Vorschlag des Architekten Konstanty Gutschow, eine Brücke über die Förde zu bauen, um das Ostufer näher an die Innenstadt heranzuführen.[94] Der Ideenwettbewerb beendete schließlich die Wiederaufbauplanung für die Kieler Innenstadt, der Neuaufbau konnte beginnen.

Umsetzungen der Pläne in der Zeit bis 1960

1948 kam es zu einer Neubelebung der Kieler Woche. Die von Gayk wiederbelebte Veranstaltung aus Sport, Spiel, Kultur und Politik versuchte erfolgreich, sich aus ihrer monarchistischen Tradition zu lösen und einen umfassenderen Sinn zu erhalten. »Die Kieler Woche wurde derart eines der wichtigsten Mittel für die Stadtführung und die Bürgerschaft, zu bekunden, wie sich Kiel sein neues Dasein, seine Aufgabe und seine Verantwortung, seinen Platz in Deutschland und in Europa denkt«.[95] Mit der Eröffnung der Neuen Straße (heute: Andreas-Gayk-Straße) im Jahre 1950 wurde die obere Holstenstraße für den Autoverkehr gesperrt und zur ersten Fußgängerzone erklärt. Erst eine Hauptstraße, dann vielbefahrene Geschäftsstraße, ließ sich nun ungestört schaufensterbummeln, was den Umsätzen und damit auch den Geschäften zugute kam.[96]

Aber erst 1953 wurde der endgültige Umbau zur echten Fußgängerzone vollzogen, indem die Straßenbahntrasse durch die Pfaffenstraße gelegt wurde.[97] Diese Fußgängerzone wurde als »Pioniertat« auf dem Gebiet der städtebaulichen Nachkriegsleistungen gepriesen, die eine erhebliche Attraktivitätssteigerung für das Geschäftszentrum bedeutete. »Das Neue lag in dieser Zeit in Kiel weniger in der architektonischen Lösung als vielmehr in einer neuen Gliederung des Stadtkörpers. Sie sollte den freien Blick auf die Förde als das Charakteristikum Kiels eröffnen«.[98] Ebenfalls 1950 kam es zum Aufbau der Holstenbrücke und des Runden Platzes (seit 1954: Berliner Platz) als weites »Fenster zur Förde«.[99]

Die Ostseehalle, eine Mehrzweckhalle für Großveranstaltungen, wurde 1951 unter Verwendung einer Sylter Flugzeughalle vollendet. Unbestritten ist ihr Nutzen auf dem

Gebiet des wirtschaftlichen, sportlichen, kulturellen und ges>elligen Lebens.[100] Im selben Zuge kommt es auch zum Neubau des Gebietes um den Kleinen Kuhberg. Die Vollendung des neuaufgebauten Sophienblatt zwischen Hummelwiese und Hauptbahnhof, der Neubau des Hauptbahnhofs selbst und die Neugestaltung des Bahnhofplatzes, der einen großen, freien Durchbruch am Bahnhof ermöglicht, sind auf das Jahr 1954 zu datieren.[101] Von der Bevölkerung mit geringerer Anteilnahme verfolgt, aber von nicht zu unterschätzender Bedeutung, ist der Bau von Wohnblocks, Schulen, Kirchen und einzelnen Häusern in all diesen Jahren.[102] Die weltpolitischen Spannungen und der Schock des Koreakrieges führten die Bundesrepublik Deutschland 1955 in die NATO. Kiel wurde erneut Marinestandort und Stützpunkt der neuen Bundesmarine.

1957 wird schließlich der Holstenplatz als Parkplatz fertiggestellt. Die Holstenstraße ist in diesem Abschnitt noch eine Verkehrsstraße. Erst Anfang der 70er Jahre wird er Teil der Fußgängerzone und zum Wandelplatz mit Ruhebänken.[103] Der durch Aufschüttungen entstandene und im Jahre 1961 eingeweihte Oslokai wird zum Ausgangspunkt einer erfolgreichen Fährpolitik.[104] Das Schloß, am Nordrand der Altstadt gelegen, wird von 1961–1965 mit kultureller Zweckbestimmung völlig neu aufgebaut. Seit den 70er Jahren kommt es dann zu einer Umgestaltung der mittleren und unteren Holstenstraße, einer Neugestaltung des Alten Marktes im Zuge der olympischen Segelwettbewerbe und zu einem Umbau des Asmus-Bremer-Platzes an der Fleethörn. An wichtigen Stellen ist dabei die Architektur des Wiederaufbaus bis zur Unkenntlichkeit zerstört worden. Die Bauten der 50er Jahre erlitten eine »Modernisierung ohne Rücksicht auf ihre architektonische Eigenart«.[105]

Anläßlich der Ausstellung »Wiederaufbau der Innenstädte Kiel, Coventry, Lübeck (Chancen und Pläne)« im Jahre 1990 wurden die Besucher gebeten, Kommentare in einem Buch festzuhalten. Im folgenden sollen einige dieser Bemerkungen genannt werden. Es entspringt dabei keinem Zufall, daß keine positiven Bewertungen der Stadtplanung abgegeben wurden.

»Kiel war häßlich, ist heute noch ebenso. Der Alte Markt – nur Steine...aber die Luft ist hervorragend.«

»Ich bewundere und bin meinen Eltern und Großeltern für ihre Aufbauleistung dankbar. Dabei vermisse ich aber das anheimelnde Element, wie es in Lübeck durch die Altstadt vorhanden ist.«

»Kiel ist nur zur Hälfte dem Krieg, zur anderen Hälfte den Stadtplanern zum Opfer gefallen.«

»Diese Ausstellung zeigt, daß durch den Aufbau mehr als durch den Krieg zerstört wurde.«

»Aus Schutt gebaut, sieht auch jetzt noch danach aus. Neue Stadtplaner braucht das Land«.[106]

Sämtliche Äußerungen zeigen recht eindrucksvoll den Stimmungs- und Bewertungswandel, der im Laufe der Jahrzehnte einsetzte. In den 50er Jahren und sogar bis in die späten 60er Jahre wird der Wiederaufbau noch durchweg positiv geschildert. »Aus dem Chaos entstand eine neue Ordnung. Kiel wurde nicht nur wieder aufgebaut, es wurde neu gebaut. Über die städtebaulichen Unzulänglichkeiten früherer Zeiten wurde in kühner, sinnvoller Planung ein System von Straßen und Bauten gelegt, das der Stadtlandschaft in der Geschlossenheit der räumlichen Wirkung ein harmonisches Gepräge gibt. Kiel wurde so für das In- und Ausland ein Musterbeispiel modernen Städtebaus«.[107] Die nach dem Krieg vielbeachtete Schrift »Die gegliederte und aufgelockerte Stadt« der Autoren Rainer, Goederitz und Hoffmann nennen ihn gar »revolutionär«.[108] Andreas Gayk spricht vom »Wunder des Aufbaus«,[109] der materielle und geistige Fortschritte brachte, die zunächst für unmöglich gehalten wurden. In zahlreichen Fachveröffentlichungen wird immer wieder darauf hingewiesen, daß aus der dumpfen, etwas schäbigen Stadt ein lebendiges, großzügiges und weltoffenes Raumgefüge und Vorzeigebeispiel entstanden ist.[110] Vor allem wird die verbesserte Verkehrsführung und die damals neue Form der Einrichtung einer Fußgängerzone als vorbildlich angepriesen.

Der Reiz des Stadtgefüges in dem Wechselspiel zwischen Straßen und Plätzen ist verbessert worden. Die Schrift »Kiel. Bürger bauen eine neue Stadt« wird im Ton schon etwas moderater. »In praktischer Hinsicht wurden die Chancen genutzt, wie sie die Zerstörung bot, um freien Raum für moderne Verkehrsstraßen zu gewinnen und der Stadt wieder ein Stück der grünenden und blühenden Natur zurückzugeben, die aus der Steinwüste der modernen Städte verbannt worden war«.[111] Im Abstand einiger Jahrzehnte wird der Wiederaufbau dann anders bewertet. Man hat Zweifel, ob die große Chance, etwas völlig Neues und in jeder Hinsicht Bestes zu gestalten, wozu die Luftzerstörungen einluden, in der Form ergriffen und genutzt worden waren, wie man es sich hätte wünschen können.[112] Felbert stellt die Frage, ob nicht ein größerer Gewinn aus den Zerstörungen hätte gezogen werden können. »Kiel ist sicherlich moderner geworden, ein Schmuckstück der Stadtbaukunst ist es allerdings nicht geworden«.[113] Grieser greift ebenfalls den Charakter der Zweckmäßigkeit auf.[114]

Die Ursache ist wohl darin zu suchen, daß der Wohnraummangel ein schnelles und billiges Bauen erzwang und keinen Raum für Extravaganzen ließ. Das Baudezernat der Landeshauptstadt Kiel gibt Mitte der 80er Jahre selbst eine Bewertung der Wiederaufbauleistung ab und spricht dabei einen weiteren Punkt an. »Der seinerzeit als vorbildlich geltende Wiederaufbau hat in vielen Bereichen der Innenstadt zu unmaßstäblichen städtischen Räumen mit geringer Gestalt- und Aufenthaltsqualität geführt. Großräumige Straßendurchbrüche, wie z.B. die Eggerstedtstraße und die Andreas-Gayk-Straße und bis heute noch brachliegende oder chaotisch genutzte Flächen und Grundstücke führen zu Weitläufigkeit und Leere«.[115] Es soll zu einem Mißverhältnis zwischen bebauten und unbebauten Flächen gekommen

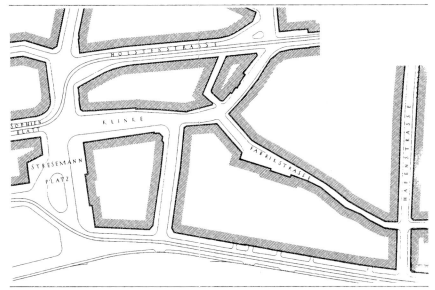

15 *Die Neuplanung der Neuen Straße.*

sein. Die Hauptstraßen sind zu hoch belastet, Verkehrslärm und -abgase beeinträchtigen das Erscheinungsbild der Innenstadt negativ. Aber worin sind nun trotzdem noch Gemeinsamkeiten zu sehen? Welches Bild des Wiederaufbaus hat Bestand gehabt? Einig ist man sich über die besonderen Voraussetzungen und der beispielhaften Lösung der sich daraus ergebenden Aufgaben.

»(D)ie Stadt Kiel hat weit weniger an den Segnungen des deutschen Wirtschaftswunders teil gehabt, hatte viel geringere finanzielle Möglichkeiten, um durchgreifende Änderungen ihrer Stadtstruktur durchzuführen als manch andere zerstörte Stadt in Deutschland, weil sie als ehemaliger Flottenstützpunkt ihre Existenzbasis verloren hatte. Doch das Beispiel Kiel zeigt, daß nicht unbedingt nur finanzielle Mittel die Voraussetzung für einen richtigen, also der Stadt und ihrer Bevölkerung verpflichteten Wiederaufbau bilden«.[116]

Hier wird das wiedererstandene Kiel als eine Gemeinschaftsleistung, als stolzes Ergebnis der Arbeit der gesamten Bevölkerung angesprochen, die den Wiederaufbau ideell und materiell trug. Das kommt auch zum Ausdruck in den Worten Andreas Gayks: »Nicht ohne Stolz dürfen wir deshalb feststellen: Kiel ist nicht von der Bauverwaltung, Kiel ist nicht von der Stadtvertretung und Stadtverwaltung, Kiel ist von der gesamten Bürgerschaft wieder aufgebaut worden!«[117]

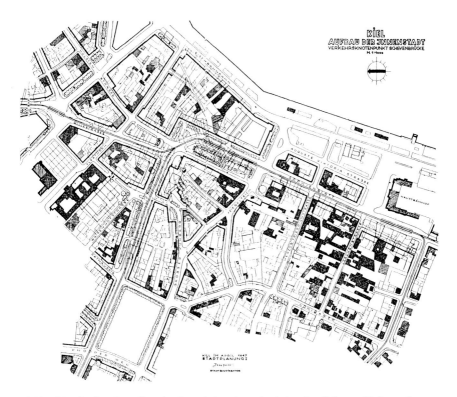

16 *Vorschlag für den Neuaufbau der Vorstadt (1947) mit deutlichen Parallelen zur Vorkriegsplanung.*

Zwei Persönlichkeiten ragen aber aus dieser Gruppe heraus:

I. Herbert Jensen (geb. 1900 in Kiel, gest. 1968; 1935 Leiter des neugeschaffenen Stadtplanungsamtes Kiel, 1940 Ernennung zum Stadtbaudirektor, 1945–1961 Übernahme der Gesamtleitung des Stadtbauamtes als Dezernent und Stadtrat). Jensen war für Kiel ein Glücksfall, da er wußte, was in Kiel machbar und möglich war.

II. Andreas Gayk (SPD), am 23.2.1946 wird die Ernennung zum Bürgermeister durch die Militärregierung von der Stadtverwaltung einstimmig gebilligt, am 18.10. 1946 wählt die Stadtvertretung Gayk zum Oberbürgermeister, gest. 1.10.1954; Gayks ganzes Denken und Handeln galt dem Wiederaufbau seiner Vaterstadt, für die er lebte und sich mit seiner ganzen starken Persönlichkeit einsetzte.[118]

Kiel wird als eine Boomstadt des 19. und 20. Jahrhunderts mit einer einseitigen Fixierung auf die Marine gesehen. Ein historisches Erbe im engeren Sinn hat Kiel nie aufzuweisen gehabt. »Es gab also wenig, was so aufgebaut werden mußte, wie es einst war. Der Städtebauer hatte freiere Hand als anderswo in Deutschland«.[119]

17 *Der Berliner Platz Richtung Süden.*

So konnte und durfte die Stadt in der Tat durch kühne, sinnvolle Planung ein völlig neues Gesicht erhalten, das übergreifend als nüchtern, zweckmäßig, sachgerecht, sparsam, ein wenig gewöhnungsbedürftig, aber doch durchaus weniger häßlich als die Stadt der Kaiserzeit beschrieben wird.

Mit dem Zustand vor Jahren war das Kiel nicht mehr zu vergleichen, die Bürger haben ihre Stadt mehrheitlich wohl als »schöner geworden« empfunden. Auch konnten die Wunden des Krieges weitgehend geschlossen werden. Durch eine großzügige Planung hat sich die Innenstadt vom Alten Markt in Richtung auf den Bahnhof hin verschoben. Kiel hat somit zweimal große Wandlungen vollzogen – durch das stürmische Anwachsen nach 1865 und durch die Zerstörungen des Zweiten Weltkrieges. Die Idee für diesen Wiederaufbau, der in ständiger Auseinandersetzung mit den engverflochtenen Gegebenheiten materieller, geistiger, rechtlicher und finanzieller Art zu erfolgen hatte, war bereits vorhanden. In Kiel findet man eine Beständigkeit für die Notwendigkeit einer rechtzeitigen umfassenden städtebaulichen Gesamtplanung und für die Sicherung ihrer Durchführung durch kompetente Einzelpersonen. Planungsgedanken für die Neugestaltung der Innenstadt vor der Zerstörung wurden konsequent weiterverfolgt und finden ihren Niederschlag in den Wiederaufbauplanungen nach dem Zweiten Weltkrieg.

Die Kieler Planungsgeschichte hat sehr kontinuierlich mit den Wiederaufbauvorstellungen bereits Ende der 30er Jahre begonnen, die wiederum auf die durch Hahn

18 *Gelände der heutigen Hauptpost.*

19 *Untere Holtenauerstraße.*

vor Jahrzehnten neubegründete städtebauliche Tradition Kiels aufbauten. Die klar artikulierten Wünsche, die Stadt so schnell wie möglich umzubauen, wurden in sehr eindeutiger Form vor Beginn des Bombenkrieges formuliert. Die stadtstrukturellen Mängel waren analysiert und der Plan in seinen Grundzügen bereits fertig, bevor die erste Bombe gefallen war. Eine Stunde Null hat es für die Kieler Stadtplaner somit nicht gegeben, die Planungen waren vielmehr in der Vergangenheit verhaftet. Herbert Jensen beschreibt diese Vorgehensweise: »Nach dem zweiten Weltkriege mußten die damals bereits vorhandenen Pläne zur grundlegenden städtebaulichen Erneuerung der Stadt Kiel durch einen umfassenden Umbau der Innenstadt unter völlig veränderten politischen und wirtschaftlichen Verhältnissen entsprechend ergänzt werden«.[120]

Ein kontinuierlicher Entwicklungs- und Auseinandersetzungsprozeß in der Verfolgung stadtplanerischer Vorstellungen ist also festzustellen. Dies zeigt nicht zuletzt die eindeutige inhaltliche und personelle Kontinuität zwischen Vor- und Nachkriegszeit in wichtigen Ämtern und Institutionen, verkörpert vor allem durch Herbert Jensen. Er war seit 1935 in verschiedenen Positionen innerhalb des Kieler Stadtbauamtes tätig und darf als Vordenker aller Planungen angesehen werden.

Einige schon in den letzten Jahrzehnten heiß diskutierte städteplanerische Konzepte sind noch heute aktuell. Eins dieser Projekte ist eine mögliche Neugestaltung des Kieler Bootshafens.

20 *Holstenbrücke um 1890.*

21 *Bootshafen um 1880.*

22 *Baulicher Zustand des Sophienblattes und der Kieler Vorstadt 1975.*

23 *Die Altstadt von Süden nach der Enttrümmerung.*

24 *Die Kieler Innenstadt von Süden 1962.*

Anmerkungen

1 Gayk 1947, S.21
2 Jensen/Magnussen 1985, S. 17.
3 Gayk 1947, S. 22.
4 Stadtverwaltung der Stadt Kiel, Kiel im Aufbau, S. 3.
5 Baudezernat Kiel 1990, S. 91.
6 Stadt Kiel o. J., o. S.
7 Jensen 1957, S. 376.
8 Boehm 1948, S. 294.
9 Baudezernat Kiel 1990, S. 25. Zahlen stammen aus Unterlagen über Volkszählungen und aus den Monatsberichten des Statistischen Amtes der Stadt Kiel. Die Angaben für 2000 und 2005 sind Schätzungen.
10 Sedlmaier 1948, S. 321.
11 Dem entgegen stehen die Worte Wilhelms II. anläßlich der Einweihung des Rathauses im Jahre 1911: »Es sind wahrhaft erhebende Vorgänge und Eindrücke, die Ihre Stadt erlebt.« Vgl. Jensen 1978, S. 8.
12 Magistrat der Stadt Kiel 1955, S. 12
13 Jensen 1951, S. 198.
14 Ibid.
15 Mehlhorn 1997, S. 12.
16 Ibid.
17 Felbert 1994, S. 1.
18 Mehlhorn 1997, S. 12.
19 Ibid.
20 Baudezernat Kiel 1990, S. 39.
21 Felbert 1994, S. 2.
22 Hahn/Migge 1922, S. 6.
23 Jensen 1957, S. 376.
24 Hahn 1926, S. 37.
25 Mehlhorn 1997, S. 19.
26 Ibid.
27 Jensen 1989, S. 7.
28 Vgl. Mehlhorn 1997, S. 26: »Die Stadtentwicklung in der NS-Zeit war wiederum durch die Aufrüstung geprägt und endete wieder im Desaster«.
29 Wulf 1991, S. 362.
30 Jensen/Klatt 1936, S. 1318.
31 Wulf 1991, S. 363; Mehlhorn 1997, S. 27.
32 Wulf 1991, S. 363.
33 Jensen 1957, S. 376.
34 Jensen 1989, S. 10.
35 Schwerdt 1969, S. 110; Mehlhorn 1997, S. 26.
36 Baudezernat Kiel 1990, S. 36.
37 Ibid., S. 35–36.
38 Felbert 1994, S. 2.
39 Mehlhorn 1997, S. 27.
40 Jensen 1989, S. 9.
41 Presseamt der Stadt Kiel 1947, S. 20.
42 Statistisches Amt der Stadt Kiel 1959, S. 4.
43 Stand 1946.
44 Nach Dresden, Hamburg, Nürnberg und Kassel, Sauer 1948, S. 4.
45 Gayk 1946, S. 23.
46 Ibid., S. 22.
47 Sauer 1948, S. 16.
48 Magistrat der Stadt Kiel 1955, S. 33.
49 Ibid., S. 32.
50 Ibid., S. 33.
51 Sauer 1948, S. 11.
52 Ibid., S. 27.
53 Ibid. 1948, S. 5 und 33.
54 Magistrat der Stadt Kiel 1955, S. 34.
55 Presseamt der Stadt Kiel 1948, o. S.
56 Jensen 1951, S. 198.
57 Norddeutscher Wirtschaftsverlag Rendsburg 1955, S. 13.
58 Magistrat der Stadt Kiel 1955, S. 12.
59 Jensen/Magnussen 1985, S. 33.
60 Magistrat der Stadt Kiel 1955, S. 9.
61 Ibid., S. 49.
62 Voigt 1950, S. 24.
63 Magistrat der Stadt Kiel 1955, S. 52.
64 Ibid., S. 51.
65 Presseamt der Stadt Kiel 1948, o. S.
66 Jensen/Schnoor 1952, S. 35.
67 Jensen/Magnussen 1985, S. 19.
68 Jensen 1951, S. 198.
69 Magistrat der Stadt Kiel 1955, S. 22.
70 Ibid., S. 18.
71 Jensen 1951, S. 198f.
72 Gayk 1947, S. 12.
73 Baudezernat Kiel 1990, S. 77.
74 Schwerdt 1969, S. 111.
75 Ibid., S. 112.
76 Stadtverwaltung der Stadt Kiel 1947, S. 27.
77 Schwerdt 1969, S. 112.
78 Ibid., S. 112f.
79 Jensen 1957, S. 377.
80 Stadtverwaltung der Stadt Kiel 1947, S. 44.
81 Schwerdt 1969, S. 113.
82 Ibid., S. 115.
83 Stadtverwaltung der Stadt Kiel 1947, S. 27.
84 Schwerdt 1969, S. 115.
85 Baudezernat Kiel 1990, S. 37.
86 Jensen 1957, S. 382.
87 Ibid., S. 377; Norddeutscher Wirtschaftsverlag Rendsburg 1955, S. 17.
88 Boehm 1948, S. 287.
89 Baudezernat Kiel 1990, S. 40.
90 Sedlmaier 1948, S. 325.

91 Baudezernat Kiel 1990, S. 40.
92 Ibid., S. 58.
93 Ibid., S. 40.
94 Ibid., S. 41.
95 Magistrat der Stadt Kiel 1955, S. 41.
96 Baudezernat Kiel 1990, S. 64.
97 Ibid., S. 67.
98 Ibid.
99 Ibid.
100 Jensen/Magnussen 1985, S. 14.
101 Magistrat der Stadt Kiel 1955, S. 62.
102 Ibid.
103 Baudezernat Kiel 1990, S. 82.
104 Jensen/Magnussen 1985, S. 105.
105 Baudezernat Kiel 1990, S. 22.
106 Ibid., S. 123.
107 Norddeutscher Wirtschaftsverlag Rendsburg 1955, S. 10.
108 Mehlhorn 1997, S. 29.
109 Jensen/Magnussen 1985, S. 13.
110 Jensen 1957, S. 375.
111 Magistrat der Stadt Kiel 1955, S. 58.
112 Beyme 1992, S. 7.
113 Felbert 1994, letzte Seite, o. S.
114 Grieser 1991, S. 411. Dies zeigt sich am Beispiel des 1951 von der Stadt ausgezeichneten und damals als modern geltenden Weipert-Hauses, das nach einigen Umgestaltungen seit 1999 als LEIK in einem ganz neuen Gewand bekannt geworden ist.
115 Baudezernat Kiel 1986, S. 9.
116 Jensen 1957, S. 375.
117 Magistrat der Stadt Kiel 1955, S. 10.
118 Ibid., S. 116.
119 Ibid., S. 9.
120 Jensen 1957, S. 376.

BIBLIOGRAPHIE

Quellen

Baudezernat der Landeshauptstadt Kiel: Entwurf. Rahmenplanung Südliche Innenstadt, Kiel 1979.

Dass.: Gestaltungsrahmen Kiel-Innenstadt. Untersuchung und Materialien, Kiel 1986.

Dass.:Wiederaufbau der Innenstädte Kiel, Coventry, Lübeck. »Chancen und Pläne«. Dokumentation zur Ausstellung im Kieler Rathaus vom 16.Januar bis 4. März 1990, Kiel 1990.

Dabelstein, Heinrich: Kieler Wirtschaftsaufbau und Wirtschaftsförderung. Rechenschaftsbericht des Referats Wirtschaftsaufbau und Wirtschaftsför-

derung im Stadtwirtschaftsamt, in: Schriftenreihe der Stadt Kiel, Hrsg. durch die Stadtverwaltung Kiel, Kiel 1947.

Gayk, Andreas: Eine Stadt kämpft um ihre Zukunft. Rede, gehalten vor der Kieler Stadtvertretung in der Sitzung vom 15.5.1946, in: Schriftenreihe der Stadt Kiel, Hrsg. durch die Stadtverwaltung Kiel, Kiel 1946, S. 5–23.

Ders.: Kiels Friedensarbeit beginnt! Rede des Oberbürgermeisters zur Haushaltssatzung der Stadt Kiel, gehalten in der Außerordentlichen Sitzung der Kieler Stadtvertretung am 24., 25. und 26. März 1947, in: Schriftenreihe der Stadt Kiel, Hrsg. durch Stadtverwaltung Kiel, Kiel 1947, S. 3–16.

Ders.: Kommunalpolitischer Gesamtüberblick 1953, Haushaltsrede vor der Kieler Ratsversammlung, in: Jensen, Jürgen/Magnussen, Friedrich: Kieler Zeitgeschichte im Pressefoto. Die 40er/50er Jahre auf Bildern von Friedrich Magnussen, Neumünster 1985², S. 13–22.

Hahn, Wilhelm/Migge, Leberecht: Der Ausbau eines Grüngürtels der Stadt Kiel, Kiel 1922 (als Manuskript gedruckt).

Hahn, Wilhelm: Die Gestaltung des Kieler Stadtbildes, in: Deutschlands Städtebau, Sonderheft Kiel, Berlin 1922.

Ders.: Deutschlands Städtebau. Kiel, Berlin 1926².

Jensen, Herbert: Kiel im Aufbau. Zur Kritik am Aufbau/ Hemmungen des Aufbaus/ Leistungen für den Aufbau, in: Denkschrift des Stadtbauamtes der Stadt Kiel, Kiel 1947.

Ders.: Neuaufbau der Innenstadt- eine Lebensfrage für die Stadt Kiel. Bericht über Planung und praktische Ausführung einer neugeordneten Innenstadt, in: Kiel im Aufbau, Sonderdruck aus Baurundschau Nr.8, 2. Aprilheft 1950.

Ders.: Das Gesicht der Landeshauptstadt Kiel, in Schleswig-Holstein, in: Monatshefte für Heimat und Volkstum, H.7, 1951, S.198–200.

Ders.: Das alte und das neue Kiel. Betrachtung zur Frage der Wandlung des Stadterlebnisses, in Schleswig-Holstein, in: Monatshefte für Heimat und Volkstum, Juniheft 1955, S. 148–155.

Ders.: Die neue Stadt Kiel. Ein Beispiel für die Wandlung des Stadterlebnisses, in: Baumeister. Zeitschrift für Baukultur und Bautechnik, 54. Jg., 1957, H.6, Juni, S.376–389.

Jensen, Herbert/ Klatt, Ewald: Die Gestaltung des engeren Stadtgebietes um das Kieler Schloß. Aufgabe und Ergebnis des Reichswettbewerbs zur Erlangung von Vorentwürfen, in: Zentralblatt der Bauverwaltung vereinigt mit Zeitschrift für Bauwesen, 56. Jg., 1936, H.47, S. 1309–1318.

Jensen, Herbert/Schnoor, Paul: Der Neubau der deutschen Städte als Kulturaufgabe; dargestellt am Beispiel der Landeshauptstadt Kiel, in: Jahrbuch des Schleswig-Holsteinischen Landesmuseums Schleswig, Schloß Gottorf, Flensburg 1952, S.9–37.

Jensen, Jürgen (Hrsg.): Kriegsschauplatz Kiel. Luftbilder der Stadtzerstörung 1944/45, Neumünster 1989.

Jensen, Jürgen/Magnussen, Friedrich: Kieler Zeitgeschichte im Pressefoto. Die 40er/50er Jahre auf Bildern von Friedrich Magnussen, Neumünster 1985².

Magistrat der Stadt Kiel: Bürger bauen eine neue Stadt, Kiel 1955.

Presseamt der Stadt Kiel: Programmheft Septemberwoche Kiel im Aufbau. Kiel, gestern heute morgen. Ein Bildbericht aus drei Jahren, Kiel 1947.

Dass.: Aufbauarbeit, Schriftenreihe der Stadt Kiel, Hrsg. durch die Stadtverwaltung Kiel. Kiel 1948.

Sauer, Werner: Trümmerbeseitigung und Trümmerverwertung. Kiel im Aufbau, in: Schriftenreihe der Stadt Kiel, Hrsg. durch die Stadtverwaltung Kiel, Kiel 1948.

Sievert, Hedwig: Kiel einst und jetzt. Die Altstadt, 2 Bd., Kiel 1963.

Stadt Kiel: Schriftenreihe der Stadt Kiel, Pläne werden Wirklichkeit, Hrsg. durch die Stadtverwaltung Kiel, o.J.

Stadtverwaltung der Stadt Kiel (Hrsg.): Kiel im Aufbau. Der Generalbebauungsplan als Grundlage für eine städtebauliche Neuordnung der Stadt Kiel, in: Schriftenreihe der Stadt Kiel, Hrsg. durch die Stadtverwaltung Kiel, Kiel 1947.

Dies.: Kiel im Aufbau, Hrsg. durch die Stadtverwaltung Kiel, Kiel 1948.

Statistisches Amt der Stadt Kiel (Mitteilung Nr.24): Kiel im Luftkrieg 1935/45. Schutzmaßnahmen, Alarme, Angriffe, Getötete, Verletzte, Schäden, Anhang: Kriegssterbefälle, Kiel 1959.

Voigt, Hans: Die Veränderung der Großstadt Kiel durch den Luftkrieg, Schriften des Geographischen Institutes der Universität Kiel, Band XIII, H.2, Kiel 1950.

Werbebüro Schleswig-Holstein (im Auftrage des Magistrats von Hahn, Wilhelm): Der Ideenwettbewerb für die städtebauliche Gestaltung des Kleinen Kiel und seine Ergebnisse im Jahre 1926, Kiel 1927.

Literatur

Achenbach, Hermann: Kiel und die Kieler Förde. Wirtschaft und Verkehr im geschichtlichen Werdegang der Stadt, in: 750 Jahre Kiel. Beiträge zur Geschichte und Gegenwart der Stadt, Hrsg. Schauenburg, Brigitte, Kiel 1992, S.13–31.

Arbeitskreis »Demokratische Geschichte« (Hrsg.): Wir sind das Bauvolk. Kiel 1945 bis 1950, Kiel 1985.

Bähr, Jürgen (Hrsg.): Kiel 1879–1979. Entwicklung von Stadt und Umland im Bild der Topographischen Karte 1:25000. Zum 32. Deutschen Kartographentag vom 11.–14. Mai 1983 in Kiel, Kieler Geographische Schriften, Band 58, Kiel 1983.

Beyme, Klaus von u.a. (Hrsg.): Neue Städte aus Ruinen: Deutscher Städtebau der Nachkriegszeit, München 1992.

Boehm, Herbert: Kiels innere Neugestaltung. Eine kritische Betrachtung des Wettbewerbsergebnisses »städtebauliche Gestaltung der Kieler Innenstadt«, in: Die Neue Stadt, 2. Jg., 1948, H.7, S.287–298.

Dagge, Ulrich: Kiel. Ein verlorenes Stadtbild, Gudenberg-Gleichen 1994.

Danker, Jörn: Die Kieler Woche im Wandel: Die Neugründung der Kieler Woche nach dem Zweiten Weltkrieg, Diss., Kiel 1990 (Veröffentlichungen des Beirats für Geschichte der Arbeiterbewegung und Demokratie in Schleswig-Holstein/ Ges. für Politik und Bildung Schleswig-Holstein e.V., Bd.5).

Durth, Werner und Gutschow, Nils: Träume in Trümmern. Planungen zum Wiederaufbau zerstörter Städte im Westen Deutschlands 1940 bis 1950. Band 1/ 2, Braunschweig u.a. 1988.

Felbert, Albrecht von: Der Gewinn der neuen Stadt. Architektur der 50er Jahre in Kiel, Kiel 1994.

Grieser, Helmut: Kontinuität und Wandel. Studien zum Wiederaufbau Kiels nach dem Zweiten Weltkrieg, Manuskript Bd. I–IV im Stadtarchiv Kiel (1978).

Ders.: Wiederaufstieg aus Trümmern (1945 bis in die Gegenwart), in: Jensen, Jürgen und Wulf, Peter (Hrsg.): Geschichte der Stadt Kiel, Neumünster 1991, S.401–456.

Hoffmann, Erich: Die Gründung der Stadt Kiel, in: Schauenburg, Brigitte (Hrsg.), 750 Jahre Kiel. Beiträge zu Geschichte und Gegenwart der Stadt, Kiel 1992, S.33–48.

Jensen, Jürgen: Seestadt Kiel. Geschichte und Gegenwart. Eine kommentierte Bilderchronik, Neumünster 1975.

Ders.: Kiel im Kaiserreich. Das Erscheinungsbild der Marinestation der Ostsee 1871–1918, Neumünster 1978.

Ders.: Karl Rickers. Erinnerungen eines Kieler Journalisten 1920–1970, Sonderveröffentlichungen der Gesellschaft für Kieler Stadtgeschichte, Bd. 24, Neumünster 1992.

Jensen, Jürgen und Jürgens, Renate: Kiel in der Geschichte und Malerei. Die Fördestadt im ersten Jahrhundert der Kieler Woche, Neumünster 1982.

Jensen, Jürgen und Wulf, Peter (Hrsg.): Geschichte der Stadt Kiel, Jubiläumsveröffentlichung der Gesellschaft für Kieler Stadtgeschichte in Verbindung mit der Landeshauptstadt Kiel, Neumünster 1991.

Mehlhorn, Dieter-J.: Architekturführer Kiel, Berlin 1997.

Norddeutscher Wirtschaftsverlag Rendsburg (Hrsg.): Kiel im Wiederaufbau 1945–1955, Sonderausgabe der Bauwirtschaftlichen Informationen, Rendsburg 1955.

Schauenburg, Brigitte (Hrsg.): 750 Jahre Kiel. Beiträge zur Geschichte und Gegenwart der Stadt, Kiel 1992.

Schwerdt, Wilhelm: Kiel. Analyse der Stadtentwicklung, Diss., Braunschweig 1969.

Sedlmaier, Richard: Ideenwettbewerb zur Neugestaltung der Innenstadt Kiel, in: Baumeister. Zeitschrift für Baukultur und Bautechnik, 1948, S. 321–330.

Sievert, Hedwig: Kieler Ereignisse in Bild und Wort, Kiel 1973,

Talanow, Jörg: Kiel – so wie es war. Bildbände, Bd. I–III, Düsseldorf 1976/1978.

Wulf, Peter: Die Stadt in der nationalsozialistischen Zeit (1933–1945), in: Jensen, Jürgen und Wulf, Peter (Hrsg.): Geschichte der Stadt Kiel, Neumünster 1991, S. 359–367.

Abbildungsnachweis

1. Mittelalterlicher Stadtgrundriß/Mehlhorn 1997, S. 1.
2. Vergleichende Darstellung von Altstadtgrößen/ Jensen/Schnoor 1952, S. 29.
3. Stadtplan von 1838/Landesamt für Denkmalpflege 1995, S. 29.
4. Stadtplan Kiel von 1883/Behling, Dronske 1992, S. 25
5. Stadtplan um 1914/mit projektierter nördlicher Stadterweiterung/Diathek Kunsthistorisches Institut Universität Kiel.
6. Der Grünflächen- und Siedlungsplan von Wilhelm Hahn 1922/Landesamt für Denkmalpflege 1995, S.73.
7. Plan der Stadt Kiel, Reihenfolge der Eingemeindung, StaK.
8. Gliederung des Stadtzentrums vor und nach dem Krieg/ Voigt 1950, Abb. 11. und Abb.13.
9. Nationalsozialistische Städtplanung, Verkehrsführung 1937/StaK.
10. Nationalsozialistische Städtplanung, Innenstadtumgestaltung Adolf-Hitler-Platz 1941/ StaK.
11. Innenstadt/ Schadensplan 1946. Je dunkler die Schattierungen, desto höher der Zerstörungsgrad/StaK.
12. Nationalsozialistische Städtplanung, Umgestaltung der Bebauung am Großen und Kleinen Kiel 1941/StaK.
13. Ideenwettbewerb 1947, 1. Preisträger/Baudezernat der Landeshauptstadt Kiel 1990, S. 43.
14. Verkehrsführung im Rahmen des Ideenwettbewerbs von 1947/Baudezernat der Landeshauptstadt Kiel 1990, S. 42.
15. Die Neuplanung der Neuen Straße/Baudezernat der Landeshauptstadt Kiel 1990, S. 82.
16. Vorschlag für den Neuaufbau der Vorstadt mit deutlichen Parallelen zur Vorkriegsplanung, Baudezernat der Landeshauptstadt Kiel 1990, S. 78.
    Willestraße als Durchgangsstraße, Möllingstraße/Eckernfördcrstraße als große Ausfallstraße und platzartige Erweiterung am Verkehrsknotenpunkt Schevenbrücke.
17. Der Berliner Platz Richtung Süden / Jensen/ Magnussen 1985, S. 83.
18. Gelände der heutigen Hauptpost/ Jensen 1985, S. 88.
19. Untere Holtenaucrstraße/Sievert 1963, Bd. 2, Abb 41a und 41b.
20. Holstenbrücke um 1890/Sievert 1963, Bd.1, Abb. 86a.
21. Bootshafen um 1880/Sievert 1963, Abb. 84a und 84b.
22. Zustand des Sophienblattes und der Kieler Vorstadt 1975/StaK.
    Ein Großteil der Hafenflächen ist noch unbebaut. Das Sanierungsgebiet zwischen Herzog-Friedrich Straße und Ringstraße muß später dem Sophienhof weichen.
23. Die Altstadt von Süden nach der Enttrümmerung, Diathek Kunsthistorisches Institut Universität Kiel.
24. Die Kieler Innenstadt 1962, Sievert 1963, Abb.3.

»In der Malerei werden Kopierer bestraft! Und in der Baukunst?« (Rappaport)

Prinzipien des Wiederaufbaus

Leitbilder, Konzepte, ihre Anwendung und Grenzen in der Aufbaupraxis Lübecks

Britta Hegeler

Der Wiederaufbau in den schleswig-holsteinischen Städten war von der Notwendigkeit einer materiellen und geistigen Neuordnung in einer extremen Notlage bestimmt, die ein gemeinschaftliches, lenkendes Handeln erforderte. Andererseits hatte man sich gerade von einer Diktatur befreit, und zumindest theoretisch war ein gesellschaftlicher Anspruch auf liberale und individuelle Lebensgestaltung vorhanden. In diesem Spannungsfeld bewegten sich die Städtebauer der Nachkriegszeit. Ihre Tätigkeit, ihre Konzepte und Planungen waren daher selten rein fachlicher Art, sondern hingen auch stark von gesellschaftspolitischen Überlegungen ab. Zu den städtebaulich-architektonischen Leitbildern, die oft an ältere Modelle anknüpften, traten also soziale und wirtschaftliche Gegebenheiten, das öffentliche Bewußtsein, Politik und rechtliche, administrative und technische Vorgaben als Bedingungen hinzu. Da diese Rahmenbedingungen und Wertvorstellungen sich in der Nachkriegszeit in wenigen Jahren stark veränderten, verschoben sich damit auch Perspektiven, Aufgaben und Ziele der Stadtplaner. Diese Verschiebung macht es unmöglich, ein einheitliches Bild von Konzepten und Leitvorstellungen der Nachkriegszeit zu entwerfen.

Die erste Aufbauphase bis 1949 wurde getragen durch eine hohe persönliche Betroffenheit über das Schadensausmaß, die Notwendigkeit der Trümmerräumung und die dringende Aufgabe, Wohnraum für Ausgebombte, Flüchtlinge und in die Städte zurückkehrende Evakuierte zu schaffen. Zudem waren aber der Wille zur Reform, neue Gesellschafts- und Lebensentwürfe für eine noch offene Zukunft von Bedeutung. In dieser Phase überwogen soziale Aspekte in der Planung, wobei aufgrund der wirtschaftlichen Notlage und ungeklärter Rechtslage die ersten Planungen zum Wiederaufbau nicht unmittelbar umgesetzt werden konnten. Dies änderte sich zu Beginn der fünfziger Jahre, in denen, begünstigt durch den schnellen wirtschaftlichen Aufschwung, der Aufbau der Stadtzentren in Angriff genommen werden konnte.

Gesellschaftspolitisch war diese zweite Aufbauphase von der Ausrichtung auf eine westliche, kapitalistische Gesellschaftsordnung bestimmt; wirtschaftliche Aspekte wurden zunehmend entscheidend für die Bauplanung.[1] Ökonomische Interessen und verkehrsplanerische Aspekte traten im Verlauf der fünfziger Jahre vollends in den Vordergrund, radikalere Forderungen nach Stadtumbau zugunsten des Verkehrs machten bereits wenige Jahre vorher erstellte Pläne überholungsbedürftig. Zu Beginn der sechziger Jahre war der Wiederaufbau bereits zu mehr als zwei Dritteln vollzogen,[2] Wirtschaftswunder, Wohlstand und technischer Fortschritt kennzeichneten diese Zeit. Die Marktkräfte waren kaum noch von planerischen Institutionen steuerbar; zugleich nahm aber die Kritik an der Entwicklung der Städte und am vollzogenen Wiederaufbau zu, so daß es zur Ausbildung neuer planerischer Leitideen seit den späten sechziger Jahren kam, die sich besonders in den Siebzigern in Sanierungskonzepten von Altstädten und Denkmalschutzüberlegungen manifestierten. Seitdem gewannen planerische Institutionen gegenüber den Marktkräften wieder an Bedeutung.

In diesem Beitrag soll zunächst ein Überblick über die wichtigsten Leitvorstellungen zum Wiederaufbau gegeben, dargestellt werden, wodurch sie bedingt waren und welche Konsequenzen sie hatten. Dabei wird besonders die frühe Nachkriegszeit mit ihrem Grundsatzstreit um »Wieder- oder Neuaufbau« von Interesse sein, da sich hier die gesellschaftspolitischen Konzepte klar erkennen lassen. Es ist nach Bedingungen zu fragen, die die Umsetzung bestimmter Tendenzen im realen Aufbau begünstigten. Dabei steht weniger die Schaffung von Wohnraum im Mittelpunkt der Betrachtung, als der Aufbau der Innenstadt als Zentrum der organisierten Stadtgesellschaft und damit als politischer Mittelpunkt.[3]

Im zweiten Teil wird dann am Beispiel der Stadt Lübeck dargestellt, welche Planungen für den Wiederaufbau des zerstörten Teils der historischen Altstadt erstellt wurden, wie die Diskussion darüber verlief und welche Entwicklungen schließlich zum tatsächlich erfolgten Aufbau führten. Auch hier wird der Schwerpunkt der Betrachtung in der ersten Nachkriegszeit liegen. Die Darstellung geht weitgehend chronologisch vor, ohne eine vollständige Abhandlung des Wiederaufbaus der Lübecker Altstadt leisten zu können. Im Mittelpunkt des Interesses stehen die Gründe, die ausschlaggebend für die Bevorzugung eines Konzeptes gegenüber anderen Entwürfen waren.

PRINZIPIEN, LEITBILDER UND KONZEPTE DES WIEDERAUFBAUS

Keine »Stunde Null« in der Stadtplanung

Bereits im Verlauf des Krieges wurden Überlegungen zum Wiederaufbau der durch Luftangriffe zerstörten Städte gemacht. Im Oktober 1943 unterzeichnete Hitler den »Erlaß des Führers über die Vorbereitung des Wiederaufbaus bombengeschädigter

Städte«, im Dezember wurde unter Leitung Albert Speers der »Arbeitsstab Wiederaufbauplanung zerstörter Städte« gegründet.[4] Diese Planungsgruppe erstellte fortschreibende Schadenspläne; die Aufbaukonzepte dienten vor allem propagandistischen Zwecken. Die Städte sollten schnell und »schöner als sie vorher waren« wieder entstehen, Mängel in Hinsicht auf Wohnqualität und Verkehrsplanung würden behoben werden.[5] Die NS-Ideologie umfaßte auch die Stadtplanung, es wurde völkisch und biologistisch argumentiert, so z.B. die mittelalterliche deutsche Stadt als Idyll angesehen und die industrialisierte Großstadt als jüdisch-bolschewistisch verurteilt.[6] Ziel der Planungen war, das »Wesen der deutschen Volksgemeinschaft« zum Ausdruck zu bringen. Zu diesem Zweck wurden auch Planungsmodelle entsprechend interpretiert, die innerhalb demokratischer Systeme entwickelt wurden, wie z.B. das Modell der Stadtlandschaft aus England und Frankreich.[7] Nach 1945 wurden Konzepte, die vorher entwickelt wurden, häufig lediglich mit einer anderen inhaltlichen Interpretation wiederverwendet. Als »Minimalkonsens« zwischen den verschiedenen städtebaulichen Richtungen galt das Leitbild der organischen, aufgelockerten und gegliederten Stadt (oder der »Stadtlandschaft«) mit einer hierarchischen Gliederung, getrennten Stadtbezirken und räumlicher Funktionentrennung; dafür wurde die Metapher des menschlichen Organismus herangezogen. Als Standardwerk galt der von Hans Bernhard Reichow 1948 veröffentlichte Band »Organische Stadtbaukunst«,[8] in dem sich jedoch beinahe identisch Reichows Entwürfe aus seiner Zeit als ständiger Berater im »Arbeitsstab Wiederaufbauplanung« wiederfinden. Das 1941 entwickelte Zellensystem hat 1948 lediglich geschwungenere Linien angenommen und wurde von volksbiologistischem Vokabular gereinigt (z.B. »Nachbarschaft« statt »Siedlungszelle«).

Solche Kontinuität in städtebaulichen Konzeptionen läßt sich vielerorts wiederfinden, auch die Argumentation war nicht schlagartig von jeder völkisch-ideologischen Vorstellung befreit.[9] Allerdings gab es auch Bemühungen, sich von den Strömungen der Vergangenheit abzusetzen. Das Formenvokabular der NS-Zeit mit Säulen, Achsen und symmetrischen Anlagen wurde tabuisiert,[10] ein neues Raum-/Zeitgefühl sollte durch geschwungene Formen statt der militärisch geraden, zum Marschieren geeigneten, Linien ausgedrückt werden (vgl. Reichows Entwürfe).[11] Architektonisch ist diese Bewegung in den heute für die fünfziger Jahre als typisch anzusehenden Rundungen und gewollten Asymmetrien wiederzuerkennen.[12]

Besonders deutlich war die Kontinuität aber auch im personellen Bereich. Die meisten an der Aufbauplanung beteiligten Fachleute waren schon während der NS-Zeit als Architekten oder Städtebauer tätig gewesen, denn den hohen Anforderungen des Wiederaufbaus stand ein Mangel an Fachleuten entgegen. Von den Architekten, die während der NS-Zeit emigriert waren, waren nur wenige bereit, zum Neuaufbau in die zerstörten deutschen Städte zurückzukehren, so daß sich die Besatzungsmächte gezwungen sahen, die Städtebauer bei der Entnazifizierung weitgehend als »ausführende Technokraten« zu definieren, um die nötigen Posten besetzen zu können.[13] So

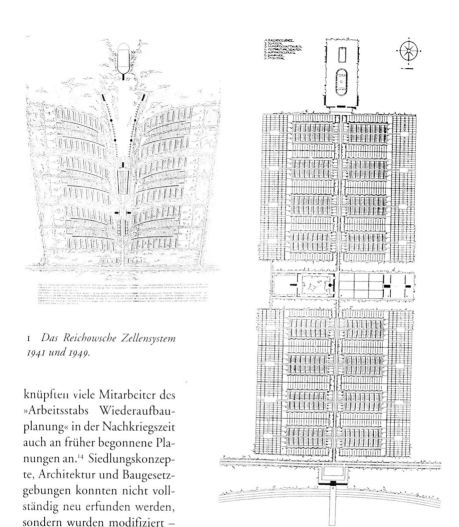

1 *Das Reichowsche Zellensystem
1941 und 1949.*

knüpften viele Mitarbeiter des
»Arbeitsstabs Wiederaufbauplanung« in der Nachkriegszeit
auch an früher begonnene Planungen an.[14] Siedlungskonzep-
te, Architektur und Baugesetz-
gebungen konnten nicht vollständig neu erfunden werden,
sondern wurden modifiziert –
gereinigt von den »Auswüch-
sen« des Nationalsozialismus – weiterverwendet.[15] Für einen völligen Neuanfang gab
es aber nicht nur in personeller, sondern auch in materieller Hinsicht keine Perspektiven. Es mangelte an Kapital, Baustoffen, Maschinen und Arbeitskräften. Andererseits war trotz der großen Zerstörungen noch so viel an Bausubstanz erhalten – neben
beschädigten Gebäuden vor allem Straßen, Schienen und unterirdische Infrastruktur
–, daß man es sich nicht leisten konnte, die Trümmer liegenzulassen und an anderer
Stelle ganz neue Gebäude oder gar ganze Städte von Grund auf neu aufzubauen. »Es
war noch viel zu viel da, um es wegzuwerfen, und es gab keine Mittel, um einen

Neuanfang zu finanzieren oder auch nur zu entwerfen«.[16] In der Forschungsliteratur herrscht Einigkeit darüber, daß im Städtebau daher nicht von einer »Stunde Null« als Beginn einer neuen Phase, einem radikalen Bruch mit der Vergangenheit, einer historischen Zäsur gesprochen werden kann, sondern eher von einer »modifizierenden Kontinuität«[17] oder einer Kontinuität »mit kleinen Rissen«.[18]

Die ersten Nachkriegsjahre: Wunsch und Wirklichkeit

»Die Spannungen zwischen Wunsch und Wirklichkeit sind im Wiederaufbau auf allen Gebieten und aus mannigfachen Gründen besonders groß. Wir wissen ja noch nicht einmal, wie wir uns die künftige Wirklichkeit wünschen sollen. Ist es da verwunderlich, wenn das, was heute unvollkommene Wirklichkeit wird, unseren Wünschen vielfach nicht entspricht?«[19]

Diese Überlegung Rappaports spiegelt die Ratlosigkeit der ersten Nachkriegszeit wider. Auf den Aufbau von Innenstädten bei Zerstörungen von solchem Ausmaß waren die Städtebauer nicht vorbereitet. Die meisten Stadtplaner gingen davon aus, daß der Wiederaufbau mehrere Jahrzehnte in Anspruch nehmen würde. Andererseits stellten sie selbst und die Bevölkerung hohe Erwartungen an den Wiederaufbau. Die Zerstörung wurde auch als Chance gesehen, städtebauliche Mißstände zu beseitigen, »Fehler« der vergangenen Jahrzehnte zu bereinigen und Ideale einer *Neuen Stadt* mit besseren Lebensbedingungen für ihre Einwohner zu schaffen.[20] Rappaport formuliert vorsichtig: »Wiederaufbau soll ja nicht heißen, daß alles genau so wiederaufgebaut wird, wie es war. Soweit der Zerstörungsgrad es gestattet, können durchaus Vereinfachungen und Verbesserungen durchgeführt werden.«[21] Über Art und Ausmaß dieser Veränderungen bestand allerdings große Uneinigkeit. Man war sich der hohen gesellschaftlichen Verantwortung bewußt, mit der Form des Aufbaus ein ästhetisch-kulturelles, aber auch ein politisches Konzept auszudrücken.[22] Der Blick in die offene, zu gestaltende Zukunft schien für einige verlockend, ein radikaler Bruch mit der Vergangenheit sollte vollzogen und sichtbar gemacht werden.

Andere tendierten jedoch wegen der scheinbar unüberwindlichen Schwierigkeiten zu einer Rückwärtsgewandtheit, mit dem unterschwelligen Wunsch, das Geschehene wiedergutzumachen. »Zeitgemäßheit« war ein umstrittenes Wort in der Aufbaudiskussion. Für manche Architekten bedeutete es lediglich Schlichtheit und Bescheidenheit in Anbetracht der Armut der ersten Aufbauzeit.[23] Eine radikale Position vertritt Pfister:

»Und sie (die Zeit der Armut) muß kommen! Aus inneren, ich möchte sagen moralischen Gründen. Erst sie wird deshalb (sic) Epoche grauenhafter Hochstapelei und Verantwortungslosigkeit ein Ende setzen, die auch heute noch nicht überwunden ist. ... Das erleichtert die kommende Planung insoferne, als es viele schwierige Entschlüsse erspart.«[24]

Man versuchte aber auch, neue gesellschaftliche Visionen umzusetzen. Demokratische und individualistische Stadtkultur, »heutige Formen des Lebensgefühls und des privaten und öffentlichen Daseins«[25] sollten zum Ausdruck kommen.

Eine tatsächliche Bautätigkeit war vor 1949 weitgehend unmöglich. Zunächst stand die Trümmerräumung bevor, dringendste Notunterkünfte mussten geschaffen werden; alliierte Restriktionen und ungeklärte Zuständigkeiten lähmten neben der wirtschaftlichen Not die Initiativen im Städtebau. Eine zentralisierte Aufbaugesetzgebung ließ auf sich warten, die Kompetenzen lagen zunächst bei den Besatzungsmächten, bzw. nach Gründung der Bundesrepublik bei den einzelnen Ländern. Ein Bundesbaugesetz für den Städtebau wurde schließlich erst 1960 verabschiedet.[26] In der Zeit ungeklärter Kompetenzen wurden vielfach Eigeninitiativen ergriffen, häufig war man froh, wenn überhaupt etwas gebaut wurde. Gerade in der britischen Besatzungszone wurde aber schnell ein Genehmigungssystem eingeführt, das unkontrolliertes Bauen erschwerte und den Planern für die norddeutschen Städte so den Weg freihielt.[27] Diese Zeit der »auferzwungenen Untätigkeit« ließ zugleich auf weitschauende Gesamtkonzepte hoffen, es gab Raum für Gedanken und Träume zu Art und Ziel des Wiederaufbaus und für eine Grundsatzdiskussion.[28] Diese entbrannte zwischen den Fachleuten um die Frage »Wieder- oder Neuaufbau«, wobei die Öffentlichkeit an der Diskussion wenig beteiligt war – man vertraute den Experten oder hatte zunächst wichtigere Probleme zu lösen. Später wurde diese Haltung kritisiert, da sie ein mangelndes demokratisches Bewußtsein ausdrücke.[29]

Grundsatzstreit um die Frage: »Wiederaufbau oder Neuaufbau«?

Die extremen Positionen in diesem Streit zwischen »Traditionalismus« und »Moderne« waren einerseits der Wunsch, durch einen Wiederaufbau in der früheren Form »die Katastrophe zu einer Unterbrechung zu reduzieren«[30], andererseits das Bedürfnis, durch einen völligen Bruch mit dem Überlieferten auch den völligen Bruch der Gesellschaft mit ihrer jüngsten Vergangenheit zu manifestieren. Einerseits ging es um die Rekonstruktion bedeutender Baudenkmäler wie Kirchen, Rathäuser usw. unter der Bedingung, daß Unterlagen für ihre getreue Wiederherstellung vorhanden waren.[31] Umstrittener noch war aber die Bewahrung des historischen Grundrisses von Städten, die Erhaltung alter Bausubstanz und eines überlieferten Stadtbildes. Nach Ansicht der Denkmalschützer war auch der Grundriß und das Gesamtgefüge einer Stadt als Denkmal und »vornehmster Träger des Heimatgefühls« schützenswert.[32] Die Bevölkerung war weitgehend für einen rekonstruierenden Wiederaufbau, um ihre »optische Identität« wiederfinden zu können. Von solchen Gedanken war der Wiederaufbau der Warschauer Altstadt bestimmt. Es bestand der Wunsch, Verlorenes »auch im ideellen Sinn« wiederzufinden und eine gewaltsam zerstörte nationale Einheit symbolisch wiederzuerrichten.[33] In Deutschland war so eine Einstellung in Anbetracht der Vergangenheit natürlich nicht ohne weiteres zu vertreten. Zudem wurde den Traditionalisten von den Modernisten eine sentimentale Einstellung vorgeworfen, ein »geistiges Trägheitsmoment, das unwillkürlich zum Ausgangszustand zurückstrebt und den Verlust nicht wahrhaben und anerkennen will«.[34]

Zwischen den Extrempositionen gab es viele Zwischenstufen, wobei gleich vorweggesagt werden muß, daß sich keine wiederaufgebaute Stadt einheitlich in eine Kategorie einordnen läßt; innerhalb einer Stadt wurden stets verschiedene Konzepte angewandt. Beyme[35] unterscheidet in drei Kategorien:

    1. Rekonstruktiver Wiederaufbau
    2. Traditioneller Anpassungsneubau
    3. Neubau

Die zweite Kategorie läßt sich nach Rabeler[36] noch unterscheiden in:

    Anpassung in historisierender Formensprache
    Städtebauliche Einordnung bei moderner Formensprache

Rekonstruktiver Wiederaufbau

Eine wirklich detaillierte Rekonstruktion zerstörter Stadträume war wirtschaftlich und technisch nahezu unmöglich, und auch bei einzelnen Bauwerken war sie nur selten zu verwirklichen.[37] Eine Diskussion darüber entstand um Gebäude mit hohem Symbolwert für die deutsche Kulturnation, wie z.B. das Goethehaus in Frankfurt, das vollständig zerstört war. Kritiker warnten vor einer Selbsttäuschung und stellten die Kulissenhaftigkeit eines solchen Wiederaufbaus zur Diskussion.[38] Es wurde auch angemahnt, daß es unrechtmäßig sei, Kopien – also »Fälschungen« – von Baudenkmälern herzustellen:

»Was endgültig zerstört ist, sollte man nicht zu rekonstruieren versuchen, auch nicht das Bellevedere in Dresden, auch nicht eine gotische Kirche. Wir haben nicht mehr die mystische Versenkung des Mittelalters, um nun wirklich ein in Jahrhunderten demütiger Frömmigkeit entstandenes Bauwerk wieder erstehen zu lassen. ... In der Malerei werden Kopierer bestraft! Und in der Baukunst?!«[39]

Nicht alle Experten vertraten eine so radikale Ansicht.

»Starke Erneuerungen oder selbst kopierende Neuschöpfungen historisch wichtiger Bauten würden also nicht notwendigerweise eine künstlerische Lüge sein, vorausgesetzt daß Urkunden für eine getreue Wiederherstellung oder Wiedererstellung genügend vorhanden sind.«[40]

Doch herrschte die Ansicht vor, solche Rekonstruktionen sollten auf sogenannte »Denkmals-« oder »Traditionsinseln« beschränkt bleiben.[41] Häufiger waren die »Kompromißlösungen«, die sich in die zweite Kategorie »Traditioneller Anpassungsneubau« einordnen lassen.

Anpassung in historisierender Formensprache

Die zerstörten Gebäude wurden zwar nicht originalgetreu, aber in gleichem Maßstab und ähnlichem Stil wiederaufgebaut. Man war dabei bemüht, den ehemaligen Stadtcharakter zu erhalten, es wurden aber kleinere Veränderungen vorgenommen. In diese Kategorie läßt sich der Wiederaufbau der zu 85% zerstörten Warschauer Altstadt einordnen: Sie wurde insoweit rekonstruiert, als die Proportionen und die »allgemeine Stimmung«[42] wiederhergestellt wurden. Man wollte aber kein Museum schaffen, sondern die Altstadt alltäglich nutzbar machen. Daher wurden Kompromisse mit modernen Nutzungsansprüchen geschlossen: Die Blockinnenhöfe wurden entkernt, Grenzabstände vergrößert, moderne Installationen eingebaut und auch gestalterische Vereinfachungen durchgeführt. Andererseits wurden dabei nach denkmalpflegerischen Forderungen auch Überformungen des 19. Jahrhunderts »rückgebaut«, man orientierte sich also nicht an der Vorkriegssituation, sondern am (angenommenen) Zustand der Gebäude im 17./18. Jahrhundert.[43] Als Beispiel in Deutschland gilt der Prinzipalmarkt in Münster, wobei dort stärker von der historischen Form abgewichen wurde; man versuchte, formale und stilistische Elemente zu zeittypischen Lösungen zu verarbeiten und so eine Synthese aus Altem und Neuem zu schaffen.[44] Wiederaufbau in dieser Form war und ist bei den Bürgern sehr positiv aufgenommen worden, während die zeitgenössischen Fachleute vorwiegend kritisierten, daß eine Kulisse oder Attrappe aus Versatzstücken gebaut worden sei, eine Verkleidung der Fassaden, die mit der Zeit nichts zu tun habe.[45]

Städtebauliche Einordnung bei moderner Formensprache

Ziel des Aufbaus dieser Art war die »Koexistenz von überliefertem Bestand und klar ablesbaren Neubauten, so daß die räumliche Einheit und Maßstäblichkeit gewahrt blieb.«[46] Bei der taktvollen Einfügung stilistisch moderner Bauten in die Umgebung galt der Grundsatz »Einstimmung statt Nachahmung«: »Unsere eigene Gestaltung muß den Bildungsgesetzen, die der alten Erscheinung zugrunde liegen und oft nur hinter der Oberfläche der Bauform fühlbar sind, eingestimmt werden. ... Die Formensprache selber kann, ja wird meist eine ganz andere sein.«[47]

Als schützenswert wurden regional typische Materialien (wie z.B. Backstein) oder einheitliche Dachlandschaften anerkannt.[48] Es gab eine erhebliche Bandbreite ver-

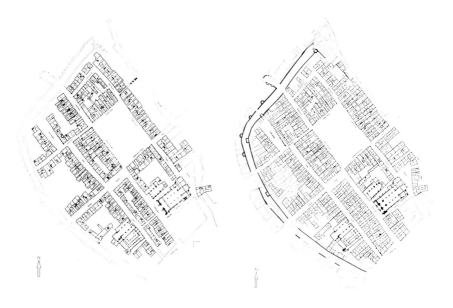

2 *Grundriß der Altstadt von Warschau 1956 und 1939.*

schiedener Lösungen, die sich in diese Kategorie einordnen lassen. In den meisten Städten wurde diese Art des Aufbaus durchgeführt als ein Kompromiß zwischen Traditionalismus und dem Reformwillen der Städtebauer.

Neubau

Diese Art des Aufbaus, die Rabeler als »kompromißlos modern« bezeichnet,[49] setzte sich über alle Vorgaben hinweg und nahm keinerlei Rücksicht auf historisch Überkommenes. Das konnte heißen, daß im historischen Stadtkern nicht anders gebaut wurde als in neueren Stadtvierteln; denkmalgeschützte historische Gebäude konnten in Denkmalsinseln erhalten werden. Als Beispiel für den Neubau gelten die Innenstadt von Rotterdam (bereits vor 1945), in Deutschland z.B. Kassel, Hannover und Kiel[50] oder auch die Grindelhochhäuser in Hamburg, bei deren Bau keinerlei Rücksicht auf gewachsene Strukturen genommen wurde.[51] Weder regionaler Baustil noch der Stadtgrundriß waren für Vertreter dieser Richtung bauliche Kriterien. Der Erhaltungswert von Historischem und der Anspruch auf Gestaltungskontinuität wurden prinzipiell in Frage gestellt. Ihr Wortführer Heinrich Henning kritisierte ebenso den historisierenden Wiederaufbau wie Kompromisse zwischen Alt und Neu; seiner Meinung nach waren die Städte in ihrem Erscheinungsbild längst hinter der Entwick-

3 *»Städtebauliche Einordnung bei moderner Formensprache«.*

lung der Gesellschaft zurückgeblieben, Form und Inhalt bildeten keine Einheit mehr.[52]
Jede Epoche habe ihr Maß, das sich in seinen Städten spiegele; insofern sei auch ein
mittelalterlicher Stadtgrundriß ein Denkmal. Das heutige Maß sei aber ein anderes,
was zu einer Flucht der Bürger aus den beengten Verhältnissen der Altstädte geführt
habe.[53] Der historische Stadtgrundriß sei also ein Denkmal, deshalb aber nicht per se
erhaltens- oder gar wiederherstellenswert: Stadt und Stadtplan sind für Henning Ge-
brauchsgegenstände, und »unbrauchbare Dinge soll man nicht wiederherstellen«.[54]
Durch die Zerstörung sei nun die Chance gegeben, Europa nicht zum »Altstadtviertel
der Welt« verkommen zu lassen.[55]

Seinen Zeitgenossen warf er eine unechte Geisteshaltung, eine »zwiespältige und un-
aufrichtige Einstellung« vor, da sie einerseits bessere Lebensbedingungen wollten, andererseits aber rückwärtsgewandt am nicht mehr Zeitgemäßen festhielten, was sich in den
städtebaulichen Kompromißlösungen widerspiegele.[56] Henning vertrat die Ansicht, die
herrschende Armut sei lediglich eine Ausrede, da Neuplanungen möglicherweise keine
größeren Kosten verursachen würden. »Bauen im Großen ist und war zu allen Zeiten
nicht eine Frage von Geld, sondern stets eine solche der Gesinnung.«[57]

Letztere Überlegung würde auch die Möglichkeit einer kompletten Stadtverla-
gerung und des *Neubaus an anderer Stelle* nicht ausschließen. Diese Möglichkeit wurde in einigen Städten in Anbetracht der starken Zerstörung zunächst in Erwägung

gezogen, dann aber aus materiellen und räumlichen Gründen sowie wegen des Widerstands der Bevölkerung nirgends ernsthaft geplant.[58] Ebenso wurde der Gedanke verworfen, ganze zerstörte alte Stadtkerne als Ruinen zu erhalten und zu konservieren, um diese der Nachwelt als Mahnmale und Denkmäler zu überliefern, da neben den hohen finanziellen Schwierigkeiten das Problem bestünde, eine vor kurzem noch lebendige Stadt nicht distanziert als historisches Monument betrachten und würdigen zu können wie beispielsweise Pompeji oder eine mittelalterliche Ruinenstadt.[59] Diese Möglichkeit wurde schließlich nur bei einzelnen Bauwerken mit symbolischem Wert verwirklicht (z.B. Gedächtniskirche in Berlin).

Heterogenität des Wiederaufbaus – Kompromißlösungen

Letztlich konnte sich keines der zugrunde liegenden Konzepte so durchsetzen, daß heute eine eindeutige Prägung erkennbar wäre; es überwogen die Kompromißlösungen, obwohl diese nach Meinung der Fachleute meist wenig überzeugten.[60] Als typisch für die Architektur der fünfziger Jahre wird daher heute eine »Polystilistik« angesehen; im heterogenen und teilweise widersprüchlichen (Wieder-) Aufbau spiegelt sich der Wertepluralismus der Zeit.[61]

Die Hoffnung auf eine bessere Gesellschaft in einer besseren Stadt ist bei fast allen Planern zu finden; mit ihren Leitbildern wollten sie Visionen einer zukünftigen Lebensform schaffen, die mit der unglücklichen Vergangenheit abgeschlossen hat. Rabeler spricht sogar vom »missionarischen Eifer« der Städtebaureformer.[62] Dabei bestand in den frühen Aufbaujahren immer die Besorgnis, die Stadtkerne – Herz des »Stadtorganismus« – könnten unaufgebaut bleiben.[63] Fachliche Debatten fanden in den Bauzeitschriften der Nachkriegszeit statt, Entwürfe, die zum Teil utopisch waren, wurden dort diskutiert.[64] Die Öffentlichkeit ließ sich jedoch nicht so sehr von der Diskussion mitreißen, sondern beharrte meist auf einem konservativen Standpunkt. Die Gründe, die schließlich zur Entscheidung für eines oder mehrere Aufbaukonzepte in einer Stadt führten, waren komplex, lagen meist in lokalen Konstellationen begründet und waren abhängig von Ansichten lokaler Meinungsführer sowie verantwortlicher Architekten und Planer, vom Selbstbild der Stadt von ihrer zukünftigen Funktion und nicht zuletzt von Sachzwängen.[65] Auf den ersten Blick läßt sich ein Zusammenhang mit Ideologien der jeweils mehrheitlich in einer Stadt vertretenen Partei vermuten. Beyme weist jedoch nach, daß in Städten mit konservativen Rathausparteien nicht notwendig ein traditioneller Wiederaufbau stattgefunden hat und umgekehrt.[66] Er erstellt folgenden Katalog von Wirkungsfaktoren, die gemeinsam zur Wahl eines Leitbildes geführt haben: Bestand der Ruinen; lokale Bautraditionen; wirtschaftliche Interessenkonstellationen; ideologische Faktoren vom Leitbild der Stadtbaumeister und der Kommunalpolitiker bis zur Mentalität der Bevölkerung; politische Faktoren, die den Aufbauwillen der Bevölkerung kanalisieren.[67] Allerdings war der Städtebau der fünfziger Jahre häufig das Werk eines einzelnen Fachmanns und ist eher als »expertokratisch« statt »demokratisch« zu bezeichnen.

Der Anspruch der Städteplaner, durch die Umgestaltung der städtischen Umwelt könne die Entstehung eines »neuen, selbstbestimmten, kreativen und gemeinschaftsbezogenen Menschen«[68] gefördert werden, erscheint daher aus heutiger Sicht zu optimistisch. Noch ein Jahrzehnt später wurde beklagt, daß das »kulturelle Fundament« für die städtebauliche Erneuerung, eine »städtebauliche Willensbildung bei der Bevölkerung«, wie sie die Programme des Nationalsozialismus zu bieten hatten, fehlten.[69]

Die Bevölkerung war gegenüber den öffentlichen Baumaßnahmen eher mißtrauisch. Die oft »egalitären und kollektivistischen Komponenten«[70] der Ideen der Städtebaureformer trafen auf Zurückhaltung oder sogar Ablehnung, da sie anscheinend der gerade erreichten liberalen Gesellschaftsordnung entgegenstanden. Der Einfluß der Politik auf den Städtebau war, wie Beyme untersucht hat, nicht zu unterschätzen. Nicht nur durch bewußte Intervention des Staates, sondern auch durch ideologisch fundierte Leitbilder und sozialtheoretische Vorstellungen ist der Rahmen für die städtebaulichen Konzepte vorgegeben.[71] So ist z.B. die Rechtsprechung der Bundesrepublik vorwiegend auf den Schutz individueller Interessen bedacht; zudem traten individuelle Anliegen mit der wirtschaftlichen Konsolidierung der fünfziger Jahre stärker in den Vordergrund, so daß die Stadtplaner in den folgenden Jahren immer weniger Steuerungsmöglichkeiten hatten.

Entfernung der Wirklichkeit von den Leitbildern

Die unerwartet schnelle wirtschaftliche Erholung nach Gründung der Bundesrepublik dank der Marshall-Plan-Hilfen verursachte auch eine Beschleunigung der Wiederaufbautätigkeiten. Die Modernisten standen dem Tempo der Modernisierung beinahe ratlos gegenüber.[72] In dieser Phase der Liberalisierung erfolgte der Aufbau mehr und mehr im Dienst wirtschaftlicher Interessen. Die »Citybildung« begann die Konzepte zu ersetzen; die Städtebauer taten sich schwer, ihre Planungen dem rasanten Wachstum und den komplexen wirtschaftlichen und gesellschaftlichen Veränderungsprozessen anpassen zu müssen.[73] Zugunsten wirtschaftlicher Interessen wurde jetzt bewußt auf den Schutz von Erhaltenem verzichtet. Besonders der zunehmende Verkehr nahm in den konkreten Planungen der frühen fünfziger Jahre eine Vorrangstellung ein. Man ging davon aus, daß eine Innenstadt nur dann lebensfähig sei, wenn sie sich voll dem Verkehr öffne. Die Verkehrserschließung als Voraussetzung für ein

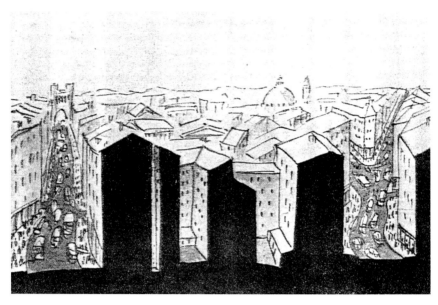

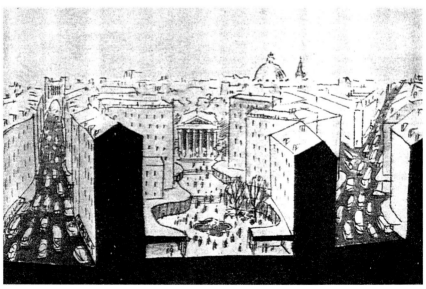

4 *Abels Vorschlag für Fußgängerbereiche im Inneren der Baublocks.*

funktionierendes Wirtschaftsleben war damit auch Voraussetzung für einen erfolgreichen Wiederaufbau.[74] Bereits 1949 hatte Adolf Abel die Trennung der Räume für verschiedene Geschwindigkeiten der Fortbewegung vorgeschlagen, er forderte beruhigte Fußgängerzonen im Inneren der Baublöcke, wohin sich auch die Geschäfte öffnen sollten.[75]

Die »autogerechte Erschließung der Stadt«[76] durch Verbesserung der Zufahrtswege, Straßenverbreiterungen in der Innenstadt und Schaffung von Parkplätzen wurde zur obersten Richtlinie des Städtebaus; dem öffentlichen Personennahverkehr und der Erschließung für Radfahrer wurde in den fünfziger Jahren wenig Aufmerksamkeit gewidmet.[77] Man übernahm ein Motto des Architekten und Städteplaners Le Corbusier aus den zwanziger Jahren: »Die Stadt der Geschwindigkeit ist die Stadt des Erfolgs.«[78]

Die wirtschaftliche Entwicklung erreichte Mitte der Fünfziger einen Höhepunkt, das Ende des Wiederaufbaus wurde absehbar. Mit dem offensichtlichen wirtschaftlichen Erfolg und der erklärten Bindung an die Westmächte war die »Bewältigung« der faschistischen Vergangenheit »kaum mehr ein Thema in der öffentlichen oder fachlichen Diskussion«.[79] Die Stadtkonzepte wurden zunehmend geprägt durch eine bei weiterer wirtschaftlicher Prosperität erwartete zukünftige gesellschaftliche Veränderung hin zur Freizeit- und Konsumgesellschaft.[80] Nach Rabeler konnten die Stadtplaner jedoch in den fünfziger und sechziger Jahren nur noch versuchen, die Veränderungsprozesse zu steuern und ihre Leitgedanken gemessen an der Realität zu revidieren; ihre Tätigkeit war nun eher pragmatisch als visionär wie in den ersten Nachkriegsjahren.[81] Man mußte sich eingestehen, daß methodisches städtebauliches Handeln an Grenzen gestoßen war, wie es Henning vorhergesagt hatte, als er gegen feste Planungen zum Wiederaufbau einwandte, daß Städte lebendige, gewachsene und von den sich stets ändernden Bedürfnissen des Lebens geprägte Gebilde und damit Produkte ihrer Zeit seien.[82]

Aufbaukritik und neue Konzepte

Bereits in den fünfziger Jahren begann die Kritik am Wiederaufbau, von »verpaßten Chancen« war die Rede, von einer »zweiten Zerstörung der Städte« oder sogar von einer »Fortsetzung des Krieges mit den anderen Mitteln der Architektur«.[83] Die Fachleute beklagten den Mangel an öffentlicher Anteilnahme in den ersten Aufbaujahren. Der Wiederaufbau war als »technisches Problem« angesehen worden und wurde nun von der Öffentlichkeit kritisiert, die Ergebnisse als Versagen der Fachleute interpretiert.

Die von internationalen Architekten[84] bereits 1951 formulierte Forderung nach bürgerschaftlicher Partizipation wurde zu diesem Zeitpunkt in Deutschland noch nicht diskutiert, der Gemeinschaftsgeist (»Soziabilität«), der ihrer Ansicht nach einen Stadtkern prägen sollte, war im deutschen Wiederaufbau kein bestimmender Faktor; statt dessen war der deutsche Wiederaufbau von praktischen Notwendigkeiten und äußerlichen Zwängen geprägt.[85] 1955 wurde in Dortmund eine Tagung veranstaltet unter dem Titel »Der Stadtplan geht uns alle an« mit Beteiligung von Fachleuten, die die Politisierung und Demokratisierung der Stadtplanung forderten, die bisher als »apolitische Fachaufgabe« mißverstanden worden sei.[86] Tagungsteilnehmer Max Frisch erklärte: »Städtebau ist eine politische Materie und gehört ... als politische Alternative, als Frage: welche Art von Gesellschaft wollt ihr? – vor das Volk.«[87] In den sechziger Jahren erreichte diese Stadtkritik als Gesellschaftskritik mit der Studentenbewegung ihren Höhepunkt.[88]

Seit Ende der 50er Jahre hatte auch die Sanierungsdiskussion begonnen: Nachdem der Wiederaufbau beinahe beendet war, wurde man auf die Probleme aufmerksam, die durch die Vernachlässigung überkommener Bausubstanz entstanden waren. Erhaltene Altstadtviertel waren oft vom Verfall bedroht und durch ihre schlechteren Wohnverhältnisse zu »Elendsvierteln« verkommen.[89] Man rückte nun zunehmend ab vom Bild der Stadt mit klarer Funktionentrennung; entgegen der zuvor angestrebten Einheitlichkeit befürchtete man jetzt eine Monotonisierung und auch eine räumliche Ausgrenzung sozial schwacher Gruppen. Neues Schlagwort der 60er wurde »Gesellschaft durch Dichte«, die Fachleute gelangten zu der Erkenntnis, daß die Ausweitung der »organischen Stadtlandschaft« ein Ende haben mußte.[90] Der Wert des Stadtkerns als Begegnungsort wurde erkannt, und man versuchte den Bedeutungsverlust der Stadtmitte auszugleichen, was schließlich zur Schaffung verkehrsberuhigter Zonen und der Befreiung zentraler Plätze vom stehenden Verkehr führte. Heute geht diese Entwicklung bis hin zum erwogenen Rückbau von in den 50ern vorgenommen Erweiterungen.[91]

Seit den 60ern trat auch der Denkmalschutz immer stärker in den Vordergrund. Mit dem wachsenden Bewußtsein, daß eine Stadt mehr als nur Gebrauchsgegenstand sein müsse, wurde zunehmend der Wert alter Bausubstanz wieder anerkannt, die Voraussetzung für »nostalgische Bedürfnisse nach einer historisierenden Stadtgestaltung« sei.[92] Während bisher von den meisten Stadtplanern nur repräsentative Bauten, nicht aber Gesamtstrukturen als schützenswert betrachtet wurden,[93] ist nun auch hier ein Paradigmenwechsel zu beobachten: Es wurden Sanierungskonzepte für ganze Altstadtviertel erstellt. Spätestens seit dem Denkmalschutzjahr 1975 wurde ausdrücklich »Eine Zukunft für unsere Vergangenheit« gefordert.[94]

5 *Stadtplan von Lotter, Lübeck um 1750, oben Westen.*

Städtebeispiel: Lübeck

Der Stellenwert Lübecks im deutschen Städtebau

»Betrachten wir nunmehr das Stadtkunstwerk Lübeck selbst, so breitet sich organisch frei sein Grundriß über das Langoval seiner wasserumgürteten Halbinsel ... Man kann sich keinen klarer gegliederten Stadtgrundriß denken.«[95] Die Stadt Lübeck gilt als Prototyp der organischen, zellenhaft gegliederten Stadt: Die geordnete Bebauung in Parzellen (wie Pflanzenzellen) und die gitterförmige Struktur des Straßennetzes, auf der Altstadtinsel wie Adern angeordnet, entspricht dem von Reichow entworfenen Idealbild. Im Stadtbild scheint sich eine Einheit von sozialer und baulicher Realität zu manifestieren, wie Thomas Mann 1926 in seinem Vortrag »Lübeck als geistige Lebensform« ausführte.[96] Als Ideal einer mittelalterlichen Bürger- und Kaufmannsstadt wurde die Stadt als architektonisches Gesamtkunstwerk und als einheitliches, bewußt geformtes Gebilde aufgefaßt.[97] Von Kaiser Wilhelm II. als »deutscheste der deutschen Städte« bezeichnet,[98] wurde Lübecks Bautradition mit der vorwiegenden Backsteinbauweise, in der sich eine »wahrhaft männliche, heroische Haltung« offenbare[99], in den dreißiger Jahren als *die* deutsche Bautradition angesehen.

Der Backsteinbau wurde von Otto Hespeler, Leiter der Lübecker Baupolizei, als »heimatverbunden, zeitgemäß, deutsch und wahr« propagiert.[100] Das historische Stadtbild war durch seit dem Mittelalter bestehende konservative Baubestimmungen und Phasen wirtschaftlicher Stagnation nach dem Niedergang der Hanse wenig verändert worden, bis seit den sechziger Jahren des 19. Jahrhunderts die planmäßige Umwandlung Lübecks in eine moderne Industrie- und Hafenstadt begann.[101] Der Konflikt zwischen Denkmalschutz und zeitgemäßem Neubau sowie die Frage des zunehmenden Verkehrs sind daher bereits in den ersten Jahrzehnten des 20. Jahrhunderts diskutiert worden. Seit 1926 und während der NS-Zeit betrieb Hespeler im Rahmen der Heimatschutzbewegung eine »Altstadtverbesserung« mit einer »Bereinigung des Stadtbildes« mit dem Ziel, ein (fiktionales) historisches Stadtbild wiederherzustellen.[102] Er sah dabei eine bestanderhaltende Sanierung selbst einfacher Wohnbauten sowie eine Hofentkernung vor, die weitreichender als alle in der Nachkriegszeit entwickelten Sanierungskonzepte war.[103] Sein »Gegenspieler« war Hans Pieper, seit 1927 Oberbaurat für den Hochbau, der im offenen Gegensatz zu Hespeler eine Stadterneuerung im Sinne der »Sachlichkeit« forderte, die den Bedürfnissen des wachsenden Verkehrs entsprach.[104] Zwischen diesen beiden Meinungen und Persönlichkeiten der Bauverwaltung begann der erste Streit um den Wiederaufbau.

Kriegszerstörungen in der Altstadt und erste Reaktionen

In der Nacht vom 28. auf den 29. März 1942 wurden durch einen britischen Bombenangriff 20% der Altstadt[105] zerstört.[106] Bei diesem Angriff auf die historische Identität der Deutschen wurde gezielt der älteste Teil der Stadt bombardiert.[107] Einem solchen Akt der Kulturzerstörung, einer der sogenannten »Baedeker-Angriffe«, die gegen kulturhistorisch bedeutsame Städte geflogen wurden, wurde große Bedeutung beigemessen, so daß sich Hitler selbst vorbehielt, Entscheidungen über Planung und Baustil beim Wiederaufbau des zerstörten Gebiets zu treffen.[108] Weitere Angriffe blieben der Stadt erspart, da das Rote Kreuz einen Umschlag- und Lagerhafen für internationale Sendungen und alliierte Gefangene in Lübeck eingerichtet hatte.[109] Weitgehend zerstört wurden das Gründungsviertel, die Marienkirche, die Gebäude um den Rathausplatz und das Gebiet um St. Petri. Zahlreiche Giebel ausgebrannter Häuser waren allerdings erhalten geblieben; zum Teil wurden sie bei der schnellen Trümmerräumung aus Sicherheitsgründen ohne Rücksicht auf historische Werte gesprengt, einige aber auch erst nach Kriegsende.[110] Nach Beyme wurde sogleich auch die Chance der Zerstörung erkannt, die darin lag, durch die gewaltsamen Einbrüche Gelegenheit für Straßenverbreiterungen und Durchbrüche zu haben, die bisher wegen des Schutzes der Altstadtstruktur nicht durchgeführt werden konnten. Seiner Meinung nach wurden Sprengungen zum Teil mit diesem Hintergedanken so schnell vorgenommen.[111] Durth/Gutschow sind dagegen der Meinung, daß sich im Nachhinein nicht klären lasse, ob Sachzwänge oder Pläne für eine Neugestaltung Grund für die Sprengungen waren.[112]

Zunächst herrschte bei der Lübecker Bevölkerung große Betroffenheit vor. Oberbaurat Hans Pieper richtete zwei offene Briefe »An Alle«, in denen er die Bevölkerung über das Zerstörungsausmaß informierte. Am 4. April 1942 berichtete er, deutlich schockiert, daß das alte Lübeck zu 50% zerstört sei. »Ein solches Chaos zu organisieren ist fast menschenunmöglich. Den ganzen Tag über werden baufällige oder schwankende Bauteile gesprengt oder eingerissen.«[113] Drei Wochen später schrieb Pieper:

»Es wird noch täglich gesprengt, um gefährliche Mauerteile niederzulegen, und zwar recht gründlich. Leider haben die Bomben und das Feuer manche Bausünde stehen lassen, z.B. die neugotische Post, das Gerichtsgebäude und andere Herrlichkeiten, zu denen ich aus jüngster Zeit auch die a la Nürnberg verkitschten Luftschutzbunker meines Kollegen von der Baupolizei – Oberbaurat Dr. Hespeler rechne, die er als Luftschutz-Diktator der Stadt aufzwang. Die hiesigen Heimatschützler finden die Dinger nett und nützlich.«[114]

Während Hespeler die Bevölkerung mit der Versicherung zu beruhigen versuchte, alle Bauten würden wieder vollkommen nach altem Vorbild aufgebaut und Lübeck würde das Gesicht wiederbekommen, »das die Kulturwelt kennt und so sehr geschätzt hat«,[115] war Pieper zurückhaltender mit Aussagen über den Wiederaufbau:

»Ich kann mir noch kein Bild vom auferstehenden Lübeck machen, die Verantwortung ist erdrückend – und gekreuzigt wird man auf jeden Fall«,[116] und er mahnte, man solle »erst mal die Steine kalt werden lassen, ehe man den Stift und besonders die Rechenmaschine in Bewegung setzt zur Lösung einer Aufgabe, die bisher in Deutschland in diesem Umfang noch nicht gestellt worden sein dürfte.«[117] Er hatte jedoch bereits vom Bürgermeister den Geheimauftrag zur Neuplanung der Altstadt erhalten.[118] Die Stadt lehnte die Bewerbung Fritz Högers ab, der »als stolzer, selbstbewußter Holsteiner« und »deutscher Mensch« Lübeck »gut und edel und hansisch« wiederaufbauen wollte.[119] Auch die konkreten Anregungen Konstanty Gutschows aus Hamburg, der eine »Neugestaltung aus lübischen Bautraditionen« und eine Erhaltung des »Gesamtkunstwerks Lübeck« befürwortete, fanden wenig Beachtung.[120] Gutschow betonte in seinem Brief an den Lübecker Bürgermeister, daß man sich keinem Gestaltungsprinzip einseitig verschreiben dürfe, »weder dem peinlich historisch Bauen noch dem lebendigen Anpassen an die Zeitbedürfnisse«.[121]

Erste Aufbaupläne für die Lübecker Altstadt

»Es gibt überhaupt nichts Unwirtschaftlicheres als den Regelgrundriß des historischen Hauses ... Hinter den bewunderten historischen Fassaden und in den traulichen Schlupfwinkeln der ›guten alten Zeit‹ verbirgt sich das Elend unserer Frauen und Kinder.«[122] Dieses vernichtende Urteil Piepers über die volkswirtschaftliche und bevölkerungspolitische Unsinnigkeit eines Erhalts oder gar einer Wiederherstellung historischer Bausubstanz begründete bereits seine Entscheidung gegen einen Wiederaufbau der Bürgerhäuser im Gründungsviertel.[123]

Pieper richtete im Mai 1942 ein Planungsamt ein und entwarf in den folgenden Jahren verschiedene Alternativen für einen »zeitgemäßen« Aufbau. Diese bis dahin geheimgehaltenen Entwürfe wurden 1946 nach Piepers Tod von dessen Sohn veröffentlicht. Er diskutierte die grundsätzlichen Möglichkeiten des Wiederaufbaus:

a) Wiederaufbau des Zerstörten / Kopie
b) Wiederaufbau im Geist einer früheren Epoche / Rekonstruktion
c) Wiederaufbau im Geist der Zeit / Moderne
d) Wiederaufbau im Geist einer Synthese der Forderungen der Zeit und des »Genius Loci« / Heimatgebunden
e) Wiederaufbau unter gleichzeitiger sinnvoller Anwendung der obigen vier Grundsätze / Kompromiß.[124]

Ein Erhalten von Ruinen als Mahnmal sah er lediglich in Einzelfällen für sinnvoll an.[125] Pieper wollte in Anbetracht der ungewissen gesellschaftlichen und wirtschaftlichen Zukunft keinen fertigen Plan erstellen, sondern bot für jedes Einzelproblem Alternativen an; er wollte eine Diskussion anregen, aus der sich dann ein konkreter Aufbauplan ergeben sollte.[126] Die Entwürfe berücksichtigten die materielle Notsituation, die Dauer der Arbeiten schätzte er auf mindestens zwanzig Jahre.[127] Zugrunde lag seiner Planung das städtebauliche Konzept der Citybildung und einer Verlagerung der Wohnfunktion in die Trabantenstädte.[128] Im Mittelpunkt der Vorschläge Piepers standen praktische, vor allem verkehrstechnische Fragen, z.B. waren Parkflächen in entkernten Blockinnenhöfen vorgesehen, ebenso der Bau einer Hochgarage neben St. Petri.[129]

Der Wiederaufbau der zerstörten Kirchen und der unbedingte Erhalt der Stadtsilhouette wurde in seiner wie auch in allen nachfolgenden Planungen nicht in Frage gestellt.[130] Baudenkmäler wollte er in einer Traditionsinsel zusammenfassen:

6 *Hochgarage neben St. Petri 1998, privat.*

WESTSEITE

7 *Vorschlag zur Gestaltung der Westseite des Marktes durch Mühlenpfordt, 1942.*

»Wir rekonstruieren eine stille Straße etwa in der Umgebung einer der Kirchen zu einem Stadtmuseum aus allen an anderer Stelle den Straßenerweiterungen zum Opfer fallenden Bauten und den Resten der bombenzerstörten Denkmale, auch durch Nachbildung ...«[131] Für die übrigen zerstörten Gebiete sah er einen Aufbau mit maßstabsgerechter Einordnung, aber moderner Formsprache vor.

Eine bewußte Rückkehr zu einem früheren Stand der Kultur sei »eben keine Kultur, sondern ein Absinken, ein Zeichen der Schwäche«, das zum »Tod des Spotts und der Lächerlichkeit« führe. Deshalb stellte er folgende Richtlinie für den Wiederaufbau auf: »Wähle für jede Aufgabe den richtigen Maßstab, der sich aus der Umgebung ergibt, so wirst du auch ohne Nachstottern der Ausdrucksweise unserer Vorfahren gut deutsch und gut lübeckisch bauen!«[132]

Unterdessen gab auch die Lübecker Kaufmannschaft auf privater Basis am 11. Mai 1942 einen Wiederaufbauplan bei Carl Mühlenpfordt in Auftrag, da ohnehin zunächst die Zuständigkeiten ungeklärt schienen.[133] Mühlenpfordts 1943 beendete Planungen entsprachen den Interessen der Kaufleute. Einerseits sollten Marktplatz und Gründerviertel im »Charakter der alten Hansestadt«[134] in Heimatschutzarchitektur wiederaufgebaut werden. Andererseits wurde eine bessere Erschließung der Altstadt für den Verkehr durch Straßenverbreiterung und Schaffung von Parkraum erreicht.[135] Seine Vorschläge wurden erst acht Jahre später der Öffentlichkeit zugänglich gemacht.

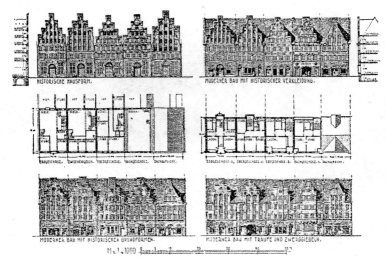

HISTORISCHE HAUSFORM.   MODERNER BAU MIT HISTORISCHER VERKLEIDUNG.

MODERNER BAU MIT HISTORISCHEN GRUNDFORMEN.   MODERNER BAU MIT TRAUFE UND ZWERGGIEBELN.

M = 1:1000

Abbildung 84

Breite Straße

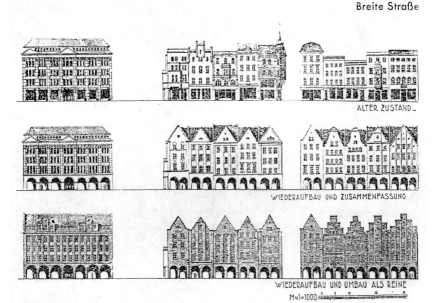

ALTER ZUSTAND

WIEDERAUFBAU UND ZUSAMMENFASSUNG

WIEDERAUFBAU UND UMBAU ALS REINE

M = 1:1000

8 *Vorschläge Piepers für die Breite Straße.*

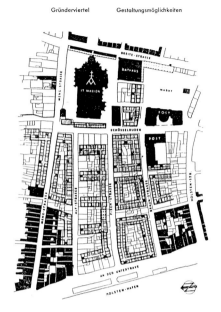
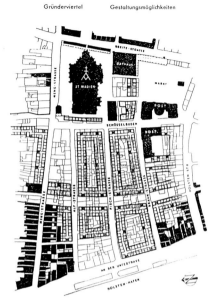

9 *Vorschläge Piepers für das Gründerviertel.*

146

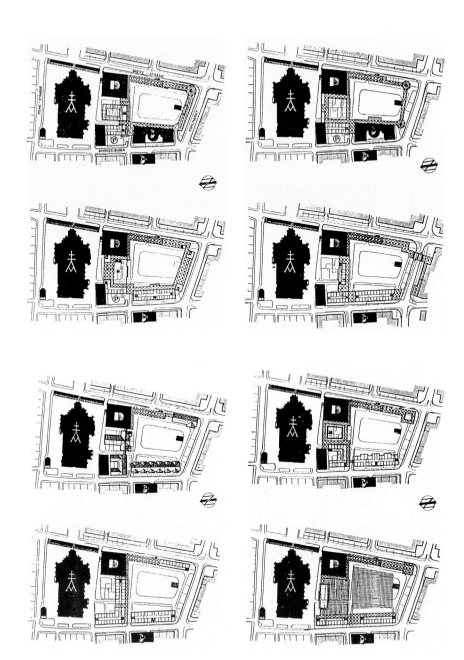

10 *Vorschläge Piepers für den Marktplatz.*

147

Eine weitere Studie für den Wiederaufbau der Stadtmitte stammt von Karl Gruber,[136] dessen Unterlagen jedoch weder verwendet noch veröffentlicht wurden.[137] Seinen Vorschlägen lag eine politische und religiöse Haltung zugrunde, er forderte, daß in der Stadtgestaltung eine Rangordnung der Werte zum Ausdruck gebracht werden müsse. Kirchen sollten in ihre Umgebung eingebettet werden, im »historischen Geiste«, aber ohne eine »mittelalterliche Filmstadt« zu errichten. Jeder Neubau müsse (bei Berücksichtigung sozialer und hygienischer Forderungen) »in seiner Haltung und vor allem in seinem Maßstab dem der alten Stadt organisch eingegliedert« sein.[138] Konkrete Entwürfe erstellte Gruber nur für das Gründerviertel, für das er eine Bebauung mit Giebelhäusern in historischer Formensprache vorsah.

Die übergeordnete Verwaltung hatte bisher nur insofern Stellung bezogen, als die Gefahrenabwehr in den Vordergrund gestellt wurde. Aus diesem Grund könne ein Wiederaufbau der engen und damit feuergefährlichen Innenstadt in der früheren Form nicht in Frage kommen.[139]

Im Oktober 1943 zog schließlich der »Arbeitsstab Wiederaufbauplanung« Albert Speers die Zuständigkeit für den Wiederaufbau an sich. Dem vom Reich eingesetzten Planer Tamms übergab Pieper 1944 seine Pläne. Die vom Ministerium Speer in Aussicht gestellten Leitlinien und Hilfskräfte erschöpften sich allerdings in vagen Zielsetzungen und der Erarbeitung vorbereitender Unterlagen durch Tamms.[140] Auch dieser vertrat ein »rigoroses Citykonzept«[141] und stellte das Verkehrsproblem in den Mittelpunkt.

Für Tamms ist die Rückwendung zur Historie »gleichbedeutend mit einem Rückfall in alte gesellschaftliche Strukturen und vergangene Produktionsweisen«; Denkmalpflege sei »biologisch gesehen ein unschöpferisches Prinzip«. Daher gehe es nicht um »Wiederaufbau«, sondern um eine »Wiederbebauung« der zerstörten Teile Lübecks.[142]

Hespeler dagegen mahnte seit 1942, Lübeck dürfe nicht zur »Allerweltsstadt« verkommen. »Im übrigen stehe fest, daß die Straßen der Innenstadt erhalten bleiben müßten. Das Bild und die Anlage dieser Straßen seien so einmalig und dabei so individuell, daß man in keiner Weise davon abweichen dürfe.« Die Stadt solle daher »vollkommen nach altem Vorbild wieder aufgebaut werden.«[143]

Die Planungen der ersten Nachkriegszeit

Die Situation Lübecks in den ersten Nachkriegsjahren war problematisch, da die Stadt ihr Hinterland verloren und zudem einen gewaltigen Flüchtlingszustrom zu bewältigen hatte.[144] Dazu kam der Mangel an Geld, das dringend für das Schaffen von Wohnraum benötigt wurde.[145] Das Bauamt unter Piepers Leitung verhinderte zunächst eine Sprengung der Bunker durch die Engländer, die weitere Zerstörungen der Altstadt mit sich gebracht hätte.[146] Seit Herbst 1945 trat eine »Technische Kommission für den Wiederaufbau der Stadt Lübeck« zusammen, der u.a. Pieper und sein Sohn angehörten. Hans Pieper starb unerwartet im März 1946, und nach seinem Tod blieb die Personalsituation für anderthalb Jahre ungeklärt.[147] In dieser Zeit ergriff wieder die Kaufmannschaft die Initiative und schrieb einen städtebaulichen Wettbewerb aus. Die eingereichten Vorschläge waren ein erster Anlaß zur öffentlichen Diskussion.[148] Besonders ein in den Lübecker Nachrichten veröffentlichter Entwurf Emil Steffanns[149] erregte Aufsehen. Dieser Plan sah eine verkehrsfreie Stadtmitte vor, als Vermittlung zwischen Verkehr und Denkmalschutz. Im Mittelpunkt der Stadt solle nicht der Verkehr, sondern der Mensch stehen; Städtebau sei nicht vom »Chauffeursstandpunkt« zu betreiben.[150]

Steffann wurde nicht nur als »Zeitungsschreiber«[151] angegriffen, sondern ihm wurde die völlige Verkennung der Tatsache vorgeworfen, daß eine Stadt sich vom Verkehr ernähre und durch ihn lebe. Es wurde weiterhin biologistisch argumentiert, die Straßen seien die Arterien des lebendigen organischen Gebildes Stadt.[152] Steffanns Plan wurde von Fachleuten daher als falsch und dem Wunsch nach einer lebendigen Stadt entgegenstehend angesehen.[153]

Im Frühjahr 1947 stellte Tamms[154] der Stadt einen »Vorschlag für eine Wiederbebauung der zerstörten Gebiete der Stadtinsel« vor. Sein Entwurf sah weitreichende Eingriffe in die Stadtstruktur vor. Im Gründerviertel sollte ein 300 Meter langer Platz entstehen, als Mittelpunkt der Lübecker Geschäftswelt, »genährt« durch von allen Seiten darauf zufließende Straßen. Dieser »Neue Kontorhof« sollte von Kontorhäusern umgeben sein und sich zur Marienkirche hin öffnen.[155] Die »städtebauliche Formel von Licht, Luft und Sonne«[156] begründete die Freilegung der Marienkirche und die starken Eingriffe in die Struktur. Tamms, der nachweisen konnte, daß er Mitglied der NSDAP nicht gewesen war, erhielt ein Honorar, sein Vorschlag wurde aber nicht weiter berücksichtigt, woraufhin er sich resigniert aus der Planung zurückzog.[157]

Im Herbst 1947 wurde ein weiterer Plan im Auftrag der Kaufmannschaft von Heinrich Tessenow erstellt. Sein Entwurf enthielt weniger Pläne für einen Wiederaufbau als für einen Rückbau. Straßenerweiterungen und Hausabbrüche waren nicht vorgesehen, die Strukturen sollten geschont werden – allerdings umging Tessenow alle wirtschaftlichen und verkehrstechnischen Fragen. In seiner Zivilisationskritik ging er viel weiter als Steffann, indem er feststellte, die Altstädte seien »ihrer Art nach den Lebenswelten der neueren Geschichte gegensätzlich«.[158] Man solle nicht den letzten Rest kulturellen Reichtums den Göttern der modernen Welt opfern. Er empfahl, die zerstörten Flächen als Grünanlagen zu gestalten.[159] Tamms, der bei Tessenow studiert hatte, kritisierte vorsichtig, Lübeck würde so zu einer Ruinenlandschaft statt zu einer lebendigen Stadt, zu einer Art »forum germanum«. Von anderen wurde der konservative Tessenow schlichtweg als Dichter und Phantast, seine Pläne als »Träumerei« abgestempelt, und sein Entwurf wurde schließlich zu den Akten gelegt.[160]

Es standen sich in dieser Diskussion zwischen Fachleuten also zwei grundsätzlich verschiedene Ansichten gegenüber: Einerseits Vorschläge, die sich zu historischen und

11 *Kohlmarkt 1998.*

12 *Gründerviertel 1998.*

geistigen Werten bekannten, die im Wiederaufbau zum Ausdruck kommen müßten; andererseits eine materialistische Auffassung von der Stadt als Organisationsform des wirtschaftenden Menschen, was bedeutete, daß eine Stadt in erster Linie zweckmäßig sein müsse.[161] Für die Vertreter der zweiten Auffassung standen Denkmalpflege und Geschichte für Tod und Stagnation. Die Denkmalpfleger selbst hielten sich auffallend aus der Diskussion zurück. Zwar wurde eine Analyse zur charakteristischen Bauweise Lübecks gefordert,[162] im übrigen äußerte sich das Denkmalamt zustimmend zu Piepers Plänen. Zu erklären ist dies aus der puristischen Doktrin »konservieren statt restaurieren«.[163] Das Denkmal habe nur so lange den Wert eines Dokuments, wie es in seiner Originalsubstanz erhalten sei, so daß angesichts des hohen Zerstörungsgrades des historischen Lübeck die Denkmalschützer hier freiwillig auf weitere Mitsprache verzichteten, da es nichts zu konservieren gab und Rekonstruktion grundsätzlich abgelehnt wurde.[164] In den folgenden Jahren wandelte sich die Grundeinstellung der Denkmalschützer dahingehend, daß auch der städtebauliche Kontext einen Teil eines schützenswerten Monuments ausmache, und Rekonstruktionen »aus dem geschichtlichen Bewußtsein« zu rechtfertigen seien.[165] Der von Rave formulierte Anspruch des Denkmalschutzes auf Beteiligung an der Aufbauplanung mit dem Ziel, die »ästhetische Erscheinung des Altstadtorganismus« zu wahren und maßstabsbrechende Planungen zu verhindern,[166] wurde von den Lübecker Denkmalschützern mit ihrer Zustimmung zu Piepers maßstabsgerechten Neubauten offenbar als erfüllt angesehen.

Am 1.9.1947 wurde der ehemalige Leiter der Bauschule in Wismar, Georg Münter, als Baudirektor berufen, der Kommunist und ehemaliges KPD-Mitglied war.[167] Auch in seiner Planung stand der Verkehr im Mittelpunkt.[168] Er betonte, den Charakter der Stadt erhalten zu wollen, denn der künstlerische Wert der Stadt sei ein wirtschaftlicher Wert für den Fremdenverkehr.[169]

Geschickt argumentierte er, der Geist der nüchtern rechnenden Lübecker Kaufleute würde keinen Raum für »malerische Winkel« und »verträumte Romantik« schaffen[170] und schien mit seinen Gestaltungsprinzipien so an regionale Traditionen anzuknüpfen. Äußerlich war diese Anknüpfung jedoch sehr abstrahiert: Als traditionelle Bauelemente waren nur noch der Backsteinbau und die Dachformen vorgesehen. Im September 1948 veröffentlichte Münter seinen Aufbauplan, gegen den sich sofort Widerstand erhob. Bereits ein Vierteljahr später legte ein »Arbeitskreis Lübecker Architekten« detaillierte Gegenvorschläge in Heimatschutzarchitektur vor.

Zum Schutz der Altstadt vor dem Verkehr wurde die Untertunnelung des Altstadthügels vorgesehen, eine Idee, die seit den 30er Jahren bestand, in Anbetracht der Finanzlage jedoch völlig utopisch war.[171] Die Architekten kritisierten Münters »monotonen Zeilenbau« und das »tote Schachbrettmuster« des Gründerviertels.

Dennoch wurde der Plan von den Gremien der Stadt am 17.2.1949 genehmigt und blieb der gültige »Bebauungsplan Innenstadt«.[172] In seinem Vortrag dazu polemisierte Münter: »Soll die Erinnerung an die Schreckensnächte, die diese Stadt erlebte, zu einem altjüngferlichen Schmachten nach Vergangenem werden?«[173] Daraufhin erhitzte sich die Diskussion, und die Architektenschaft teilte sich in zwei Lager. Die fachliche Diskussion verlagerte sich auf die politische Ebene. Ebenfalls polemisch wurde auf die politische Einstellung Münters verwiesen, vor einem drohenden »Müntherograd« (sic) wurde gewarnt.[174] Allerdings stand dem Kommunisten Münter im Bauamt ein Bausenator der CDU zur Seite, so daß die Kritik gegen Münter nun zunehmend von Seiten der SPD kam, der wiederum der Senator der Stadtwerke angehörte. Stadtwerke und Bauamt »übertrafen einander in diesen Jahren mit spektakulären Entwürfen für ... Verkehrsbauwerke«,[175] von denen aber aus pragmatischen Gründen nichts verwirklicht wurde. Um dem Verkehr gerecht zu werden, waren nach Münters Plan Straßenverbreiterungen vorgesehen. Realisiert wurde nun die Verbreiterung der Breiten Straße, in der die Häuserfassaden ohne Rücksicht auf die historische Grundstruktur um acht Meter zurückversetzt und historische Giebelfronten zugunsten von Bauten »in heimischer Mundart« niedergelegt wurden.[176]

Damit waren Münters Äußerungen über den Wert der historischen Stadtstruktur als rhetorisch entlarvt. Sein Bekenntnis zum künstlerischen Wert der Stadt hatte kaum sichtbare Konsequenzen; es wurde radikal zugunsten des Verkehrs in die Stadtstruktur eingegriffen.

Zur Neugestaltung des Marktes wurde ein Ideenwettbewerb ausgeschrieben, bis Oktober 1949 gingen 109 Entwürfe ein. Die Bauverwaltung erarbeitete daraus einen Plan, der, wiederum zugunsten des Verkehrs, die Verbreiterung des Kohlmarktes vorsah. An das Rathaus wurden auf Wunsch der Geschäftsleute untypische Traufdachhäuser mit flacher Dachneigung angebaut,[177] auf der Nordseite das Stadthaus in »moderner Formensprache«, die später als »Betonfachwerk« bezeichnet wurde.[178]

Gegen diese Pläne gab es erstmals heftige Proteste der Bevölkerung in den Medien, in öffentlichen Versammlungen und auch an einem Schwarzen Brett am Bauzaun des Kohlmarkts. Kritisiert wurden die neuen Raumproportionen, vor allem aber die Architektur der Bauten als »abscheuliche, siloartige Gebäude« und »Betonsärge«.[179] Auch der Bürgermeister äußerte sich nun enttäuscht über die städtebauliche Entwicklung. Eine »Vaterstädtische Vereinigung« legte Anfang 1951 Einspruch gegen den Marktbebauungsplan ein.[180] Wieder wurde Münter der polemisch-politische Vorwurf einer »ortsfremden Baudiktatur« gemacht.[181] Dieser war jedoch unberechtigt, da jeder Bauantrag zehn Ausschüsse durchlaufen hatte. Der breite Widerstand gegen Münter führte am 30.6.1952 auf Antrag der SPD zu seiner Entlassung.[182]

Überblick über die weitere Entwicklung des Aufbaus

Münters Nachfolger Hans Hübler, ein Lübecker, vertrat im wesentlichen dieselbe Architekturauffassung. »Es sei ein Aberglaube, daß alles, was alt sei, auch Kultur sei. Wir leben nun einmal in einer Zeit, die aus Stahl und Beton bestehe.«[183] Unter seiner Leitung wurden daher weitgehend die unter Münter entworfenen Planungen ausgeführt.[184] Lübecker und auswärtige Besucher waren mit den Neubauten unzufrieden, aber die Proteste wurden zunehmend resignativ.[185] Die »Fassadenbereinigung« der Post auf der Westseite des Marktes wurde 1955 abgeschlossen, indem schlichte Backsteinklinker vor die neugotische Fassade gesetzt wurden.[186] Gegen die Kritik an den langweiligen Bauten rund um den Marktplatz wurde argumentiert, daß »Schlichtheit und Demut in der Umgebung des Rathauses angebracht sei«.[187] Das von Münter geplante Schulzentrum im Gründerviertel wurde gebaut, wodurch das ehemals geschäftigste Viertel der Innenstadt in ein »lebloses Quartier«[188] verwandelt wurde.[189]

Der so erreichte städtebauliche Bezug wirkt nach Durth/Gutschow »wie die Karikatur des Leitbildes von der ›aufgelockerten Stadt‹«.[190] In der oberen Mengstraße wurden erst jetzt die erhaltenen abgestützten Fassaden von Bürgerhäusern abgerissen.

13 *Mengstraße 1998/privat.*

14 *Mengstraße mit Schabbelhaus.*

15 *Buddenbrookhaus.*

16 *Gelände um die Marienkirche vor und nach der Enttrümmerung.*

17 *Gelände um die Marienkirche nach der Zerstörung.*

18 *Marktplatz mit Marienkirche und Rathaus vor und nach der Zerstörung.*

Diese Maßnahme wurde durch den Verweis auf die Tradition kaufmännischen Geschäftsgeistes gerechtfertigt.[191] Diese Abrisse zum Teil unter Denkmalschutz stehender Giebel können, wie Brix bemerkt, nicht »mit der Not der Nachkriegsjahre« entschuldigt werden.[192] An ihre Stelle wurden Bauten »in heimatlicher Mundart« gesetzt. Vorgezogene Giebel sollten eine Reminiszenz an die früheren lückenlosen Giebelreihen sein, hatten aber eine völlig andere Raumwirkung. Erhalten blieb nur die Fassade des »Buddenbrookhauses« (Mengstr. 4), bei dem der Wert für den Fremdenverkehr offensichtlich war. Daneben wurde anstelle eines der abgerissenen Giebel ein Backsteingiebel aus der Fischstraße vorgeblendet.[193]

Selbst der Abriß der Ruine der St.-Petri-Kirche wurde in den 50er Jahren in Erwägung gezogen.[194] »Wirtschaftswunder« und vermehrte Verkehrsprobleme bestimmten die weitere Entwicklung. Aufgrund der Zonenrandlage und der damit verbundenen schwachen ökonomischen Situation sowie der Massierung denkmalgeschützter Bauwerke wurde Lübeck allerdings nicht zur »autogerechten Stadt« mit Schnellstraßen im Zentrum wie in manchen anderen Städten ausgebaut.[195] Von ideologischen oder gesellschaftspolitischen Planungsansätzen war Ende der 50er/Anfang der 60er Jahre nichts mehr zu spüren. Das Wort »Planung« wurde leicht mit »Planwirtschaft« identifiziert und als dem favorisierten Liberalismus negativ entgegenwirkend verstanden.[196] Der gesteigerte Individualismus »als unmittelbare Folge und Reaktion auf den Faschismus«[197] hatte also direkte Auswirkungen auf die Stadtplanung, da möglichst von starker staatlicher oder kommunaler Regulierung, Restriktionen im Dienste gemeinschaftlicher Ziele oder gar Enteignungen abgesehen wurde. Diese »Planungsfeindlichkeit« wurde später als negativ angesehen, da die Erhaltung der Altstadt durch ein fehlendes juristisches Instrumentarium, wie Veränderungssperren, Ensembleschutz, Instandhaltungsgebote, gefährdet war. »Durch das Festhalten am Privateigentum an Grund und Boden ... und die Beschränkung auf die architektonischen Meisterwerke wurde die Sanierung auch nicht als gesellschaftliche Aufgabe angesehen.«[198]

Maßstabsbrüche und Einbrüche in die Grundstruktur wurden jetzt bewußt in Kauf genommen; Parkhäuser als »die neuen Sakralbauten des Verkehrs« wurden wichtiger als historische Strukturen.[199] Zugunsten kommerzieller Nutzung waren großflächige Abrisse geplant.[200] Auf Stadtgestalt und Stadtbild sollte keine Rücksicht mehr genommen werden.[201]

1968 wurde die Aktion »Rettet Lübeck« ins Leben gerufen, die vor allem die Vernichtung der bescheideneren Wohnquartiere weitgehend verhindern konnte. Seit Beginn der 70er Jahre wurden in den politischen Gremien die ersten Überlegungen zur Altstadtsanierung angestellt, 1972 wurde eine Schadensliste der Altstadtwohnquartiere erstellt.[202] Aber noch 1973/4 wurden die erhaltenen historischen Bauten in der Fleischhauerstraße zugunsten von Erweiterungsbauten zweier Kaufhäuser abgerissen.[203]

Im Denkmalschutzjahr 1975 erfolgte die Trendwende mit einem Grundsatzbeschluß der Bürgerschaft zum Erhalt der Lübecker Innenstadt als »Kulturdenkmal,

Wohnort und Oberzentrum«.[204] Man wurde sich bewußt, daß die bescheidenen Wohnquartiere im östlichen Altstadtgebiet, die gerade den größten historischen Bestand ausmachten,[205] in schlechtem Zustand waren und schrieb 50% davon als Sanierungsgebiet aus.[206] Gegenstimmen mahnten, die Stadt dürfe nicht zum Museum werden. Brix hält dagegen, daß die zunehmend positive Bewertung von Altbauten nicht als museal diskreditiert werden sollte, sondern vielmehr als notwendiges »Korrektiv zum modernen, technisch geprägten Planen und Bauen« anzusehen sei.[207] Darüber hinaus interpretiert er diese Tendenz als Protest gegen die kapitalistische Gesellschaft mit ihren baulichen Auswüchsen,[208] was ihm die Kritik einbringt, Denkmalpflege als Gesellschaftskritik zu mißbrauchen.[209]

In den folgenden Jahren wurde in Lübeck ein Sanierungskonzept erarbeitet, das zum Ziel hatte, der Stadt als kulturelles Denkmal, in ihrer Zentralfunktion und als Wohnplatz gleichermaßen gerecht zu werden. Als neuer Grundsatz wurde die »Erhaltung der historischen Bausubstanz und des historischen Stadtbildes bei gleichzeitiger Gewinnung der alten Bauten für neue Funktionen« formuliert.[210] Das Sanierungskonzept unterschied sich in diesem Punkt von der Denkmalpflege, die das historische Gebäude völlig unverändert als historische Quelle erhalten wollte.[211] Schmidt formulierte den offenbaren Gegensatz von Denkmalpflege und Stadtplanung: »Denkmalpflege als Bewahren der vorgefundenen Formen und Stadtplanung als Verände-

19 *Lübeck, Gr. Gröpelgrupe.*

rung der Formen an geänderten Ansprüchen scheinen sich zunächst a priori auszuschließen.«[212] Allerdings habe sich inzwischen die Aufmerksamkeit der Denkmalpflege vom einzelnen Objekt auf das Gesamtkunstwerk des »Stadtdenkmals« erweitert.[213] Er hielt es daher für notwendig, daß die Denkmalpflege von ihrem starren Standpunkt des Konservierens von Denkmälern abrückt. Statt dessen solle sich die Denkmalpflege in die Stadtentwicklungsplanung einfügen.[214]

Als neue städtebauliche Maxime im Sinne dieser Zusammenarbeit sollte die Anpassung der Funktion an die vorgefundene Form gelten.[215] Zu diesem Zweck sollten nach wissenschaftlicher Analyse der historischen Bausubstanz Nutzungskonzepte dafür entwickelt werden. Als vorbildliches Konzept für Lübeck wurde das Konzept der Stadterhaltung von Bologna (Italien) vorgestellt.[216] Das Centro Storico von Bologna mit einem großen Anteil an vorindustrieller Bebauung hat mit ähnlichen Problemen zu kämpfen wie die Lübecker Altstadt: Physischer und sozialer Verfall der Wohngebiete, Überlastung von Verkehrseinrichtungen, Mangel an öffentlichen Einrichtungen. Der seit 1969 dort erarbeitete Entwicklungsplan verfolgt die Strategie, die städtebaulichen Mißstände »nicht durch Beseitigung der historischen Bausubstanz, sondern durch ihre Erhaltung und Revitalisierung zu beheben«.[217] Die erhaltende Sanierung hat zwei Ziele: Die Erhaltung der historischen Stadtstruktur als authentisches Dokument vorindustriellen Städtebaus sowie die Nutzbarmachung für das Zusammenleben aller Bevölkerungsschichten. Zugrunde liegt das Verständnis der Stadt als baulich-funktionale Einheit, die »neben dem kulturell-ästhetischen Wert volkswirtschaftlich, funktional, sozialpolitisch und emotional Bedeutung hat.«[218] Besonders die Richtlinien zur Erhaltung für »künstlerisch unbedeutende anonyme Architektur« sind auf die Lübecker Situation übertragbar, da die Struktur der Handwerkerhäuser derjenigen in der Lübecker Altstadt ähnelt.

Da man in Bologna davon ausging, daß die Erhaltung im Interesse der Mehrheit der Bevölkerung liegt sowie auch im Interesse einer »langfristigen Sicherung des Gebrauchswertes und damit der Wettbewerbsfähigkeit der historischen Stadt«,[219] wurden die Maßnahmen als politische Aktion angesehen. Planerisches und gesetzliches Instrumentarium wurde weit mehr ausgenutzt als in Deutschland. Z.B. wurden zu verwendende Materialien gesetzlich vorgeschrieben und Besitzer zur Wartung verpflichtet. Der erstellte Nutzungsplan wird noch immer streng eingehalten: Nutzungen, die mit der Erhaltung der historischen Bausubstanz unvereinbar sind, werden nicht zugelassen. Dazu zählen große Warenhäuser, Supermärkte, Tankstellen, u.ä. Bereits bestehende Einrichtungen dieser Art mussten »in absehbarer Zeit« aus dem Zentrum ausgelagert werden. Vorkaufs- und Enteignungsrecht der Kommune erweiterten deren Handlungsspielraum. Durch solche Maßnahmen ist es gelungen, ein sehr viel einheitlicheres Stadtbild zu erhalten als in Lübeck.

Die Autoren beklagen, daß in Deutschland Planungs- und Denkmalschutzgesetze nicht so einen großen Handlungsspielraum dafür bieten, das öffentliche Interesse

20 *Bologna, Via S. Caterina.*

21 *Bologna, Blick vom Torre Asinelli in Richtung Piazza Maggiore.*

gegen Privatinteressen durchzusetzen.²²⁰ Das Bologneser Konzept ist allerdings im Kontext seiner gesellschaftspolitischen Zielsetzungen zu sehen. Die Stadt Bologna hatte lange eine sozialistisch-kommunistische Kommunalregierung, so daß die Konzepte in ihren gesellschaftlichen Leitvorstellungen sich stark von den im Lübeck der Nachkriegsjahrzehnte vertretenen unterscheiden. Dennoch ist nach Meinung der Autoren der in Bologna verfolgte methodische Ansatz besonders bezüglich der Nutzungskonzepte auf Lübeck übertragbar und vorbildlich.²²¹

Problematisch ist in Lübeck wie in Bologna die »soziale Infrastruktur«. In den Wohnbereichen der Altstadt, die die größten Mängel aufweisen, wohnen besonders einkommensschwache Bevölkerungsgruppen,²²² die nicht in der Lage wären, kostendeckende Mieten nach einer Sanierung aufzubringen. Um eine »Sanierungsvertreibung« zu vermeiden, muß von einer »Subventionssanierung« ausgegangen werden,²²³ für die langfristig weitere öffentliche Mittel benötigt werden. Durch eine Finanzierung aus der Städtebauförderung konnte in den 80er Jahren in Lübeck mit der Altstadtsanierung begonnen werden, die noch als »wichtige Nachkriegsaufgabe« verstanden wird.²²⁴ Seit 1982 sind der Bauverwaltung mit einer Gestaltungssatzung ähnliche Mittel an die Hand gegeben wie in Bologna: Fassadengestaltung, Material für Dachziegel, Werbeanlagen usw. müssen im Einklang mit dem Stadtbild stehen.²²⁵ Nach Billert kann die Sanierung wegen ihres großen Umfangs und ihres speziellen Charakters nicht ausschließlich in »politisch-wirtschaftlichen, städtebaulichen, sozialen oder bautechnischen Kategorien« betrachtet werden. Sie sei vielmehr zu einer »Bewegung« geworden, zu einem »eigenartigen Kulturphänomen«, wobei private Eigentümer der zu sanierenden Häuser mehr und mehr zu Trägern der Sanierungsideen geworden sind.²²⁶ Eine Beteiligung der Bürger am Planungsprozeß wird jetzt als selbstverständlich und notwendig angesehen.²²⁷ Die Stadtmitte wurde durch Einrichtung von Fußgängerzonen verkehrsfrei, eine schrittweise Beruhigung des Verkehrs im Citybereich, auch unter Hinnahme von Einschränkungen der Erreichbarkeit, ist vorgesehen.²²⁸

Spätestens mit der Aufnahme des größten Teils der Lübecker Altstadt in die Liste des Weltkulturerbes durch die UNESCO 1987²²⁹ hat die Absicht, die Stadt als Kulturdenkmal zu erhalten, Vorrang vor allen anderen Zielfunktionen.

In den 90er Jahren wird großer Wert darauf gelegt, die Bevölkerung über städtebauliche Entwicklungen zu informieren.²³⁰ 1995 wurde ein Ideenwettbewerb zur Neugestaltung des Marktplatzes ausgeschrieben.²³¹ Im Gegensatz zur frühen Nachkriegszeit sollen die Lübecker in die Planungen einbezogen werden. Die zum Wettbewerb angestellten städtebaulichen Überlegungen sowie die verschiedenen prämierten Entwürfe werden mit einer Erläuterung und Bewertung durch ein Preisgericht im Internet vorgestellt. An gleicher Stelle gibt es auch die Möglichkeit zur Abstimmung und zur Meinungsäußerung.²³²

BILANZ

Aus heutiger Sicht wird der Wiederaufbau der Nachkriegszeit oft negativ beurteilt. Es wird Unverständnis für die nach heutigem Geschmack häßlichen Gebäude geäußert, die an die Stelle zerstörter oder teilzerstörter historischer Bauten gesetzt wurden. So wird in Lübeck »der Abschied von der Parzelle« als städtebauliches Leitbild bedauert: »Den Marktplatz umgibt seither der stille Charme der 50er, der sich in den kriegszerstörten Bereichen zwischen St. Marien und St. Petri, Rathaus und Kanzleigebäude wie Mehltau ausgebreitet hat.«[233] Man ist häufig froh, wenn die meist mit minderwertigem Material gebauten Gebäude der 50er baufällig werden und eine Neubebauung besonders zentraler und repräsentativer Plätze vorgenommen werden kann, die sich zudem wirtschaftlich rechtfertigen läßt.[234]

Daß die Ergebnisse des Wiederaufbaus so wenig überzeugen, mag aber nicht nur am veränderten architektonischen Geschmack liegen, sondern auch an der Uneinheitlichkeit des erfolgten Aufbaus, der innerhalb der einzelnen Städte den Streit zwischen verschiedenen städtebaulichen Leitvorstellungen und den damit verbundenen gesellschaftlichen Konzepten widerspiegelt. Der Konflikt zwischen Kontinuität und Reform, zwischen neuen Idealen und Werteverlust, Geschichtsbewußtsein und Geschichtsbewältigung, Träumen und materieller Notlage führte zu Lösungen, die im Nachhinein als zu kurzfristig gedacht, undemokratisch oder, bei bewußter Aufgabe erhaltener Bausubstanz zugunsten von Neubauten, sogar zerstörerisch angesehen werden. Weder eine radikale Reform noch eine Einheitlichkeit des Ausdrucks sind zu erkennen. Die Städte bieten daher »das Bild einer unvollkommenen, ja einer steckengebliebenen Transformation.«[235] Dies ist durch eine Überforderung von Fachleuten, Politikern und Öffentlichkeit und durch den schnellen Wandel von Konzepten mit den rasanten Entwicklungen in Wirtschaft und Gesellschaft der Nachkriegsjahrzehnte zu erklären. Kein Konzept konnte vollständig ausgeführt werden, bevor es nicht von neuen Vorstellungen überholt und Pläne dementsprechend nachgebessert wurden.[236] Diese Entwicklung ließ sich am Beispiel der verschiedenen Konzepte für den Wiederaufbau der Lübecker Altstadt zeigen. Es wurden entsprechend den unterschiedlichen Leitvorstellungen verschiedene Entwürfe für den Wiederaufbau der Innenstadt gemacht, diese wurden zwischen Fachleuten diskutiert, oft aber nicht einmal der Öffentlichkeit zugänglich gemacht. Die Entscheidung lag schließlich bei den Gremien der Stadt, der Bebauungsplan des damaligen Baudirektors Münter wurde sogar gegen den Willen des Großteils der Bevölkerung angenommen und ausgeführt. Offenbar wurde keine Konsensfindung zwischen Öffentlichkeit und Fachleuten angestrebt, sondern weitgehend »von oben« über das »richtige« Konzept für den Aufbau und die Stadtgesellschaft entschieden. Allerdings zeigten sich auch in Lübeck die Grenzen dieser Art von Planung. Der wirtschaftliche Liberalismus war schließlich stärker als die

Stadtplanung, die Innenstadt blieb zeitweilig dem freien Spiel der (wirtschaftlichen) Kräfte überlassen.[237]

Die zunehmende Unzufriedenheit der Bevölkerung mit ihren Städten in Zeiten der Konsolidierung bremste die Entwicklungen und führte zu einer Rückbesinnung auf überkommene Werte.

Die Angst, als »restaurativ« zu gelten, ist kein Hinderungsgrund mehr für die Erhaltung oder gar Rekonstruktion historischer Bauten. Das Umdenken der Denkmalpflege und die allgemein wiedergewonnene Wertschätzung von auch nicht-repräsentativen alten Gebäuden haben viele Altstädte im letzten Moment vor dem Verfall retten können. Dennoch ist auch in der Gegenwart die Diskussion um die Leitbilder des Städtebaus nicht beendet. Der Konflikt zwischen wirtschaftlichen Ansprüchen an ein Stadtzentrum und dem Schutz von historischer Stadtstruktur und Stadtbild ist auch heute nicht eindeutig zu lösen und stellt die Stadtplaner immer wieder vor die Entscheidung, wie weit Kompromisse in die eine oder andere Richtung gehen dürfen.[238] Heute wie vor fünfzig Jahren stellt man sich die Frage, wie eine Stadt alle erforderlichen Funktionen zur Zufriedenheit ihrer Bewohner erfüllen kann. So wird in der Diskussion um die Bebauung des Lübecker Marktplatzes überlegt, »wie die vielfältigen Ansprüche, die die Stadt, ihre Bürger und ihre Gäste an den Marktplatz stellen, zeitgemäß erfüllt werden können.«[239] Bei diesen Überlegungen wird heute mehr als in den Nachkriegsjahren versucht, die Wünsche und Bedürfnisse der Bürger zu berücksichtigen. Ein einheitliches Konzept, ein »Rezept« für die Bebauung (historischer) Städte gibt es aber auch heute nicht. Zunehmend »...wird auch nach der Sinnhaftigkeit eines Marktplatzes im ausgehenden 20. Jahrhundert gefragt: Ist der Markt immer noch oder möglicherweise wieder der (geistige) Mittelpunkt einer Stadt? Ist er identitätsstiftend für seine Bürger? Ist oder kann er mehr sein als eine schöne Kulisse für eine längst vergangene rückwärts gewandte Hansestadt-Romantik? Fragen über Fragen!«[240] Diese Überlegungen unterscheiden sich letztlich wenig von denen der Städtebauer der 50er Jahre.

Anmerkungen

1 Die Entwicklung in der sowjetischen Besatzungszone kann hier nicht berücksichtigt werden. Vgl. dazu Beyme 1987.
2 Rabeler 1990, S. 9.
3 Mehrere Stadtplaner verweisen auf den Begriff der »Polis«: Die Stadt als Organisation einer geschlossenen Gesellschaft. Vgl. Schumacher 1948, S. 198 und Henning 1952, S. 2.
4 Durth/Gutschow 1988, Bd. 1, S. 29.
5 Ibid., S. 55ff.
6 Nipper 1993, S. 79f.
7 Es wurde in ein zellenartiges, hierarchisch gegliedertes Stadtleitbild uminterpretiert, das durch die Gliederung der Partei bestimmt war. Die Aufhebung der Anonymität in dieser Wohnform ermöglicht zugleich die Kontrolle der Bürger. Vgl. Voigt 1986, S. 1870–1875.
8 Reichow 1948.
9 Nipper 1993, S. 80f. und Beyme 1987, S. 60.
10 Durth/Nerdinger 1994, S. 8.
11 Durth 1987, S. 35.
12 Ibid., S. 40.
13 Niethammer 1978, S. 151f.
14 Nipper 1993, S. 78f. und S. 85ff.
15 Niethammer 1978, S. 151–153.
16 Ibid., S. 153.
17 Ibid., S. 152. »Es gab keine Stunde Null; es war eine Stunde des improvisierten Wiederaufbaus, der verschämten Reparatur diskreditierter Kontinuität.« Ibid., S. 154.
18 Nipper 1993, S. 81. Vgl. auch Beyme 1992, S. 9 und Durth/Gutschow 1988, S. 193ff.
19 Rappaport 1949, S. 5.
20 Rabeler 1990, S. 32ff. Forderungskatalog an die ideale Stadtlandschaft. Vgl. Ibid., S.20.
21 Rappaport 1949, S. 12.
22 Schumacher 1948, S. 197ff. Schumacher spricht von »Erkenntnissen und Bekenntnissen auf architektonischem Gebiet«, Ibid., S. 198.
23 Rabeler 1990, S. 54.
24 Pfister 1946, S. 105.
25 Hamann 1947, S. 24.
26 Im Unterschied zu Wohnungsbaugesetzen. Vgl. Beyme 1992, S. 10f.
27 Beyme 1987, S. 113.
28 Nipper 1993, S. 74f. und Beyme 1987, S. 11.
29 Rabeler 1990, S. 171.
30 Ibid., S. 55.
31 Hamann 1947, S. 23.
32 Rave 1948, S. 89. Vgl. auch Durth/Gutschow 1988, Bd. 1, S. 257f.

33 Jehle-Schulte Strathaus/Reichlin 1978, S. 290.
34 Rabeler 1990, S. 55.
35 Beyme 1987, S. 176.
36 Rabeler 1990, S. 55ff.
37 Beyme 1987, S. 176.
38 Rabeler 1990, S. 55.
39 Rappaport 1949, S. 13.
40 Hamann 1947, S. 23.
41 Hamann schlägt vor: »So wie die großen Städte ihre Museen, können auch die Länder ihre Musealstädte haben.« Ibid., S. 24.
42 Rabeler 1990, S. 192.
43 Rabeler 1990, S. 192. Nach den gleichen Prinzipien wurde der Wiederaufbau der Danziger Altstadt durchgeführt. Vgl. Ciborowski 1956.
44 Rabeler 1990, S. 55.
45 Durth/Gutschow 1988, Bd. 2, S. 963ff. und Rabeler 1990, S. 55f.
46 Rabeler 1990, S. 60.
47 Schmidt 1947, S. 325.
48 Beyme 1987, S. 178.
49 Rabeler 1990, S. 60.
50 Beyme 1987, S.177. Zu Rotterdam vgl. Rabeler 1990, S. 193ff.
51 Rabeler 1990, S. 60.
52 Henning 1950, S. 299.
53 »So ist es denn dazu gekommen, daß das Bild der gesellschaftlichen Zusammensetzung der Altstadteinwohner sich nach dem Billigen, ja oft nach den Asozialen hin verschoben hat.« Henning 1952, S. 5.
54 Ibid., S. 6.
55 Ibid., S. 3.
56 Ibid., S. 5.
57 Henning 1950, S. 300.
58 Nipper 1993, S. 76 und Rabeler 1990, S. 37.
59 Schmidt 1947, S. 324.
60 Beyme 1987, S. 175.
61 Rabeler 1990, S. 54 und S. 176.
62 Ibid., S. 176.
63 Ibid., S. 74.
64 Beyme 1987, S. 11.
65 Nipper 1993, S. 77.
66 Beyme 1987, S. 185ff.
67 Ibid., S. 183.
68 Rabeler 1990, S. 74.
69 Beyme 1992, S. 29.
70 Rabeler 1990, S. 60.
71 Beyme 1987, S. 9.
72 Beyme 1992, S. 24.
73 Rabeler 1990, S. 76.
74 Ibid., S. 86.
75 Abel 1949, S. 213–215. Abel begründet sein Konzept allerdings nicht rein wirtschaftlich,

76 sondern auch damit, daß dem Fußgänger Raum und Ruhe gegeben werden müsse, um sein Kunstempfinden gegenüber oberflächlichen materiellen Genüssen wieder zur Entfaltung kommen zu lassen. Vgl. Ibid., S. 213f.

76 Das Schlagwort ist dem gleichnamigen Buch Reichows zu verdanken. Vgl. Reichow 1959.

77 Rabeler 1990, S. 92ff.

78 Beyme 1992, S.25.

79 Durth 1987, S. 40.

80 Beyme 1992, S. 26.

81 Rabeler 1990, S. 76.

82 Henning 1950, S. 299f.

83 Beyme 1992, S. 26 und Rabeler 1990, S. 168.

84 Der CIAM = Congrès Internationaux d'Architecture Moderne.

85 Rabeler 1990, S. 122f.

86 Ibid., S. 77.

87 Zitiert nach Beyme 1987, S. 10.

88 Wissenschaftliche Stadtkritik und Kritik an den Ergebnissen des Wiederaufbaus übt vor allem Alexander Mitscherlich in seinem 1965 erschienenen Buch »Die Unwirtlichkeit unserer Städte«. Er fordert dort eine Umkehrung der Prioritäten zugunsten der Lebensqualität und kritisiert die »entfesselte« Verkehrsplanung.

89 Beyme 1992, S. 28 und Rabeler 1990, S. 172.

90 Durth/Gutschow 1988, Bd. 1, S. 218f.

91 Vgl. im folgenden die Beispiele in Lübeck: Überlegter Rückbau der Breiten Straße oder des Kohlmarktes.

92 Beyme 1992, S. 30.

93 »Geschichte teilte sich den Planern dagegen in der Regel nur in Gestalt einiger weniger Symbolbauten oder im Gefüge ganzer Platzfolgen mit.« Durth/Gutschow 1988, Bd. 1, S. 237.

94 Beyme 1992, S. 30.

95 Werner Burmester (Universität Königsberg) 1942, zit. nach Durth/Gutschow 1988, Bd. 2, S. 811.

96 Mann 1926.

97 Brix 1975, S. 7. Brix weist darauf hin, daß nur der geringere Teil der heute vorhandenen historischen Bauten tatsächlich aus dem Mittelalter stammt, daß aber die Stadt aufgrund ihrer vorwiegenden Merkmale gotischer Stadtbaukunst einen mittelalterlichen Charakter hat. Vgl. Ibid., S. 18f.

98 Fischer, in: Beyme 1992, S. 98.

99 Werner Burmester, nach Durth/Gutschow 1988, Bd. 2, S. 812.

100 Durth/Gutschow 1988, Bd.2, S. 814.

101 Fischer, in Beyme 1992, S. 99.

102 »Plan der Altstadtverbesserung« 1936. Diese »Bereinigung« ging bis hin zur »Verkleidung« von Hochbunkern im Heimatschutzstil. Vgl. Fischer, in Beyme 1992, S. 99f. und Durth/Gutschow 1988, Bd. 2, S. 814.

103 Vgl. Fischer, in Beyme 1992, S. 99.

104 Vgl. Durth/Gutschow 1988, Bd. 2, S. 814.

105 Von 120 ha Gesamtfläche der Altstadt. Im Vergleich zu anderen deutschen Städten ist die Vernichtung allerdings relativ gering. Vgl. Petsch, in Brix 1975, S. 85.

106 Berichte von Zeitzeugen und zahlreiche Photographien der zerstörten Altstadt in Lippe 1992.

107 Die deutsche Luftwaffe hatte 1940 Coventry zerstört; als »Vergeltung für Lübeck« wurde am 24./25.4.1942 ein deutscher Angriff auf Exeter geflogen. Vgl. Brix 1975, S. 36.

108 Ibid., S. 36.

109 Durth/Gutschow 1988, Bd. 2, S. 815.

110 »... erging unmittelbar nach dem Angriff von staatlicher Seite an ein Pionierbataillon der Auftrag, Straßen ohne Rücksicht auf historische Werte so zu räumen, daß ein gefahrloser Verkehr möglich sei. Mit den Räumungssprengungen wurde das Zerstörungswerk vollendet, und damit war eine wesentliche Vorentscheidung für den Wiederaufbau gefallen.« Brix 1975, S. 36.

111 Fischer, in Beyme 1992, S. 100. Vgl. auch Brix 1975, S. 39.

112 Durth/Gutschow 1988, Bd. 2, S. 815.

113 Pieper, in Durth/Gutschow 1988, Bd. 2, S. 847.

114 Ibid., Bd. 2, S. 848.

115 Ibid., Bd. 2, S. 817.

116 Ibid., Bd. 2, S. 848.

117 Ebda.

118 Fischer, in Beyme 1992, S. 101.

119 Durth/Gutschow 1988, Bd. 2, S. 817.

120 Ibid., S. 817f. und Brief Gutschows an den Lübecker Bürgermeister Böhmker vom 21.4. 1942, in Durth/Gutschow 1988, Bd. 2, S. 850.

121 Gutschow, Konstanty: Brief an Bürgermeister Böhmker vom 21.4.1942. Ibid., Bd. 2, S. 850.

122 Pieper 1946, S. 80.

123 »Diese weithin geteilte und bis in die siebziger Jahre wirksame Einschätzung war der endgültige Todesstoß für die Bürgerhäuser des Kaufmannsviertels, die endgültige Entscheidung gegen ihren Wiederaufbau.« Fischer, in Beyme 1992, S. 101.

124 Pieper 1946, S. 88ff.

125 »... denn wir sollen ja leben und dem Leben dienen.« Ibid., S. 93.

126 Durth/Gutschow 1988, Bd. 2, S. 823 und Fischer, in Beyme 1992, S. 102.

127 »Die Ausführung entspricht der Armut unserer Zeit.« Pieper 1946, S. 97.

128 Fischer, in Beyme 1992, S. 102.

129 Die Hochgarage wurde in den sechziger Jahren realisiert, allerdings in größerem Ausmaß als von Pieper vorgesehen.

130 »Wir werden uns bei besonders wertvollen Bauten auch streng ans Kopieren des alten Zustandes halten, vor allem dann, wenn sie zum Teil den Feuersturm überdauerten.« Pieper 1946, S. 93.

131 Ibid., S. 88.

132 Ibid., S. 125f.

133 Durth/Gutschow 1988, Bd. 2, S. 818.

134 Ibid., Bd. 2, S. 818.

135 Fischer, in Beyme 1992, S. 104.

136 Wahrscheinlich aus dem Jahr 1943. Erläuterungstext mit dem Titel »Gedanken zum Wiederaufbau der zerstörten mittelalterlichen Städte«, in: Durth/Gutschow 1988, Bd. 2, S. 852ff.

137 Ibid., Bd. 2, S. 830.

138 Grubers Erläuterungstext vgl. Ibid., Bd. 2, S. 853.

139 Ibid., Bd. 2, S. 819.

140 Ibid., , Bd. 2, S. 820f.

141 Brix 1975, S. 42.

142 Ibid., S. 42ff.

143 Hespeler, zit. nach Lippe 1992, S. 88.

144 Die Einwohnerzahl stieg von 150.000 im Jahr 1939 auf über 290.000 Mitte 1945. Vgl. Fischer, in Beyme 1992, S. 105.

145 In den ersten fünf Monaten des Jahres 1946 standen der Stadt nur 36 Kubikmeter Holz und 1.000 Säcke Zement zur Verfügung. Vgl. Lippe 1992, S. 90.

146 Ebda.

147 Durth/Gutschow 1988, Bd. 2, S. 831.

148 Fischer, in Beyme 1992, S. 106.

149 Der gerade aus französischer Internierung zurückgekehrte Steffann hatte in Lübeck studiert und Häuser gebaut; er war Volontär bei Pieper gewesen. Vgl. Fischer, in Beyme 1992, S. 106 und 355.

150 Durth/Gutschow 1988, Bd. 2, S. 836.

151 Ibid., S. 831.

152 Ibid., S. 837f.

153 Sein Konzept der Verkehrsberuhigung ähnelt übrigens der in den achtziger Jahren realisierten Lösung. Vgl. Fischer, in Beyme 1992, S. 106.

154 Derselbe aus dem »Arbeitsstab Wiederaufbauplanung« Speers. Vgl. Nipper 1993, S. 88.

155 Vgl. Lippe 1992, S. 93.

156 Durth/Gutschow 1998, Bd. 2, S. 835.

157 Ibid., S. 831 und 834.

158 Durth/Gutschow 1988, Bd. 2, S. 838.

159 Fischer, in Beyme 1992, S. 107.

160 Durth/Gutschow 1988, Bd. 2, S. 839 und Lippe 1992, S. 93.

161 »Die Stadt (ist) in erster Linie ein wirtschaftlicher Organismus, wie etwa ein Großbetrieb, der vor allem zweckmäßig sein soll und seine organische Schönheit im Zweckmäßigen findet.« Aus Piepers Stellungnahme zu Steffanns Entwurf, zit. nach Durth/Gutschow 1988, Bd. 2, S. 837.

162 So eine Analyse wird erst 30 Jahre später erarbeitet. Vgl. Ibid., S. 832.

163 Diese von Georg Dehio geprägte und in der »Carta del Restauro« festgeschriebene Devise galt als Leitbild der Lübecker Konservatoren. Vgl. Brix 1975, S. 45.

164 »In der Verpflichtung auf die puristische Doktrin »Konservieren, nicht restaurieren« liegt eine der wesentlichen Ursachen für die Ausschaltung der Denkmalpflege aus den Planungen zum Wiederaufbau beziehungsweise für den freiwilligen Verzicht der Konservatoren auf Mitsprache.« Brix 1975, S. 45.

165 Durth/Gutschow 1988, Bd. 2, S. 832.

166 Rave 1948, S. 89f.

167 Münter selbst vermutet, daß man sich durch seine Einstellung eine Möglichkeit zu Verbindungen mit der Ostzone, also dem verlorenen Hinterland Lübecks, erhoffte. Vgl. Fischer, in Beyme 1992, S. 355.

168 Verkehrswege seien »Arterien der Wirtschaft«. Vgl. Durth/Gutschow 1988, Bd. 2, S. 840.

169 Brix 1975, S. 40f.

170 Fischer, in Beyme 1992, S. 108.

171 Fischer, in Beyme 1992, S. 110 und Lippe 1992, S. 93.

172 Nicht: »Wiederaufbauplan«!

173 Zit. nach Fischer, in Beyme 1992, S. 110.

174 Ibid., S. 111.

175 Ebda.

176 Durth/Gutschow 1988, Bd.2, S. 843. Nach Einrichtung als verkehrsfreie Fußgängerzone gilt die Straßenerweiterung heute als Nachteil. Vgl. Brix 1975, S. 40. Durth/Gutschow weisen darauf hin, daß 1984 im Rahmen eines Wettbewerbs zur Umgestaltung der Fußgängerzone auch der Rückbau der Breiten Straße auf die historische Bauflucht vorgeschlagen wurde. Vgl. Ibid., 1988, Bd. 2, S. 843.

[177] Die stadttypische Bauweise ist dagegen das (unwirtschaftlichere) Giebelhaus. Vgl. Brix 1975, S. 39.

[178] Brix 1975, S. 39 und Fischer, in Beyme 1992, S. 113.

[179] Fischer, in Beyme 1992, S. 112.

[180] Durth/Gutschow 1988, Bd. 2, S. 841.

[181] Fischer, in Beyme 1992, S. 112. »In den Lübeckischen Blättern werden Diktatur, Dadaismus und Wiederaufbau in einem Atemzug genannt.« Durth/Gutschow 1988, Bd. 2, S. 841.

[182] Offiziell wegen einer Unterlassung in einer Verfahrensfrage. Vgl. Fischer, in Beyme 1992, S. 112f.

[183] Fischer, in Beyme 1992, S. 113.

[184] Für die Marktbebauung gibt es eine gemäßigte Lösung, indem der Südriegel zum Kohlmarkt hin nur zweigeschossig gebaut wird, aber doch an der gleichen Stelle und so den Markt verkleinert.

[185] »Die Zeit der erhitzten Diskussionen« war vorbei. ...In die Proteste mischten sich zunehmend resignative Töne, denn nach Münters Weggang blieb letztlich alles beim alten.« Fischer, in Beyme 1992, S. 113.

[186] Auf der Rückseite des Postgebäudes ist die alte Gestaltung noch heute sichtbar.

[187] Fischer, in Beyme 1992, S. 113.

[188] Brix 1975, S. 40.

[189] Die Eignung dieses Standorts für die Kaufmännische Berufsschule wird wieder mit der »Tradition« begründet, »... daß die berufliche Erziehung des kaufmännischen Nachwuchses einer Hansestadt rein räumlich gesehen am besten dort erfolgen kann, wo jahrhundertelang die Kaufleute selbst ihre Kontor- und Lagerbetriebe abgewickelt haben: im Gründerviertel.« LN 26.3.1952, zit. nach Schmidt, in Brix 1975, S. 67.

[190] Durth/Gutschow 1988, Bd. 2, S. 841.

[191] Fischer, in Beyme 1992, S. 115.

[192] Brix 1975, S. 39.

[193] Brix 1975, S. 36ff. Unter dem Backsteingiebel neben dem »Buddenbrookhaus« befindet sich allerdings die stilbrechende Einfahrt zu einem Parkplatz.

[194] Lippe 1992, S. 78.

[195] Petsch, in Brix 1975, S. 92.

[196] Schmidt, in Brix 1975, S. 68.

[197] Petsch, in Brix 1975, S. 86.

[198] Ibid., S. 91.

[199] Fischer, in Beyme 1992, S. 115.

[200] Bis zu 40% der erhaltenen Bausubstanz. Vgl. Fischer, in Beyme 1992, S. 116.

[201] Petsch, in Brix 1975, S. 92.

[202] Billert 1985, S. 387ff. Dabei wird festgestellt, daß die meisten Balkendecken wegen der in Giebelhäusern innenliegenden Regenrinnen zerstört sind und daß 30% der Innenstadthaushalte nicht über eine eigene Toilette, 60% nicht über ein eigenes Bad oder Dusche verfügen. Vgl. Ibid., S. 389.

[203] Brix 1975, S. 25.

[204] Fischer, in Beyme 1992, S. 116.

[205] »... indem die ehemals patrizischen Wohnviertel durch moderne Bebauung als Teile der historischen Stadt unkenntlich gemacht wurden, so daß das vorindustrielle Lübeck heute einseitig durch die architektonisch bescheideneren Wohnquartiere in der östlichen Hälfte der Stadtinsel repräsentiert wird.« Brix 1975, S. 40.

[206] Fischer, in Beyme 1992, S. 116.

[207] Brix 1975, S. 25f.

[208] Ebda.

[209] Köhler 1979, S. 86-94, bes. S. 89 und 94.

[210] Billert u.a. 1985, S. 387 und 391.

[211] Ibid., S. 400f.

[212] Schmidt, in Brix 1975, S. 67.

[213] Ebda.

[214] »Der Denkmalpfleger wird aber zum Possenreißer, wenn sich seine Tätigkeit in der Feststellung und Katalogisierung von Denkmalwürdigkeit erschöpft.« Schmidt, in Brix 1975, S. 79.

[215] Ebda.

[216] Debold, in Brix 1975, S. 95–109.

[217] Ibid., S. 95.

[218] Ibid., S. 96.

[219] Ibid., S. 102.

[220] Ibid., S. 107.

[221] Ibid., S. 109.

[222] Schmidt, in Brix 1975, S. 71.

[223] Ibid., S. 77.

[224] Billert u.a. 1985, S. 390.

[225] Vgl. die Internet-Seite der Stadt Lübeck, http://www.luebeck.de/geschichte/sanier.html

[226] Billert u.a. 1985, S. 398. Hier Einzelheiten zur Altstadtsanierung in Lübeck.

[227] Schmidt, in Brix 1975, S. 78.

[228] Ibid., S. 77. Erst Mitte der 90er wird ein großer Teil der Altstadt für den Durchgangsverkehr gesperrt.

[229] Als erste deutsche Stadt und in einem Atemzug mit Bauwerken wie der Chinesischen Mauer und der Altstadt von Venedig. Vgl. Fischer, in Beyme 1992, S. 98.

[230] Z.B. durch Informationen über die Sanierung im Internet.

231 Diese ist notwendig wegen eines möglichen Abrisses des Postgebäudes und des statisch instabilen Stadthauses.

232 »Daß es keine abgestuften Preise und somit auch keinen ersten Preisträger gegeben hat, begründete das Preisgericht mit der Notwendigkeit, die Bevölkerung umfassend in die Planungen des städtebaulich wichtigsten Vorhabens der Hansestadt mit einzubeziehen und noch breiten Raum für die Mitwirkung aller gesellschaftsrelevanten Gruppen zu ermöglichen.« Internet-Seiten der Stadt Lübeck http://www.luebeck.de/news/pressehl/mar96/960195r.html. Einer der prämierten Entwürfe sieht übrigens die Rücknahme der »autogerechten« Aufweitung des Kohlmarkts« vor (Entwurf 1064).

233 Bausenator Dr. Volker Zahn auf der Internet-Seite der Stadt Lübeck: http://www.luebeck.de/marktbebauung/warum/notwendigkeit.html

234 In Lübeck betrifft dies besonders das Stadthaus am Marktplatz, das »mit seinen sechs Geschossen und seiner kupferverkleideten Flachdachattika immer etwas zu hoch und deplaziert wirkende Eckgebäude« Ebda.

235 Rabeler 1990, S. 176.

236 »Der Wiederaufbau vollzog sich in einem dynamischen sozialen und ökonomischen Veränderungsprozeß im beweglichen Zusammenspiel vieler Kräfte in wechselnden Konstellationen. Auch aus diesem Grunde konnten eindeutige Ausformungen nur begrenzt gelingen.« Ebda.

237 Debold und Debold-Kritter sprechen sogar vom »Planungsvandalismus der bundesdeutschen Praxis«, vor dem die historischen Städte geschützt werden müßten; in Brix 1975, S. 109.

238 In Lübeck gelten als gelungener Kompromiß die alten Salzspeicher neben dem Holstentor, die ihr historisches Äußeres weitgehend behalten haben, innen aber zu Geschäftsräumen umfunktioniert sind. – Die Restauration der Aussenfassade im historischen Gewand bei »moderner« wirtschaftlicher Nutzung der Innenräume ist auch beim »Aufbau Ost« in der ehemaligen DDR, z.B. am Elbufer in Dresden zur Anwendung gekommen.

239 Bausenator Dr. Volker Zahn auf der Internet-Seite der Stadt Lübeck, http://www.luebeck.de/marktbebauung/warum/notwendigkeit.html

240 Ebda.

Bibliographie

Literatur

Abel, Adolf: Betrachtungen zum Wiederaufbau unserer Städte, in: Die Neue Stadt (DNS) 3, 1949, S. 213–215.

Beyme, Klaus von: Der Wiederaufbau. Architektur und Städtebaupolitik in beiden deutschen Staaten, München 1987.

Ders.: Neue Städte aus Ruinen. Deutscher Städtebau der Nachkriegszeit, München 1992.

Billert, Andreas, u.a.: Altstadtsanierung: zum Beispiel Lübeck., in: Die alte Stadt 12, 1985, S. 387–407.

Brix, Michael (Hg.): Lübeck. Die Altstadt als Denkmal. Zerstörung, Wiederaufbau, Gefahren, Sanierung, München 1975.

Ciborowski, Adolf: Town Planning in Poland 1945–1955, Warschau 1956.

Durth, Werner: Deutsche Architekten. Biographische Verflechtungen 1900–1970, Braunschweig 1986.

Ders.: Verschwiegene Geschichte. Probleme der Kontinuität in der Stadtplanung 1940–1960, in: Die alte Stadt 14, 1987, S. 28–50.

Durth, Werner/Gutschow, Niels: Architektur und Städtebau der fünfziger Jahre, Bonn 1987 (Schriftenreihe des Deutschen Nationalkomitees für Denkmalschutz Bd.33).

Dies.: Träume in Trümmern. Planungen zum Wiederaufbau zerstörter Städte im Westen Deutschlands 1940–1950. Bd. 1: Konzepte, Bd. 2: Städte, Braunschweig 1988.

Durth, Werner/Nerdinger, Winfried: Architektur und Städtebau der 30er/40er Jahre, Bonn o.J. (Schriftenreihe des Deutschen Nationalkomitees für Denkmalschutz Bd. 46).

Dies.: Architektur und Städtebau der 30er/40er Jahre. Ergebnisse der Fachtagung in München, 26.–28. November 1993, des Deutschen Nationalkomitees für Denkmalschutz, Bonn 1994 (Schriftenreihe des Deutschen Nationalkomitees für Denkmalschutz Bd. 48).

Hamann, Richard: Neues Bauen und Historie, in: DNS 1, 1947, S. 23–25.

Henning, Heinrich: Gesichtspunkte zum Aufbau von Altstädten, in: DNS 4, 1950, S. 298–300.

Ders.: Alte Städte – Neue Städte, in: DNS 6, 1952, S. 1–7.

Jehle-Schulte Strathaus, Ulrike/Reichlin, Bruno: Wiederaufbau Warschau, Altstadt, begonnen 1945, in: Propyläen Kunstgeschichte, Supplement-Band II »Kunst der Gegenwart«, Oldenburg i.O. 1978, S. 290–291.

Köhler, Horst: Denkmalpflege als Gesellschaftskritik. Betrachtungen zu einem Buch über die Lübecker Altstadt, in: Die alte Stadt 6, 1979, S. 86–94.

Lippe, Helmut von der (Hg.): »Diese Nacht vergesse ich nie.« Lübeck Palmarum 1942. Eine Stadt im Bombenhagel, Lübeck 1992.

Mann, Thomas: Lübeck als geistige Lebensform. Lübeck 1926.

Mitscherlich, Alexander: Die Unwirtlichkeit unserer Städte. Frankfurt a.M. 1965.

Niethammer, Lutz: Die deutsche Stadt im Umbruch als Forschungsproblem, in: Die alte Stadt 5, 1978, S. 138–154.

Nipper, Josef: Städte auf Trümmern. Der Wiederaufbau deutscher Städte nach dem Zweiten Weltkrieg. Ein Neuanfang?, in: Kriegszerstörung und Wiederaufbau deutscher Städte, hrsg. v. Josef Nipper und Manfred Nutz, Köln 1993, S. 73–88.

Pfister, Rudolf: Unverbindliche, unvollständige und wenig erfreuliche Gedanken zum Thema: Wiederaufbau der deutschen Städte, in: Baumeister 43/5, 1946, S. 105–106.

Pieper, Hans: Lübeck. Städtebauliche Studien zum Wiederaufbau einer historischen deutschen Stadt, Hamburg 1946.

Rabeler, Gerhard: Wiederaufbau und Expansion westdeutscher Städte 1945–1960 im Spannungsfeld von Reformideen und Wirklichkeit, Bonn 1990.

Rappaport, Philipp: Wünsche und Wirklichkeit des deutschen Wiederaufbaus. Schriften des deutschen Verbandes für Wohnungswesen 4, Frankfurt a.M. 1949.

Rave, Wilhelm: Bau- und Raumkultur. Grundsätze der Denkmalpflege beim Wiederaufbau alter Städte, in: DNS 2, 1948, S. 89–91.

Reichow, Hans Bernhard: Organische Stadtbaukunst. Von der Großstadt zur Stadtlandschaft, Braunschweig 1948.

Ders.: Die autogerechte Stadt. Ein Weg aus dem Verkehrschaos, Ravensburg 1959.

Schmidt, Walther: Bauen mit Ruinen. In: Bauen und Wohnen (BW) Jg.2, Heft 12, 1947, S. 322–329.

Schumacher, Fritz: Erkenntnisse für den Wiederaufbau zerstörter Städte. In: DNS 2, 1948, S. 197–203.

Stadt Lübeck: Internetseiten, update vom Januar 1999.

Stoob, Heinz: Deutscher Städteatlas, Liefg. 3, Nr. 6: Lübeck, Dortmund 1973.

Voigt, Wolfgang: Von der eugenischen Gartenstadt zum Wiederaufbau aus volksbiologischer Sicht. Rassenhygiene und Städtebauideologie im 20. Jahrhundert. In: Bauwelt 77, 1986, S. 1870–1875.

Abbildungsnachweis

1. Das Reichowsche Zellensystem 1941 und 1949/ Nipper 1993, S. 82–83.
2. Grundriß der Altstadt von Warschau 1956 und 1939/ Rabeler 1990, S. 190–191.
3. »Städtebauliche Einordnung bei moderner Formensprache«/ Rabeler 1990, S. 61.
4. Abels Vorschlag für Fußgängerbereiche im Inneren der Baublocks/ Rabeler 1990, S. 96.
5. Stadtplan von Lotter. Lübeck um 1750, Diathek Kunsthistorisches Institut Universität Kiel.
6. Hochgarage neben St. Petri 1998/privat.
7. Vorschlag zur Gestaltung der Westseite des Marktes durch Mühlenpfordt, 1942/Pieper 1946, S. 7.
8. Vorschläge für die Breite Straße/Pieper 1946, S. 98.
9. Vorschläge für das Gründerviertel/Pieper 1946, S. 130–133.
10. Vorschläge für den Marktplatz/Pieper 1946, S. 140–143.
11. Kohlmarkt 1998/privat.
12. Gründerviertel 1998/privat.
13. Mengstraße 1998/privat.
14. Mengstraße mit Schabbelhaus/Diathek Kunsthistorisches Institut Universität Kiel.
15. Buddenbrookhaus Frontalansicht/privat.
16. Gelände um die Marienkirche vor und nach der Enttrümmerung/Baudezernat der Landeshauptstadt Kiel 1990, S.108.
17. Gelände um die Marienkirche (Bereich: Breite/Straße/Königsstraße/Pfaffenstraße/Dr. Julius-Leber Straße). Auch nach der Zerstörung sind die Strukturen noch erhalten/ Baudezernat der Landeshauptstadt Kiel 1990, S.109.
18. Marktplatz mit Marienkirche und Rathaus vor und nach der Zerstörung, Diathek Kunsthistorisches Institut Universität Kiel.
19. Lübeck, Große Gröpelgrube 1998/privat.
20. Bologna, Via S. Caterina 1998/privat.
21. Bologna 1998, Blick vom Torre Asinelli in Richtung Piazza Maggiore/privat.

Ortsgruppe als Siedlungszelle. »Wachstum der Bevölkerung und Liebe zur Heimat«
(Konstantiny Gutschow)

Pläne zur Gestaltung Hamburgs zwischen 1938 und 1950 im Vergleich. Kontinuität oder Wandel?

Andrea Simons

Am Ende des Zweiten Weltkriegs bot Deutschland ein Bild des Grauens, viele Städte waren durch alliierte Bombenangriffe nahezu völlig zerstört und bedurften in Anbetracht der katastrophalen Wohnungssituation einer möglichst raschen Sanierung. Die marode Situation des Jahres 1945 markierte neben dem Ende des Krieges und der nationalsozialistischen Herrschaft einen Wendepunkt der deutschen Geschichte. Deutschland befand sich im Umbruch und stand am Beginn einer nicht nur politisch, sondern auch architektonisch neuen Epoche. Die Bilanz am Ende des Krieges zeigte, daß vor allem die Städte des Ruhrgebietes wie Köln, Dortmund und Duisburg von großflächigen Verwüstungen betroffen waren. Aber auch die Hansestadt Hamburg nahm mit einem Zerstörungsgrad von 53 Prozent gemessen am Wohnraumverlust in der Statistik eine der vorderen Plätze ein. Dieser Zustand der völligen Zerstörung war erschütternd, doch er bildete eine Herausforderung für jeden Stadtplaner. Denn die Verwüstung der Städte bietet die Möglichkeit einer kompletten Umgestaltung und damit auch der Beseitigung bisheriger baulicher Mängel sowie die Anpassung architektonischer Strukturen an die steigenden Bedürfnisse der Stadtbewohner. Nach dem Krieg wurden daher neue Stadtplanungs- und Bebauungspläne entworfen. Doch waren diese Pläne wirklich neu? Inwiefern unterschieden sich die Pläne zur Gestaltung deutscher Städte der Kriegs- und Vorkriegszeit von denen der Nachkriegszeit? Welche städtebaulichen Kriterien standen im Mittelpunkt?

Am Beispiel Hamburgs soll aufgezeigt werden, wie sich das Antlitz einer Stadt nach 1945 im Vergleich zur Vorkriegszeit verändert hat und welche Maßstäbe und Grundsätze für den Wiederaufbau hier grundlegend gewesen sind. Zudem soll geklärt werden, worin die Unterschiede zur Stadtplanung Hamburgs der Vor- bzw. der Kriegszeit liegen. Zu diesem Zweck werden verschiedene Pläne zur Gestaltung der Hansestadt in Kernpunkten vorgestellt und verglichen. Durch eine Gegenüberstellung der Gestaltungspläne bzw. Teilausschnitten der Pläne von 1938, 1940/41, 1944, 1947, 1949 und 1950 soll die Entwicklung städtebaulichen Planens und Handelns nachgezeichnet und ausgewertet werden, um der Frage nachzugehen, ob sich hinsichtlich der städtebaulichen Aspekte eine Kontinuität oder ein Wandel erkennen läßt.

Pläne zur Gestaltung Hamburgs zwischen den Weltkriegen: Das Wirken Fritz Schumachers[1]

Die Entwicklung des Hamburger Stadtbildes war in der Zeit zwischen den Weltkriegen untrennbar verbunden mit dem Namen Fritz Schumachers (1869–1947). Als Architekt und späterer Baudirektor Hamburgs (1909–1933) hat er maßgeblichen Einfluß auf die Gestaltung des Stadtbildes genommen. Es ist ihm durch innovative Maßnahmen gelungen, die architektonischen Strukturen der Hansestadt zu verändern und in z. T. entscheidender Weise zu verbessern.

Die Anforderungen an den »Lebensraum Stadt« hatten sich seit der Industrialisierung und der damit verbundenen gesellschaftlichen Veränderungen gewandelt. Diese Erkenntnis veranlaßte Schumacher zum Entwurf neuer städtebaulicher Konzepte. Er reformierte den Bereich des Städtebaus und kann nicht nur als geistiger Vater des Hamburgischen, sondern des deutschen Städtebaus allgemein bezeichnet werden. Seine Hauptforderung war die nach Steigerung der Wohnqualität, einem Aspekt, dem bis dahin nur wenig Bedeutung beigemessen worden war. In dieser Zeit war das Stadtbild Hamburgs von der sogenannten Schlitzbauweise geprägt; fünfgeschossige Gebäude mit licht- und luftundurchlässigen Hinterhöfen in enger Anordnung. Einer solchen wohnbaulichen Misere beabsichtigte Schumacher abzuhelfen und formulierte im Jahre 1918 eine schriftliche Richtlinie zur Gestaltung Hamburgs, die sich mit städteplanerischen Problemen auseinandersetzte und nach geeigneten Lösungen suchte.

Das Hauptaugenmerk richtete sich dabei im Wesentlichen auf die Aspekte Grünpolitik, Arbeitsstättenplanung, Wohnungsbau und Bodenpolitik. Der Durchgrünung der Stadt sollte nach Auffassung Schumachers ein weit höherer Stellenwert zukommen, als es bis dahin der Fall gewesen war. Gerade die dichtbesiedelten Wohnstätten bedürften einer konsequenten Begrünung, die in starkem Maße mit den Aspekten der Wohn- und Lebensqualität in Verbindung stehe und daher unverzichtbar sei.

Von besonderer Bedeutung war für Schumacher die Trennung von Wohn- und Arbeitsstätten. Vor allem im Hinblick auf den Wirtschaftsstandort Hafen sah er Bedarf, Wohnflächen abseits und dennoch nahe der Arbeitsstätte, zu erschaffen. Gebiete wie Farmsen, Volksdorf, Großhansdorf oder auch Winterhude schienen ihm für diese Zwecke geeignet. Ein Problem, das sich mit allen vier Punkten Schumachers verband, war das des Wohnungsbaus und der damit verbundenen Bodenpolitik.

Für den Wohnungsbau gab es konkrete Vorstellungen, wie z.B. die Begrenzung der Stockwerkanzahl, die Minderung der Wohndichte, die Aufhebung architektonischer Starre durch den Wechsel von Bauformen und die Veränderung der Mietshäuser von Hoch- zu Flachbauten.

Bis 1937 erschwerte die Situation der in Hamburg geltenden Grenzen eine Um- bzw. Neugestaltung der Stadt, da der Raum Hamburg keine ausreichenden Flächen für die Schaffung neuer Wohngebiete bot. Eine Erweiterung erfolgte durch das Groß-Hamburg-Gesetz am 1. April 1937. Hiermit wurde die Grundlage für eine Gestaltung Hamburgs im Sinne des 1933 von den Nationalsozialisten abgesetzten Schumachers geschaffen. Die Erweiterung des Hamburger Staatsgebietes bildete ferner die Voraussetzung für eine Planung nationalsozialistischer Prägung, die bereits einige Jahre vorher eingesetzt hatte. Das Gesetz war allerdings keine ausschließlich nationalsozialistische Maßnahme, sondern das, wenn auch den Vorstellungen Hitlers entgegenkommenden, Ergebnis jahrelanger politischer Auseinandersetzungen.

Verhandlungen über einen Gebietsaustausch zwischen Hamburg und Preußen hatte es seit dem Ende des Ersten Weltkrieges immer wieder gegeben, aber erst 1937

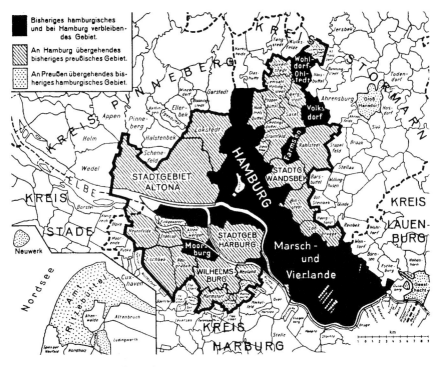

1 *Auswirkungen des Groß-Hamburg-Gesetzes.*

174

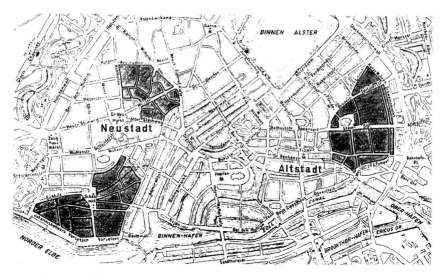

2 *Festlegung von drei Sanierungsgebieten nach der Choleraepedemie 1892.*

gelang nach einer Zeit ergebnisloser Verhandlungen die Besiegelung eines Gebiets-
austausches. Bei der Betrachtung der Modelle, die zur Gestaltung des Elbufers entworfen worden waren, reagierte Hitler auf den Hinweis, daß diese Planungen das preu-
ßische Altona berühren, mit den Worten: »Altona, das ist ja Unsinn, das dürfen wir
heute nicht mehr denken, da genügt ja ein Federstrich.«[2]

Eben dieser Federstrich erfolgte ein knappes Jahr später durch das Groß-Hamburg-
Gesetz, in dem die Erweiterung des Hamburger Staatsgebietes um die bisher preußi-
schen Gebiete Altona, Harburg-Wilhelmsburg und Wandsbek sowie 27 Gemeinden der
Landkreise Stormarn, Pinneberg, Harburg und Stade festgeschrieben wurden. Die ursprünglich Hamburgischen Landesteile Cuxhafen, Geesthacht, Schmalenbek, Großhansdorf, die Insel Neuwerk und fünf Gemeinden des Amtes Ritzebüttel gingen in preu-
ßischen Besitz über.[3]

Pläne zur Gestaltung Hamburgs vor dem Zweiten Weltkrieg

Damit war vor allem durch den Gewinn Altonas, die Grundlage für die architektonische Um- bzw. Neugestaltung Hamburgs im Sinne Hitlers geschaffen. Im Kern bedeutete dies, alte Strukturen zu vernichten und »das Gesicht Hamburgs von der Alster weg zum Elbstrom zu wenden, der die organische Grundlage des wirtschaftlichen und kulturellen Wachstums der Hansestadt Hamburg ist.«[4] Im Mittelpunkt der

175

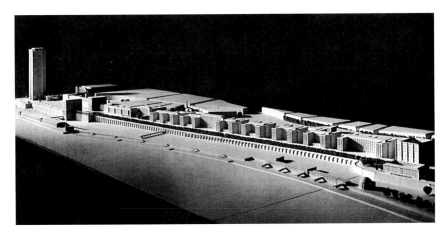

3 *Modell der Elbufergestaltung.*

4 *Mönckebergstraße mit Barkhof vor der Zerstörung.*

Planungen stand daher von Anfang an die Elbufergestaltung, die im August 1937 in einem beschränkten Wettbewerb ausgeschrieben wurde. Zum Zeitpunkt der Ausschreibung bestanden bereits konkrete Realisierungsentwürfe eines solchen Projekts. Es verwunderte daher kaum, daß der Architekt Konstanty Gutschow den Wettbewerb gewann, denn seine Entwürfe entsprachen weitestgehend den von Hitler im Vorfeld entworfenen »Grundlagen für die Bearbeitung eines Vorentwurfs für die Elbufergestaltung in Hamburg.«[5]

An der Stelle des Altonaer Rathauses sollten als Wahrzeichen der Stadt und als Renommierprojekt ein etwa 250 m hohes Gauhaus, nur wenige hundert Meter entfernt eine Elbhochbrücke und eine Kongreßhalle entstehen, diese sollte insgesamt Platz für 50.000 Menschen bieten. Vorgesehen waren zudem eine Fahrgastanlage und die Erneuerung des Fischmarktes, allerdings existierten noch keine genauen Planungen für die Gestaltung dieser Projekte. Sie wurden daher in dem Vorentwurf lediglich erwähnt, in die anlaufenden Planungen jedoch nicht miteinbezogen.

Wesentlich konkreter gestalteten sich dagegen die Vorstellungen von einer Ost-West-Durchbruchstraße. Diese sollte durch die Alt- und Neustadt führen und aller Voraussicht nach durch Altona fortgesetzt werden. Im Wettbewerb um die Gestaltung Hamburgs konnte sich der Hamburger Architekt Konstanty Gutschow aufgrund der starken Ausrichtung an den durch Hitler geäußerten Vorgaben erneut gegen die konkurrierenden Beiträge der Architekten Paul Bonatz, Werner March und Erich zu Putlitz durchsetzen. Inzwischen war die Entscheidung gefällt, nicht nur das Elbufer, sondern die gesamte Hansestadt neu zu gestalten. Die Tatsache, daß die geplanten Großprojekte nicht nur eine erhebliche Veränderung der Uferzonen, sondern auch eine Verlegung ganzer Wohngebiete, Bahnhöfe und Straßenzügen bedeuten würde, schien dabei von geringem Belang.

Geplant wurde für die Ewigkeit, allein für die Umsetzung der projektierten Maßnahmen war eine Dauer von etwa 25 Jahren veranschlagt. Die Realisierung der Umgestaltung Hamburgs oblag dem 1939 als »Reichsstatthalter in Hamburg, Durchführungsstelle für die Neugestaltung der Hansestadt Hamburg« eingesetzten H. Henningsen. Gutschow erhielt erweiterte Kompetenzen und den wohlklingenden Titel »Architekt des Elbufers«.[6] 1939 wurden 80 Prozent des 50 Millionen Reichsmark umfassenden Hamburger Haushaltsplanes für die bauliche Neugestaltung der Stadt eingeplant, woran sich unschwer die Bedeutung dieses Projekts ablesen ließ. Zur Umsetzung kam es jedoch nicht.

Pläne zur Gestaltung Hamburgs während des Zweiten Weltkrieges

Der Generalbebauungsplan von 1940/41

Über ein Jahr nach Kriegsausbruch, am 1. November 1940, erschien der erste Entwurf eines Generalbebauungsplanes. Zu diesem Zeitpunkt war Polen überfallen, Dänemark und Norwegen besetzt, die Niederlande, Belgien und Frankreich erobert. Dem »Endsieg« und einer neuen städtebaulichen Planung schien nichts mehr im Wege zu stehen. Nachdem es bis zum Ausbruch des Krieges lediglich »Vorentwürfe für die Hansestadt gegeben hatte, wurde nun Konstanty Gutschow mit der Erstellung eines Generalbebauungsplanes für das Gebiet der gesamten Stadt in seinen neuen Grenzen beauftragt. Dabei stand die Verlagerung der bisherigen Nord-Süd-Achse in eine Ost-West-Achse im Vordergrund. Der konzentrischen Entwicklung an der Alster sollte durch eine »bandförmige Entwicklung beiderseits der Elbe«[7] entgegengewirkt werden. Aufgrund zeitgenössischer Prophezeiungen, die sich am voraussichtlichen Wachstum des Hamburger Hafens orientierten, plante Gutschow Um- und Erweiterungsbauten von enormem Ausmaß.

»Die Planung basierte auf einer Prognose, wonach sich in den nächsten 25 bis 30 Jahren der Hafenumschlag auf 50 Mill. Tonnen jährlich verdoppeln würde und Hamburg, das ›Tor zur Welt‹, aufgrund der angestrebten politischen Veränderungen in Europa einen bedeutenderen Hafen haben würde als London und Rotterdam.«[8]

Angesichts der damaligen Situation war eine Einschätzung dieser Art vielleicht möglich, zum heutigen Zeitpunkt jedoch erscheinen diese Prognosen, nicht nur aufgrund des Wissens um den Ausgang des Krieges, unrealistisch und utopisch. Dennoch bildeten sie die Grundlage für die Erstellung des Generalbebauungsplans 1940/41. Bei einer angenommenen Einwohnerzahl von 2,5 Mio. kam daher der Erschaffung neuen Wohnraums eine entscheidende Bedeutung zu. Die Stadt sollte entsprechend der natürlichen Gegebenheiten von Marsch und Geest in zwei große Gebiete unterteilt werden. Im Gebiet der Marsch war die Ansiedlung neuer Hafen- und Industriegebiete beabsichtigt, während die Geest für den Bau neuer Wohngebiete in Anspruch genommen werden sollte. Die dafür vorgesehenen Bebauungsflächen waren die erst durch das Groß-Hamburg-Gesetz »erworbenen« Gebiete Sülldorf-Iserbrook, Osdorf-Lurup, die Gebiete zwischen Billstedt und Boberg, sowie Marmstorf, Langenbek und Neugraben-Fischbek. Durch die Trennung der Marsch- und Geestgebiete wurde nicht nur eine geographische bzw. an natürlichen Voraussetzungen orientierte Gliederung vollzogen, sondern zudem eine Einteilung in Arbeits- und Wohngebiete, die in diesem Sinne vorher nicht existierte, jedoch von Schumacher bereits Jahre zuvor angedacht worden war. In den Planungen wurde Wert darauf gelegt, daß die Anfahrtswege zu den Arbeitsstätten nicht zu groß waren. Man wollte die Struktur der Wohngebiete vollständig verändern und nach parteilich-strukturlichen Aspekten neu gliedern.

»Aufgliederung der formlosen Stadtmasse in einzelne übersehbare Stadtbezirke mit gewissem Eigenleben. Diese Aufgliederung fällt zusammen mit der Aufgliederung der Partei. Jeder Kreis wird seinen Marktplatz erhalten, gebildet aus dem Verwaltungsgebäude der Gemeindeverwaltung und dem Aufmarschplatz. Die neuen Gemeinschaftssiedlungen sind von vornherein entsprechend dem Aufbau der Partei zu entwickeln.«[9]

Das von Gutschow entwickelte Konzept für die Gestaltung der Wohnsiedlungen erhielt die Bezeichnung »Ortsgruppe als Siedlungszelle«. Die Ideen, die sich hinter diesem städtebaulichen Prinzip verbargen, entsprachen im Wesentlichen den Vorstellungen und Entwürfen Fritz Schumachers, die zum Teil seit 1933 in den sogenannten Gartenstadt-Projekten wie Langenhorn oder Dulsberg durchgesetzt worden waren. Ziel dieses Siedlungszellen-Prinzips war die Gemeinschaftsbildung des Volkes mittels architektonischer Umgestaltung der Wohngebiete.

Die Planer hatten die Absicht, durch die Erstellung einer neuen Siedlungsform »das Wachstum der Bevölkerung und die Liebe zur Heimat«[10] zu fördern. Das Ideal dieser neuen Siedlungsform sah Gutschow in einer Mischung nicht nur unterschiedlicher Gebäude- und Wohnungstypen, sondern auch in einer sozial gemischten Zusammensetzung. In den Siedlungsgebieten sollen Bevölkerungsgruppen verschiedener sozialer Zugehörigkeit nebeneinander leben. Für jede Ortsgruppe war eine Anzahl von 1.500 Wohneinheiten bzw. Wohnraum für maximal 8.000 Personen projektiert. Innerhalb dieses Gebiets sollten die für diese Bewohnerzahl benötigten Versorgungs- und Gemeinbedarfseinrichtungen angesiedelt werden, die in einer eigens dafür eingerichteten Ladenstraße zusammengefaßt wurden.[11]

Das Ziel des Modells war es, eine bis dahin unbekannte Form der Wohngestaltung durchzusetzen, in der ein eigenständiger Mikrokosmos in der Form eines dorf- bzw. kleinstadtähnlichen Gebildes sich in die Strukturen des Makrokosmos der Großstadt integrieren soll. Der Vorteil des Verfahrens lag darin, daß für eine Umsetzung dieses Parzellierungsmodelles keine Erschließung neuer Wohngebiete; sondern lediglich eine Neugliederung der bereits vorhandenen Wohnstrukturen notwendig war. Die Kernidee des Projekts war es, eine Dezentralisierung der Großstadt vorzunehmen, indem viele kleine Stadtzentren geschaffen werden mußten, ohne diese jedoch gänzlich autonom zu gestalten. Bemerkenswert war der fortschrittliche Ansatz zur Verringerung der Siedlungsdichte, der zwar bereits von Schumacher propagiert worden war, aber erst jetzt seine Umsetzung fand. Dazu zählte auch, daß berücksichtigt wurde, daß die angestrebte Siedlungsdichte eine Anzahl von 125 Einwohnern pro Hektar nicht überschritt. Dem Bedarf an Kleingärten sollte dadurch Rechnung getragen werden[12] , daß möglichst jede Familie einen leicht zu erreichenden Garten erhielt. Zudem sollten Kinderspielplätze, Sportplätze, Parks und Wanderwege entstehen.

Für die weitere Entwicklung des Hafens plante man die Errichtung zwei neuer Hafengruppen samt der damit verbundenen Siedlungsgebiete, die Gruppe »Wedel-Schulau« sowie die Gruppe »Borstel«. Diese dezentrierten Standorte sollten geschaffen werden, um die Belastung der Elbe, die aufgrund des vermuteten Anstiegs des Seeverkehrs einsetzen würde, möglichst gering zu halten. Doch nicht nur im Seeverkehr wurde ein Anstieg prognostiziert, auch für den Straßen- und Luftverkehr ging man von einer erheblichen Steigerung der Kapazitäten aus. Daher erfolgte die Planung eines Reichsautobahnringes sowie weiterer drei Flughäfen, im Osten, Westen und Süden der Stadt.

Eine ähnliche Tendenz läßt sich auch im Bezug auf den Schienenverkehr erkennen. Sowohl für den Personentransport als auch für den Güterverkehr sollten neue Bahnhöfe entstehen.[13] Abgesehen von diesen Aspekten, bildete die Gestaltung der Repräsentativbauten am Elbufer weiterhin einen wichtigen Bestandteil der Planungen von 1940/41. Zwischen dem Gauhochhaus und dem Bahnhof Ost war eine eindrucksvolle Verbindungsstraße mit Gebäuden der privaten Wirtschaft geplant. Zudem war die Errichtung neuer Industriegebiete an dezentralen Orten beabsichtigt, um eine Belastung der Wohngebiete, wie sie bisher bestanden hatte, zu vermeiden.

Die hier dargestellten Planungsabsichten für Hamburg, die Konstanty Gutschow in dem Generalbebauungsplan von 1940/41 formulierte, gelangten aufgrund des Kriegsgeschehens nicht mehr zur Durchführung. Die nahezu völlige Zerstörung großer Teile der Hansestadt, auf die im folgenden Kapitel kurz eingegangen werden soll, bedingte eine Umorientierung und eine veränderte Schwerpunktsetzung hinsichtlich der städtebaulichen Maßnahmen.

Das »Unternehmen Gomorrha«

Die Hoffnung der Nationalsozialisten auf ein baldiges Kriegsende und eine anschließende umfassende städtebauliche Veränderung Hamburgs nahm mit fortschreitender Zeit immer mehr ab. Zwar blieb Hamburg bis zum Sommer des Jahres 1943 von Zerstörungen nahezu verschont, doch war die Stadt in den Tagen zwischen dem 24. Juli und dem 3. August 1943 schwersten Luftangriffen der Alliierten ausgesetzt. Bei der Angriffswelle wurden sowohl westliche Stadtteile, vor allem Altona, aber auch die Gebiete im Osten und Südosten der Stadt, Wandsbek, Eilbek, Hohenfelde, Borgfelde, Hamm, Horn, Hammerbrook und Rothenburgsort, zerstört. Die letzten Angriffe trafen schließlich periphere Gebiete im Norden, Osten und Westen Hamburgs. Bei diesem sogenannten »Unternehmen Gomorrha« wurden in nur zwei Wochen etwa 47.000 Menschen getötet und weite Teile Hamburgs nahezu völlig verwüstet.

Der Generalbebauungsplan von 1944

Angesichts des hohen Zerstörungsgrades und der katastrophalen Wohnungssituation nach den Angriffen vom Sommer 1943 verschoben sich die Prioritäten und Ziele. Allerdings empfanden die Stadtplaner und Architekten, übrigens dieselben, die auch schon den Bebauungsplan von 1940/41 entworfen hatten, den Zustand Hamburgs offenbar weniger erschreckend als die hunderttausenden Obdachlosen, die nicht nur ihre Wohnstätten, sondern auch ihren gesamten Besitz verloren hatten. Vielmehr sah der hauptverantwortliche Architekt Gutschow darin die Möglichkeit einer Formung und Prägung der Stadt, die ohne eine so großflächige Zerstörung niemals hätte realisiert werden können.

»Jegliche frühere Generalplanung mußte, wenn sie nicht Gefahr laufen wollte, ins Utopische abzugleiten, wenn sie sich bemühte, realistisch zu bleiben, die überkommenen baulichen Verhältnisse in den Innenstadtteilen mehr oder weniger als kaum zu ändernde Tatsache hinnehmen. Eine wenn auch allmähliche, so doch wirklich wirksame Sanierung, insbesondere eine Herabsetzung der unverantwortlichen Besiedelungsdichte in diesen Stadtteilen…schien einer ganz fernen Zukunft vorbehalten. Die neue Gesellschaftsplanung geht nun von den durch die Zerstörung geschaffenen Tatsachen und völlig neuen Möglichkeiten aus.«[14]

Es fällt kein einziges Wort über das damit verbundene Elend der Bevölkerung. Es drückt sich in diesen Zeilen vielmehr eine gewisse Gelassenheit über die Gelegenheit aus, nun auf einer veränderten Grundlage neu beginnen zu können. Historische Strukturen, die dem Bombardement zum Opfer gefallen waren, sollten nicht rekonstruiert werden, sondern einer völligen Neugestaltung weichen. Der Gutschow umgebende Beraterstab, seine Planer und Architekten wurden nach den Bombenangriffen umgehend damit beauftragt, Pläne für Teilbereiche der Stadt, die besonders stark von der Zerstörung betroffen waren, zu entwerfen. Innerhalb eines Jahres sollten unter anderem Pläne für die Stadtteile Hohenfelde, Uhlenhorst, Winterhude, Lokstedt, Altona, Langenfelde-Süd und für die Innenstadt vorgelegt werden.[15]
In Hinblick auf die Hafen- und Siedlungsentwicklung, die Verkehrslinienführung sowie die Gemeinschaftsanlagen allerdings bestand eine Übereinstimmung mit den Plänen des Generalbebauungsplanes von 1940/41, wie eine weitere Stellungnahme Gutschows bestätigt:

»Die städtebaulichen Tendenzen, die den Generalbebauungsplan 1941 kennzeichnen, sind durch die bisherigen Erfahrungen des Luftkrieges als richtig bestätigt worden: allgemeine Auflockerung des Großstadtkörpers, Bildung der von Grün umgebenen Siedlungszellen, Verlagerung der Siedlungsentwicklung in bandartiger Ost-West-

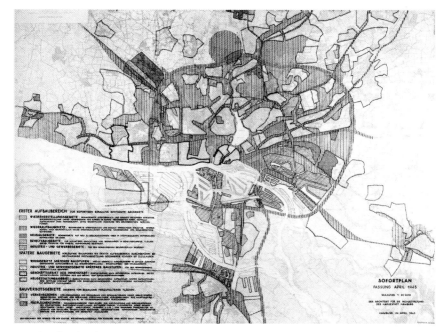

5 *Sofortplan für den Wiederaufbau.*

Richtung, Stärkung der Entwicklung von Harburg und dem südlichen Geesthang, Aufteilung des Citygebietes durch Bildung einer zweiten City.«[16]

Der Aufbauplan von 1944 basierte also in wesentlichen Bestandteilen auf dem Bebauungsplan des Jahres 1940/41. Der hohe Verlust an Menschenleben im Juli/August 1943 war nicht zuletzt eine Folge der hohen Siedlungskonzentration in den betroffenen Gebieten. Nicht allein gegen diese sollte zukünftig vorgegangen werden, sondern auch gegen die mangelhafte Versorgung mit Luftschutzeinrichtungen. Außerdem sollte der Steigerung der Lebensqualität beim Neuaufbau Hamburgs offenbar erstmals durch die Schaffung von Grünflächen Rechnung getragen werden. Diese Bereiche waren in den Planungen der Vorkriegszeit, mit Ausnahme der Pläne Schumachers, konsequent ausgespart worden. Die Zweckmäßigkeit und die Unterbringung vieler Menschen auf möglichst geringem Raum hatten bei den städtebaulichen Vorkriegsplanungen stets die größte Rolle gespielt. Dies änderte sich nun mit den Plänen der Kriegszeit. Erstmals nahm man bei der Entwicklung neuer Wohnformen auf die Bedürfnisse der Bewohner Rücksicht. Wichtiger Bestandteil in den Bebauungsplänen der Kriegszeit war daher der »Wohlfühlaspekt«, die Identifizierung der Bewohner mit ihrer Wohnstätte bzw. mit ihrem Stadtteil.

»Sie (sc. die neue Generalplanung) hat zum allgemeinen, tragenden Leitgedanken statt seelenloser Steinwüsten würdige Heimstatt der Menschen, statt amorpher Häusermengen einzelne zellenhafte, zu erlebende Siedlungsgebilde, statt formloser Massenhaftigkeit gegliederte Gestalt. Der neue Generalplan betrachtet es als seine Aufgabe, eine Stadt zu schaffen, in der sich trotz der Größe der einzelne Volksgenosse nicht als eine Nummer untergehend fühlt, sondern zu einer Nachbarschaft gehörig, sich in eine für ihn noch zu übersehende Gemeinschaft eingebunden.«[17]

Dieser Gedanke der Nachbarschafts-Gemeinschaft ging auf die Konzepte des Amerikaners C.A. Perry zurück. Er hatte bereits Ende der zwanziger Jahre Pläne für ein geregeltes Stadtwachstum in Großstädten entwickelt, in denen der Nachbarschaftsgedanke, die Idee von »Kleingemeinschaften«, von entscheidender Bedeutung war. Perry wollte unterschiedliche Wohntypen miteinander mischen, Verkehrsarten trennen sowie Gemeinbedarfeinrichtungen an zentralen Orten einrichten, um damit aufkommender Asozialität und Kriminalität vorzubeugen. Mit architektonischen Maßnahmen dieser Art verfolgte er nicht nur das Ziel praktischer, zweckorientierter Bauweise, sondern wollte auch soziale Spannungen von Anfang an ausschließen. Diese von Perry entwickelten Pläne zur Auflockerung der Großstädte sind von Gutschow übernommen worden. Die Betonung der Individualität und die Einrichtung der von Perry als »Nachbarschaften« bezeichneten Wohnform, entsprach der Gutschow-Idee der Siedlungszelle und findet sich in beiden Generalbebauungsplänen der Kriegszeit.

Doch so fortschrittlich und modern diese von Gutschow geplanten Konzepte auf den ersten Blick auch wirken mögen, so kann doch bei genauerer Betrachtung kein Zweifel daran bestehen, daß die projektierte Wohnform der Siedlungszelle ausschließlich ideologischen Zwecken diente. Die Integration aller Bewohner in einer Siedlungszelle hatte nicht nur den Vorteil, die Anonymität zu beseitigen, sondern sie erleichterte auch eine Kontrolle und Infiltration der Bewohner durch die Machthaber. Nicht umsonst wurde der Aufbau der Siedlungszelle an der hierarchischen Struktur der Partei orientiert.

»Für den Aufbau der riesigen Lebensgemeinschaft Großstadt hebt sich in besonderem Maße als wesentlich die Ortsgruppe als Siedlungszelle heraus ... Darüber ist in der sehr großen Stadt der Kreis als Ordnungsgröße nicht zu vergessen. Für den städtischen Kreis mag als Einwohnerzahl 150.000 als gesunde Regel gelten. Ein solcher Kreis in 20 bis 30 Ortsgruppen aufgegliedert bietet im Gegensatz zu dem Mammutkreis über 300.000, 400.000 Einwohnern und mehr bessere räumlich-organisatorische Voraussetzungen für die Entwicklung des politischen Gemeinschaftslebens.«[18]

Die Planung der Ortsgruppen und Kreise bzw. die Gliederung der Stadt in angemessen große Bezirke besaß diesen Angaben Gutschows zufolge im Generalbebauungsplan absolute Priorität.

Um die dafür erforderlichen Maßnahmen möglichst schnell zu realisieren, schrieb Gutschow im September 1944 einen Wettbewerb für den Entwurf einer Ortsgruppe als Siedlungszelle aus, an dem insgesamt 27 Architekten teilnahmen. Bereits im Januar lagen die fertigen Entwürfe vor. Fast alle Pläne waren geprägt durch eine »*mittige Achse*«,[19] um die herum sich die Wohnzellen gliederten. Diese Achse bildete mit den erforderlichen Versorgungseinrichtungen den Mittelpunkt der Wohnsiedlung und war zugleich Zufahrtsweg zum Gemeinschaftshaus. Diese neuen Siedlungen sollten nach den Vorstellungen Gutschows am Ufer der Alster und ihrer Nebenarme entstehen. Zudem war geplant, die Anlage von Grünzügen in demselben Gebiet für eine Art natürliche Begrenzung der einzelnen Stadtteile einzusetzen. Das neue Zentrum der Stadt sollte am Elbufer entstehen, wie es bereits in den Plänen vor Kriegsausbruch formuliert worden war und wie es von Gutschow im Schlußwort des Generalbebauungsplanes noch einmal betont wurde:

»Nicht weniger bedeutsam wie vor dem Kriege und seinen Verwüstungen der großen Städte aber ist die Schaffung der das ganze Gebilde Großstadt zusammenhaltenden und beherrschenden Gemeinschaftsanlagen. Der für Hamburg vom Führer für das Gauforum bestimmte Platz am Elbufer und die für Hamburg vom Führer gegebene Leitidee, das Gauhochhaus als monumentales Hochhaus zu errichten, ist, unabhängig von allen zeitbedingten Veränderungen und Zerstörungen, unverwüstlich richtig.«[20]

Die Wendung des Hamburger Gesichtes von der Alster hin zum Elbstrom war auch über die Kriegsjahre hinweg durchaus aktuell. Ein Novum des Generalbebauungsplanes von 1944 allerdings war die Berücksichtigung der Abfallwirtschaft, die in den bisherigen Bebauungsplänen keinen Eingang gefunden hatte. Gutschows Absicht hinsichtlich der Müllbeseitigung war eine »umfassende Abfallwirtschaft, in der ebenso der trocken anfallende Müll wie der aus Abwässern gewonnene Schlamm zu Erden und Komposten aufbereitet (werden sollte), angefangen vom Mittelmüll (bis hin) zu Mistbeetfensterpackungen.«[21]

Die Planungen waren zwar wesentlich konkreter als die bisherigen, doch auch sie gelangten niemals zur Durchführung. Die in diesem Generalbebauungsplan angestrebten Projekte entsprachen den Idealen und Wunschvorstellungen ihrer Planer, allen voran den Vorstellungen Konstanty Gutschows. Die Tatsache, daß mit der Umsetzung des Planes nicht mehr begonnen werden konnte, veranlaßt zu der Annahme, daß die Projekte im Detail möglicherweise gar nicht hätten umgesetzt werden können. Festzustellen ist allerdings die große Übereinstimmung in den Generalbebauungsplänen der Kriegs- und Vorkriegszeit. Zwar scheint es nur wenig verwunderlich, daß die Pläne von 1940/41 und von 1944 in vielerlei Hinsicht übereinstimmen, da sich an der politischen Situation als solcher nichts verändert hatte, bemerkenswert jedoch sind die Parallelen dieser Pläne zu den Plänen der Vorkriegszeit, die maßgeblich von Fritz Schumacher beeinflußt worden waren. Die Pläne Schumachers und die Pläne Gutschows enthalten vielfach ähnliche Vorstellungen und Entwürfe, wie sich zum Beispiel in den Konzepten für die Gestaltung neuer Wohngebiete zeigt.

Beide Architekten befürworteten Aspekte wie die Trennung von Wohn- und Arbeitsstätten, die Mischung unterschiedlicher Bauformen, die Senkung der Siedlungsdichte und auch die stärkere Durchgrünung des Stadtgebietes. In beiden Fällen wurde die Steigerung der Wohnqualität betont. Offenbar gibt es demzufolge Gesetzmäßigkeiten in der städtebaulichen Gestaltung, die unabhängig von politischen und zeitlichen Einflüssen existieren. Dabei ist es unerheblich, ob Gutschow für seine Pläne auf die Schumachers zurückgriff oder ob er diese selbst entwickelte. Entscheidend ist, daß die angestrebten Ziele und die dafür nötigen Maßnahmen zur Durchführung dieselben waren. Lediglich die Bezeichnungen änderten sich mit dem jeweiligen politischen System, die sich dahinter verbergenden Ideen jedoch blieben identisch. Ob diese Erkenntnis sich auch im Vergleich mit den Nachkriegsplänen bestätigt, wird im folgenden zu klären sein.

PLÄNE ZUR GESTALTUNG HAMBURGS NACH DEM ZWEITEN WELTKRIEG

1945 waren 295.000 Wohnungen in Hamburg total zerstört oder irreparabel beschädigt, 900.000 Menschen der bei Kriegsausbruch von 1,7 Millionen Menschen bewohnten Stadt waren obdachlos. Durch die nahezu komplette Zerstörung des Hafens war die Stadt ihrer wirtschaftlichen Basis beraubt.[22]

Das Kriegsende bedeutete auch eine tiefe politische Zäsur. Nach der Kapitulation kam es unter britischer Besatzung zu einschneidenden Veränderungen. Alle die Stadt Hamburg betreffenden Belange mußten der durch die Militärregierung eingesetzten deutschen Verwaltung vorgelegt werden. Dies änderte sich erst, als es ab dem Herbst 1946 wieder eine frei gewählte Bürgerschaft und einen frei gewählten Senat gab, die sich für die Interessen Hamburgs einsetzen konnten.[23] Bis dahin lag auch die Kontrollgewalt der Bautätigkeit in den Händen der britischen Militärmacht, die einen zügigen und unbürokratischen Wiederaufbau der Stadt zunächst behinderte.

Zwar gab es in dem Generalbebauungsplan von 1944 bereits detaillierte Vorschläge für einen Wiederaufbau Hamburgs, angesichts der politischen Situation jedoch erschien es unangebracht, auf diesen nationalsozialistisch ausgerichteten Plan zurückzugreifen. Gerade die Wohnraumproblematik wurde durch die täglich wachsende Flüchtlings- bzw. Rückkehrerzahl noch verschärft. Um die erste Not zu lindern, wurde ein Teil der Bevölkerung, vor allem diejenigen, dessen Stadtteile besonders stark von der Zerstörung betroffen waren, durch Sofortmaßnahmen in Wohngebiete am

Stadtrand umgesiedelt. In den ersten Monaten nach Kriegsende wurden viele Bunker, Keller und Lauben zu Notunterkünften umfunktioniert.

Der Generalbebauungsplan von 1947

Erst im Herbst 1945 wurde ein Ausschuß für die Stadtneuplanung berufen, um einen Generalbebauungsplan für das zerstörte Nachkriegs-Hamburg zu erstellen. Die Teilnehmer des Ausschusses setzten sich zusammen aus Mitgliedern der Baubehörde sowie des Strom- und Hafenbauamtes.[24] Ein im Januar 1946 von diesem Ausschuß eingesetztes Planungsbüro, unter Leitung des Architekten Friedrich R. Ostermeyer, übernahm die Organisation der Neugestaltung Hamburgs.

Die anfängliche Planung verlief schleppend, allerdings bestand unter den Architekten Einigkeit über grundsätzliche Aspekte des neuen Plans:

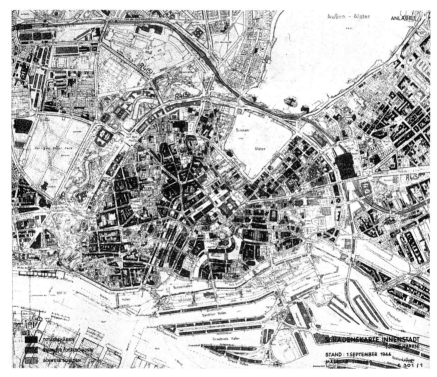

6 *Schadenskarte Innenstadt 1944. Je dunkler die Schattierung, desto größer der Zerstörungsgrad (Totalschäden, leichtere Totalschäden, schwere Schäden).*

186

»...es (war) allen Beteiligten klar, daß ein neuer Generalbebauungsplan (GBPL) keinesfalls in der Tradition der beiden Vorgänger, also im Geiste einer NS-Ideologie, stehen dürfte: es müßte eine neue vom demokratischem Geist geprägte geistige Grundlage dafür geschaffen werden. Darüber hinaus hatten die Zerstörungen des Sommers 1943 dafür gesorgt, daß jeder Planung, die auf den Gegebenheiten bis Juli 1943 basierte, die Grundlage entzogen war.« [25]

Die Nichteinschätzbarkeit der Entwicklung Hamburgs in den folgenden Jahren und die Demontage durch die Briten belastete die Planungen, so daß in dem zu entwerfenden Generalbebauungsplan nur Ansätze einer neuen Gestaltung formuliert werden konnten. Diese Unwissenheit bzw. Unkalkulierbarkeit galt für die wirtschaftliche Entwicklung ebenso wie für die Bevölkerungsentwicklung. Noch wichtiger als diese waren den Planern zunächst moralische Aspekte, wie das folgende Zitat aus den Skizzen zum Generalbebauungsplan 1947 zeigt:

»Die Würde des Menschen, ein menschenwürdiges Dasein, ist Mittelpunkt aller Überlegungen, aus denen die Gestaltung seiner Stätten der Arbeit, Stätten des Wohnens, Stätten der Erholung und Ernährung, Stätten der Verwaltung und Versorgung und als alles bindenden Elements des Verkehrs als seinen wichtigsten Funktionen erfolgen muß.« [26]

Ebenso wie in den Bebauungsplänen der Kriegszeit, wenn auch unter anderen Voraussetzungen und mit anderen Zielen, hoben die Vorentwürfe zum Generalbebauungsplan von 1947 auf eine Betonung und Berücksichtigung menschlicher Bedürfnisse ab. Der Mensch sollte im Mittelpunkt der Planungen stehen, an seinen Bedürfnissen bzw. an der hier als »Würde« bezeichneten Größe sollte sich die Ausgestaltung der Stadt orientieren. Die Rangfolge menschlicher Bedürfnisse, die durch die Planer und Architekten festgelegt wurde, läßt sich in dem oben angeführten Zitat sehr gut ablesen. An den oberen Stellen der Liste standen die Stätten der Arbeit und des Wohnens, erst im Anschluß an sie fanden Verwaltung, Versorgung und Verkehr Erwähnung. Die Schäden des Hamburger Hafens sollten so rasch wie möglich behoben werden und, sobald es die britische Militärregierung zuließ, um weitere Anlagen erweitert werden. Industriegebiete sollten in einer »flächenmäßig zusammenhängenden Einheit ... in verkehrsgünstig gelegenem Areal, ohne Beeinträchtigung von Wohngebieten« [27] entstehen.

Diese Forderungen erinnern an die bereits 1940/41 bzw. 1944 formulierten Ziele bezüglich der Entlastung der Wohngebiete und der Trennung von Wohn- und Arbeitsstätten. Ein weiterer wichtiger Punkt in den Vorskizzen des Bebauungsplans war die vorsätzliche Vermeidung von zu hoher Besiedelung der Wohngebiete. Es wurde eine Richtlinie für die Innenstadtbezirke entworfen, der zufolge die Wohndichte eine

7 Behelfsbauten Hoheluftchaussee 109.

Einwohnerzahl von 700 pro Hektar nicht überschreiten sollte. Für die Außenbezirke wurde ebenfalls ein Richtwert festgelegt, der allerdings wesentlich unter dem der Innenstadt angesetzt war. Außerdem plante man eine stärkere Besiedelung in ostwestlicher, elbstromnaher Richtung, um die Anfahrtswege zu den Arbeitsstätten im Hafen zu verkürzen. Für die Gestaltung der Wohnsiedlungen gab es Planungen für den Bau möglichst vieler kleiner Wohnungen an bereits bestehenden Straßenzügen. Für die neuentstehenden Wohnviertel war die Ausstattung mit Grünflächen geplant.

Ausgehend von der Alster und dem Wallring sollten sternförmig Grünanlagen entstehen, die neben den geplanten Schrebergärten in den Außenbezirken der Stadt, Raum für Ruhe und Erholung bieten sollten. Auch diese Aspekte der Durchgrünung überraschen kaum durch einen innovativen Charakter, sondern zählen vielmehr zu den Maßnahmen, die aus den vorangegangenen Bebauungsplänen durchaus vertraut waren. Im Hinblick auf den vermutlich anschwellenden Verkehr suchte man nach Möglichkeiten, bisherige Verkehrsknotenpunkte wie die Lombardsbrücke, Stephansplatz, Dammtor, Hauptbahnhof und Elbbrücken im Vorwege zu entlasten. Um einer Belastung des Innenstadtverkehrs entgegenzuwirken, sollten diese Knotenpunkte miteinander ver- und an Fernverkehrsstraßen angebunden werden. Wie bereits in früheren Plänen projektiert, sollte eine Verbindungsstraße vom Ost- zum Westteil der Stadt realisiert werden.

Detaillierte Entwürfe für den neuen Generalbebauungsplan, der lediglich eine erste Richtlinie im Wiederaufbau Hamburgs zu sein beanspruchte, lagen 1947 vor. Bemerkenswert war die Tatsache, daß sich trotz der angestrebten Abkehr von nationalsozialistischen Konzepten, eine Kontinuität in den Gestaltungsplänen der Nationalsozialisten und der Nachkriegsplaner erkennen läßt. Einige Bestandteile scheinen demnach eine gewisse Verbindlichkeit bzw. Notwendigkeit innerhalb der Stadtplanung zu besitzen. Selbstverständlich bilden immer auch die natürlichen Voraussetzungen und Bedingungen in einer bestimmten Stadt die Grundlage für städtebauliche Planungen.

In vielerlei Hinsicht aber bestanden zwischen den Bebauungsplänen nicht einfach nur Ähnlichkeiten, sondern Entsprechungen, wofür auch die personelle Kontinuität verantwortlich war. Axel Schildt kommentierte diese Situation wie folgt:

»Während im Mai 1945 tiefgreifende politische Veränderungen ihren Anfang genommen hatten, bleibt ein auffällig hoher Grad an städtebaulicher Kontinuität über

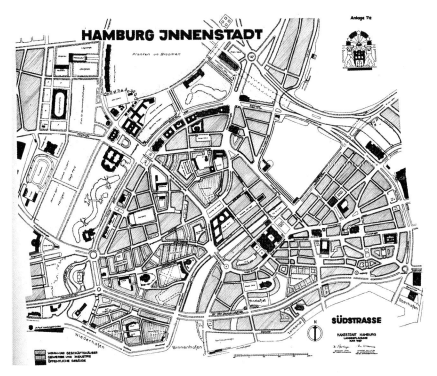

8 *Gestaltung der Innenstadt 1947, Aufteilung in Wohn- und Geschäftshäuser, Gewerbe und Industrie, öffentliche Gebäude.*

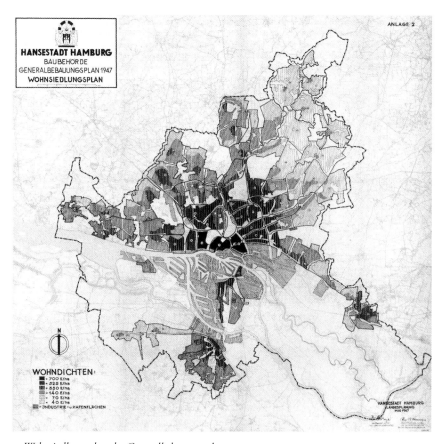

9 *Wohnsiedlungsplan des Generalbebauungsplans 1947.*

die Kriegsniederlage hinweg zu konstatieren. Von seinen Leitgedanken her bestimmte der Generalbebauungsplan von 1944 den städtischen Wieder- und Neuaufbau der
Nachkriegszeit, auch wenn dies aus naheliegenden Gründen häufig mit radikalen
Verbalattacken auf die »Gigantomanie« der NS-Planung kaschiert wurde. Konstanty
Gutschow selbst wurde zwar 1945 zum Rückzug veranlaßt, hingegen kaum einer seiner zahlreichen Mitarbeiter, die seit 1944 an Teilbebauungsplänen und anderen städtebaulichen Aufgaben saßen.«[28]

So verwundert es immer weniger, daß die in den Plänen formulierten Maßnahmen und Ziele nahezu identisch sind. Dieses Phänomen schlug sich nicht nur in diesem ersten Bebauungsplan der Nachkriegszeit, sondern auch in den darauf folgenden
nieder.

10 *Die im Bau befindliche Ost-West-Straße.*

Die Aufbaupläne von 1949 und 1950

Wie ein roter Faden zogen sich einige Projekte über Jahre hinweg durch die Aufbaupläne der Stadt. Dies gilt für den Aufbauplan von 1949 ebenso wie für den von 1950. Auch in ihnen finden sich Bestandteile, die für den Betrachter bereits zum »Inventar« gehören. Der Aufbauplan vom 11. April 1949 regelte im Unterschied zu vorigen Plänen die rechtliche und organisatorische Seite des Wiederaufbaus, wobei es im wesentlichen um die Klärung von Grundstücksverhältnissen ging, denn nur diese ermöglichte eine umfassende Planung. In dem noch im selben Jahr erlassenen »Gesetz über die Förderung des sozialen Wohnungsbaus in der Hansestadt Hamburg« wurden die Fragen des Wiederaufbaus von Wohnungen geregelt. Mit relativ geringem finanziellen Aufwand sollten in kurzer Zeit möglichst viele Kleinwohnungen für die breite Schicht der Bevölkerung entstehen. Diese Forderung nach der Schaffung kleiner Wohnungen findet sich auch im Aufbauplan von 1950, interessanter jedoch sind die ebenfalls in ihm formulierten Pläne zur Gliederung der Stadt in autonome Stadtteile.

»Das bisherige gesamte Baugebiet ... soll in eine überschaubare Vielzahl möglichst eigenständiger Stadteinheiten gegliedert werden, deren Einwohnerzahl zwischen 30.000 bis 50.000 liegen sollte, weil bei dieser Größe die kulturellen Einrichtungen ein Eigenleben möglich machen ... Jede Stadteinheit erhält die zu ihrer Selbstverwaltung nötigen öffentlichen Gebäude, während dem Zentrum Hamburgs nur die öffentlichen Gebäude vorbehalten bleiben, die den übergeordneten hamburgischen Aufgaben gewidmet sind. Grünzüge mit Sport- und Spielstätten, neue Schulen, Wander- und Radwege sollen die einzelnen Stadteinheiten »auch sichtbar« umgrenzen.«[29]

Die hier formulierten Absichten erinnern an die Planungen Gutschows, der in den Bebauungsplänen von 1940/41 und 1944 genau dieselben Ideen durchzusetzen beabsichtigte. Die Vorstellung von eigenständigen Stadteinheiten entspricht dem von Gutschow geplanten Modell der »Ortsgruppe als Siedlungszelle«. Auch die Idee von der Selbstverwaltung dieser einzelnen Stadteinheiten war bereits ein Bestandteil der nationalsozialistischen Bebauungspläne.

Die Stadtplaner und Architekten der Kriegszeit hatten entlang des Elbufers die Entstehung von übergeordneten öffentlichen Gebäuden anvisiert. Eben dieser Punkt findet sich auch im Aufbauplan von 1950, wenn auch vom Elbufer als Zentrum Hamburgs Abstand genommen wurde. Gleiches gilt bezüglich der Durchgrünung. Sowohl die Pläne von 1940/41 und 1944 als auch der von 1950 enthalten Punkte, die sich mit der Erweiterung der Grünzüge innerhalb der Stadt beschäftigten. Mit der Durchsetzung der Stadt durch weitere Grünflächen verfolgte man offenbar in beiden Fällen, wenn auch vielleicht mit unterschiedlichen Intentionen, eine Steigerung der Wohn- und Lebensqualität.

Neben dem Wohnungsbau blieb stets auch die Zukunft des Hafens im Blickfeld der Baupolitik. Die Zerstörung und die Demontage hatten den Wiederaufbau erschwert, nachdem jedoch die Beschränkungen 1947 weitgehend aufgehoben worden waren, erfolgte nicht nur ein Wiederaufbau, sondern eine erhebliche Erweiterung und Verbesserung der Hafenanlagen. Hierdurch und durch den Einsatz technischer Neuerungen konnte der Hamburger Hafen in nur kurzer Zeit seine Konkurrenzfähigkeit wiedererlangen. Wie sollte die schwierige Wohnungssituation gelöst werden? In welcher Weise sollte ein neues Stadtbild geprägt werden? Sollte das architektonisch-historische Erbe vernachlässigt oder zugunsten eines umfassenden Neubaus vollständig vernichtet werden? Sollte eine Totalrekonstruktion der alten Architektur erfolgen oder eine Verschmelzung alter und neuer Elemente? Im Falle Hamburgs entschied man sich für eine überwiegende Neugestaltung des Stadtbildes, bei der städteplanerische Mängel der Vorkriegszeit revidiert werden sollten. Der Wille zu einem planvollen, vor allem aber raschen Wiederaufbau führte zu einem Mangel an Bereitschaft, historische Substanzen zu erhalten. Deutlich an Bedeutung gewann vor allem die Planung repräsentativer Bauten, die der Stadt ein neues »Image« verleihen sollten.

»...wichtiger für das Erscheinungsbild der Hansestadt war die Gestaltung einzelner Bauvorhaben an markanten Stellen der City, von denen man wußte, daß sie das Bild Hamburgs auf Jahrzehnte entscheidend prägen würden.«[30]

Zu den ersten und bedeutendsten Projekte in diesem Rahmen zählte die neue Lombardsbrücke, die Binnen- und Außenalster trennt und heute den Namen Kennedybrücke trägt.

Auch der Bau des Stadtteils am Grindel ist ein Bauvorhaben dieser Art. Es war Anfang der fünfziger Jahre die erste Hochhaussiedlung der Stadt, die ursprünglich britische Planungsabsichten fortführte. Die britische Militärregierung hatte Hamburg 1946 zum Sitz ihres Hauptquartieres ausgewählt und den Bau eines rein britischen Viertels vorgesehen, in dem sechs vierzehngeschossige sowie sechs achtgeschossige Häuser entstehen sollten. Von diesem Vorhaben wurde von britischer Seite jedoch Abstand genommen. Die bereits gelegten Fundamente verloren somit ihre Funktion und erst nach einiger Zeit der Überlegung entschloßen sich die Hamburger Stadtplaner, den Bau der Hochhäuser fortzusetzen. Die Siedlung von insgesamt zwölf Hochhäusern wurde 1955 fertiggestellt. Die anfängliche Begeisterung über diese vermeintlich hochmoderne Siedlungsform legte sich rasch, Wohnanlagen wie die am Grindel fanden keine Nachahmung, sie war die einzige dieser Art in Hamburg.

Der in allen bisher vorgestellten Bebauungsplänen beabsichtigte, jedoch niemals zur Durchführung gelangte Bau eines separaten und dennoch verkehrsgünstig gelegenen Industriegebietes, wurde nun erstmals in dem Industriegebiet Hammerbrook verwirklicht. Der Stadtteil Barmbek-Uhlenhorst wurde zum Verbindungsglied des Innenstadtbereiches mit den westlichen Teilen der Stadt geformt. Neben der Entstehung einer Ost-West-Achse innerhalb der Stadt war zudem der Bau einer Nord-Süd-Achse beabsichtigt. Der im Krieg völlig zerstörte Stadtteil Altona wurde zum beispielhaften Neubaugebiet. Die dort praktizierte Art der Totalsanierung wurde zum Vorbild für den Aufbau vieler ebenfalls im Krieg vernichteter Stadtteile. In Altona entstanden neben Hochhäusern, die in lockeren Gruppen angeordnet wurden, vier-, sechs- und achtgeschossige Etagenhäuser, die durch Rasenflächen und Bäume voneinander getrennt waren. Der Architekt Altonas, Ernst May, teilte den Stadtteil in zwei selbständige Wohngemeinschaften, sogenannte »Nachbarschaften«[31], die Wohnraum für insgesamt 42.000 Menschen boten. Für diese Einteilung in Nachbarschaften stand das nationalsozialistische Konzept der »Ortsgruppe als Siedlungszelle« Pate.

Zur Entlastung der Innenstadt plante man gegen Ende der fünfziger Jahre die Anlegung eines zweiten Stadtzentrums, welches in der City-Nord zur Durchführung gelangte. Das Netz der öffentlichen Verkehrsmittel wurde erweitert, die U-Bahn eroberte die Stadt. Hamburg entwickelte nach und nach ein neues Gesicht.

Auch einige kulturelle Einrichtungen wie die Staatsoper bekamen ein neues Aussehen; andere Bauten dagegen wie etwa der »Michel« ihre alte Gestalt zurück. Daneben entstanden aber auch gänzlich neue Bauten, so zum Beispiel die vier neuen Messehallen auf dem Gelände von »Planten un Blomen«. Die Stadt wuchs keineswegs nur in eine Richtung, die städtebauliche Entwicklung der Hansestadt in der Nachkriegszeit war vielmehr von besten Vorsätzen begleitet. Bisheriger Mängel sollten behoben, Wohn- und Lebensqualität in der Großstadt verbessert werden.

Für städtebauliche Maßnahmen und Projekte, die ihre Ursprünge und Vorbilder bereits in den Krieg- und Vorkriegsbebauungsplänen hatten, gab es nun erstmals die Möglichkeit zur Umsetzung. Doch so gut die anfänglichen Absichten der Hamburger Stadtplaner auch gewesen sein mögen, betrachtet man die Hansestadt heute, so entsteht der Eindruck, daß nur sehr wenigen Plänen zur Modernisierung und Verbesserung tatsächlich entsprochen worden ist. Gerade am Beispiel des Wohnungsbaus wird deutlich, daß sich nicht wirklich viel an den Wohnbedingungen verändert hat. Natürlich sind die architektonischen Mängel der Vorkriegszeit längst behoben, aber dafür haben sich neue Mängel eingeschlichen: Die Mängel der Nachkriegszeit. Kommerzialität und Zweckorientierung waren beim Wiederaufbau Hamburgs wichtige, wenn nicht die bestimmenden Faktoren. Die anfänglich von den Stadtplanern noch propagierte Berücksichtigung sozialer und psychologischer Aspekte traten mehr und mehr in den Hintergrund.

KONTINUITÄT ODER WANDEL DER STÄDTEBAULICHEN GRUNDSÄTZE IN HAMBURG?

Die Betrachtung einzelner Entwicklungen und Maßnahmen der Nachkriegsplanung zeigt zahlreiche Übereinstimmungen mit den Plänen der Kriegs- und Vorkriegszeit, obwohl sich die Stadtplaner und Architekten der Nachkriegszeit ganz bewußt gerade von den Plänen der Nationalsozialisten distanzieren wollen. Der Vergleich der Bebauungspläne verdeutlicht jedoch, daß es eine solche Distanzierung zumindest in architektonischer Hinsicht nicht gegeben hat.

In nahezu allen betrachteten Plänen finden sich ähnliche bis identische Vorstellungen von einer städtebaulichen Planung für die Hansestadt Hamburg, die Ideen und Maßnahmen aller Pläne sind geprägt von einer auffälligen Kontinuität.

Dafür mögen in gewissem Maße natürliche und historische Voraussetzungen verantwortlich sein, wenn auch die Zielsetzungen für das gesellschaftliche Zusammenleben zweifellos verschiedene gewesen sind. Kontinuität besteht auch in personeller Hinsicht. An der Gestaltung der Nachkriegspläne sind eine Reihe von Planern und Architekten beteiligt, die bereits in die Ausarbeitung der Bebauungspläne von 1940/41 und 1944 involviert gewesen sind. So wirkt es nicht verwunderlich, daß einige Bestandteile in zuverlässiger Regelmäßigkeit wieder erscheinen. Gemein ist den Plänen der Gedanke der grundsätzlichen Dezentralisierung, die Gliederung der Stadt in eine überschaubare Anzahl an Stadtteilen mit beschränkter Selbstverwaltung, die Steigerung der Wohnqualität durch Maßnahmen wie der Variation von Bautypen sowie Senkung der Wohndichte und Auflockerung der Wohnsiedlungen durch die Schaffung von Grünflächen.

Auch die Forderung nach der Trennung von Wohn- und Industriestätten und die starke Gewichtung des Hafens ist den Plänen gemein. Lediglich in der Planung der Elbzentrierung, die sich in den Plänen von 1940/41 und 1944 ausdrückt, scheint sich eine Abweichung anzudeuten. Zwar ist ein »Prachtufer« bzw. eine Uferstraße gigantischen Ausmaßes, wie sie von Hitler anvisiert worden ist, niemals realisiert worden, doch entstanden am Elbufer neben viergeschossigen Wohnzeilen Hochhäuser mit bis zu zwanzig Etagen für Wohn- und Bürozwecke. Insofern entspräche es nicht der Realität, zu behaupten, daß sich die Elbuferplanung der Nachkriegszeit in erheblichem Maße von der der Kriegszeit unterscheide.

Nur die Gigantomanie, das absolut Monumentale der Hitlerschen Pläne ist den Nachkriegsplanern fremd. Allein anhand der Kontinuität läßt sich allerdings noch keine Aussage über die Qualität der Bebauungspläne treffen.

Der entscheidende Unterschied der Bebauungspläne der Kriegs- und Nachkriegszeit scheint in ihrer Realisation bzw. ihrer Nichtrealisation zu bestehen. Anders als die Bebauungspläne der Zeit zwischen 1938 und 1945 bilden die folgenden Bebauungs- und Aufbaupläne die Grundlage für einen tatsächlichen Um- bzw. Wiederaufbau. Während die früheren Pläne »Pläne« blieben, wurden die Pläne nach 1945 die Basis für eine konkrete Umsetzung.

Erst zu diesem Zeitpunkt stellt sich heraus, ob die Ideen und Maßnahmen der Nachkriegspläne, die ebenfalls in den frühen Bebauungsplänen formuliert worden sind, tatsächlich praktikabel oder schlichte Fehlplanungen sind. Die Betrachtung der Durchführung der städtebaulichen Maßnahmen zeigt sehr deutlich, daß es in der Theorie tatsächlich immense Fehleinschätzungen gegeben hat. Die in den Plänen formulierten Ziele hinsichtlich der Gestaltung Hamburgs konnten lediglich teilweise durchgesetzt werden. Zwar konnte der Hafen wiederaufgebaut und noch dazu verbessert und mit technischen Neuerungen ausgestattet werden, und auch die Trennung von Wohn- und Industriestätten hat sich in der Zeit nach 1945 weitgehend durchgesetzt. Doch an der Situation des Wohnungsbaus hat sich wenig verändert. Die einstige Mangelsituation wird durch eine neue Mangelsituation ersetzt. 1953 ist bereits ein Drittel der im Krieg zerstörten Wohnungen wiederaufgebaut, doch haben bei dem Wohnungsbau nicht wie zuvor beabsichtigt menschliche Bedürfnisse oder ästhetische Aspekte Priorität, sondern wohnungswirtschaftliche Komponenten und Zweckorientierung.

Sicherlich ließe sich die so oft zitierte Wohn- und Lebensqualität in Hamburg mancherorts noch verbessern, doch fehlen dazu überzeugende Pläne und vor allem

Geld. Zuweilen finden sich heute Beispiele, die zeigen, daß sich durch planvolles Vorgehen überkommene Strukturen überwinden lassen. Dies ist allerdings auch immer abhängig vom »Geschmack« bzw. dem »Trend« der Zeit. Was in den fünfziger Jahren neu, chic und modern war und den höchsten Ansprüchen genügte, gilt heute zumeist als unästhetisch und nur bedingt zweckmäßig. Die nach dem Krieg entstandenen Wohnsiedlungen werden zumeist von Schlichtheit und Tristesse dominiert.

ANMERKUNGEN

[1] Vgl. Weniger 1987, S. 177–200.
[2] Bose 1986, S. 16.
[3] Weniger 1987, S. 14.
[4] Bose 1986, S . 27.
[5] Ibid., S. 22/23.
[6] Ibid., S. 29.
[7] Ibid., S. 59.
[8] Ibid., S. 56.
[9] Ibid., S. 58.
[10] Ibid., S. 46.
[11] Ibid., S. 51.
[12] Ibid., S. 58.
[13] Ibid., S. 57.
[14] Ibid., S. 53.
[15] Ibid., S. 59.
[16] Ebda.
[17] Ibid., S. 60.
[18] Ibid., S.53.
[19] Ebda.
[20] Ibid., S. 61.
[21] Ibid., S. 53.
[22] Weniger 1987, S. 62.
[23] Schildt 1992, S. 82.
[24] Weniger 1987, S.89.
[25] Ibid., S.90.
[26] Ibid., S. 91.
[27] Ibid., S. 92.
[28] Schildt 1992, S. 82.
[29] Grobecker 1985, S. 29.
[30] Ebda.
[31] Ibid., S. 39.

BIBLIOGRAPHIE

Literatur

Beyme, Klaus von: Der Wiederaufbau. Architektur und Städtebaupolitik in beiden deutschen Staaten, München 1987.

Bose, Michael/u.a.: »…ein neues Hamburg entsteht…« Planen und Bauen von 1933–1945, Hamburg 1986.

Bracker, Jörgen: Hamburg. Von den Anfängen bis zur Gegenwart. Wendemarken einer Stadtgeschichte, Hamburg 1992.

Durth, Werner/Gutschow, Nils: Träume in Trümmern, Planungen zum Wiederaufbau zerstörter Städte im Westen Deutschlands 1940–1950, I–II, Braunschweig 1988.

Fischer, Manfred: Fritz Schumacher. Das Hamburger Stadtbild und die Denkmalpflege, in: Arbeitshefte zur Denkmalpflege in Hamburg Nr. 4, Hamburg 1977.

Grobecker, Kurt: Hafen Hamburg. Skizzenblätter der Nachkriegsgeschichte, Hamburg 1985.

Hauschild-Thiessen, Renate: Die Hamburger Katastrophe vom Sommer 1943, Hamburg 1993.

Klessmann, Eckart: Geschichte der Stadt Hamburg, Hamburg 1994.

Lange, Ralf: Architekturführer Hamburg, Stuttgart 1995.

Schildt, Axel: Hamburg: Versuch einer zweiten Moderne, in: Beyme, Klaus: Neue Städte aus Ruinen. Deutscher Städtebau der Nachkriegszeit, München 1992, S. 78–97.

Weniger, Kay: Wiederaufbau- und Neuplanungen in Hamburg 1945 bis 1950. Städtebauliche Kontinuität oder Wandel?, Hamburg 1987.

ABBILDUNGSNACHWEIS

1. Auswirkungen des Groß-Hamburg-Gesetzes/ Bracker 1992, S. 63.
2. Festlegung von drei Sanierungsgebieten nach der Choleraepidemie 1892/Bose 1986, S. 63.
3. Modell der Elbufergestaltung/Durth/Gutschow 1987, S. 600.
4. Mönckebergstraße mit Barkhof vor der Zerstörung/Lange 1995, S. 37.
5. Sofortplan für den Wiederaufbau/Durth/Gutschow, S. 633.
6. Schadenskarte Innenstadt/Durth/Gutschow 1987, S. 634.
7. Behelfsbauten Hoheluftchaussee 109/ Hauschild-Thiessen 1993, S. 256.
8. Gestaltung der Innenstadt 1947/Durth/Gutschow 1987, S. 651.
9. Wohnsiedlungsplan des Generalbebauungsplan 1947, Ibid., S. 652.
10. Die im Bau befindliche Ost-West-Straße/ Grobecker 1985, S. 40.

»Die alte Beschaulichkeit ging zunächst völlig verloren.«

Die städtebauliche Entwicklung Husums nach 1945

Susanne Stern

Dieser Beitrag beschäftigt sich mit der Entwicklung Husums nach dem 2. Weltkrieg. Dabei werden vor allem die wirtschaftlichen Aspekte berücksichtigt und die Entwicklung des Wohnungsbaus erläutert. Der zeitliche Schwerpunkt dieser Arbeit liegt in der Darstellung der ersten zehn Jahre nach Kriegsende. In diesem Zusammenhang werden die Unterbringung der Flüchtlinge, die Räumung der von ihnen bewohnten Lager und das Anlaufen der Wohnungsbauprogramme beschrieben. Die Ausführungen über die Eingliederung der Flüchtlinge leiten in den Bereich der wirtschaftlichen Aspekte über. Unter Bezugnahme auf die überregionale Wirtschaft wird anschließend besonders auf die Maßnahmen des »Programms Nord« eingegangen. Um diesen Bereich abzurunden, folgt eine Beschreibung über die Entwicklung der wesentlichsten Wirtschaftsfaktoren der Husumer Region.

Das Zahlenmaterial dieses ersten Schwerpunktes enthält sowohl Angaben zur Stadt als auch über den früheren Kreis Husum, den jetzigen Kreis Nordfriesland und das Land Schleswig-Holstein. Dadurch werden Vergleiche ermöglicht und die Aussagekraft der Zahlen gesteigert.

Zugleich wird auf den regionalen Hintergrund Bezug genommen: Husum war die Kreisstadt des ehemaligen Kreises Husum und ist seit dessen Zusammenlegung mit den Kreisen Südtondern und Eiderstedt die Kreisstadt von Nordfriesland. In dem zweiten Schwerpunkt dieser Arbeit werden die Veränderungen des Husumer Stadtbildes erläutert. Neben der Erweiterung des Stadtgebietes wird besonders auf die baulichen Veränderungen im historischen Stadtzentrum eingegangen. Der städtebauliche Rahmenplan beschreibt die zuletzt beschlossenen Maßnahmen, die zur Stadtbilderhaltung beitragen sollen. In der Schlußbetrachtung werden die herausgearbeiteten Ergebnisse zusammengefaßt und bewertet.

DAS FLÜCHTLINGSPROBLEM

Die Stadt und der Kreis Husum blieben von Kriegsschäden weitgehend verschont. Es gab drei bis vier Bombenabwürfe auf das Stadtgebiet. Dabei wurden nur wenige Häu-

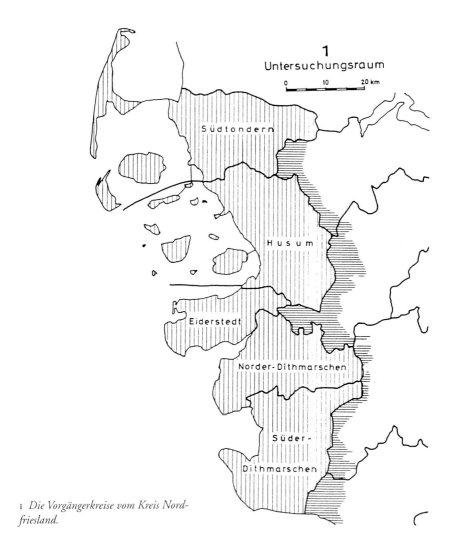

1
Untersuchungsraum

0   10   20 km

Südtondern

Husum

Eiderstedt

Norder-Dithmarschen

Süder-

Dithmarschen

1 *Die Vorgängerkreise vom Kreis Nord-*
friesland.

ser zerstört. Insgesamt fielen 487 Husumer Bürger im Krieg oder wurden vermißt.[1]
Ein großes Problem wurden die vielen Flüchtlinge, die während und nach dem 2.
Weltkrieg nach Schleswig-Holstein strömten.

Die Einwohnerzahlen stiegen 1946 sprunghaft an. Auch Husum und sein Kreisgebiet waren davon betroffen. Eine Statistik über Einwohner und Flüchtlinge verdeutlicht dies.

Statistik über Einwohner und Flüchtlinge

Einwohner	Stadt Husum	Kreis Husum	Schleswig-Holstein
1939	14.500	47.476	1,589 Mio.
1946	24.592	84.599	2,590 Mio.
1948		85.883	2,739 Mio.
1950	25.500	78.446	2,590 Mio.
Flüchtlinge			
1945		32.500	
1946	10.300	40.900	0,950 Mio.
1947		38.500	1,207 Mio.
1948		37.200	1,231 Mio.
1950	10.500	23.195	1,095 Mio.

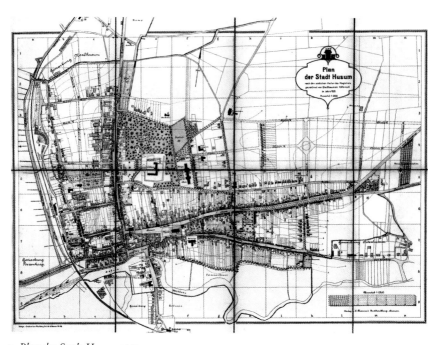

2 *Plan der Stadt Husum 1900.*

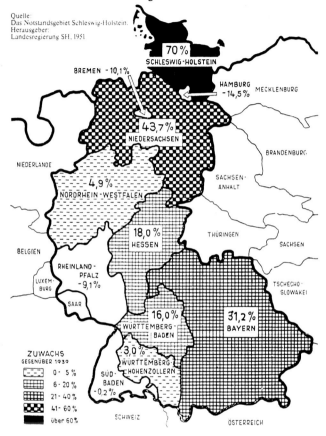

DIE ÜBERVÖLKERUNG
Schleswig = Holsteins

Quelle:
Das Notstandsgebiet Schleswig-Holstein.
Herausgeber:
Landesregierung SH. 1951

70%
SCHLESWIG-HOLSTEIN

BREMEN -10,1%

HAMBURG -14,5%   MECKLENBURG

43,7%
NIEDERSACHSEN

BRANDENBURG

NIEDERLANDE

4,9%
NORDRHEIN-WESTFALEN

SACHSEN-ANHALT

18,0%
HESSEN

THÜRINGEN

SACHSEN

BELGIEN

RHEINLAND-PFALZ -9,1%

LUXEM-BURG

SAAR

TSCHECHO-SLOWAKEI

16,0%
WÜRTTEMBERG-BADEN

31,2%
BAYERN

ZUWACHS
GEGENÜBER 1939

0 - 5%
6 - 20%
21 - 40%
41 - 60%
über 60%

3,0%
WÜRTTEMBERG-HOHENZOLLERN

SÜD-BADEN -0,2%

SCHWEIZ

ÖSTERREICH

3 *Karte zur Übervölkerung Schleswig-Holsteins.*

Die Bevölkerungsdichte stieg in Schleswig-Holstein von 101 Einwohnern auf 170 Einwohner pro qkm. Im Kreis Husum kamen 1946 auf 100 Einheimische 89 Flüchtlinge.[2] Die Vertriebenen, Flüchtlinge und Evakuierten wurden in Gemeinschaftsquartieren wie Schulen, ehemaligen Wehrmachtsbaracken und Lagern untergebracht. Im Birkenweg errichtete man zusätzlich 28 Nissenhütten. Die Mehrheit der Flüchtlinge wurde jedoch per Zwangseinweisung in Privatwohnungen einquartiert.[3]

4 *Lager in Husum.*

Im März 1946 wurde durch das Kontrollratgesetz Nr. 18 die gesetzliche Grundlage für die Einquartierungen und Beschlagnahmungen geschaffen.[4] Zu den elendsten Quartieren zählten sicherlich die Flüchtlingslager. Im Kreis Husum lebten ca. 4.000 Flüchtlinge in 22 Lagern, in der Stadt Husum waren 1950 noch 1.355 Flüchtlinge in 6 Lagern untergebracht. Diese befanden sich am Lundberg, am Ochsenkamp, an der Flensburger und an der Schleswiger Chaussee. Außerdem gab es noch zwei Lager im Marienhofweg.

Der Wohnraum in den Lagern war äußerst eng bemessen. Pro Person standen etwa drei qm zur Verfügung. Eine vierköpfige Familie wohnte in einem 12 qm großen Raum. Der Mietpreis für diese Wohnungen war damals sehr gering, er betrug 33 Pfennig pro qm. Dafür waren die Verhältnisse allerdings auch sehr primitiv. Es gab nur einfache Brettertüren, die Wände waren dünn und undicht. Die Toiletten waren sogenannte Plumpsklos, die regelmäßig ausgeschöpft werden mußten, sie lagen meist abseits von den Baracken.[5]

Damit die Einheimischen die Notlage der Vertriebenen nicht ausnutzen konnten, wurde es nötig, Zimmerhöchstpreise für den abgetretenen Wohnraum festzulegen. Der Kreisausschuß des Kreises Husum setzte am 15.6.1946 verschiedene Höchstpreise pro qm Wohnfläche fest, die nach Lage und Größe der Zimmer gestaffelt waren. Darüber hinaus regelte die sogenannte Untermiet-AO III/47 das Untermietverhältnis. Hierin wurden die Berechnung der Wohnfläche, die Mobiliarbenutzung, die Vergütung für Küchenbenutzung und sonstige Nebenkosten fest-gelegt.[6]

Da die Versorgung der Vertriebenen eine Fülle von Aufgaben mit sich brachte, denen die bisherigen Dienststellen des Kreises nicht gewachsen waren, wurde bei der Kreisverwaltung Husum eine besondere Abteilung eingerichtet, die sich mit allen Fragen des Flüchtlingsproblems zu befassen hatte. Der Beschluß hierzu erging 1947, noch bevor im November desselben Jahres das »Schleswig-Holsteinische Gesetz zur Behebung der Flüchtlingsnot« in Kraft trat, das Rechtsgrundlage für Aufbau und Funktionieren einer Flüchtlingsverwaltung im Land war.

Das neue »Amt für Flüchtlingsbetreuung und Umsiedlung« wurde im Januar 1948 bei der Husumer Kreisverwaltung eingerichtet und war das erste seiner Art in Schles-wig-Holstein. Seine wichtigste Aufgabe war, die Unterbringung der Flüchtlinge in Lagern zu gewährleisten. Nach der Beschaffung von Baustoffen konnten die größten Mängel beseitigt werden. Auf dem gesprengten ehemaligen Flugplatzgelände in Schau-endahl wurden herumliegende Baumaterialien gesammelt und neue Wohnräume er-richtet. Neben der materiellen Versorgung bemühte sich das Kreisflüchtlingsamt auch um die kulturelle Betreuung der Vertriebenen. Hierzu wurden in den Lagern kleine Wanderbibliotheken eingerichtet und Lichtbildervorträge über den gesamten Ostsee-raum gehalten.[7]

Trotz der eingeleiteten Maßnahmen blieb die Wohnungsnot groß. Die Verteilung der Flüchtlinge auf die einzelnen Gemeinden erfolgte durch die Kreiswohnungs-ämter. In den Gemeinden entschieden die Bürgermeister zusammen mit einem Orts-ausschuß über den zu beschlagnahmenden und zu verteilenden Wohnraum. Oft kam es zu Streitigkeiten zwischen Vermietern und Mietern, weil die Räume zu klein oder zu feucht waren. Im April 1950 gab es im Husumer Stadtgebiet noch etwa 200 Elends-quartiere. Zum Teil lebten noch immer drei bis vier Personen in einem Raum, viele von ihnen waren an TBC erkrankt. Die Wohndichte stieg von der Vorkriegszeit mit 1,3 Personen pro Wohnraum auf 2,33 Personen pro Raum im Jahr 1947.[8]

UMSIEDLUNG, LAGERRÄUMUNG, WOHNUNGSBAUPROGRAMME

Um die Flüchtlingsmisere zu lindern und zu beseitigen, mußten weitere Maßnahmen eingeleitet werden. Die folgenden Aktionen trugen wesentlich zur Verbesserung der Notstandslage bei:[9]
• Flüchtlingsnotgesetz
• Währungsreform
• Umsiedlung
• Lager- und Barackenräumung
• Eingliederung
• sozialer Wohnungsbau

Umsiedlung

Aufgrund der stark gestiegenen Bevölkerungszahl, der Demontagen und Entmilitarisierungsmaßnahmen der Besatzungsmacht erhöhte sich die Arbeitslosenquote in Schleswig-Holstein erheblich. 1949 lag sie im Landesdurchschnitt bei 26,3%, im Kreis Husum betrug sie sogar 28,8%. Besonders betroffen waren auch hier wieder die Flüchtlinge. Der Anteil der arbeitslosen Flüchtlinge an der Zahl der Erwerbslosen lag im Kreis Husum bei über 60%.[10] Die Wirtschaftslage gestaltete sich in den überwiegend agrarorientierten und industriearmen Regionen zunehmend schwieriger.

Dagegen waren die Arbeitslosenquoten in anderen Bundesländern bedeutend niedriger: Rheinland-Pfalz 6,3%, Baden 2,6%, Württemberg-Hohenzollern 2,0%, Nordrhein-Westfalen 3,8%. Ein weiterer Grund für die Entlastung Schleswig-Holsteins durch eine gelenkte Umsiedlung war die Wohnungsknappheit. 1950 lebten in Schleswig-Holstein noch 184.000 Personen in Notunterkünften, die Mehrzahl davon in Baracken.

Die ersten Maßnahmen für eine gelenkte Umsiedlung liefen bereits 1948 an. Richtig in Gang kam die Aktion aber erst nach der Gründung der Bundesrepublik Deutschland, als am 29.11.1949 die »Verordnung über die Umsiedlung von Heimatvertriebenen aus den Ländern Bayern, Niedersachsen und Schleswig-Holstein« in Kraft trat.

Aus der Stadt Husum sind zwischen 1949 und 1953 2.678 Personen fortgezogen. Das Statistische Landesamt ermittelte, daß aus dem Husumer Kreisgebiet während der Jahre 1949 bis 1960 insgesamt 17.017 Personen umgesiedelt wurden. Alleine in den Jahren 1949 und 1950 waren es 6.558 Personen. Die Husumer Kreisverwaltung sprach sogar von ca. 24.000 Personen, die bis 1958 aus dem Kreisgebiet umgesiedelt wurden.

Die Umsiedlungsaktion, die auf freiwilliger Basis geschah, nahm ein großes Ausmaß an. Bis Ende 1968 wurden aus Schleswig-Holstein 1.032.400 Personen in neue Aufnahmeländer vermittelt und mit Arbeitsplätzen und Wohnungen versorgt. Außerdem konnten im Rahmen der inneren Umsiedlung, die innerhalb der Bundesländer und Landkreise erfolgte, nochmals 400.000 weiterer Personen neue Arbeitsplätze und Wohnungen vermittelt werden.[11]

Lager- und Barackenräumung

Die Lager des Kreises Husum waren 1945 bereits 12 bis 15 Jahre alt. Da sie auf Dauer keinen würdigen Lebensraum für die in ihnen wohnenden Menschen bieten konnten, machte sich die Kreisverwaltung schon bald Gedanken über deren Auflösung. 1950 lebten im Kreis Husum noch 3.257 Personen in 22 Lagern. Im Stadtgebiet waren es 1.355 Menschen in sechs Lagern. Dies entsprach einem Anteil von 15,4% der

Vertriebenenbevölkerung. Bereits 1951 faßte der Kreisausschuß den Beschluß, daß keine Neubelegungen der Lager mehr erfolgen sollten. Die ersten leer gewordenen Baracken wurden abgerissen.

Das Barackenräumungsprogramm war eng mit dem Wohnungsbau verzahnt. So baute der Kreis im Rahmen des Räumungsprogramms insgesamt 337 Wohnungen im Kreisgebiet. Zu diesen Bauprojekten gehörte z.B. die Gewoba-Siedlung in Husum-Hockensbüll. Allein dort wurden 121 Wohnungen errichtet.

Mit dem Anlaufen der Wohnungsbauprogramme nahm die Zahl der Lagerbewohner kontinuierlich ab. 1954 lebten im Stadtgebiet noch 664 Personen in den sechs Lagern. 1960 gab es nur noch vier Lager, in den 448 Menschen wohnten. Bis 1966 sank diese Zahl auf 113 Personen. 1967 existierten nur noch die Lager Marienhof I und Schleswiger Chaussee, dort lebten zusammen noch 36 Menschen. Obwohl laufend neue Ersatzwohnungen zur Verfügung gestellt wurden, verzögerte sich die Auflösung bei diesen Lagern. Deren letzte Bewohner waren nicht umzugswillig. Der Grund dafür lag vermutlich in den billigen Lagermieten. Schließlich jedoch zogen alle Familien aus den Lagern aus oder wurden ausquartiert. So konnten bis 1967 alle 22 Lager des Kreises Husum abgerissen werden.[12]

Die einzige Ausnahme war das Lager am Ochsenkamp. In einigen Baracken wurde hier bereits 1948 ein Versehrtenwerk für Kriegsbeschädigte eingerichtet. Später entstand daraus das Theodor-Schäfer-Berufsbildungswerk, in welchem junge körperbehinderte Menschen einen Beruf erlernen können.[13]

Der Wohnungsbau in Husum

Das Flüchtlingsproblem konnte durch die Umsiedlungsmaßnahmen allein nicht gelöst werden. Für die Vertriebenen, die sich entschlossen hatten, in Schleswig-Holstein zu bleiben, und für die Einheimischen mußten neue Wohnungen gebaut werden. Nach der Währungsreform setzte ab dem Jahr 1949 der Bauboom ein. In Schleswig-Holstein lief ein Flüchtlingssonderprogramm an, das mit Mitteln aus dem European-Recovery-Program finanziert wurde. Innerhalb dieser Maßnahme wurden 10.000 neue Wohnungen im Land errichtet.

Von großer Bedeutung war das Bundeswohnungsbaugesetz vom 24.4.1950. Es ließ Milliardenbeträge in den sozialen Wohnungsbau fließen. Hierdurch wurden in Schleswig-Holstein in den Jahren 1950–1953 durch Neubau, Wiederherstellung oder Erweiterung über 85.000 Wohnungen geschaffen. Im Vergleich mit anderen Ländern lag diese Leistung allerdings unter dem Bundesdurchschnitt.

Im Kreisgebiet waren drei Wohnungsbaugenossenschaften damit beschäftigt, die Wohnungsnot zu beseitigen. Der alteingesessene Husumer Arbeiter-Bauverein von 1894 war nur für die Stadt Husum zugelassen. Er erstellte von 1948 bis 1953 insgesamt

51 Häuser mit 191 Wohnungen und einem Laden. Hierzu gehören u.a. die Häuser in der Brüggemann-Straße, der Theodor-Storm-Straße[14] und der Herzog-Adolf-Straße. Eine weitere Baugenossenschaft, die Kreisbau- und Spargenossenschaft, wurde hauptsächlich durch Vertriebene erst neu gegründet. Diese prägte besonders die Stadtteile Dreimühlen und Rödemis. Als dritte Baugenossenschaft wurde die Gewoba gegründet. Ihre Zulassung galt für mehrere Kreise. In Husum entstand durch sie die Siedlung in Hockensbüll.[15]

Der Schwerpunkt der Bautätigkeit des Kreises lag im Husumer Stadtgebiet. Der Grund hierfür waren die vorhandenen und noch zu erwartenden Arbeitsplätze. Bis 1954 wurden mehr als 1.600 Neubauten in der Stadt errichtet. Dreiviertel hiervon wurden von Heimatvertriebenen bewohnt. Zahlreiche Siedlungen entstanden in den Randgebieten der Stadt.

Im Kreis Husum wurden zwischen 1948 und 1961 über 5.400 neue Wohnungen errichtet. Diese sind sowohl dem sozialen Wohnungsbau als auch privater Bautätigkeit ohne öffentliche Unterstützung zu verdanken.[16]

Trotz der regen Bautätigkeit wurde 1961 noch ein gewisser Wohnraummangel im Stadtgebiet verzeichnet. Dort gab es zu dieser Zeit noch ca. 600 Wohnungssuchende. Der Wohnungsbau verzögerte sich im Stadtgebiet etwas, weil geeignete Bauplätze fehlten. Besonders gefördert wurde jedoch der Bau von Altersheimen und Rentnerwohnungen. Außerdem wurden im Kreisgebiet hunderte von Landarbeitereigenheimen erstellt. Hierfür wurden Sonderkontingente an Darlehen bereitgestellt, um die einsetzende Landflucht zu verhindern. Viele Landbewohner hatten zuvor die wirtschaftliche Lage in der Stadt besser beurteilt als ihre eigene auf dem Land.[17]

Eingliederung der Flüchtlinge

Eine weitere Maßnahme, die zur Behebung des Flüchtlingsproblems beitrug, war die Eingliederung. Sie vollzog sich Schritt für Schritt und lief parallel zu Umsiedlung, Lagerräumung und Wohnungsbau. Die Flüchtlinge und Vertriebenen sollten völlig in die Wirtschaft und Kultur der Einheimischen aufgenommen und integriert werden.

Bereits im Oktober/November 1945 ordnete die britische Militärregierung die Bildung von Flüchtlingsausschüssen auf Kreisebene an. Ende 1946 erfolgte eine ähnliche Anordnung für die Gemeinden. Jeweils vier Flüchtlinge gehörten einem solchen Ausschuß an. Damit waren sie zwar auf politischer Ebene vertreten, konnten jedoch keine Mehrheit darstellen.[18]

Mit dem »Gesetz zur Behebung der Flüchtlingsnot« von 1947 wurden die Flüchtlinge in Schleswig-Holstein den Einheimischen rechtlich gleichgestellt. Auf Bundesebene wurde die pauschale Gleichberechtigung erst 1949 durch das Grundgesetz eingeführt. Damit war die theoretische Grundlage zwar gegeben, doch die praktische Umsetzung schritt nur langsam voran. Die Flüchtlinge zeigten deshalb großes Interesse, sich in Interessenverbänden zu vereinigen. Aus diesen Bemühungen gingen die Gründungen des »Bundes der Heimatvertriebenen« und der »Landsmannschaften« hervor. 1949 wurden besonders viele Vertriebenenvereine gegründet. Die Zulassungen hierfür wurden inzwischen fast routinemäßig erteilt, allerdings waren sie mit der Auflage verbunden, keinen politischen Zweck zu verfolgen. Außerdem wurde ihre Tätigkeit auf ein regionales Gebiet beschränkt.

Bereits im März 1949 befaßte sich der Deutsche Landkreistag mit der Eingliederung. Er sah in der Gruppe der Vertriebenen nicht nur eine belastende Aufgabe der Sozialpolitik, sondern auch einen wesentlichen Aktivposten des Wiederaufbaus. Das Ziel der Eingliederung lag für den Deutschen Landkreistag zum einen darin, solche wirtschaftlichen Daseinsvoraussetzungen für den einzelnen Besitz- und Heimatlosen zu schaffen, die der sozialen Gruppe entsprachen, der er vor der Vertreibung angehörte. Zum anderen sollte die Eingliederung so vollzogen werden, daß der Heimatlose sich nicht nur der Struktur des Aufnahmebezirks anpaßte, sondern auch dessen Entwicklung günstig beeinflußte.[19] Das Bundesvertriebenengesetz vom 5.6.1953 schaffte die unterschiedlichen Flüchtlingsbegriffe ab und ersetzte sie durch bundeseinheitliche Begriffsbestimmungen.

Abgesichert wurde die Eingliederung durch die gesetzlich garantierte Gleichberechtigung der Vertriebenen und Flüchtlinge. Für die wirtschaftliche Eingliederung wurden Aufbaudarlehen gewährt. Die Mittel hierfür wurden aus dem Soforthilfegesetz, dem Lastenausgleichsgesetz, dem Marshall-Plan und dem Wirtschaftsfonds für Flüchtlinge bereitgestellt. Trotz dieser vielfältigen Möglichkeiten führte der Bevölkerungszustrom in der Stadt Husum nicht zu einer Belebung von Industrie und Großhandel. Die Zahl der gewerblichen Betriebe veränderte sich zwischen 1948 und 1954 nur unwesentlich. Eine positive Ausnahme hiervon bildete jedoch die Husumer Werft. Ihre Übernahme im Jahr 1946 durch die Gebrüder Kröger, die vorher Werften in Warnemünde und Stralsund besessen hatten, ist ein Beispiel für eine erfolgreiche Eingliederung und für die Belebung der Industrie. Die vorhandenen 10 Arbeitsplätze wurden um ein Vielfaches aufgestockt, auch das Bauvolumen wurde erheblich ausgeweitet.

Der Eingliederungsprozeß galt 1967 als nahezu abgeschlossen. Im Nachhinein wurde den Vertriebenen von allen Seiten bescheinigt, maßgeblich am Aufbau des Staates und der Demokratie beteiligt gewesen zu sein.[20]

Das Programm Nord

Während Dänemark seit 1920 planmäßig die Infrastruktur und die Agrarwirtschaft in Nordschleswig förderte und diese Region zu einer der best entwickelten im dänischen Staat wurde, blieb Südschleswig eine unterentwickelte periphere Region im Deutschen Reich.[21] Diese Situation besserte sich auch nach dem Krieg nicht. Da Husum zu dem industriearmen Westküstenbereich gehört, hatte man es schwer, den Anschluß an den großen wirtschaftlichen Aufschwung der Bundesrepublik um 1950 zu finden. Die Nachteile der Randlage sollten durch Aufnahme in ein Förderungsgebiet gemildert werden.[22]

1951 wurde ein wirtschaftliches Sanierungsprogramm für Schleswig-Holstein aufgestellt. Die Gesamtkosten hierfür überstiegen jedoch die Finanzkraft des Landes. Man entschloß sich deshalb, das Projekt regional aufzugliedern, um es schrittweise – von Nord nach Süd – zu realisieren. Dies war der Beginn des »Programms Nord«.[23] Es handelt sich hierbei um ein regionales Entwicklungsprogramm, das 1953 anlief und zunächst acht Landkreise umfaßte. Das Projekt wurde vom Bund gefördert.[24]

Das Sanierungsgebiet konnte deshalb immer weiter ausgedehnt werden. Das Areal wurde 1960 von 110.000 Hektar auf 542.284 Hektar vergrößert, damit wurde der gesamte Kreis Husum in das Förderungsgebiet aufgenommen. Zuvor waren nur zehn Gemeinden des Kreises darin berücksichtigt worden.[25] 1973 wurde das Sanierungsgebiet nochmals erweitert. Es umfaßte nun 716.330 Hektar, was 45,7% der Fläche Schleswig-Holsteins entspricht.[26]

Das Ziel des Programms Nord war die Generalbeseitigung der strukturellen Mängel und Nachteile, um möglichst günstige Voraussetzungen für die Rationalisierung und Modernisierung der Landwirtschaft zu schaffen. Man wollte die Lebensverhältnisse im ländlichen Raum heben und das regionale Wirtschaftsgefälle in der Bundesrepublik ausgleichen, wodurch eine Abwanderung vom Land verhindert werden sollte. Durch eine landeskulturelle Gesamterschließung sollte die optimale Entwicklung der gesamten Wirtschaftskraft des Raumes erwirkt werden.[27] Um dies zu erreichen, waren verschiedene komplexe und ineinandergreifende Maßnahmen nötig. Es bildeten sich folgende sechs Hauptarbeitskreise:

I.   Regelung der Großwasserwirtschaft (Ent- und Bewässerung, Wasserversorgung, Abwasserbeseitigung, Eindeichungsmaßnahmen)
II. Ausbau der Verkehrsstraßen
III. Flurbereinigung (einschließlich Wirtschaftswegebau, Windschutz, landwirtschaftliche Folgemaßnahmen)
IV. Aufforstung, Dünenbefestigung, Halligsanierung
V.   Siedlung (u.a. Landarbeiterwohnungsbau)
VI. Sonstige Maßnahmen zur Hebung der Gesamtproduktivität (u.a. Förderung der gewerblichen Wirtschaft)

Zur Umsetzung dieser Aufgaben wurde 1955 die »Schleswig-Holsteinische Landgewinnungs und -erschließungs GmbH« gegründet. Seit 1970 wurde diese als »Programm Nord GmbH« fortgeführt. Zu den Mitgliedern dieser Gesellschaft gehörten das Land Schleswig-Holstein, die Kreise Dithmarschen, Nordfriesland, Rendsburg-Eckernförde, Schleswig-Flensburg und Steinburg. Zwischen 1953 und 1976 wurden insgesamt 1,43 Milliarden DM in das Vorhaben »Programm Nord« investiert.[28]

Aufgrund dieser vielfältigen Maßnahmen konnten auch große Erfolge erzielt werden. So erfuhr die Produktionsleistung in der Landwirtschaft eine überdurchschnittliche Steigerung, auch das Bruttoinlandsprodukt der Kreise stieg. Außerdem kam es zu einer Expansion des Baugewerbes.[29] Die Auswirkungen des Programms Nord waren auch in Husum zu spüren: 76 km Straßen wurden im Kreis Husum zwischen 1954 und 1961 neu gebaut, in Nordfriesland wurden rund 500 km Wirtschaftswege zu Straßen ausgebaut und asphaltiert. Das Handwerk im Husumer Kreis verzeichnete zwischen 1949 und 1955 einen Zuwachs von 1.000 Beschäftigten.[30] Der Husumer Viehmarkt erlebte einen neuen Aufschwung, so daß der Bau einer Viehhalle und eines Schlachthofes erforderlich wurde. Der Außenhafen und die Rödemishallig wurden ausgebaut, da sich der Umschlag im Husumer Hafen ständig erhöhte. Weil immer größere Schiffe nach Husum kamen und auch dort gebaut wurden, mußten die Hafenschleusen zweimal erneuert werden. Außerdem wurde auf dem ehemaligen Flugplatzgelände am Marienhofweg ein Industriegebiet ausgewiesen, das später mehrmals erweitert werden mußte.[31]

Aufgrund des wechselseitigen Verhältnisses, in dem die sechs Hauptarbeitskreise zueinander standen, und wegen der integrativen Grundidee der in Angriff genommenen Maßnahmen wurde auch der »Küstenplan« in die Programm-Nord-Arbeit eingebunden. Dabei handelte es sich um ein Projekt, das 1955 in Schleswig-Holstein aufgestellt und für die Dauer von zehn Jahren veranschlagt wurde. Es hatte die Sicherung der Küstenlinie, die Regelung der Wasserverhältnisse im Tidebereich und die Landgewinnung zum Ziel.

Als Ergänzung zum »Küstenplan« wurde 1963 der »Generalplan Deichverstärkung, Deichverkürzung und Küstenschutz in Schleswig-Holstein« erstellt. In ihm wurden die Erkenntnisse aus den Sturmfluten von 1953 und 1962 verwertet.[32] Weitere Maßnahmen erfolgten auch auf Bundesebene. Da in den agrarorientierten Gebieten die Zahl der Arbeitsplätze in der Landwirtschaft kontinuierlich abnahm, wurde es erforderlich, für neue Erwerbsmöglichkeiten im Gewerbe- und Dienstleistungssektor zu sorgen. Eine solche Maßnahme der Bundesregierung war das »Entwicklungsprogramm für zentrale Orte in ländlich schwach strukturierten Gebieten«, in das 1961 die Stadt Husum aufgenommen wurde.[33] 1989 wurde schließlich das »Westküstenprogramm« als Nachfolger des Programms Nord beschlossen. Sein Ziel ist die Strukturverbesserung innerhalb des Förderungsgebietes.[34]

Der bedeutendste wirtschaftliche Faktor in Husum war der seit Jahrhunderten bestehende Viehmarkt. In den 1880er Jahren war er der bedeutendste Viehmarkt in Europa. Seinen absoluten Höhepunkt erreichte er 1910 mit fast 80.000 Stück Schlachtrindern. Auch nach dem 2. Weltkrieg gehörte der Husumer Viehmarkt noch zu den größten Norddeutschlands.[35]

Ab 1948 wurde wieder ein wöchentlicher Markttag abgehalten. Der Auftrieb dazu erfolgte an den beiden vorhergehenden Tagen.[36] Neben dem Rindermarkt, auf dem die als Qualitätsware bekannten »Husumer Ochsen« gehandelt wurden, waren auch die wöchentlichen Ferkelmärkte von großer Bedeutung. Außerdem wurden jährlich Auktionen für Schaf- und Pferdezüchter durchgeführt.[37]

Aufgrund der jährlich steigenden Umsätze wurde 1954 eine Viehhalle gebaut, die 1964 durch einen Zentralschlachthof ergänzt wurde. Damit änderte sich allerdings auch die Vermarktungsform von Lebendvieh auf Schlachtvieh. Außerdem begannen die Landwirte, ihr Vieh direkt vom Hof zu verkaufen. Durch diese beiden Veränderungen erlitt der Husumer Viehmarkt gewaltige Einbußen bei den Auftriebsziffern. 1970 fand der Viehmarkt zum letzten Mal statt. Trotzdem blieb der Stadt die Bedeutung als Viehmetropole erhalten. Noch 1983 konnte der Zentralschlachthof 434.000 Stück Schlachtvieh vermarkten.[38]

Das ehemalige Gelände des Viehmarktes erstreckte sich über die Neustadt und die Marktstraße. Auf der Neustadt war damals fast jedes Haus eine Gaststätte. Im Hof standen die Gastställe für das Vieh, das nach Husum gebracht wurde. Auch heute gibt es noch viele Gaststätten auf der Neustadt. In der Viehhalle fanden noch bis in die 90er Jahre gelegentlich kleinere Auktionen und Ausstellungen statt. Die Halle wurde 1998 abgerissen. Auf dem angrenzenden Gelände entstand schon 1971/72 das Gebäude der Kreisverwaltung Nordfriesland. Der Zusammenschluß der Kreise Südtondern, Husum und Eiderstedt im Jahr 1970 hatte den Bau eines neuen Verwaltungsgebäudes erforderlich gemacht.[39]

Ein weiterer Wirtschaftsfaktor der Stadt ist der Hafen. Er ist Eigentum des Landes Schleswig-Holstein und gewann seit den siebziger Jahren zunehmend an Bedeutung als Umschlagplatz für landwirtschaftliche Produkte. An der Rödemishallig entstand 1955/56 der Fischereihafen.[40] 1960 wurde die Rödemishallig weiter ausgebaut, sie wird noch heute von hohen Getreidesilos beherrscht. In den sechziger Jahren wurden die Anlagen des Außenhafens erweitert. 1960 und 1974 wurde die Husumer Seeschleuse erneuert. Dadurch war die Werft in der Lage, größere Schiffe zu bauen und zu reparieren.[41] Sie hatte ihren Betrieb 1968 um drei Werkhallen am Außenhafen erweitert, wodurch ihre Neubaukapazität wesentlich erhöht werden konnte. Die Zahl der Arbeitskräfte stieg auf ca. 400 Personen an.

5 Der Viehmarkt auf der Neustadt.

Husum ist als das »Tor zur Halligwelt« bekannt geworden, jedoch verlor der Husumer Hafen durch die neuen Anlegestellen auf Nordstrand, in Schlüttsiel und Dagebüll einen großen Teil seines Personenverkehrs.[42]

Der Binnenhafen, der bis dicht an die Innenstadt hineinreicht, wird durch eine Eisenbahnbrücke vom Außenhafen getrennt. Seit dem die Werft ihren Betrieb ganz in den Außenhafen verlegt hat und die Anlagen im Binnenhafen 1978 stillgelegt wurden, sind dort nur noch Sportboote zugelassen. Es gab sogar Pläne, das Becken des Binnenhafens zuzuschütten, um dort Parkplätze anzulegen. Man hat davon jedoch abgesehen, um das Stadtbild nicht völlig zu verändern.[43]

Einen weiteren wirtschaftlichen Impuls erhielt Husum durch die Aufnahme von Bundeswehreinheiten. 1956 nahm das II. Luftwaffenausbildungsregiment hier seinen Dienstbetrieb auf, damit wurde Husum wieder zur Garnisonsstadt. 1957 wurde das Flugplatzgelände in Schwesing zum NATO-Flugplatz ausgebaut. Dort wurde 1959 ein

6 *Die Kreisverwaltung von Nordfriesland.*

Jagdbombergeschwader in Dienst gestellt. Außerdem wurde die Kaserne in der Flensburger Chaussee erweitert und eine weitere in der Matthias-Claudius-Straße gebaut.
Durch die neu stationierten Soldaten wurde der Wohnungsbau zusätzlich belebt.[44]
Dem Jagdbombergeschwader gehörten mehr als 1.000 Soldaten und 300 zivile Mitarbeiter an. Nach 33 Jahren des Bestehens wurde es im Dezember 1992 außer Dienst
gestellt. Damit endete Husums Tradition als Fliegergarnison.[45]

Die meisten Arbeitnehmer sind heute im Dienstleistungssektor beschäftigt. Eine
bedeutende Rolle nimmt der Fremdenverkehr ein. Neben den klassischen Feriengä-
sten kommen zunehmend Kurzurlauber und Tagesgäste. Den anhaltenden Trend zum
Tourismus sollen städtebauliche Maßnahmen der Verkehrsberuhigung von Flächen
in der Innenstadt fördern. Damit soll zugleich die Attraktivität des Stadtzentrums
gefördert werden.[46] So wurde z.B. 1991 aus der ehemaligen Bundesstraße, die über die
Neustadt führte, eine Fußgängerzone. Auch der Markt, die Großstraße und die Nord-

erstraße wurden für den Durchgangsverkehr gesperrt. Die Einzelhändler der Innenstadt haben sich seit mehreren Jahren, jeweils nach Straßen geordnet, zu Interessengemeinschaften zusammengeschlossen. Auf diese Weise können sie ihre Anliegen gemeinsam vertreten und gemeinsam um Kunden werben, um sich ihren Standort zu sichern.[47]

Eine große Konkurrenz zu den Geschäften der Innenstadt stellt das Gewerbegebiet Husum-Ost dar. Seine Entwicklung begann 1967 mit dem Bau der Industriestraße. Ursprünglich wurde eine Fläche von 50 Hektar zur Ansiedlung von Gewerbebetrieben ausgewiesen. Mittlerweile sind dort rund 140 Firmen ansässig, die zusammen über 3.000 Arbeitsplätze zur Verfügung stellen. Das Gewerbegebiet wird ständig erweitert, seine Fläche hat sich seit 1967 mehr als verdoppelt. Um die vielfältigen Interessen der anliegenden Firmen zu bündeln und sich gegenüber der City behaupten zu können, gründete man 1989 auch im Gewerbegebiet Ost eine Interessengemeinschaft. Dieser Standort wurde 1997 durch den Bau einer neuen Messehalle noch bereichert. Die Husumer Geschäftsleute erhoffen sich durch ihre direkte Lage am Messestandort weitere Vorteile für die Wirtschaftskraft ihrer Region.[48]

VERÄNDERUNGEN DES STADTBILDES

Erweiterung des Stadtgebietes

Seit dem Zweiten Weltkrieg hat das Husumer Stadtbild vielerlei Veränderungen erfahren. Aufgrund der starken Bevölkerungszunahme mußten zahlreiche neue Wohnungen gebaut werden. Um dennoch eine planvolle Stadtentwicklung zu gewährleisten, entwarf der Hamburger Architekt Dr. Reichow 1949 einen Generalbebauungsplan für die Stadt Husum. Grundlage des Plans war eine architektonische Ausgestaltung des Stadtbildes, darin waren u.a. der Hafenausbau und die Anlage von Grünflächen und Sportstätten vorgesehen.[49]

Zu den ersten Projekten des Wohnungsbaus gehörte der Bebauungsplan im Kuhsteig. Dort wurde 1951 eine breite Verkehrsstraße angelegt und ein großer Häuserblock mit 70 Wohnungen entstand.[50] Die nächsten Wohnungsbauprogramme wurden in Dreimühlen und an der Schobüller Straße durchgeführt. Die ursprünglich aus 57 Wohnhäusern bestehende Fischersiedlung entstand zwischen 1956 und 1959. Diese Siedlung liegt südlich von der Simonsberger Straße und umfaßt die Norder-, Oster-, Süder-, Wester- und Mittelheverstraße. 1960 wurde mit dem Ausbau der Rödemishallig begonnen. Ab 1962 setzte die Bebauung der großen Wohnsiedlung Husum-Nord ein.[51]

Wegen der angestiegenen Bevölkerung waren auch neue Schulbauten erforderlich. Direkt nach dem Krieg wurden fast alle Schulgebäude als Flüchtlingsunterkünfte ge-

nutzt. Erst nachdem diese Räume frei wurden, konnte dort wieder Unterricht statt-
finden. Da sich die Schülerzahl verdoppelt hatte, wurde zunächst Schichtunterricht
eingeführt.[52] Mit dem Neubau zahlreicher Schulen konnte die Klassenstärke wieder
reduziert werden. Eine dänische Schule wurde 1948 zunächst in Baracken eingerichtet, von wo sie 1950/51 in ein Gebäude in der Klaus-Groth-Straße umzog. 1949 entstand die Klaus-Groth-Schule auf dem ehemaligen Flugplatzgelände, 1951 folgte die
Osterhusumer Schule am Trommelberg. Die Kreisberufsschule, die 1946 durch die
Zusammenlegung der Berufsschulen Husum und Bredstedt entstand, konnte 1951 den
Neubau am Bahnhof beziehen. 1966/67 wurde die Rektor-Siemonsen Schule an der
Schobüller Straße gebaut. Auch für die beiden Gymnasien der Stadt wurden Neubauten geschaffen: 1966 für die Theodor-Storm-Schule in der Ludwig-Nissen-Straße
und 1974 für die Hermann-Tast-Schule am Bahndamm.[53]

Nach dem 2. Weltkrieg wurde auch die Errichtung von weiteren evangelischen
Kirchen notwendig. Die Friedenskirche entstand aus einer umgebauten Schule an der
Schobüller Straße. Der Stadtteil Rödemis erhielt 1957 mit dem Albert-Schweitzer-
Haus sein kirchliches Zentrum. Wirklichen Kirchencharakter bekam das Gebäude
erst 1989 als der Eingangsbereich umgestaltet wurde und das Gebäude einen Glok-
kenturm erhielt. Für die neue Wohnsiedlung Husum-Nord wurde 1966–1968 die
Versöhnungskirche errichtet.[54]

Veränderungen im Stadtzentrum

Auch die Innenstadt blieb nach dem Krieg von Veränderungen nicht verschont. Alte,
baufällige oder nicht zweckdienliche Häuser wurden abgerissen und durch moderne
Bauten ersetzt. Die Straßen wurden dem steigenden Verkehrsaufkommen angepaßt
und verbreitert. Durch diese Maßnahmen ging teilweise wichtige historische Bausubstanz verloren. Einige Straßenzüge erhielten dadurch einen neuen Charakter. In anderen Gassen konnte dagegen durch umsichtige Sanierung der Eindruck der alten Stadt
bewahrt werden. In einem »Rundgang« durch die Innenstadt soll nun eine Bestandsaufnahme erfolgen, die besonders auf die historisch wichtigen Gebäude eingeht.

Die Bundesstraße 200 von Flensburg und die Bundesstraße 201 von Schleswig
werden über das Osterende in das Stadtzentrum hineingeführt. Um das große Verkehrsaufkommen bewältigen zu können, wurde diese Straße modernisiert und verbreitert. Das alte Stadtcafé, ein großes stattliches Eckgebäude, wurde 1974 von der
Stadt gekauft und wegen Baufälligkeit abgerissen, um die Kreuzung Osterende/Kuh-
steig zu erweitern und übersichtlicher zu gestalten. Ursprünglich war das Osterende
eine beschauliche Straße aus Kopfsteinpflaster mit einer doppelreihigen Ulmenallee.[55]
Früher wohnten hier hauptsächlich Handwerker und kleine Gewerbetreibende. Viele
von ihren eingeschossigen Traufenhäusern blieben erhalten, sie werden aber zuneh-

mend durch größere Bauten ersetzt.[56] Der Charakter dieser Straße hat sich durch die Modernisierung und das hohe Verkehrsaufkommen völlig verändert. Die alte Beschaulichkeit von Kopfsteinpflaster und Ulmenallee ging völlig verloren. Über das Osterende in Richtung Westen gelangt man in die Norderstraße. 1987 fiel diese Straße durch zwei verfallene bzw. ausgebrannte Häuser störend auf. Im Rahmen einer Baumaßnahme, die auch die Umgestaltung des Marktplatzes einschloß, wurden diese Häuser 1992 komplett renoviert. Sie fügen sich jetzt harmonisch in die Reihe der anderen sanierten Altbauten dieser Straße ein.[57]

Zum Teil ging aber auch hier alte Bausubstanz verloren. So wurde 1976 das sogenannte »Mordhorst-Haus« abgerissen und durch einen zweckdienlichen Neubau aus Rotstein ersetzt. Das »Mordhorst-Haus« war ein repräsentatives Gebäude, das 1911 an der Kreuzung Norderstraße/Herzog-Adolf-Straße entstand. Dieser Bau gehörte mit seinen neubarocken Formen zu den typischen Geschäftshäusern vor dem 1. Weltkrieg.[58]

Wenn man der Norderstraße nach Westen folgt, gelangt man auf den Marktplatz. Dieser entstand, so wie er sich heute darstellt, erst im 19. Jahrhundert. Hier liegt das eigentliche Stadtzentrum und hier wird der seit Jahrhunderten bestehende Wochenmarkt abgehalten. Diese Tradition ist erstmals für das Jahr 1508 belegt, reicht aber wahrscheinlich noch weiter zurück. An der Ostseite des Marktplatzes steht die Mari-

7 *Das Osterende mit Ulmenallee um 1900.*

216

enkirche, die Hauptkirche Husums, die 1829–1832 erbaut wurde. Die Südseite des Marktes weist eine fast einheitliche Bebauung aus der Zeit des Spätklassizismus auf.[59]

Auf der Westseite stehen ein großes Geschäftshaus mit Formen aus der wilhelminischen Epoche und ein ehemaliges Gasthaus. Auf der Nordseite des Marktplatzes findet man das älteste erhaltene Gebäude der Stadt. Das »Herrenhaus« wurde erstmals um 1520 urkundlich erwähnt. Im 19. Jahrhundert wurde dort eine Brauerei errichtet. Heute befinden sich dort die Geschäftsräume eines Kreditinstitutes.[60]

Im Übergang von der nördlichen Marktseite zur Großstraße steht das frühere Rathaus. Es wurde 1601 gebaut und hatte damals ein ganz anderes Aussehen als heute. Im Erdgeschoß befand sich eine offene Arkadenhalle, die aber nach einem tiefgreifenden Umbau 1702 zum Markt hin geschlossen wurde. 1892 erhielt das Haus eine neue Front im Stil der niederländischen Renaissance. Als auch diese Fassade baufällig wurde, entschloß man sich 1971, dem Rathaus eine neue Front zu geben, die sich an der von 1702 orientiert. Seit dem Umzug der Stadtverwaltung in das neue Rathaus, befindet sich in dem historischen Gebäude die Tourist-Information.[61]

Ein Torbogen, der im historischen Rathaus integriert ist, ermöglicht eine Durchfahrt in den Schloßgang. Die hier liegenden Gebäude der Husumer Brauerei wurden 1979 abgerissen. Im Zuge der Neubebauung 1980 orientierte man sich an Motiven altstädtischen Baugeschehens. Wohnhäuser, kleine Geschäfte und Lokale, die sich in der Fußgängerzone befinden, schaffen zusammen mit der Straßenpflasterung eine beschauliche Atmosphäre aus scheinbar älterer Zeit.[62]

Zurück durch den Torbogen schließt sich an der nordwestlichen Seite des Marktes die Großstraße an. In früherer Zeit bildete diese Straße das erste Quartier der Stadt mit den vornehmsten und stattlichsten Bürgerhäusern; unter denen sind einige aus dem 16. und 17. Jahrhundert noch erhalten. Ansonsten sind dort Bauten aus allen Stilepochen seit der Renaissance vertreten. Da fast alle Gebäude in Höhe, Größe und Gliederung aufeinander abgestimmt sind, ist trotz der Vielfalt der Bauten ein geschlossenes Straßenbild vorhanden.[63] Dennoch müssen gerade hier tiefgreifende Veränderungen

8 *Das alte Rathaus mit der Fassade von 1892.*

9 *Die Ansicht des alten Rathauses 1998.*

festgestellt werden. Mit dem Abbruch des Altdeutschen Hauses im Jahr 1956 ist der schwerste Verlust an alter Bausubstanz zu beklagen. Die Fassade dieses Hauses aus dem 16. Jahrhundert wäre nach heutigen Erkenntnissen trotz eines Brandschadens zu retten gewesen.

Weitere Häuser, darunter auch der letzte Adelshof in Husum aus dem 16. Jahrhundert, mußten für den Neubau eines Kaufhauses Platz machen. Dieses Gebäude zerstört das einheitliche Straßenbild, weil es als einziges ein Flachdach hat und seine Front sich überhaupt nicht an die der Nachbarhäuser anpaßt.

Das angrenzende Haus, in dem Theodor Storm seine erste Anwaltskanzlei hatte, wurde 1965 abgerissen. Eine genaue bauhistorische Untersuchung wurde vor dem Abbruch versäumt. Jedoch ist auf der Zeichnung noch deutlich eine Fachwerkkonstruktion zu erkennen. Seit 1965 verläuft an dieser Stelle die Einfahrt zum Parkplatz der Parkgemeinschaft Innenstadt.

Auch die sich daran anschließenden Häuser wurden 1975 durch einen Neubau ersetzt. Für das Hauptgebäude der Sparkasse Nordfriesland mußten mehrere repräsentative Geschäfts- und Wohnhäuser aus der Zeit um die Jahrhundertwende weichen.[64]

10 *Das Altdeutsche Haus.*

Das neue Bauwerk ist eine bewußte Abkehr von der Architekturauffassung des Funktionalismus, eine menschlichere Architektur sollte hier geschaffen werden. Man versuchte dabei, traditionelle Stilelemente in zeitgemäße Formen umzusetzen, um einen Übergang zwischen neuer und alter Bebauung zu schaffen. Zuerst war diese Lösung heftig umstritten, inzwischen ist sie weitgehend akzeptiert.[65]

Quer zur Großstraße verläuft die Hohle Gasse. Sie hat sich in den letzten Jahrzehnten kaum verändert. Bauten aus dem 18. und 19. Jahrhundert und der wilhelminischen Epoche prägen ihr Bild. In dem Haus Nr. 3 verbrachte Theodor Storm einen Teil seiner Kindheit und Jugend. Das Gebäude ist ein repräsentatives Bürgerhaus aus dem 18. Jahrhundert. Seine alte Raumeinteilung, eine Stuckdecke und eine Rokokotreppe sind erhalten.[66]

Von der Hohlen Gasse führt der Weg weiter nach Westen durch die Rosenstraße in die Kleine Straße. Beide gehörten zum alten Fischerviertel und konnten ihr charakteristisches Aussehen bewahren. Die kleinen traufenständigen, eingeschossigen Häuser auf schmalen Grundstücken stammen aus dem 18. und 19. Jahrhundert und geben ein typisches Beispiel für die Wohnverhältnisse der damaligen Tagelöhner und kleinen Fischer ab.[67]

Zwischen Kleiner und Rosenstraße verläuft das Westerende. Auch hier finden sich kleine, alte Fischerhäuser, die nur von wenigen Giebelhäusern durchsetzt sind. Ein charakteristisches Gebäude, welches dieses Viertel prägte, war das ehemalige städtische Waisenhaus, das 1692 erbaut wurde. Es vermittelte den typischen altertümlichen Eindruck vieler Husumer Bürgerhäuser des 16. und 17. Jahrhunderts. Durch die Überbelegung mit Wohnungssuchenden verkam es zusehends und wurde deshalb 1969 im Auftrag der Stadt abgebrochen. Seit dem besteht an diesem Platz eine Baulücke, die durch die Anpflanzung von Bäumen nur unzureichend geschlossen wurde.[68]

Vom Westerende biegt man nach Osten in die Wasserreihe ab. Auch sie konnte ihr altes Aussehen weitgehend bewahren. Am Rande der mit Kopfsteinen gepflasterten Straße wechseln sich alte Kaufmannshäuser mit erkerartigen Vorbauten, kleinere Wohnhäuser und Speicher ab. Wie die meisten Gebäude hier stammt auch das Stormhaus aus dem 18. Jahrhundert. Storm lebte in dem ehemaligen Kaufmannshaus in der Wasserreihe Nr. 31 von 1866 bis 1880. Die Stadt Husum erwarb dieses Haus 1969, es dient seit 1972 als Museum.[69]

11 *Das Hauptgebäude der Sparkasse Nordfriesland 1998.*

12 *Die Wasserreihe 1998.*

Parallel zur Wasserreihe verläuft die Hafenstraße. Sie entstand erst gegen Ende des letzten Jahrhunderts und liegt direkt am Binnenhafen. Im Zuge großläufig angelegter Sanierungsmaßnahmen wurden hier moderne Wohnblöcke errichtet, die aber in ihrer Architektur die herkömmliche Bauweise der früheren Hafenbebauung aufgreifen und sich so harmonisch in das Straßenbild einfügen.[70]

Die Hafenstraße führt in östlicher Richtung auf die Schiffbrücke. Deren ursprüngliche Bebauung wurde 1852 durch einen Großbrand vernichtet. Teilweise waren auch die angrenzenden Straßen davon betroffen. Durch den anschließenden Neuaufbau wurde eine einheitliche Bebauung mit vergleichsweise schlicht und einfach gehaltenen Häusern geschaffen. Zum größten Teil ist diese Bebauung noch zu erkennen.

Weiter in östlicher Richtung schließt sich die Krämerstraße an. Sie ist Husums alte Einkaufsstraße. In dieser Fußgängerzone finden sich eine Vielzahl von Einzelhandelsgeschäften. Einige Häuser auf der Nordseite fallen durch ihre beachtlichen spätklassizistischen Fassaden auf, die farblich unterschiedlich gestaltet und gut gepflegt sind.[71] Die Südseite hingegen wird durch die häßliche graue Fassade eines Kaufhauses geprägt.

13 *Fassaden in der Krämerstraße 1998.*

Über die Südseite des Marktes gelangt man in die Süderstraße. Auch diese war eine typische Husumer Altstadtstraße mit kleinen eingeschossigen Traufenhäusern. Viele dieser Häuser von Handwerkern und Tagelöhnern blieben erhalten. Häufig jedoch werden sie durch eine modernisierte Fassade entstellt. Zu den ältesten Gebäuden dieser Straße gehören das Handwerkerhaus von 1743 und der alte Schützenhof vom Ende des 16. Jahrhunderts, der eine Putzfassade aus dem 19. Jahrhundert trägt. Für die damalige Gelehrtenschule, die heutige Hermann-Tast-Schule, wurde 1867 ein neues Gebäude im Stil der Neugotik in der Süderstraße errichtet.[72] Nach dem Umzug des Gymnasiums in den Neubau am Bahndamm nutzte die Realschule Süd die Räumlichkeiten. Inzwischen ist die frühere Schule zu einem 5-Sterne-Hotel umgebaut worden. Diese Arbeiten sind unter strenger Einhaltung der Denkmalschutzauflagen durchgeführt worden, so daß der ehrwürdige Anblick dieses stattlichen Gebäudes erhalten blieb. Über den Mönkeweg, wo sich in der Mitte des vorigen Jahrhunderts reiche Husumer Villen außerhalb der Innenstadt bauten, führt der Weg zurück ins Osterende.[73] Einige weitere beachtenswerte Gebäude liegen außerhalb des gerade beendeten Rundgangs. Dazu gehört auch das Schloß, das Herzog Adolf 1577–1582 als Nebenresidenz erbauen ließ. Im 17. Jahrhundert diente es vor allem als Witwensitz. Die ursprüngliche Gestalt mit Türmen, Dachreitern und Ziergiebeln im Stil der niederländischen Renaissance wurde durch einen tiefgreifenden Umbau 1752 in einen barockisierenden Stil umgewandelt. Gleichzeitig wurde die Anlage verkleinert. Seit dieser Zeit diente das Schloß als Sitz des Amtmannes, später wurde hier die Husumer Kreisverwaltung untergebracht, die später in den Neubau an der Marktstraße umzog, so daß das Schloß in mehreren Bauabschnitten restauriert werden konnte.

Auf der Grundlage erhaltener Planzeichnungen erfolgte die Rückführung der Anlage in den Zustand von 1752. 1980 wurde der Abschluß des Turmes rekonstruiert. Inzwischen dient das Schloß musealen und kulturellen Zwecken.[74]

Das 1612 erbaute Torhaus war einst der Eingang zum herzoglichen Schloß. Im Zuge des Schloßumbaus 1752 wurde das Torhaus an private Interessenten verkauft. 1958 wurde es von der Stadt Husum erworben und renoviert. Zuerst wurde es als Jugendheim genutzt, später waren dort die Räume der Volkshochschule. Das Torhaus zählt zu den schönsten Häusern der Stadt. Bis auf einige Veränderungen am Portal konnte es sein ursprüngliches Aussehen bewahren.[75]

Ein weiteres Gebäude, das im weiteren Sinne auch zum Schloß gehörte, war die alte Schloßschmiede. Sie lag in der Schloßstraße gegenüber dem Torhaus und wurde um 1600 durch Herzog Johann Adolf erbaut. Die Räumlichkeiten dienten zuletzt einer Heizungsbaufirma als Werkstatt. Dieses eher ländlich rustikal wirkende Gebäude wurde 1966 mitsamt allen Nebengebäuden und dem alten Baumbestand abgebrochen. An seiner Stelle steht nun ein gewöhnliches Einfamilienhaus aus roten Ziegeln.[76]

14 *Die Schiffsbrücke 1998.*

Städtebaulicher Rahmenplan

Auch nach Abschluß der Wohnungsbauprogramme der fünfziger und sechziger Jahre erweiterte sich das Stadtgebiet ständig. Kontinuierlich wurden neue Baugebiete ausgewiesen.[77] Auch in der historischen Innenstadt erfolgten wie besprochen zahlreiche Veränderungen und Modernisierungen. Um eine geordnete städtebauliche Entwicklung zu gewährleisten, wurde 1979 als Grundlage hierfür ein Flächennutzungsplan für die Stadt Husum erstellt. Nachdem bereits 1978 von der TU Hannover eine Verkehrsstudie angefertigt worden war, entwickelte das Bauamt der Stadt 1980 den ersten städtebaulichen Rahmenplan. Ziel des Rahmenplans ist die Bewahrung und Weiterentwicklung des historischen Stadtgefüges. Stadtbildprägende Gebäude sollen instandgesetzt und modernisiert werden, dabei soll wertvolle historische Bausubstanz erhalten werden. Baulücken sollen durch Bauvorhaben mit qualitätsvoller, zeitgemäßer und maßstäblicher Architektur geschlossen werden.[78]

1982 wurde Husum in das Städtebauförderungsprogramm des Landes Schleswig-Holstein aufgenommen. Seit dem wurden konkrete Sanierungsmaßnahmen durchgeführt, der Schwerpunkt lag bisher im Bereich um den Binnenhafen. Die Fläche auf der Südseite des Binnenhafens wurde gänzlich umgestaltet. Dort entstanden 350 Parkplätze, Wohn- und Geschäftsbauten und das neue Rathaus.[79] Dieses war vor Baube-

15 *Die alte Schloßschmiede.*

ginn hinsichtlich des Standorts, des Entwurfs und der Baukosten bei den Bürgern heftig umstritten. Dennoch erhielt der Bau nach seiner Fertigstellung im Jahr 1989 den Architekturpreis des Bundes Deutscher Architekten in Schleswig-Holstein. Das von einem Hamburger Architekten entworfene Gebäude ist im Innern um eine lichtdurchlässig bedachte Halle herum konzipiert. Gelegentlich finden dort auch Ausstellungen und andere öffentliche Veranstaltungen statt. Die am Westrand des Gebäudes zum Hafen hin erhaltene ehemalige Werfthelling wurde unter Denkmalschutz gestellt und bildet jetzt mit dem langgestreckten und leicht gebogenen Baukörper des Rathauses eine neue Einheit, die sinnbildlich von der Vergangenheit in die Zukunft weisen soll.[80] Nach der Umgestaltung der Schiffbrücke sind als nächste Projekte der Ausbau der Hafenstraße und die Neugestaltung des Platzes Kleikuhle in Angriff genommen worden. Nach der Durchführung eines Studentenwettbewerbes wird der Entwurf der Siegerin derzeit realisiert.[81]

Seit dem Krieg hat Husum eine rasante Entwicklung durchgemacht. Diese verlief nicht immer kontinuierlich, sondern manchmal auch sprunghaft. So stand man direkt nach Kriegsende vor dem Problem, die vielen Flüchtlinge unterbringen zu müssen, die Einwohnerzahl hatte sich innerhalb kürzester Zeit verdoppelt. Im Nachhin-

16 *Das alte Torhaus 1998.*

17 *Das neue Rathaus 1998.*

ein läßt sich sagen, daß die Unterbringung und Eingliederung der Flüchtlinge gut gelungen ist. Einen wesentlichen Beitrag dazu dürfte die Einrichtung des Kreisflüchtlingsamtes geleistet haben. Mit der Schaffung dieser Behörde zeigte sich die Husumer Kreisverwaltung fortschrittlich und bewies Mut zu Innovationen.

Die nachfolgend durchgeführten Wohnungsbauprogramme gaben der Wirtschaft neuen Aufschwung. Dennoch blieb nicht zu verkennen, daß ein Rückstand gegenüber anderen Bundesländern bestand. Das Programm Nord sollte hier Abhilfe schaffen und das Wirtschaftsgefälle in der Bundesrepublik ausgleichen. Obwohl die Erfolge dieses Projekts beachtlich waren, war für den Westküstenbereich am Rande Schleswig-Holsteins und Deutschlands immer wieder neue Unterstützung notwendig.

Dagegen haben sich der Hafen, bezogen auf den Umschlag landwirtschaftlicher Produkte und das Gewerbegebiet bis heute fortlaufend positiv entwickeln können. Gleiches gilt im Grunde auch für den Viehhandel. Zwar ging der Viehmarkt mit Lebendvieh ein, was im Hinblick auf die alte Tradition bedauerlich erscheinen mag, jedoch war diese Form der Vermarktung nicht mehr zeitgemäß, so daß sich Husum als »Viehmetropole« behaupten konnte.

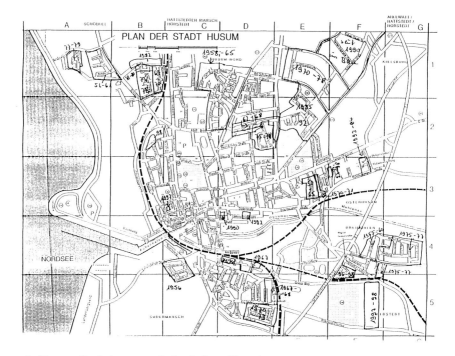

18 *Husumer Stadtplan von 1998, der die Baugebiete seit 1945 ausweist.*

Durch die enorme Bautätigkeit, die im Prinzip bis in die Gegenwart andauert, hat sich das Stadtgebiet erheblich erweitert. Etliche neue Wohnbezirke, Rentnerwohnungen, Schulen und andere öffentliche Gebäude sind geschaffen worden. In der Innenstadt wurden besonders in den fünfziger und sechziger Jahren viele alte Häuser abgebrochen. Die Denkmalschutzgesetze griffen damals noch nicht. Die obere Denkmalbehörde beim Landesamt in Kiel existierte zwar schon und die Gesetze waren erlassen, jedoch konnten sie in Husum nicht umgesetzt werden, weil es hier noch keinen Denkmalschutzbeauftragten gab. Die untere Denkmalschutzbehörde beim Kreis Nordfriesland wurde erst 1980 eingerichtet. Bis dahin gab es weder eine Bestandsaufnahme der schutzwürdigen Häuser noch eine Erhaltungssatzung.[82]

Seit Ende der siebziger Jahre hat dann ein Umdenken stattgefunden. 1977 wurde der Verein »Stiftung zur Erhaltung des Husumer Stadtbildes« gegründet. Auch die Stadt ist Mitglied dieses Vereins, dessen Ziel es ist, gefährdete schutzwürdige Gebäude aufzukaufen, sie restaurieren zu lassen und als funktionsfähige Wohngebäude an Interessierte wieder zu verkaufen.[83]

228

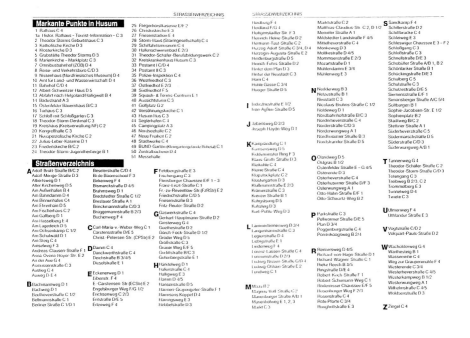

19 Straßenverzeichnis zu 18.

Auch die Ziele des städtebaulichen Rahmenplans weisen daraufhin, daß die Verantwortlichen erkannt haben, wie wichtig die Bewahrung der historischen Bausubstanz für die Erhaltung des Stadtbildes ist.

Nachdem bereits ein Teil des alten Stadtgefüges durch den Abbruch stadtbildprägender Bauten unwiederbringlich verloren gegangen ist, scheint man nun aus den Fehlern gelernt zu haben. Die Maßnahmen des städtebaulichen Rahmenplans und die bereits durchgeführten Sanierungsarbeiten beweisen, daß die Stadt Husum sich auf einem guten Weg befindet, um die historisch wertvollen und bis jetzt erhaltenen Gebäude und Straßenzüge auch für die Zukunft zu bewahren.

ANMERKUNGEN

1   Schiller 1953, S.71.
2   Jastrow 1978, S. 26, 53.
3   Ibid., S. 219 und Schiller 1953, S. 73.
4   Schiller 1953, S. 72.
5   Jastrow 1978, S. 132–137, 215, 289.
6   Ibid., S. 220.
7   Ibid., S. 258 ff., 342.
8   Ibid., S. 207, 210.
9   Ibid., S. 341.
10 Ibid., S. 69, 202, 204.
11 Ibid., S. 265, 267, 270–271, 351.
12 Ibid., S. 284, 286, 288f., 351f.
13 Husumer Nachrichten vom 11.6.1976. Vgl.
    Jastrow 1978, S. 330.
14 Jastrow 1978, S. 280 ff.
15 Landkreis Husum 1961, S. 79 f.
16 Jastrow 1978, S. 287, 350 ff.
17 Landkreis Husum 1961, S. 78, 82 f.
18 Jastrow 1978, S. 341.
19 Ibid., S. 299, 301 f.
20 Ibid., S. 24, 306–309, 318, 323.
21 Wiebe 1979, S. 5.
22 Fuglsang 1988, S. 65–107, hier S. 90.
23 Wiebe 1979, S. 5 f.
24 Fröbe 1966, S. 36–46, hier S. 37.
25 Landkreis Husum 1961, S. 58.
26 Wiebe 1979, S. 10.
27 Fröbe 1966, S. 37.
28 Wiebe 1979, S. 9 f.
29 Fröbe 1966, S. 43.
30 Landkreis Husum 1961, S. 76, 135.
31 Hoffmann 1991, S. 9 ff., 72.
32 Wiebe 1979, S. 10.
33 Landkreis Husum 1961, S. 61.
34 Steensen 1996, S. 410.
35 Hielmcrone / Hoffmann / Ström 1974, S. 116.
36 Verordnung über den Viehmarkt in Husum
    vom 11.9.1954, in: Akte D2-5785 Kreisarchiv
    Husum. Auch aus weiteren Briefen in dieser
    Akte geht hervor, daß der Viehmarkt wö-
    chentlich stattfand.
37 Kreis Husum 1969, S. 40 f.
38 Dietrich/Hielmcrone 1985, S. 100–103.
39 Hielmcrone 1978, S. 52 ff.
40 Borzikowsky 1993, S. 20.
41 Hielmcrone 1978, S. 44. 46 f.
42 Kreis Husum 1969, S. 86 f.
43 Hielmcrone 1978, S. 43.
44 Dietrich/Grunsky 1994, S. 9.
45 Nordfriesland Palette 1998, S. 23.
46 Hoffmann 1991, S. 11.
47 Husumer Nachrichten vom 2.10. 1998.
48 Nordfriesland Palette 1998, S. 30 f., 36.
49 Flensburger Tageblatt, Husum 26.2.1949
50 Husumer Nachrichten vom 6.11.1951
51 Hoffmann 1991, S. 10 f.
52 Landkreis Husum 1961, S. 42.
53 Riewerts 1969, S. 93-96.
54 Hielmcrone 1978, S. 81 und Hoffmann 1991,
    S. 58.
55 Dietrich/Hielmcrone 1985, S. 124 f., 133–136.
56 Hielmcrone 1978, S. 60.
57 Nordfriesland Palette 1998, S. 46–49.
58 Dietrich/Hielmcrone 1985, S. 79–82
59 Zur Orientierung vgl. den Stadtplan Abb. 18.
60 Hielmcrone 1978, S. 29–34.
61 Hoffmann 1978, S. 17.
62 Dietrich/Hielmcrone 1985, S. 117 f.
63 Hielmcrone 1978, S. 34–37.
64 Hielmcrone 1977, S. 8, 12, 18.
65 Hoffmann 1991, S. 79 und Hielmcrone 1978,
    S. 36.
66 Hielmcrone 1978, S. 39 f.
67 Hielmcrone/Hoffmann/Ström 1974, S. 107.
68 Hielmcrone 1978, S. 48 und Dietrich/Hielm-
    crone 1985, S. 89–91.
69 Hoffmann 1991, S. 19 f.
70 Hielmcrone 1978, S. 43 und Hoffmann 1991,
    S. 25.
71 Hielmcrone 1978, S. 37 ff.
72 Ibid., S. 62 ff.
73 Ibid., S. 62.
74 Borzikowsky 1993, S. 141–145.
75 Hoffmann 1991, S. 38.
76 Dietrich/Hielmcrone 1985, S. 112 ff.
77 Siehe Abb. 18.
78 Steensen 1996, S. 415.
79 Städtebaulicher Rahmenplan für den histori-
    schen Stadtkern der Stadt Husum, Husum
    1989, S. 6 f., 11f., 16, 18, 20.
80 Hoffmann 1991, S. 26 f.
81 Winking 1996.
82 Informationen laut Auskunft der unteren Denk-
    malschutzbehörde des Kreises Nordfriesland.
83 Hielmcrone 1977, S. 1.

BIBLIOGRAPHIE

Quellen

Flensburger Tageblatt: Ausgabe vom 26.2.1949:
Die Gestalt der Stadt Husum von morgen.

Husumer Nachrichten: Ausgabe vom 6.11.1951: Bebauungsplan Kuhsteig.

Dies.: Ausgabe vom 2.10.1998: Einkaufsstadt Husum

Kreisarchiv Nordfriesland: Akte D2-5785: Verordnung über den Viehmarkt in Husum vom 11.9.1954.

Plan der Stadt Husum von 1998, der die Baugebiete seit 1945 ausweist. Originalplan erstellt vom Bauzeichner des Stadtbauamtes Husum. Als Abschrift, Husum 1998.

Städtebaulicher Rahmenplan für den historischen Stadtkern der Stadt Husum, Husum 1989.

Literatur

Borzikowsky, Holger: Husum in alten Bildern, Heide 1993.

Dietrich, Jürgen/ Grunsky, Konrad: Husum. Entstehung–Geschichte–Gegenwart, in: Schleswig-Holstein, Monatshefte, Ausgabe 7+8/1994, S. 2–9.

Dietrich, Jürgen / Hielmcrone, Ulf von: Husum – gestern und heute. Ein Streifzug durch ein Jahrhundert städtebauliche Entwicklung, Husum 1985.

Fröbe, August: Landentwicklung durch das Programm Nord, in: Nordfriesland. Zeitschrift für Kultur–Politik–Wirtschaft, 1. Jahrgang, Nr. 3, August 1966, S. 36–46.

Fuglsang, Walter: Das Commerzium der Stadt Husum von 1914–1963, in: Das Commerzium der Stadt Husum 1738–1988, 2. Auflage, Husum 1988, S. 65–107.

Graf v. Baudissin Verlag (Hrsg.), Nordfriesland Palette. 25 Jahre Jubiläumsausgabe, Husum 1998.

Hielmcrone, Ulf von: Gewinn und Verlust – Die Entwicklung des Husumer Stadtbildes seit 1956, Husum 1977.

Ders.: Husum. Kleiner Führer durch die Stormstadt, Husum 1978.

Hielmcrone, Ulf von/Hoffmann, Hans/Ström, Willy-Peter: Husum. Bild einer Stadt, Husum 1974.

Hoffmann, Hans: Husum. Bild einer Stadt, Husum 1991.

Jastrow, Alfred: Vertriebene und Flüchtlinge in Nordfriesland, Husum 1978.

Landkreis Husum. Landschaft–Geschichte–Wirtschaft, hrsg. in Gemeinschaftsarbeit mit der Kreisverwaltung Oldenburg 1961.

Ders.: Wegweiser durch den Kreis Husum, hrsg. vom Kreis Husum, Flensburg 1969.

Riewerts, Brar: Die Stadt Husum in Geschichte und Gegenwart. Husum 1969.

Schiller, H. Th.: Husum nach 1945, in: 350 Jahre Stadt Husum, Festschrift des Heimatfestes vom 4. bis 12. Juli 1953, Husum 1953, S. 71–76.

Steensen,Th.: Nordfriesland im 19. und 20. Jahrhundert, in: Geschichte Nordfrieslands, hg. vom Nordfriisk Institut, 2. Aufl., Husum 1996, S. 207–435.

Wenk, Ursula: Die zentralen Orte an der Westküste Schleswig-Holsteins, Schriften des Geographischen Instituts der Universität Kiel, Band XXVIII Heft 2, Kiel 1968.

Wiebe, Dietrich: Das Programm Nord, Fragenkreise 23.532, Paderborn 1979.

Winking, Bernhard (Hrsg.): Studentenwettbewerb Kleikuhle Husum, Hamburg 1996

Abbildungsnachweis

1. Die Vorgängerkreise von Nordfriesland/Wenk 1968, S. 262.
2. Plan der Stadt Husum 1900/Borzikowsky 1993, S. 51.
3. Karte zur Übervölkerung Schleswig-Holsteins/ Jastrow 1978, S. 25.
4. Lager in Husum, Jastrow 1978/S. 84.
5. Der Viehmarkt auf der Neustadt/Hoffmann 1991, S. 74.
6. Die Kreisverwaltung von Nordfriesland/ Hoffmann 1991, S.75.
7. Das Osterende mit Ulmenallee/Borzikowsky 1993, S. 137.
8. Das alte Rathaus mit der Fassade von 1892/ Borzikowsky 1993, S.90.
9. Die heutige Ansicht des alten Rathauses/privat.
10. Das Altdeutsche Haus/Hoffmann 1991, S.44.
11. Sparkasse Nordfriesland/Hoffmann 1991, S.79.
12. Die Wasserreihe/privat.
13. Fassaden in der Krämerstraße 1998/privat.
14. Die Schiffsbrücke 1998, privat.
15. Die alte Schloßschmiede/Borzikowsky 1993, S. 161.
16. Das alte Torhaus, Hoffmann 1991, S. 38.
17. Das neue Rathaus, privat.
18. Husumer Stadtplan von 1998, der die Baugebiete seit 1945 ausweist/Stadtbauamt Husum 1998.
19. Straßenverzeichnis Husum/Stadtbauamt Husum 1998.

»Die bestaufgeräumte Stadt Deutschlands« (Andreas Gayk)

Finanzierung von Wohnungsnotbekämpfung und sozialem Wohnungsbau in Kiel nach 1945

Gritje Mertens

Nach Schätzungen des Stadtbauamtes sollte es 25 bis 30 Jahre dauern, um »bei fortlaufend glatter Bautätigkeit den verlorenen Raum zu ersetzen« und Kiel wieder aufzubauen.[1] Damit sich die Wohnungsnot in der Landeshauptstadt nicht noch vergrößerte, setzte die britische Militärregierung ab Juni ein absolutes Zuzugsverbot in Kraft. Davon waren sogar Kieler betroffen, die sich nur während der letzten Luftangriffe aus der Stadt in Sicherheit gebracht hatten.[2] Die enormen Wiederaufbauleistungen, die die Stadt nach dem Krieg erwarteten, warfen gerade in den ersten Jahren fast unüberwindliche Probleme auf.

Dieser Beitrag soll am Beispiel der Stadt Kiel die Schwierigkeiten aufzeigen, die der Wiederaufbau mit sich brachte, und die Möglichkeiten darlegen, die der Stadt zur finanziellen Bewältigung des Aufbaus zur Verfügung standen. Die Darstellung ist inhaltlich in die Zeit vor und nach der Währungsreform eingeteilt, da sich mit der Neuordnung des Geldwesens die Voraussetzungen für baulichen Maßnahmen gravierend änderten.

Die Finanz- und Baulage in Kiel vor der Währungsreform

Nach der totalen Zerstörung durch den Zweiten Weltkrieg wurden den Kieler Bürgern enorme Aufbauleistungen abverlangt. Der Zeitraum vor der Währungsreform ließ jedoch kaum Möglichkeiten zur effektiven Verbesserung des Nutzungszustandes der ohnehin nur noch spärlich vorhandenen Wohnungen und zum Wiederaufbau der verloren gegangenen Kulturstätten offen.

Alle Wiederaufbaumaßnahmen vor der Währungsreform waren in Ausdehnung und Wirkung beschränkt. Vor allem der Mangel an Baumaterial ließ keine wirksame Schadensbeseitigung zu. Für die Herstellung von Zement, Kalk, Ziegelsteinen, Ton- und Glaswaren sowie von Metallteilen wurde Kohle benötigt. Diese jedoch wurde durch die alliierte Kontrollkommission streng bewirtschaftet, da in Schleswig-Holstein noch nicht einmal genug Kohle vorhanden war, um die notdürftig instandgesetzten Wohnungen ausreichend zu beheizen.[248]

Ursache für die unzureichende Versorgung der Bevölkerung mit dem wichtigen Brennmaterial war nicht etwa der Mangel an Rohstoff. In diesen Jahren wurde die Kohleförderung im Ruhrgebiet sogar besonders forciert, doch es gab nicht genügend Eisenbahnwaggons, Lokomotiven und Schiffsraum, um sie in andere Regionen zu schaffen. Außerdem waren die meisten Schienennetze im südlichen Teil der britischen Zone ohnehin zum Großteil zerstört, ebenso wie viele Brücken, deren Trümmer gleichzeitig die Wasserstraßen unpassierbar machten. Auch der Kohlentransport mit Lastkraftwagen war infolge des Treibstoffmangels und der folglich knappen Zuteilung des bewirtschafteten Gutes nicht durchführbar.[4] Bereits gefertigtes Baumaterial konnte ebenfalls kaum nach Schleswig-Holstein gelangen. Der Transport von Baustoffen über den Schienenweg stand noch 1947 erst an 14. Stelle in der von der britischen Besatzungsmacht festgelegten Dringlichkeitsfolge.[5] Der Leiter des Kieler Stadtbauamtes Herbert Jensen bezeichnete die Transportfrage entsprechend als »Schlüssel für alle Aufbaumaßnahmen«.[6] Auch Holz als Baustoff war knapp. Die Alliierten begannen nach Kriegsende mit der Ausführung von Bauholz, um über ausreichend Material für den Wiederaufbau der eigenen zerstörten Städte zu verfügen. Entsprechend konnte der Bedarf der Schleswig-Holsteiner nicht befriedigt werden. In Kiel experimentierten die Verantwortlichen mit dem Einsatz von Ersatzrohstoffen. Das kostete zusätzlich Geld und Zeit, da nicht alle Experimente sich als brauchbare und dauerhafte Lösungen erwiesen.[7]

Weiterhin fehlte es an qualifizierten Arbeitskräften. Während der letzten Kriegsjahre war kaum noch professionell ausgebildet worden, viele Facharbeiter waren im Krieg gefallen.[8]

Erschwerend kam die katastrophale Ernährungslage in Schleswig-Holstein hinzu. Die schlechten Ernteerträge hatten dazu geführt, daß die Normalverbraucherrationen Ende August 1945 auf etwa 1.200 Kalorien pro Tag gesunken waren. Das entsprach nicht einmal der von der britischen Militärregierung festgesetzten Mindestration von rund 1.550 Kalorien.[9] Die Unterernährung verursachte ein entsprechendes Absinken der Arbeitsfähigkeit der Menschen. Auch die folgenden Jahre brachten kaum Besserung. Die Ernten fielen zwar besser aus, die Vorräte aus den Erträgen reichten jeweils jedoch nur knapp bis zum nächsten Jahr. Die Bewirtschaftung von Lebensmitteln konnte erst am 31. März 1950 endgültig beendet werden.[10]

Finanziell stand Kiel ebenfalls nicht gut da. Für die Stadtverwaltung fielen nach der Kapitulation am 8. Mai 1945 wichtige Einnahmequellen weg. Sie erhielt keine Reichsbeihilfen mehr. Die von Hitler während der Kriegsjahre zugesicherte Zahlung von Kriegsschäden an die Städte wurde per Gesetz der britischen Militärregierung am 1. Oktober 1945 verboten.[11] Die Auflösung der zentralen Reichsverwaltung führte zu rückläufigen Einnahmen aus der Gewerbesteuer, da die Zuweisungen nun der Höhe des örtlichen Aufkommens entsprechen sollten, das in Kiel wegen der starken Zerstörung und der Stillegung der Rüstungsbetriebe auf einen Bruchteil gesunken war. Die Stadtwerke und die Kieler Verkehrs-AG konnten aufgrund von Betriebsstörungen keine Konzessionsaufgabe ausführen. Die Steuereinnahmen blieben schließlich sogar noch unter den im Haushaltsplan veranschlagten Beträgen zurück.[12] Dabei stand die Stadt vor einer Reihe von Aufgaben, zu deren Durchführung erhebliche Geldmittel benötigt wurden.

Maßnahmen für den Wiederaufbau in Kiel

In den ersten Nachkriegsjahren ging es zunächst um die Ausführung der wichtigsten Arbeiten. An erster Stelle stand hierbei die Trümmerräumung, um überhaupt Platz für den Wiederaufbau zu schaffen. Neben den gewerblichen Aufräumdiensten mußte die Beseitigung der rund 5 Millionen Kubikmeter Trümmermassen in Kiel von ehrenamtlichen Helfern bewältigt werden, die höchstens durch eine bevorzugte Zuteilung von Wohnraum oder durch zusätzliche Nahrungs- und Kleidungsbezugsrechte entlohnt wurden.[13]

Interessant ist der Vergleich des Kostenaufwandes. Die Beseitigung von einem Kubikmeter Schutt des gewerblichen Aufräumdienstes kostete die Stadt im ersten Jahr zwischen 10–12 Reichsmark (RM) und konnte 1946 auf 8,50 RM gesenkt werden.[14] Die Beseitigung der gleichen Schuttmasse durch ehrenamtliche Trümmerräumer kostete die Stadt dagegen lediglich 3 RM für die Bereitstellung von Gerätschaften, Fahrzeugen und für die Verwaltung der Dienststelle des Ehrenamtlichen Aufräumdienstes.[15] Den Hauptteil der entstandenen Kosten bei der gewerblichen Räumung machten demnach die Personalkosten aus. Hieraus resultiert die enorme Wichtigkeit der freiwilligen Helfer beim Wiederaufbau, zumal nicht nur Personalkosten eingespart, sondern gleichzeitig auch wiederverwertbare Baustoffe geborgen wurden, die einen nicht unbeträchtlichen Wert darstellten. Allerdings war der Eifer der Kieler, sich ohne Entlohnung an der Trümmerräumung zu beteiligen, nicht immer sehr groß. Die Stadt mußte oft das fehlende Engagement ihrer Bürger beklagen, sich den freiwilligen Truppen anzuschließen.[16] Dennoch schaffte es Oberbürgermeister Andreas Gayk in kurzer Zeit, Kiel zur »bestaufgeräumten Stadt Deutschlands«[17] zu machen.

Organisiert wurden die Aufräumarbeiten durch die Trümmerabteilung des Stadtbauamtes. Sie war mit der Aufgabe betreut, eine Erhebung der Trümmergrundstücke aufzustellen, die Aufräumung in die Wege zu leiten und die Bergung noch verwendbarer Baustoffe zu organisieren. Sie wurde später von der Stadt durch die Errichtung einer Trümmeraufbereitungsanlage im Grasweg unterstützt.[18] Tatsächlich wurde ein Großteil der geborgenen Baustoffe wieder verwertbar gemacht, wie aus der folgenden Auflistung für das Jahr 1946 ergeht.

Mit dem unverwertbaren Schrott wurden Geländeerhöhungen oder -aufschüttungen unternommen. So wurde zum Beispiel die neue Uferstraße vom Seegarten zur

Höhe der Wiederverwendung der in Kiel geborgenen Baustoff 1946

	Ziegelsteine (in Kubikmeter)	Holz (in Kubikmeter)	Nutzeisen (in Tonnen)	Schrott (in Tonnen)
Geborgen	20.000.000	500	3.000	2.400
Verwendet	15.000.000	500	1.195	30

Reventloubrücke aufgeschüttet und das Ufer des Kleinen Kiels neu gestaltet.[19] Ein beträchtlicher Teil der geborgenen Baustoffe wurde in die umliegenden Gemeinden verkauft,[20] um den städtischen Haushalt aufzubessern.[21] Die Einnahmen aus dem Verkauf flossen erneut dem Wiederaufbau zu. Die Erlöse standen jedoch in keinem Verhältnis zu den hohen Bergungskosten.

Bei der Kieler Bevölkerung, die vor den Trümmern ihrer Häuser saß, stieß die Maßnahme überdies auf Unmut. Für private Wiederaufbaumaßnahmen wurden den Einwohnern kaum Baustoffe zur Verfügung gestellt, da diese in Kiel einer strengen Bewirtschaftung durch die Verwaltung unterlagen. Bürger, die eine Genehmigung und finanzielle Förderung für Instandsetzungen brauchten, mußten eine schier endlose Reihe deutscher und britischer Prüfungsinstanzen durchlaufen, bis ihnen das benötigte Baumaterial und eine in Raten ausgezahlte Finanzierungshilfe zugesprochen werden konnte. Der Bewilligung von Zuschüssen ging die Prüfung der Vermögenslage des Antragstellers voraus, dann folgten die Bearbeitung durch Sachbearbeiter und Schätzungsstelle und die Bewilligung durch die Heimstätte Schleswig-Holstein GmbH, die später in die Landestreuhandstelle für Wohnungs- und Kleinsiedlungswesen umgewandelt wurde.[22] In den meisten Fällen mußten die Gesuche ohnehin abgelehnt werden. Private Neubauten wurden in Kiel bereits seit dem 5. Februar 1946 überhaupt nicht mehr genehmigt. Diese Bausperre bestand noch bis 1947 fort.[23]

Bei den übrigen Neubauten und Wiederaufbaumaßnahmen legte die britische Militärregierung die Reihenfolge entsprechend der Dringlichkeit der Vorhaben fest. Nach Bauvorhaben zur Befriedigung der eigenen militärischen Bedürfnisse folgten Arbeiten zur Wiederherstellung der Verkehrsinfrastruktur wie Straßenausbesserungen, Kanalisationsarbeiten, um den befürchteten Ausbruch von Seuchen zu verhindern, Maßnahmen zur Versorgung der Bevölkerung mit Wasser und Strom und die Wiederherstellung medizinischer Einrichtungen. Als Ausführungsorgan der britischen Anordnungen fungierte das Stadtbauamt.[24] Zu dessen ersten Aufgaben zählten neben den oben aufgeführten Arbeiten vor allem die Organisation von Instandsetzungsarbeiten, um den vorhandenen Wohnraum schrittweise wenigstens winterfest zu machen. Hierbei war das Stadtbauamt zum Teil auf die Selbsthilfe der Einwohner und eigenständig geborgenes Baumaterial angewiesen, um die Kosten so gering wie möglich zu halten und den Prozeß zu beschleunigen.

Außerdem wurde der Beginn von Bauarbeiten am Rathaus, dem Städtischen Krankenhaus, an verschiedenen Barackenlagern für Flüchtlinge und einigen Lebensmittel produzierenden Betrieben genehmigt. Bei Bauvorhaben für Kulturzwecke standen Schulen, das Theater, Kinos, Zeitungen, Druckereien und die Universität, die zunächst provisorisch im Gebäude der früheren Rüstungsfirma »Electroacustik« untergebracht worden war, im Vordergrund.[25] Den Maßnahmen waren jedoch immer Grenzen gesetzt. Jensen kritisierte noch 1947 den schlechten kulturellen Zustand der Stadt, der allein schon dadurch offenbar werde, daß »es nicht eine einzige heile Kirche in Kiel«[26] gebe.

Als Folge der Bewirtschaftung des Baumaterials begannen einige Bürger, »schwarz« zu bauen. Sie warteten nicht die Genehmigung der jeweiligen Behörden ab, sondern beschafften sich das nötige Baumaterial auf illegalem Weg und bebauten Flächen, die nicht offiziell zum Bebauen freigegeben waren. Die gesetzliche Grundlage für die Bestrafung des unerlaubten Bauens wurde erst durch das Baulenkungsgesetz vom 4. Februar 1948 geschaffen. Das Vergehen wurde mit Verwarnungen und Ordnungsstrafen geahndet, in einigen Fällen kam es sogar zu Gerichtsverfahren.[27] Allerdings wurde mit der Währungsreform vom 21. Juni des gleichen Jahres das Problem der Baumaterialbeschaffung nichtig und von Problemen der langfristigen Finanzierung von Bauvorhaben abgelöst.[28]

Die wichtigsten Betreiber des »Wiederaufbaus« in den drei Nachkriegsjahren bis zur Währungsreform waren die Wohnungsbaugenossenschaften. Die Firmen waren durch den Grad der Zerstörungen in Kiel gleichsam betroffen und hätten im einzelnen kaum etwas für den Aufbau bewirken können. Daher schlossen sich die Kieler Genossenschaften und gemeinnützigen Wohnungsunternehmen am 6. April 1946 zu einer Arbeitsgemeinschaft zusammen, deren wichtigste Ziele sich zunächst jedoch auf die Wetterfestmachung des bestehenden Wohnungsbestandes, die Behebung von Bagatellschäden aus Kriegsschädeneinwirkungen und die Vorbereitung des Wiederaufbaus beschränkten. Letzteres war von besonderer Wichtigkeit. Die Planung sollte abgeschlossen sein, damit ohne weiteren Zeitverlust sofort mit dem Aufbau begonnen werden könnte, wenn endlich ausreichend Geld und Material zur Verfügung ständen.[29]

Die Haushaltslage in Kiel

Die Aufwendungen für städtische Instandsetzungsarbeiten und Trümmerräumung waren durch den hohen Zerstörungsgrad Kiels enorm. Sie mußten bis zur Währungsreform aus dem ordentlichen Haushaltsplan übernommen werden. Entnahmen aus Rücklagen konnten der Stadt wirtschaftlich »nicht zugemutet«[30] werden, und die Aufnahme von Anleihen kam in Erwartung der Währungsreform nicht mehr in Betracht.

Die Haushaltslage war deshalb sehr gespannt. Kiel verschuldete sich immer stärker. Die bereits geschilderten Einnahmeverluste nach Kriegsende durch den Wegfall der Reichshilfen und den Ausfällen bei der Gewerbe- und der Grundsteuer wirkten sich gravierend auf das folgende Rechnungsjahr aus. Außerdem kamen 1946 weitere Belastungen für die städtischen Finanzen hinzu, die sich wiederum auf das Rechnungsjahr 1947 auswirkten. Die Durchführung der Wahlen und der Entnazifizierungsprozeß schlugen mit zusätzlichen Kosten zu Buche, und die Aufwandserstattung für die Beseitigung von Kriegsschäden aus Mitteln der Landesregierung fielen weg.[31]

Mit einer Erhebung stadteigener Einnahmen konnte nur gerechnet werden, wenn durch das Heranziehen neuer Industriebetriebe wieder eine wirtschaftliche Grundlage geschaffen und die zum Teil noch vorhandenen Anlagen der früheren Schiffbau- und Maschinenindustrie nutzbar gemacht worden wären.[32] Dem wirkte die britische Militärregierung entgegen, die im Rahmen der Entmilitarisierung Deutschlands forciert die Demontage betrieb.

PROBLEME UND FINANZIERUNGSMASSNAHMEN DES WIEDERAUFBAUS IN KIEL NACH DER WÄHRUNGSREFORM

Für den Wiederaufbau der deutschen Städte kam erschwerend hinzu, daß die wirtschaftliche Lage nicht nur in Deutschland, sondern auch in den anderen europäischen Ländern katastrophal war. Die Situation veranlaßte die USA 1947/48 zur Planung des European Recovery Programs, des Europäischen Wiederaufbauprogramms, besser unter dem Namen Marshallplan bekannt. Das Programm sah eine auf vier Jahre begrenzte US-amerikanische Dollarhilfe vor, mit der in enger wirtschaftlicher Zusammenarbeit der beteiligten Länder eine Steigerung der Produktion, eine Ausweitung des Handels und vor allem die Beseitigung des europäischen Zahlungsdefizits gegenüber den Dollargebieten erreicht werden sollte.[33]

Um die westlichen Zonen Deutschlands an diesem Programm teilhaben lassen zu können, war zunächst eine Bereinigung ihrer Währungssituation nötig. Durch die Kriegswirtschaft im Dritten Reich waren immense Geldmengen vorhanden, denen nur ein Minimum an Waren gegenüberstand. Die Währungsreform wurde am 20./21. Juni 1948 in Westdeutschland durchgeführt und die Reichsmark durch die Deutsche Mark ersetzt. Die Marktlage in Deutschland änderte sich schnell. Mit dem Handelsaufschwung, den der Marshallplan allmählich mit sich brachte, wandelte sich auch die Situation für den Wiederaufbau deutscher Städte.

Die Finanz- und Baulage in Kiel unmittelbar nach der Währungsreform

In der ersten Zeit nach der Währungsreform ging es in der schleswig-holsteinischen Bauwirtschaft trotz der verbesserten Marktlage nicht sofort aufwärts. Das Problem des Baustoffmangels wurde abgelöst durch die Frage der langfristigen Finanzierung des Wiederaufbaus.

Sowohl öffentliche als auch private Barmittel waren zu knapp vorhanden. Die unzähligen Flüchtlinge und Heimatvertriebenen verfügten kaum über Besitz. Die übrige Bevölkerung verlor viel Geld durch die Entwertung sämtlicher Spargutguthaben im Verhältnis 100:6,5. Sonstige Verbindlichkeiten wurden im Verhältnis 10:1 getauscht. Nur die Besitzer von Grundflächen oder Häusern, die nicht von den Kriegszerstörungen betroffen waren, erlitten keinen gravierenden Verlust. Der Kapitalmarkt lag noch brach.[34]

Die Stadtverwaltung verfügte 1948 bis zur Währungsreform wieder über einen ordentlichen und einen außerordentlichen Haushalt. Entnahmen aus Rücklagen waren demnach unter besonderen Voraussetzungen wieder möglich. Die Aufräumungs- und Wiederaufbaukosten mußten allerdings weiterhin aus dem ordentlichen Haushalt getragen werden, da die Stadt, gemessen am Umfang der Zerstörung, nicht über ausreichende außerordentliche Finanzierungsmittel verfügte. Erstmals wurden im Haushaltsplan neben den Erlösen aus dem Verkauf von geborgenen Baustoffen auch Erstattungen der Landesregierung für die Trümmerbeseitigung aufgeführt.[35] Obwohl die anfallenden Verwaltungskosten von der Landestreuhandstelle ersetzt wurden, waren dennoch die veranschlagten Ausgaben für den Wiederaufbau wesentlich höher als die Einnahmen.

Mit der Umstellung des Geldwesens änderte sich der Haushalt allerdings grundlegend. Die Stadt verfügte wegen des von der britischen Militärregierung gesetzlich geforderten Haushaltsausgleichs über keinerlei Barrücklagen und Kassenbestände mehr.[36]

Da die Zuschüsse des Landes nach der Währungsreform stark gekürzt worden waren, mußte ein neuer Bewirtschaftungsplan für den Kriegsschädenhaushalt aufgestellt werden. Die Stadtverwaltung fühlte sich bei der Bewältigung des Wiederaufbaus von der Landesregierung finanziell im Stich gelassen.

In der Haushaltssatzung von 1949 wurde beklagt, daß sich schließlich im Haushaltsplan »das Bild einer Stadt wider-[spiegelt], die, wie kaum eine andere, schwerstens um den Neuaufbau ihrer durch Kriegseinwirkungen und Kriegsfolgen zerstörten wirtschaftlichen Grundlagen zu ringen hat.«[37] Nicht einmal die Aufbesserung der städtischen Finanzen durch Steuererhöhungen kam in Frage, da Kiel bereits die höchsten Hebesätze in ganz Schleswig-Holstein hatte. Die Kürzung der Landesmittel brachte in den folgenden Jahren erhebliche Einsparungen bei der Trümmerräumung zugunsten der Finanzierung des dringend nötigen Wiederaufbaus mit sich. Zu diesem Zeitpunkt lagen immer noch 3,3 Millionen Kubikmeter Schutt in der Stadt. Die wichtigsten Aufbaugebiete waren jedoch von Trümmern geräumt. Das gesamte Altstadtgebiet und die Holtenauerstraße sowie das Gebiet um den Vinetaplatz in Gaarden waren für den Wiederaufbau vorbereitet. Nach der Streichung der Landesmittel konzentrierte sich die Freiräumung auf verstreut liegende Einzelgrundstücke, die für den Wiederaufbau vorgesehen waren.

Mit Beginn der Bautätigkeit kam es jedoch verstärkt zu Eigeninitiativen von privaten Bauherren und Grundstücksbesitzern, die Beseitigung von Schutt selbst zu finanzieren und durchzuführen. Bei Vereinen setzte die Stadt ebenfalls auf die Selbstinitiative der Mitglieder, zum Beispiel bei der Freiräumung von Sportplätzen.[38]

Baumaterial war in Kiel auch nach der Währungsreform noch kurze Zeit nur knapp vorhanden und wurde bewirtschaftet. Nach Aufhebung der Bewirtschaftung am 1. Juli 1948 setzte eine Preiserhöhung für Baustoffe ein. Die Lage auf dem Markt entspannte sich allmählich. Das war allerdings vor allem auf die immer noch eingeschränkte Bautätigkeit zurückzuführen. Die Finanzkraft der Bevölkerung reichte wegen Kreditmangels nicht aus, um sich größere Bauvorhaben leisten zu können. Bauvorhaben wurden nach dem bautechnischen Erlaß der Stadt Kiel vom 21. Juli 1948 ohnehin nur freigegeben, wenn die Finanzierung gesichert war.[39]

Die Nachfrage nach den meisten Holzsorten, nach Zement, Hintermauersteinen, Abbruchsteinen und Bauplatten konnte nach dem 1. Juli befriedigt werden. Für Vormauersteine, Kalk, Dachpappe und Glas bestanden aber noch Lieferfristen zwischen einem bis vier Monaten.[40]

Richtlinien und gesetzliche Grundlagen der Wohnungsbauförderung in Schleswig-Holstein

Der Wiederaufbau nahm nach der Währungsreform allmählich konkrete Formen an. Auf die theoretische Planungsarbeit der Vorjahre sollte nun endlich die praktische Umsetzung erfolgen. Bei der schlechten Finanzlage war jedoch offensichtlich, daß ohne Wohnungsbauförderung nur wenige Bauherren die Möglichkeit haben würden, ihre Projekte zu realisieren. Bereits am 5. Juli 1948 gab das Ministerium für Umsiedlung und Aufbau einen Erlaß über die Förderung der Kleinsiedlung in Schleswig-Holstein heraus. Der Beschluß leitete zunächst die Vorbereitung von rund 5.000 Kleinsiedlerstellen und die sofortige Inangriffnahme von 200 Stellen in Schleswig-Holstein ein. Es sollten besonders Projekte gefördert werden, bei denen der Einsatz von Selbsthilfe in der Bevölkerung gewährleistet war. Ebenfalls bevorzugt wurden Objekte, die die Ansiedlung von Facharbeitern in der Umgebung wichtiger Wirtschaftsbetriebe vorsahen, um somit die Möglichkeiten zur Herstellung lebenswichtiger Güter zu verbessern.[41]

Das System, nach dem die Landesregierung die öffentlichen Mittel für den Wiederaufbau verteilte, richtete sich insgesamt nicht nach dem damals festgestellten Wohnungsfehlbestand, sondern nach dem für die Zukunft erwarteten Wohnungsbedarf. Dem lagen Untersuchungen über die wirtschaftliche Tragfähigkeit der Städte und Gemeinden und die geschätzte Anzahl der Dauerbevölkerung zugrunde.[42]

Anfang November 1948 wurde im sogenannten Trümmergesetz dann die finanzielle Beihilfe aus Landeshaushaltsmitteln für die Trümmerbeseitigung festgelegt, die bereits zuvor an die Stadtverwaltungen abgegeben worden war. Neu war nur, daß die Gemeinden darin direkt verpflichtet wurden, die Aufräumung von zerstörten Grundstücken und die Fortschaffung und Verwertung der Trümmer zu regeln. In den meisten Gemeinden war mit der Schuttbeseitigung schon vor der gesetzlichen Aufforderung begonnen worden. In Kiel war die Räumung sogar zu beachtlichen Teilen erfolgt.

Am 24. November 1948 erließ das Ministerium für Umsiedlung und Aufbau allgemeine Richtlinien über die Förderung der Instandsetzung und des Wiederaufbaus von kriegsbeschädigten Gebäuden. Für die Beseitigung von Kriegsschäden an kreis- und gemeindeeigenen Grundstücken sollten spezielle Fördergelder aus Haushaltsmitteln zur Verfügung gestellt werden. Zwei Tage später, am 26. November, erweiterte das Ministerium für Umsiedlung und Aufbau die Richtlinien für Fördermaßnahmen auf den Bereich der Wohnungs- und Kleinsiedlungsneubauten. Angesichts der großen Wohnungsnot wurde geraten, sich um eine möglichst sparsame Ausführung der Gebäude zu bemühen, um den Bau zu beschleunigen. Zum Teil wurde die Hausform vorgeschrieben, um zu erreichen, daß Wohnungen mit dem geringstmöglichen Kostenaufwand erstellt werden würden.[43]

Die Höhe des öffentlichen Darlehens wurde aufgrund der Wirtschaftlichkeitsberechnung des jeweiligen Bauvorhabens bemessen. Hierbei wurde der zu erwartende Mietrichtsatz zugrunde gelegt, der ohnehin staatlich vorgeschrieben war, da Fördermittel zu diesem Zeitpunkt nur für Bauherren bewilligt wurden, die die Berechnung von sozial tragbaren Mieten planten.[44] Als Eigenkapital sollten mindestens zehn Prozent der Gesamtkosten aufgebracht werden. Die öffentlichen Mittel entstammten größtenteils aus den Umstellungsgrundschulden oder aus echten Landesmitteln. Die Zinsrückflüsse aus den vergebenen Darlehen wurden erneut in die Vergabe von Baudarlehen investiert.

Die Richtlinien blieben bis zum Erlaß des »Schleswig-Holsteinischen Gesetzes zur Förderung des Wohnungs- und Kleinsiedlungsbaus« vom 31. März 1950 in Kraft. Mit diesem erhielt der öffentlich geförderte Wohnungsbau, der in Schleswig-Holstein eine überragende Rolle spielte, seine gesetzliche Grundlage, die weitgehend auf den Förderungsrichtlinien der vorigen Jahre basierte.

Das Gesetz erweiterte jedoch das Spektrum der Finanzierungsmittel. Erstmals wurden die Fördermittel des Landes durch Bundeshaushaltsmittel aufgestockt.[45] Außerdem wurden in dem Gesetz neben der Aufnahme von privaten Darlehen bereits öffentliche Bürgschaften als Möglichkeit vorgesehen, Kapitalmarktmittel zur Finanzierung des Wiederaufbaus einzusetzen. Praktisch umsetzbar wurde diese Idee allerdings erst nach einem Erlaß vom 7. Juli 1953, der die Voraussetzungen und Bedingungen für eine Bürgschaftsübernahme detailliert regelte.[46] Danach konnte die Übernahme der Bürgschaft sowohl neben der Förderung mit öffentlichen Mitteln als auch unabhängig davon erfolgen. Die betreffenden Bauherren mußten sich verpflichten, den von der Landestreuhandstelle – als Ausführungsorgan des öffentlich geförderten Wohnungsbaus – festgesetzten Mietrichtsatz nicht zu überschreiten.

Die staatliche Förderungstätigkeit bestand nicht nur in der Bereitstellung öffentlicher Mittel und dem Heranziehen von Kapitalmarktmitteln. Zum Teil versuchte das Land, im Bereich der Steuern den Wiederaufbau zu vereinfachen und den Kapitalfluß zu verstärken. Im Gesetz vom 31. März 1950 wurde zusätzlich die Grunderwerbssteuerbefreiung erweitert und eine Gebührenbefreiung bzw. Gebührenermäßigung beim Wohnungsbau gewährt. Außerdem lockte das Land ab 1950 Unternehmer mit dem Angebot, Geld in Form von Zuschüssen oder unverzinslichen Darlehen für die Förderung des sozialen Wohnungsbaus zu geben, um somit ihren steuerpflichtigen Gewinn zu vermindern und entsprechend weniger staatliche Abgaben zahlen zu müssen.[47]

Exkurs: Die Landestreuhandstelle für Wohnungs- und Kleinsiedlungswesen

Die Landestreuhandstelle in der Landeshauptstadt Kiel war das schleswig-holsteinische Zentralorgan für die organisatorische Durchführung der Wohnungsbauprogramme des Landes und ihrer Finanzierung. Schon 1947 hatte die Landesregierung Schleswig-Holsteins den Beschluß gefaßt, die Heimstätte Schleswig-Holstein zur Landestreuhandstelle für Wohnungs- und Kleinsiedlungswesen umzugestalten. Doch erst durch das Bauförderungsgesetz vom 31.3.1950 erhielt die Landestreuhandstelle den Status als »Körperschaft des öffentlichen Rechts und als Organ der staatlichen Wohnungspolitik«.[48] Der Aufgabenbereich der Wohnungskreditanstalt bestand in der praktischen Umsetzung finanz- und wohnungspolitischer, bauwirtschaftlicher, bautechnischer und organisatorischer Fragen. Die Gründung der Wohnungsbaukreditanstalt war in Schleswig-Holstein dringend erforderlich, da in diesem Land weder nennenswerte Realkreditinstitute noch große Versicherungskonzerne oder Sozialversicherungsträger ansässig waren, die die erforderlichen Mittel für den Wiederaufbau zur Verfügung hätten stellen können.[49]

Die Landestreuhandstelle war nicht nur befugt, die Vergabe von öffentlichen Darlehen und Zuschüssen aus Haushaltmitteln im Rahmen der Staatshilfe zu bewilligen und zu verwalten. Sie konnte ebenso Mittel aus dem privaten Kapitalmarkt zur Förderung des Wohnungsbaus aufnehmen und zu den von den Geldgebern geforderten Bedingungen weiterreichen. Letzteres wurde sogar besonders forciert, da durch den Einsatz von Kapitalmarktmittel der Einsatz öffentlicher Mittel gesenkt werden sollte. [50]

Die Entwicklungstendenzen wiesen deutlich auf das Ziel der Durchsetzung marktwirtschaftlicher Grundsätze bei der Wohnungsbaufinanzierung hin. Um eine Überbeanspruchung der öffentlichen Wohnungsbaumittel durch überhöhte Baukosten zu verhindern, lag es ebenso im Aufgabenbereich der Landestreuhandstelle, Bau- und Finanzberatungsgespräche mit den Bauherren zu führen, Beispielsbauten zu fördern und neue Bauarten zu erproben, um eine effektive und kostengünstige Bauweise zu gewährleisten. Ihr oblag auch die ständige Kontrolle der Baupreise sowie die Beobachtung der Bauausführung bezüglich ihrer Übereinstimmung mit dem jeweiligen Darlehensantrag. [51] Zur Durchführung der Aufgaben unterhielt die Landestreuhandstelle neben dem Hauptsitz in Kiel noch sechs weitere Außenstellen in Schleswig-Holstein als örtliche Ausführungsorgane für bestimmte Aufgabenbereiche.

Der Beginn der Bautätigkeit in Kiel

Die Wohnungsgenossenschaften zählten zu den ersten Bauherren, die den Wiederaufbau der Stadt in Angriff nehmen konnten. Bereits vier Wochen nach der Währungsreform waren die ersten Projekte im Bau, deren Konzeption in der unmittelbaren Nachkriegszeit fertiggestellt worden war, als die Wohnungsgenossenschaften durch den Mangel an Baustoffen zur Untätigkeit gezwungen waren. Baumaßnahmen sozialer Struktur standen im Vordergrund. Hierzu gehörten unter anderem preiswerte Wohnungen für leistungsschwache Bürger, Wohnungen im Rahmen des Barackenräumungsprogramms und des Programms für Sowjetzonenflüchtlinge sowie Rentnerheime.

Die Wohnungen sollten dem sozialen Wohnungsbau gemäß zum Selbstkostenpreis ohne jegliches Gewinnstreben vermietet werden. Bis 1952 lagen die Mietpreise für Wohnungen der gemeinnützigen Wohnungsunternehmen auch tatsächlich zum Teil weit unter einer DM pro Quadratmeter. Den größten Anteil an der Aufbauleistung der Wohngenossenschaften in der Zeit nach der Geldneuordnung hatte die städtische Kieler Wohnungsbau GmbH. [52]

Doch auch außerhalb der Wohngenossenschaften kam es allmählich zu städtischen Wiederaufbaumaßnahmen. Anfang Oktober 1948 lief ein Notprogramm für die Stadt Kiel an. Die Landesregierung sagte der Stadt aus Mitteln des kleinen Lastenausgleichs und als Vorgriff auf die Haushaltmittel des Rechnungsjahres 1949/50 einen Betrag von 5 Millionen DM zu. Das Geld sollte für die Vergabe von Aufbaufinanzierungs-hilfen verwendet werden und war eine enorme Hilfe bei der Beschleunigung des Wiederaufbaus in Kiel.

Negativ wirkten sich allerdings die kurz darauf erlassenen, bereits erwähnten Förderrichtlinien des Ministeriums für Umsiedlung und Aufbau vom 24. November 1948 aus, die auch für die Notprogramme in Kiel galten und eine wesentliche Kostenmehrbelastung der Aufbaufinanzierung zur Folge hatten. Jeweilige Anträge mußten nun mit allen für eine normale Hypothekenbeleihung erforderlichen Unterlagen eingereicht und ordnungsgemäße Rentabilitätsberechnungen erstellt werden. Dadurch sollte die Landestreuhandstelle in die Lage versetzt werden, gemäß den entsprechenden Richtlinien die beantragten Mittel in mit fünf Prozent verzinsliche Darlehen für die rentierlichen Kosten und unverzinslichen Darlehen für die unrentierlichen Kosten aufteilen zu können.[53]

Wesentliche Mehrarbeiten für die Verwaltungen brachten auch die durch die Währungsreform ausgelöste Umstellung sämtlicher Darlehen von Reichsmark auf Deutsche Mark im Verhältnis 10:1 und das damit verbundene Gesetz zur Sicherung von Forderungen für den Lastenausgleich mit sich.[54]

Dennoch kamen sowohl das Notprogramm als auch die Umstellungsgrundschulden dem Wiederaufbau zugute. Für die private Bauinitiative war eine Vielzahl von Fördermaßnahmen entwickelt worden. Neben den öffentlichen Mitteln aus den eben erwähnten Umstellungsgrundschulden, Soforthilfeabgaben, realen Steuergeldern und zum Teil aus dem Bundeshaushalt konnten inzwischen auch Mittel aus dem privaten Kapitalmarkt von der Landestreuhandstelle als Wohnungsbaudarlehen vergeben und Bürgschaften übernommen werden. Häufig blieb es nicht bei einer Art der Darlehensaufnahme, sondern es wurde eine Zusammenstellung mehrerer Finanzierungsmöglichkeiten verwandt. Der jeweilige Bauherr reichte seine Anträge bei der Landestreuhandstelle ein, die über die Zu- oder Absage entschied. Die Zuschüsse wurden nach der Währungsreform nur »in Form von dinglich zu sichernden Darlehen«[55] gewährt.

Besondere finanzielle Hilfsprogramme

Einige Leistungen, die für die Finanzierung des Wiederaufbaus in Schleswig-Holstein besonders wichtig waren, werden gesondert aufgeführt. Zu ihnen zählten neben den großen Leistungen der Wohnungsbaugenossenschaften die Mittel aus dem ERP-Programm, die in erster Linie der Flüchtlingshilfe zugute kamen, und das 1950 ins Leben gerufene Selbsthilfeprogramm, das die Eigeninitiative der Siedler anregen sollte.

Fördermittel durch den Marshallplan (European Recovery Program, ERP)

Innerhalb des European Recovery Programs (ERP) organisierten das Landessozialministerium und der Gewerkschaftsbund Schleswig-Holsteins in den Jahren 1949/50 40 Millionen DM, die angesichts der immer noch großen Wohnungsnot einen strafferen Wohnungsbau ermöglichen sollten. Das Land stockte diese Summe mit einem Landesdarlehen in Höhe von 35 Millionen DM auf.

Es war geplant, mit dem Geld in Schleswig-Holstein den Bau von 10.000 Wohnungen zu ermöglichen, die auf möglichst wirtschaftliche Weise unter Ausnutzung aller technischen und organisatorischen Möglichkeiten zu einem extrem niedrigen Preis gebaut werden sollten.[56] Die Wohnungen gehörten ausschließlich zum Programm des sozialen Wohnungsbaus. Sie sollten zum Selbstkostenpreis vermietet werden, was auch hier wiederum durch die Festsetzung des Mietpreises durch den Staat gewährleistet werden sollte.

Schleswig-Holstein bekam das Geld 1950 zugewiesen. Tatsächlich wurden mit den Fördermitteln letztendlich 9.746 Wohnungen für ca. 34.000 Menschen gebaut. Der Mietpreis lag im Schnitt zwischen 80 bis 85 Pfennig je Quadratmeter. Die Wohnungen waren somit vor allem für Familien mit geringem Einkommen geeignet.[57]

In Kiel wurden im Rahmen des ERP-Programms von den gemeinnützigen Wohnungsunternehmen, die als alleinige Träger des Programms auftraten, rund 1.500 Wohnungen erstellt.[58] Sie dienten vor allem der Flüchtlingshilfe und wurden ausschließlich an Orten erbaut, wo die wirtschaftliche Eingliederung der Vertriebenen und Flüchtlinge forciert werden konnte, d.h. die wirtschaftlichen Entwicklungsmöglichkeiten den Menschen entsprechend Aussicht auf Arbeit boten.[59] So entstanden in Kiel das Hochhaus in der Medusastraße und typisierte Geschoßwohnungen in der Kieler Straße in Gaarden.[60]

Das Selbsthilfeprogramm

Mit der durch einen Erlaß des Sozialministeriums Schleswig-Holstein vom 8. Februar 1950 in Gang gesetzten Selbsthilfeaktion sollte die Eigeninitiative in der Bevölkerung zur Errichtung von Eigenheimen und Kleinsiedlungen angeregt werden. Das Sozialministerium beabsichtigte, die Einschaltung von betrieblicher und nicht betrieblicher Selbsthilfe innerhalb des Wohnbauprogramms 1950 besonders zu fördern und für solche Siedlungen zusätzliche Mittel bereitzustellen.[61]

Betreut wurde das Programm durch die Arbeitsgemeinschaft für zeitgemäßes Bauen. Sie entwickelte Methoden, die Selbsthilfe derart zu organisieren, daß einer Vielzahl von Bürgern die Aufbringung von Eigenkapital möglich werden könnte und machte die wohnungssuchende Bevölkerung auf die Möglichkeit der Selbsthilfe aufmerksam.

In Broschüren vermittelte sie technische Tips. Für Selbsthilfegruppen, die sich der Trägerschaft von Gemeinden oder Wohnungsunternehmen unterstellt hatten, wurde eine besondere Beratungsabteilung bei der Landestreuhandstelle eingerichtet. Durch diese bekamen die Siedler Aufstellungen über die möglichen finanziellen Förderleistungen, leicht verständliche Baupläne und technische Spezialgerätschaften. Durch die Selbsthilfe sollten 15 bis 20 Prozent der Gesamtkosten eingespart werden können.[62]

In Schleswig-Holstein wurden aufgrund des Erlasses 3.000 Selbsthilfehäuser fertiggestellt. Das allmähliche Wirtschaftswachstum und der damit verbundene Rückgang der Arbeitslosigkeit ließen die Bereitschaft zur Selbsthilfe jedoch langsam abflauen.

Eine Änderung der Förderungsschwerpunkte in Schleswig-Holstein trat seit Anfang der Fünfziger Jahre ein. Die Finanzierung des Wiederaufbaus durch öffentliche Mittel wurde immer stärker durch den Einsatz von Kapitalmarktmitteln und Bürgschaften ersetzt. In der Wohnungspolitik sollten marktwirtschaftliche Grundsätze durchgesetzt werden.[63]

An erster Stelle stand nicht mehr nur die direkte Wohnungsnotbekämpfung und die Förderung des sozialen Wohnungsbaus der gemeinnützigen Wohnungsunternehmen, wie in den ersten Jahren des Wiederaufbaus. Mit der Verbesserung der Wirtschaftslage im Land wurden auch die Wohnungen größer und besser ausgestattet gebaut.

Die Mieten wurden nach der Auflockerung der staatlich festgesetzten Richtsatzmiete 1953 vielfach angehoben.[64] Das Land ging zu einer verstärkten Förderung von Eigentumsmaßnahmen über, d.h. zu einer Förderung des Baus von Kleinstsiedlungen, Eigenheimen, Eigentumswohnungen und von Wohnungen, die in der Rechtsform des Dauerwohnrechts vergeben wurden.[65] Dafür wurden diverse Sonderprogramme durchgeführt, unter anderem die Eigenheimsondermaßnahmen.[66]

Der Anreiz zum Bauen sollte erhöht, gleichzeitig aber der Subventionsbedarf und der Einsatz der öffentlichen Mittel gesenkt werden. Das versuchte die Landesregierung neben der besonderen Förderung von Selbsthilfe und Eigentumsmaßnahmen durch steuerliche Ermäßigungen wie die Grunderwerbssteuerbefreiung, die Gebührenbefreiung beim Wohnungsbau und Zinsverbilligungsmaßnahmen zu erreichen.[67]

Anmerkungen

1 Jensen 1947, S. 3.
2 Hirschfeld 1995, S. 12.
3 Jensen 1947, S. 4.
4 Ibid., S. 4 und Hirschfeld 1995, S. 23.
5 Jensen 1947, S. 5.
6 Ibid., S. 4.
7 Ibid., S. 4.
8 Verwaltungsberichte der Stadt Kiel 1946, S. 75 und Jensen 1947, S. 5 f.
9 Hirschfeld 1995, S. 17.
10 Ibid., S. 15 ff.
11 Mitteilungen IHK 1947, S. 1 f.
12 Haushaltssatzung der Stadt Kiel für das Rechnungsjahr 1946, S. VI.
13 Hirschfeld 1995, S. 21.
14 In diesen Summen sind allerdings keine Kosten für die Beseitigung von Feuerlöschteichen und Bunkertrümmern, für Mutterbodenbearbeitung, u.ä. enthalten, da diese Arbeiten nur von gewerblichen Aufräumdiensten bewältigt wurden und eine Einberechnung den Kostenvergleich unzutreffend machen würde. Inklusive dieser Maßnahmen lagen die Kosten für die gewerbliche Räumung von 1 Kubikmeter Trümmer 1945 bei 18,84 RM, im folgenden Jahr bei 13,68 RM und 1947 bei 9,88 RM. Vgl. Statistisches Landesamt, Bericht über die Verwaltung und den Stand der Gemeindeangelegenheiten der Stadt Kiel (in der Zeit vom 1. Januar bis zum 31. Dezember 1948, im folgenden: Verwaltungsbericht der Stadt Kiel 1948), S. 182 und Verwaltungsberichte der Stadt Kiel 1946, S. 71.
15 Jensen 1947, S. 21.
16 Ibid.
17 Grieser 1992, S. 410.
18 Ibid.
19 Jensen 1947, S. 10.
20 Grieser 1992, S. 410.
21 Haushaltssatzung der Stadt Kiel für das Rechnungsjahr 1946, S. VIII.
22 Verwaltungsbericht der Stadt Kiel 1948, S. 196 und Schnell, (o.J.), S. 33.
23 Hirschfeld 1995, S. 14.
24 Verwaltungsberichte der Stadt Kiel 1946, S. 70 f. und Hirschfeld 1995, S. 14.
25 Jensen 1947, S. 21 f.
26 Ibid., S. 3.
27 Verwaltungsbericht der Stadt Kiel 1948, S. 175.
28 Haake o.J., S. 7.
29 Klout 1955, S. 24.
30 Haushaltssatzung der Stadt Kiel für das Rechnungsjahr 1947, S. VI.
31 Ibid., S. VI.
32 Ibid., S. VII.
33 Bundesminister für den Marshallplan 1953, S. 19 ff.
34 Schwartz (o.J.), S. 23; ebenso: Bauaufsichtsamt 1949, S. 8.
35 Haushaltssatzung der Stadt Kiel für das Rechnungsjahr 1948, S. VII.
36 Haushaltssatzung der Stadt Kiel für das Rechnungsjahr 1949, S. VII und Bundesminister für den Marshallplan 1953, S. III.
37 Haushaltssatzung der Stadt Kiel 1949, S. VIII.
38 Verwaltungsbericht der Stadt Kiel 1948, S. 176 ff.
39 Ibid., S. 171.
40 Ibid., S. 174 f.
41 Haake (o.J.), S. 16; ebenso: Schwartz (o. J.), S. 27.
42 Schwartz (o.J.), S. 27.
43 Haake (o.J.), S. 16.
44 Ibid.
45 Schwartz (o.J.), S. 24.
46 Ibid., S. 26.
47 Mitteilungen IHK 1947, S. 11.
48 Schnell (o.J.), S. 34.
49 Ibid., S. 36.
50 Ibid., S. 34.
51 Ibid.
52 Klout 1955, S. 25 f.
53 Verwaltungsbericht 1948, S. 196 ff.
54 Bundesminister für den Marshallplan, S. 112 f. und Verwaltungsbericht 1948, S. 196 ff.
55 Verwaltungsbericht 1948, S. 196.
56 Haake (o.J.), S. 17.
57 Ibid.
58 Klout 1955, S. 25.
59 Haake (o.J.), S. 17 und Schwartz, S. 27.
60 Grieser 1992, S. 410.
61 Industrie- und Handelskammer zu Kiel und Flensburg 1950, S. 11.
62 Haake (o.J.), S. 17.
63 Schwartz (o.J.), S. 27.
64 Ibid., S. 26.
65 Ibid., S. 26 f.
66 Ibid., S. 27.
67 Ibid., S. 28.

Bibliographie

Quellen

Bauaufsichtsamt der Landeshauptstadt Kiel: Abriß der Wiederaufbauleistungen Kiels unter Verwendung der statistischen Zahlenwerte der Erhebung kriegsbeschädigter Gebäude und Wohnungen im Jahre 1947 (November) Stand per 31.3.1949 (14. Juni), Kiel 1949.

Bundesminister für den Marshallplan: Wiederaufbau im Zeichen des Marshallplans (1948–1950), Bonn 1953.

Industrie- und Handelskammer zu Kiel und Flensburg: Wirtschaft zwischen Nord- und Ostsee 1950, Kiel 1950. Mitteilungen der Industrie- und Handelskammer zu Kiel, 2. Jahrgang, Folge 2, 10. Februar 1947, Kiel 1947.

Stadt Kiel: Haushaltssatzungen für die Rechnungsjahre 1946–1949, StaK.

Dies.: Verwaltungsberichte, Jahrgang 1946, StaK.

Statistisches Landesamt: Bericht über die Verwaltung und den Stand der Gemeindeangelegenheiten der Stadt Kiel (in der Zeit vom 1. Januar bis zum 31. Dezember 1948), Kiel 1948.

Literatur

Grieser, Helmut: Wiederaufstieg aus Trümmern (1945 bis in die Gegenwart), in: Jensen, Jürgen u. Wulf, Peter: Geschichte der Stadt Kiel, Neumünster 1992, S. 401–456.

Haake, Ulrich: Ein Rückblick auf zehn Jahre Wohnungsbau in Schleswig-Holstein, in: Minister für Arbeit, Soziales und Vertriebene: 10 Jahre Wohnungsbau in Schleswig-Holstein, 1946–1955, Kiel (o.J.), S. 7–21.

Hirschfeld, Markus: Die wirtschaftliche Entwicklung Schleswig-Holsteins in der unmittelbaren Nachkriegszeit. Beiträge aus dem Institut für Regionalforschung der Universität Kiel, Kiel 1995.

Jensen, Herbert: Kiel im Aufbau. Zur Kritik am Aufbau, Hemmungen des Aufbaus, Leistungen für den Aufbau. Eine Denkschrift des Stadtbauamtes in der Schriftenreihe der Stadt Kiel, Kiel 1947.

Klout, Werner: Zehn Jahre Aufbauarbeit, in: Norddeutscher Wirtschaftsverlag: Kiel im Wiederaufbau. Sonderausgabe der Bauwirtschaftlichen Informationen, Rendsburg 1955, S. 24–27.

Schnell, Erich: Die Landestreuhandstelle. Wichtiges Organ der schleswig-holsteinischen Wohnungspolitik. Entstehung und Aufgaben der Landestreuhandstelle für Wohnungs- und Kleinsiedlungswesen, in: Minister für Arbeit, Soziales und Vertriebene: 10 Jahre Wohnungsbau in Schleswig-Holstein, 1946–1955, Kiel (o.J.), S. 33–36.

Schwartz, Heinz: Leistungen und Bedarf im Wohnungsbau in Schleswig-Holstein, in: Minister für Arbeit, Soziales und Vertriebene: 10 Jahre Wohnungsbau in Schleswig-Holstein, S. 23–28.

»Das Ende enger Bebauung, von zu wenig Licht und Luft und von Straßenfronten
ohne Rücksicht auf die Nachbarn« (Herbert Jensen)

Genossenschafts- und Vereinsbauten.
Gestaltungsmängel oder Segen für die Stadt?

Die Rolle der Bauvereine beim Wiederaufbau Kiels und Lübecks

Anne Schaich

In Kiel und Lübeck waren die Zerstörungen des Zweiten Weltkrieges von allen schleswig-holsteinischen Städten am größten. In beiden Städten wurde beim Wiederaufbau stark in die Struktur der Stadt eingegriffen, es wurden sogar große Teile völlig
verändert. Mit diesen Veränderungen im Wohnungsbaubereich und auch mit der
positiven Aufnahme, die sie in Kiel fanden, setzen sich die folgenden Seiten ausein-
ander. Dabei soll der Anteil von Bauvereinen an der Erneuerung untersucht werden.
Auch die praktischen Schwierigkeiten, die sich in den ersten Nachkriegsjahren stellten, sollen berücksichtigt werden.

Nur in Kiel und Lübeck hatten Bauvereine nennenswerten Anteil am Wiederauf-
bau, und für Kiel liegen die meisten Informationen vor. Andere Städte in Schleswig-
Holstein haben nicht so schwere Schäden erlitten, daß Bauvereine, die, besonders in
Flensburg, sehr wohl existierten und aktiv waren, viel Einfluß ausübten.

Es gibt bisher keine Arbeit, die dieses Thema darstellt, daher mußte ausschließlich
auf zeitgenössische Quellen zurückgegriffen werden. Die geringe Relevanz, die dem
Thema »Wohnungswiederaufbau« heute beigemessen wird, steht jedoch in keinem
Verhältnis zu der zeitgenössischen Beurteilung. Gerade mit den praktischen Problemen befassen sich eine ganze Reihe von Veröffentlichungen.[1] Daneben setzen sich
einige Schriften mit den politischen Bedingungen für die Wohnungswirtschaft aus-
einander.[2] Die Bauvereine erlebten in den späten vierziger und den fünfziger Jahren
einen leichten Aufschwung, was auch am zahlreichen Erscheinen von Festschriften in
dieser Zeit ablesbar ist.

Diesen oftmals recht spärlichen Quellen verdankt die Untersuchung beinahe alle
Informationen über die Bauvereine selbst. Quellenkritisch ist zwar anzumerken, daß
sie sehr zeitgebunden im Ton sind und subjektiv die Leistungen der eigenen Organisation herausheben, aufgrund der dünnen Literaturlage spielen sie jedoch eine wich-

tige Rolle in der vorliegenden Arbeit. Daneben dienten als Untersuchungsgrundlage in erster Linie zwei von der Regierung herausgegebene Broschüren.[3] Diese sind ausführlicher und informationsreicher, ebenso wie die der gemeinnützigen Baugesellschaften, die der öffentlichen Verwaltung nahestanden. Die Beschränkung bedingt aber auch eine sehr ungleichmäßige Informationslage, so daß die Auskünfte über die verschiedenen Bauunternehmen unterschiedlich ausführlich ausfallen.

Der behandelte Zeitraum reicht von der Vor(kriegs)geschichte über die Entwicklung der Bauvereine in der unmittelbaren Nachkriegszeit bis in die späten fünfziger Jahre hinein.

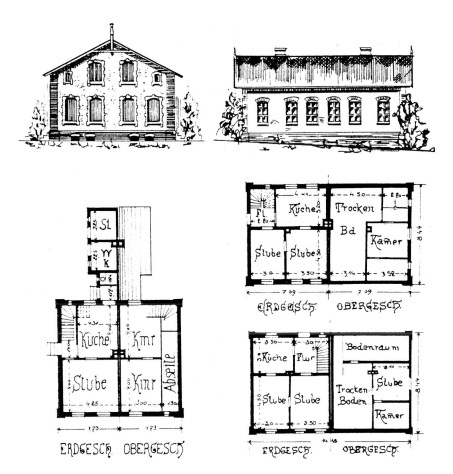

1 *Häuser des Bauvereins in Ellerbek um die Jahrhundertwende.*

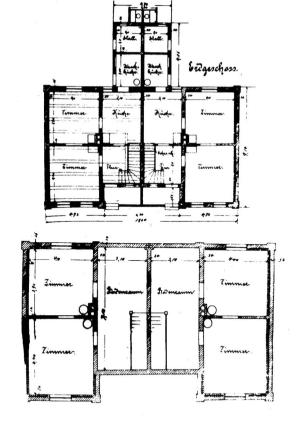

2 *Kiel-Ellerbek Doppel-haus.*

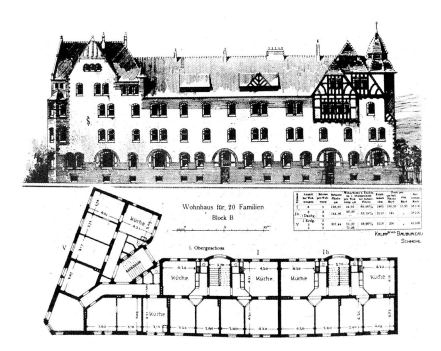

3 *Colonie Kiel-Gaarden, Wohnhaus für 20 Familien.*

Praktische Schwierigkeiten: Die Wohnraumsituation in Schleswig-Holstein nach dem zweiten Weltkrieg

Bei Ausbruch des zweiten Weltkrieges wohnten in Schleswig-Holstein 1.589.000 Menschen in 435.000 Wohnungen.[4] Schon damals herrschte Wohnraummangel, es wurde aber ab 1940 weniger und ab 1943 überhaupt nicht mehr gebaut, weil die meisten öffentlichen Gelder in die Rüstung flossen.[5] Obwohl bereits detaillierte Pläne zum Bauen nach dem Krieg vorlagen, wurde auch dann nicht gebaut.[6] Der Wohnungsbestand verringerte sich in Kiel als Folge des Bombenkrieges um 10%;[7] nach anderen Angaben sogar um 17%.[8] Gleichzeitig strömten 1,2 Millionen Flüchtlinge, Evakuierte und Ausgebombte in das Land, das damit seine Einwohnerzahl beinahe verdoppelte.[9] Schleswig-Holstein lag mit Abstand an der Spitze aller Länder der späteren Bundesrepublik, was die Aufnahme von Flüchtlingen betraf.[10]

Die Ansiedlung der Flüchtlinge wurde zunächst kaum geregelt, so daß es zu einer sehr ungleichen Verteilung kam. In einigen Kreisen wie Segeberg und Eutin übertraf die Zahl der Zuwanderer die der Einheimischen. Dies war insbesondere in den östli-

cheren Kreisen der Fall.[11] Im südlichen Teil Schleswig-Holsteins kamen zu den Ost-
flüchtlingen noch Hamburger, deren Häuser ausgebombt waren, und die in die weniger zerstörten Gebiete aufs Land zogen. Wegen der unausgeglichenen Verteilung
wurde immer wieder eine Zuzugsbeschränkung und Umsiedlung sowohl innerhalb
Schleswig-Holsteins wie im Gebiet der Westzonen gefordert.[12]

Zu den erwähnten Wohnungssuchenden kamen die ausländischen Besatzer, die
Wohnraum für sich beanspruchten.[13] Sie erhielten oft große repräsentative Gebäude,
in denen man eine größere Anzahl Flüchtlinge hätte unterbringen können. Offenbar
waren auch einige Wohnungen, die durchaus brauchbar gewesen sein müssen, als
gewerbliche Räume zweckentfremdet. Die Broschüre »Kleines Land – große Sorgen«
nennt dazu für 1946 die Zahl von 54.000, die sich 1949 um gut die Hälfte verringerte.[14] Die Menschen wurden in allen denkbaren Ersatzräumen untergebracht. Schulen, Tanzsäle, Gartenlauben, Keller, Dachböden und entfestigte Bunker waren nach
dem Krieg bewohnt,[15] denn die für Flüchtlinge vorgesehenen Baracken und die sogenannten »Nissenhütten« reichten bei weitem nicht aus.

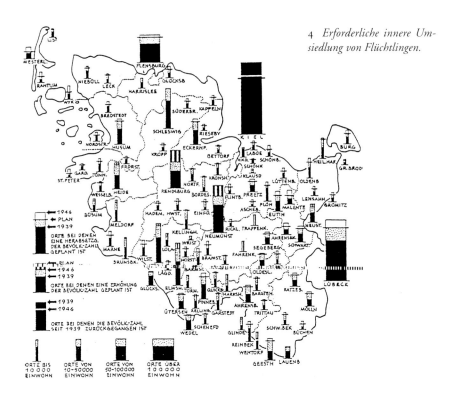

4 *Erforderliche innere Umsiedlung von Flüchtlingen.*

1949 waren 210.790 Personen in 501 Massenunterkünften untergebracht. Auch für den provisorischen Umbau dieser einfachsten Unterkünfte wurde jedoch Material benötigt, und daran fehlte es. Diesen Mangel erwähnen alle entsprechenden Veröffentlichungen der Zeit.[16] Die einzige Möglichkeit, an die dringend benötigten Materialien zu kommen, um die Quartiere winterfest zu machen, war der Schwarzhandel, der in den zeitgenössischen Quellen »Kompensation« genannt wird. In den Regierungsveröffentlichungen wird beklagt, daß er zu Ungerechtigkeiten führte:

»Die Kontrollen konnten nicht verhindern, daß Baustoffe, die für Abstellung dringender Notstände benötigt wurden, auf dem Kompensationswege in falsche Kanäle liefen, und diejenigen ›Mitbürger‹, die damals stolz darauf waren, die Ordnung zu durchbrechen und ihr persönliches Interesse voranstellen zu können, müßten noch heute schamrot werden, wenn sie sich die Not vor Augen halten, deren Beseitigung sie durch ihren Egoismus verhinderten.«[17]

Für die erste Zeit wird eine Reihe von Behelfsmaterialien genannt: Trümmersplit, Schutt, Lehm und Schüttbeton, der im Rahmen der »Baulenkung« hergestellt wurde.[18] Neue Bauweisen wie der Lehmbau und die sogenannte »Trautsch-Bauart« wurden propagiert, setzten sich jedoch nicht durch, weil sich die Bauindustrie sehr bald erholte. Gleichzeitig mit der provisorischen Unterbringung war die Beseitigung der Trümmer notwendig, um die ersten Schritte zum Wiederaufbau zu tun.

ERSTE ANSTRENGUNGEN: DIE SCHLESWIG-HOLSTEINISCHE WOHNUNGSBAUPOLITIK DER ERSTEN NACHKRIEGSJAHRE BIS ZUR GRÜNDUNG DER BUNDESREPUBLIK DEUTSCHLAND

Die ersten Anstrengungen zur Ausbesserung zerstörter Gebäude basierten auf Privatinitiative. Die schleswig-holsteinischen Behörden waren in ihrem Handeln von den britischen Besatzern abhängig.[19] Die erste gelenkte Hilfsaktion war die Nissenhüttenaktion 1946, in der Unterkünfte für die Flüchtlinge geschaffen wurden. Die Hütten waren auf eine Benutzungsdauer von 8–10 Jahren angelegt.

Am 26. Februar 1946 fand die Eröffnungssitzung des ersten ernannten schleswig-holsteinischen Landtages statt. Die Bewirtschaftung des Wohnraumes wurde am 8. März über das Kontrollratsgesetz geregelt, dem erst am 3. Mai 1948 das Durchführungsgesetz für Schleswig-Holstein folgte. Ebenfalls 1946 wurde für Schleswig-Holstein die »Arbeitsgemeinschaft für zeitgemäßes Bauen« gegründet, die sich in verschiedenen Arbeitskreisen mit der Technik und Prüfung von Bauten beschäftigte und versuchte, in der schwierigen Lage Kompromißlösungen zu finden. Nach Zusammentreten des zweiten ernannten schleswig-holsteinischen Landtages wurde Erich Arp Minister für Aufbau; ihm folgte im ersten, am 20. April 1947, gewählten Landtag Walter Damm als Minister für Umsiedlung und Aufbau. Auch nach der Währungsreform blieb das Bauen schwierig; nicht nur, weil das Geld fehlte, sondern auch wegen der Übervölkerung, die das »Rangieren« erschwerte. Man konnte die Menschen nicht einfach aus baufälligen Häusern ausquartieren, weil es nirgendwo Platz für ihre provisorische Unterbringung gab. Fast alle Menschen waren bereits »provisorisch« untergebracht. Die erste Handlung des Ministers für Umsiedlung und Aufbau war ein Erlaß zur Förderung der Kleinsiedlung am 5. Juli 1948. Fünftausend Kleinsiedelstellen wurden vorbereitet, zweihundert in Selbsthilfe begonnen und mit Landeshilfe finanziert. Im Erlaß vom 26. November 1948 wurden allgemeine Richtlinien festgelegt, an denen sich der Hausbau mit Landeshilfe orientieren sollte. Der allgemeine Tenor dabei war der Ruf nach bescheidenen, aber sauberen Häusern. Zum Teil wurden Hausformen festgelegt, um den Raum optimal zu nutzen. Dieser Erlaß galt bis zum ersten Wohnungsbaugesetz 1950. Tabellarisch wurde der Beschädigungsgrad aller Häuser ermittelt.

Im zweiten, am 9. Juli 1950, gewählten Landtag wurde Adolf Assbach Minister für Arbeit, Soziales und Vertriebene. Bereits an der Namengebung des Ressorts sind die Schwerpunkte der jeweiligen Politik erkennbar, und die Themen der Zeit lassen sich an ihnen ablesen. Mit der Erkenntnis der Zusammenhänge zwischen Wohnungsnot, Wiederaufbau und Wirtschaftslage wurden die Aufgaben des Ministeriums komplexer. Der Wiederaufbau von Wohnhäusern erfolgte in enger Zusammenarbeit mit dem Aufbau der Wirtschaft. Durch den Erlaß vom 2. Oktober 1946, der zunächst ganz Schleswig-Holstein zum Wohnsiedlungsgebiet erklärte, wurden Grundstücksveräußerungen genehmigungspflichtig. Erst 1955 schränkte man das Wohnsiedlungsgebiet wieder ein, jetzt hatte man ein genaueres Bild von den wirtschaftlichen Schwerpunkten des Landes. Zwischen 1947 und 1949 wurden Wirtschaftspläne aufgestellt. Neuer Wohnraum sollte dort geschaffen werden, wo sich die Wirtschaft entwickelte und Arbeiter benötigte. Zu diesem Zweck wurde im Landesplanungsamt 1946 ein Raumordnungsplan erstellt und die darin enthaltenen »Grundlagen für den Wohnungsbau« 1947/48 veröffentlicht.

Selbsthilfe im Bau sollte gefördert werden, indem man die Finanzierung von Bauvorhaben erleichterte. Dazu brauchte man leistungsfähige Trägerinstitutionen. Aus der »Heimstätte Schleswig-Holstein«, die lediglich beratende Funktion hatte, ging die Landestreuhandstelle, am 31. März 1950 mit dem »Gesetz zur Förderung des Wohnungs- und Kleinsiedelbaus« gegründet, hervor, die auch Kredite vergab. Träger war der Verband norddeutscher Wohnungsunternehmen, in dem sich die Arbeitsgemeinschaft der schleswig-holsteinischen Wohnungsunternehmen konstituierte; sie bestand aus 52 gemeinnützigen und 46 nicht gemeinnützigen Organisationen. Dazu kamen freie Wohnungsunternehmen und die schleswig-holsteinischen Haus- und Grundeigentümervereine, die beide ebenfalls in Verbänden organisiert waren. Nachdem im

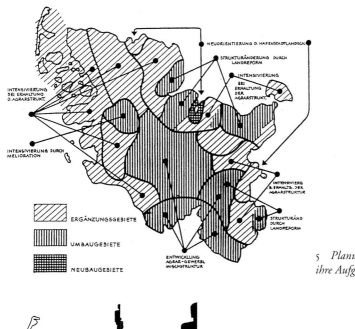

5 *Planungsräume und ihre Aufgaben.*

6 *Verteilung der Flüchtlinge in Schleswig-Holstein.*

Herbst 1949 das Bundesministerium für Wohnungsbau gegründet worden war, trat am 24. April 1950 das erste Wohnungsbaugesetz in Kraft, und die Ländergesetze wurden ihm angepaßt.

Der größere politische Rahmen: Wohnungsbaupolitik in der Bundesrepublik Deutschland

Nach Gründung der Bundesrepublik Deutschland konnte die Wohnungsnot besser als bisher – hatte man doch nur kriegsbeschädigte Häuser instandsetzen und Notquartiere aufbauen können – gemildert werden. Die schleswig-holsteinische Politik wurde nun nicht mehr von den britischen Besatzern bestimmt, sondern von der Bundespolitik. Die Situation hatte sich noch nicht wesentlich gebessert. Zwar kamen weniger Flüchtlinge ins Land, dafür kehrten nun Kriegsgefangene zurück. Als 1950 das erste Wohnungsbaugesetz erlassen wurde, schätzte man das Wohnungsdefizit ohne die Unterversorgung vor dem Krieg im Bundesgebiet auf 5,5–6 Millionen fehlende Wohneinheiten. Der Wohnungsmarkt konnte sich noch nicht frei entwickeln, denn es fehlte noch immer an privatem Kapital. Von staatlicher Seite wurden drei Wege eingeschlagen. Einerseits förderte der Staat die Eigeninitiative zum Bau durch Steuerbegünstigungen, auf der anderen Seite wurden staatliche Unternehmen gegründet und gemeinnützige Wohnungsbaugesellschaften unterstützt, um mittellosen Menschen zu Wohnraum zu verhelfen. Zudem erhielten Mieter über Wohnungsverteilung, Mietpreisbindung und Kündigungsschutz staatliche Absicherung. Daneben begann sich der frei finanzierte Wohnungsbau langsam zu entwickeln.

DER GEMEINNÜTZIGE WOHNUNGSBAU UND DIE GRUNDLAGEN DES GENOSSENSCHAFTSWESENS[20]

Sozialer Wohnungsbau wurde öffentlich gefördert, unterlag aber wohnungsbestandpolitischen Bindungen und städtebaulichen Rücksichten. Gemeinnützige Wohnungsbauunternehmen umfaßten drei Kategorien:

1. Baugesellschaften, die meist gegen Ende des 19. Jahrhunderts von Angehörigen des Bürgertums und Adels gegründet worden waren und unter den Begriff der »Fürsorge« fielen.

2. Wohnungsgenossenschaften und Bauvereine wirtschaftlich Schwacher, die eine Verbesserung ihrer Lebensverhältnisse durch zweckmäßig eingerichtete und preiswerte Wohnungen erreichen wollten, die sie zu Eigentum oder Miete auch an Genossen abgaben.

3. Staatliche oder kommunale Wohnungsbaugesellschaften, die in der Nachkriegszeit mit dem speziellen Ziel, der neuen Wohnungsnot abzuhelfen, und in dem Bewußtsein gegründet wurden, daß private und genossenschaftliche Initiativen nicht ausreichten.

Die Genossenschaften waren meist in den 1860er Jahren als Absicherung gegen den herrschenden Wirtschaftsliberalismus entstanden und erhielten 1889 mit dem Invaliditäts- und Altersversicherungsgesetz, das den Arbeitern eine kleine Kapitalquelle erschloß, einen ersten Aufschwung. Auch in der ersten Hälfte des zwanzigsten Jahrhunderts wurden viele Baugenossenschaften gegründet und Bauvorhaben verwirklicht. Während der Nazizeit wurden viele kleinere Genossenschaften wie auch Bauvereine zur Zusammenlegung zu größeren Organisationen gezwungen. Nach dem zweiten Weltkrieg erlebten die Genossenschaften einen zweiten Gründungsboom, so daß ihre Anzahl im Bundesgebiet 1951 1.860 betrug. Sowohl die Mitgliederzahlen als auch die Wohnungszahlen stiegen insbesondere in kleineren Gemeinden mit bis zu 50.000 Einwohnern, aber auch in Großstädten, wo sich Großgenossenschaften bildeten, an. Nach 1951 sank die Zahl. Einerseits ist zu vermuten, daß sich die langsam schwindende Wohnungsnot auswirkte, zum anderen gab es wieder Verschmelzungen von Kleinstgenossenschaften. Die absoluten Mitgliedzahlen stiegen weiter bis in die 70er Jahre an. Von 1948–1973 bauten die Baugenossenschaften in der Bundesrepublik 689.865 Wohneinheiten.

In der öffentlichen Förderung wurden die Baugenossenschaften nach dem 2. Weltkrieg wie auch schon in den 30er Jahren gegenüber staatlich gefördertem sozialem Wohnungsbau benachteiligt.

»In den 50er Jahren fand eine Abgrenzung der Baugenossenschaften als typische Institutionen der Selbstversorgung gegenüber den Kapitalgesellschaften statt; die Baugenossenschaften als Personalgesellschaften waren Bedarfsdeckungsunternehmen, die das Wohnbedürfnis einer durch Mitgliedschaft gebundenen Bevölkerungsgruppe in einem regional begrenzten Raum zu befriedigen hatte. Diese Eingrenzung…benachteiligte die Baugenossenschaften im öffentlich geförderten Wohnungsbau…«.[21]

Der wesentliche Unterschied zwischen Bauvereinen und Genossenschaften besteht in der Anerkennung letzterer durch das Genossenschaftsrecht, das ihnen gesetzliche Vorteile gegenüber der ebenfalls gesetzlichen Form des Vereins zusichert. Sie waren in Schleswig-Holstein im Verband der gemeinnützigen Wohnungsunternehmen organisiert, der allen Bauherrenarten die gleichen Bedingungen für den Wiederaufbau ermöglichen sollte. Das Gemeinnützigkeitsgesetz schrieb eine jährliche Prüfung der Unternehmen vor. Bedingung für die anerkannte Gemeinnützigkeit war, daß die erwirtschafteten Überschüsse wieder in den sozialen Wohnungsbau zurückflossen.[22]

Die Wohnraumsituation in Kiel

Während im gesamten Gebiet der späteren Bundesrepublik 20% aller Wohnungen zerstört waren,[23] entsprach diese Zahl in Kiel dem Anteil der unbeschädigt erhalten gebliebenen Wohnungen. Der übrige Teil war jeweils zur Hälfte beschädigt und total zerstört.[24]

Während des Kieler Wiederaufbaus gab es offensichtlich Unmut darüber, daß die Arbeiten nicht schnell genug vorangingen. Herbert Jensen, der während des zweiten Weltkrieges und darüber hinaus in der Zeit des Wiederaufbaus Stadtbaurat bzw. -direktor war und an der Neuprägung des Stadtbilds entscheidenden Anteil hatte, rechtfertigt noch 1947 in der Schrift »Kiel im Aufbau« das niedrige Tempo mit der Größe der Aufgabe und zählt die Mängel auf: »Fehlt es in den zerstörten Städten doch nicht etwa nur an dem notwendigen Wohnraum zur menschenwürdigen Unterbringung der Familien, sondern auch an jedem anderen Raum.«[25]

Zerstörung als Chance

Die Wohnbebauung sollte neu und vor allem besser strukturiert werden. In bezug auf das neu entstandene Wohngebiet an der Holtenauer Straße sagt Jensen:

»Die Situation vor dem Krieg ist von vielen Städten bekannt: Enge Bebauung, wenig Licht und Luft, Straßenfronten ohne Rücksicht auf die Nachbarn…Aber auch ein Vergleich der Zahlen zeigt die wirkliche »Sanierung« dieses Gebietes: Früher waren davon 46% überbaut, heute nur noch 21%. Früher gab es gar keine Grünanlagen, die heute fast 30% ausmachen. Früher wohnten dort etwa 3.500 Menschen oder 600 je ha, heute nur noch 390 Einwohner je ha.«[26]

Diese Kommentare zeigen nicht nur die Freude über den Neuanfang, sondern verdeutlichen auf der anderen Seite auch, wie stark die Kontinuität aus der Zeit vor dem Krieg empfunden wurde. Während die politischen Ereignisse und ihre Auswirkungen auf den Wohnungsbau in den zeitgenössischen Schriften keine Erwähnung finden, knüpfte man um so stärker an scheinbar unpolitische Bereiche an und schaffte sich damit eine neue Identität.

Bauvereine und Wohnungsbaugenossenschaften in Kiel

In Kiel gab es nach dem zweiten Weltkrieg 21 gemeinnützige Wohnungsbaugesellschaften.[27] Von ihnen waren sieben genossenschaftlich organisiert und eine als Verein eingetragen, dazu kam eine »Siedlergemeinschaft«. Sechs sollen im folgenden in ihrer Tätigkeit beim Wiederaufbau beschrieben werden. Die Vorhaben der Genossenschaften beschränkten sich hauptsächlich auf Kleinwohnungen, teilweise wurden auch Eigenheime gefördert. Bei Großsiedlungen und Hochhäusern wurde ganz im Sinne der Vorkriegstradition auch die Versorgung mitbedacht; in den Schadensmeldungen und den Berichten über Wiederaufbauleistungen erfährt man in erster Linie von Läden und Wäschereien, die den Siedlungen zugeordnet sind. Zudem wurden Rentner-

7 *Beispiele für Wohnungsbauten der Nachkriegszeit (zwar keine Genossenschaftsbauten, aber annähernd das gleiche Prinzip, was den Grundriß und die Fassade betrifft).*

heime gebaut. Die größte Bautätigkeit fand daher in den Wohnvierteln statt, die Kieler Innenstadt wurde von den Bauvereinen und -genossenschaften kaum berührt. Hier, aber auch in den Stadtteilen, wurde die Aufbauarbeit durch andere Wohnungsbaugesellschaften ergänzt.

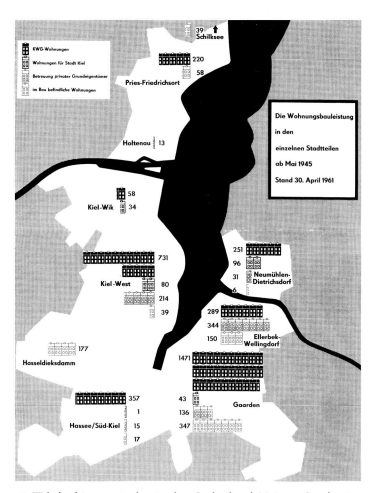

8 Wohnbauleistungen in den einzelnen Stadtteilen ab Mai 1945, Stand: 1961.

Die Gemeinnützige Heimstätten-Genossenschaft Kiel-Ost e.GmbH[28]

1942 verschmolzen die örtlichen Baugenossenschaften in Dietrichsdorf, Oppendorf, Klausdorf/Schwentine, Kronsburg, Kroog und Ellerbek zur Gemeinnützigen Heimstätten-Genossenschaft Kiel-Ost. Da das Ostufer wegen der Werftenindustrie besonderes Angriffsziel der Alliierten war, wurden auch die dortigen Wohngebiete verwüstet. In Ellerbek blieb fast kein Haus der genossenschaftlichen Wohnungen verschont; fast die Hälfte, insgesamt 829 Häuser, wurde total zerstört. In Ellerbek zählte man

282.000, in Wellingdorf 175.000 Kubikmeter Trümmer. Nachdem durch die Währungsreform unter anderem auch Baumaterial wieder auf den Markt kam, wurden in den folgenden Wochen und Monaten 165 Wohnungen neu aufgebaut, dazu kamen 809 zerstörte Wohnungen und 445 zerstörte Häuser. Bis Ende 1948 geschah dies unter der Betreuung der Heimstätte Schleswig-Holstein, danach führte die Genossenschaft ein eigenes Büro für ihre Mitglieder. Das Barvermögen der Genossenschaft hatte 650.000 RM betragen, in der Festschrift ist für 1946 von einem Verlust von 76.201 RM und für 1947 von 198.459 RM die Rede, während die nach dem Baukostenindex geschätzten Aufbaukosten 14 Millionen DM betrugen. Nach der Währungsreform schmolz das Vermögen nochmals auf einen geringen Teil zusammen.

Die Genossenschaft beteiligte sich offenbar an der freiwilligen Trümmerbeseitigung in der Innenstadt, dabei wurden auch von Kindern und Jugendlichen, die in der sozialdemokratischen Jugendpartei »Falken« organisiert waren, 80.000 Trümmersteine geputzt und damit ein Jugendheim in Ellerbek gebaut. Trotz des allgemeinen Aufschwungs der Genossenschaften hatte die Heimstättengenossenschaft Kiel-Ost mit Mitgliederschwund zu kämpfen. Verbunden mit rückständigen Mieten und hohen Zinsen führte das zu Finanzproblemen. Im Februar 1949 wurde zusammen mit der Stadtplanung eine Reihenfolge des Wiederaufbaus für Kiel-Ellerbek vereinbart. Zunächst sollte die Peter-Hansen Straße bebaut werden, dann sollten an der Lütjenburger Straße und an der Nissenstraße die Pachtgärten gekündigt werden, um für Neubauprojekte Platz zu machen. Die Nissenstraße wurde 1950 bebaut; in der Festschrift wird der Wohnungspreis mit 8 000 DM als unerwartet niedrig angegeben. Im gleichen Jahr plante der Kieler Architekt Ernst Prinz 100 Neubauwohnungen mit der Gesamtkostenhöhe von 880.000 DM. Der Stadt Kiel standen insgesamt fünf Millionen DM für Bauzwecke zur Verfügung, 500.000 DM davon gingen für Instandsetzung, 2,5 Mio. für Neubauten an die Kieler Genossenschaften.[29] 550.000 DM davon erhielt die Heimstätten-Genossenschaft Kiel-Ost. In Dietrichsdorf wurden 1950 am Langen Rehm Flüchtlingswohnungen gebaut, in Ellerbek wurde ein Grundstück für die Kirche zwischen der Hangstraße und der Hagener Straße erworben. 1953 wurden in Oppendorf die Straßen und deren Beleuchtung instand gesetzt. 1956 baute die Genossenschaft weitere Wohnungen am Langen Rehm und am Elbenkamp in Dietrichsdorf und in der Peter-Hansen-Straße in Ellerbek. Dort wurde auch ein Rentnerheim und ein Flüchtlingshochhaus mit 36 Wohnungen fertiggestellt. Später[30] gab es am August-Sievers-Ring ein Großbauvorhaben mit zehn Läden. Außer Ernst Prinz beschäftigte die Genossenschaft bis zur Veröffentlichung der Festschrift noch vier Kieler Architekten: den Klausdorfer Willi Beinhoff, Emil Oder und die Architekten Gehler und Baasch aus Ellerbek. 1956 erwiesen sich die genossenschaftseigenen Straßen[31] und die Versorgungsanlagen in Kroog und Oppendorf als zu kostspielig und mußten an die Stadt abgegeben werden. 1959/60 folgten die Straßen und Anlagen in Kronsburg.

Die Heimstättengenossenschaft Kiel-West e.GmbH[32]

Als Gegenstück zu derjenigen für Kiel-Ost war die Heimstättengenossenschaft Kiel-West 1941 durch Verschmelzung des Kieler Bau- und Sparvereins mit der Kleinwohnungsbaugenossenschaft der freien Gewerkschaften e.GmbH (»Kleinwaba«) hervorgegangen. Die Schäden waren gemäß dem geringeren Besitz der Genossenschaft nicht so zahlreich wie bei anderen Gemeinschaften: 43 Wohnungen waren völlig, 37 teilweise zerstört. Bereits 1949 waren die letzten Kriegsschäden behoben und es konnte an Neubauprojekte gedacht werden. So entstanden 1951 in der Schauenburgerstraße 24 Wohnungen,[33] 1953 am Westring 23 Wohnungen und ein Laden,[34] 1957 in der Virchowstraße 48 Wohnungen, die, vermutlich mit Rücksicht auf die Genossen der »Kleinwaba«, Postbediensteten vorbehalten waren und mit einem Kinderspielplatz ausgestattet wurden.[35] 1959 kamen noch sechs Wohnungen in der Langenbeckstraße, zwölf in der Virchowstraße und 16 am Groß-Kielstein hinzu.[36] Die Genossenschaft besaß 1959 am Jahresende insgesamt 732 Wohnungen für 788 Mitglieder.

Die Baugenossenschaft »Hansa« e.GmbH[37]

1936 gegründet, erwarb die Baugenossenschaft »Hansa« das Gelände zwischen Hansastraße, Alsenstraße und dem Knooper Weg, wo 207 Zwei- und Zweieinhalbzimmerwohnungen gebaut und zu einem Geschäftsanteil von je 800,- RM an die Genossen abgegeben wurden.

Siebenundfünfzig Wohnungen in diesen Häusern wurden im Zweiten Weltkrieg total zerstört,[38] drei nur teilweise;[39] insgesamt waren 41% des Bestands der Genossenschaft betroffen. Per Selbsthilfe wurden nach dem Krieg die Trümmer beseitigt. Da 1948 das Geschäftsguthaben im Kurs von 1:2 auf die neue Währung umgestellt werden konnte, war ein schneller Wiederaufbau möglich.

Weitere Gelder kamen vom Sozialministerium, von der Landestreuhandstelle, von der Arbeitsgemeinschaft Kieler Wohnungsunternehmer und von der Stadt Kiel selbst. Zunächst wurden die Mitglieder der Genossenschaft versorgt und die Mieten auf Vorkriegsniveau gehalten. Da es aber auch möglich war, noch Wohnungen für Flüchtlinge und Ausgebombte zu schaffen, wurde die Genossenschaft als Geschädigtengemeinschaft anerkannt und erhielt am Tag der Währungsreform den Gemeinnützigkeitsstatus. Neben dem Wiederaufbau des Altbestands an der Alsenstraße, der 1951 abgeschlossen war, kaufte die Gemeinschaft Trümmergrundstücke in der Schauenburgerstraße,[40] der Lindenstraße[41] und dem Knooper Weg.[42] Dort entstanden bis 1956 insgesamt 114 Wohnungen, die ab 1954 von dem Architekten Emil Oder geplant wurden.[43]

Dazu kamen 15 Wohnungen im Rahmen des Facharbeiterwohnungsbauprogramms in der Hansastraße 54–56. Insgesamt waren 335 Einheiten geschaffen worden, die zu rein kostendeckenden Mieten vergeben wurden. Auch die Versorgung mit Garagen wurde bedacht: 1962 waren im Knooper Weg 10 und in der Alsenstraße 6 und deren Hofgelände Auto- und Motorradgaragen geplant. Auf die Versorgung der Anwohner mit Läden, Bäckereien oder Wäschereien, wie sie sonst oft betont wird, ist in der Baugenossenschaft »Hansa« kein Wert gelegt worden, was wohl auf die Nähe zur Holtenauer Straße zurückzuführen ist, wo in dieser Zeit vor den quer zur Straße stehenden Wohnbauten eine Reihe von Ladenpavillons entstand. 1962 plante die Genossenschaft außerdem, ein Gelände in Projensdorf mit 34 Wohnungen zu bebauen.

Die Baugenossenschaft Kiel-Wyk e.GmbH[44]

1918 gegründet, ergänzte die Genossenschaft geographisch diejenigen für Kiel-West, Kiel-Ost und Kiel-Nord. Die Kriegsschäden beschränkten sich auf ein relativ kleines Gebiet zwischen Tingleffer und Haderslebener Straße und Hohenrade westlich der Holtenauer Straße.[45] 1950 war hier der Wiederaufbau beendet, aber schon im folgenden Jahr begann man mit Verbesserungen der vorhandenen Häuser am Ende der Tingleffer Straße, die eine Sackgasse war. 26 neue Wohneinheiten entstanden, die 1956 fertiggestellt waren. An der Haderslebener Straße wurde bis 1967 ein Hof mit 26 Garagen in Angriff genommen.

Der Landhausbauverein Wellingdorf e.GmbH[46]

Der Verein erhielt schon mit seiner Gründung im Jahre 1910 den Status der Gemeinnützigkeit. 1950, als die Festschrift zu seinem 40jährigen Bestehen erschien, hatte er die Gemeinnützigkeit jedoch noch nicht wiedererlangt, nachdem sie ihm 1941 entzogen worden war, weil die Mitglieder die Verschmelzung mit dem Ellerbeker Bauverein abgelehnt hatten. Aus Mitgliedereigentum waren 39 Häuser total zerstört, dazu kamen sechs Mietshäuser im Besitz des Vereins. Auch die übrigen waren fast alle beschädigt. Trotzdem waren die Schäden bereits 1949 zum größten Teil behoben und zwei weitere Häuser vollkommen wiederhergestellt.

Die Siedlergemeinschaft Tannenberg[47]

Das Gebiet der Siedlergemeinschaft befindet sich westlich der Wyk und ist in das Projensdorfer Gehölz hineingebaut. Wie groß die Schäden der 1928 gegründeten Siedlung waren, geht aus der Festschrift von 1968 nicht hervor. Die Gemeinschaft hatte sich offenbar beinahe aufgelöst, denn im Unterschied zu den übrigen Bauvereinigungen baute jeder sein eigenes Häuschen wieder auf, bis 1947 die erste Mitgliederversammlung nach dem Krieg einberufen wurde und man angesichts der schlechten Versorgungslage beschloß, die Gärten für Nahrungsmittel zu nutzen. Sämereien, Tierfutter etc. wurde eingekauft. Hier wird deutlich, daß es sich nicht wie bei den bisher vorgestellten Baugemeinschaften um eine städtische Siedlung handelt, denn der Selbstversorgergedanke steht im Vordergrund. In den anderen Bauvorhaben war man eher um die Bestückung mit Läden und Bäckereien bemüht. Schon im folgenden Jahr konnte man jedoch von den dringendsten Bedürfnissen absehen und an den Ausbau der Siedlung selbst denken. Man legte eine Straßenbeleuchtung an und richtete eine Busverbindung ein. 1951 wurden die Straßen nochmals verbessert und die Siedlung wurde ans Gasnetz angeschlossen, eine Telefonzelle wurde aufgestellt. Ab 1953 wurden die Häuser Am Tannenberg, Wiesenweg und Projensdorfer Straße ab Nr. 215 an die Siedler aufgelassen, später kamen noch die älteren Siedlerstellen dazu. Im Bebauungsplan von 1962 wurden der Wiesenweg und die Projensdorfer Straße als neues Bauland ausgewiesen.

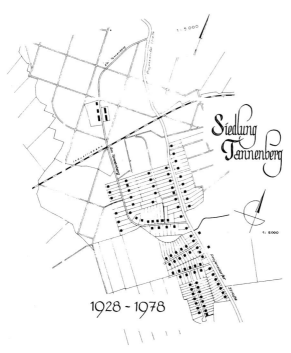

9 *Siedlungsplan Tannenberg.*

Wiederaufbau in Lübeck

Die Zerstörung und ihre Auswirkung

Die Wohnungsnot der Stadt Lübeck entstand nicht aus dem Bombenangriff, aber sie wurde durch ihn verschärft. Durch den Ausbau der Waffenindustrie war die Bevölkerung bereits in den Jahren 1937–42 von 143.000 auf 173.000 Einwohner gewachsen. Schon um diese Zeit war der Ausländeranteil durch die vielen Fremdarbeiter in den Fabriken beträchtlich; er wuchs nach dem Krieg mit den Flüchtlingen aus den Ostgebieten noch an. 1944 schätzte man ihn auf 19.000 »Fremdvölkische«; nach Kriegsende kam man zeitweise auf 35.000 Ausländer im Lübecker Stadtgebiet. 1945 kamen zu den Flüchtlingen mehrere Tausend ausgebombte Hamburger hinzu und vergrößerten die Einwohnerzahl auf 190.000. Durch Verlegungen von Lazaretten und durch die Tatsache, daß die Alliierten den gut erhaltenen Lübecker Hafen zur Überleitungsstelle für die weiteren Ostflüchtlinge erklärte – Lübeck war jetzt die Stadt mit den meisten Flüchtlingen in Norddeutschland – erhöhte sich die Einwohnerzahl auf mehr als das Doppelte der Vorkriegszeit, nämlich auf 300.000.

Lübecker Bauvereine

Auch in Lübeck muß es bis in die Nazizeit mehrere Bauvereine gegeben haben; vier sind namentlich noch nachweisbar. Es handelt sich um den »Gemeinnützigen Bauverein Lübeck e.G.«, das »Neue Heim Lübeck«, das »Beamtenheimstättenwerk Lübeck« und den Bauverein »Selbsthilfe«. Daneben gab es die Grundstücksgesellschaft »Trave« mbH und die »Lübecker Heimstätten-Gesellschaft«, die aber beide Träger des sozialen Wohnungsbaus und daher keine eigentlichen Bauvereine sind.[48]

Drei der Lübecker Bauträger waren anerkannt gemeinnützig. Eine Veröffentlichung liegt nur zum Lübecker Gemeinnützigen Bauverein e.G. vor, der allerdings mit dem Bauverein Selbsthilfe verschmolzen wurde. Im Folgenden sollen stellvertretend für die übrigen, nicht dokumentierten, diese beiden Bauvereine untersucht werden.

Die Wohnungssituation in Lübeck nach dem zweiten Weltkrieg[49]

Die genannten Zahlen verdeutlichen, daß die Wohnungsnot in Lübeck gegen Ende des Krieges und vor allem in der Nachkriegszeit immens war, obwohl sich die Zerstörungen fast völlig auf die Altstadt beschränkten. Wegen der beschriebenen Baustoffknappheit war an Neubauten auch in Lübeck zunächst nicht zu denken. Der Wohnungsbedarf in Lübeck belief sich nach Angaben der Bauverwaltung auf 40.000 Wohnungen. Noch Ende der vierziger Jahre lebten 12.000 Menschen in den 58 über die gesamte Stadt verteilten Barackenlagern.

Der Lübecker gemeinnützige Bauverein e.G.[50]

Der »Lübecker gemeinnützige Bauverein« war 1892 gegründet worden und erlebte einen raschen Aufschwung. Im ersten Jahrzehnt des zwanzigsten Jahrhunderts stockte die Bautätigkeit und mußte aus Geldmangel 1921 schließlich eingestellt werden. Man beschränkte sich auf den Erhalt des Bestandes. 1940 wurde der Bauverein auf Befehl des Verbandes norddeutscher Wohnungsunternehmen mit dem 1923 gegründeten »Bauverein Selbsthilfe« verschmolzen.

Nach dem zweiten Weltkrieg wurde erstmals wieder gebaut. Der Bauverein wurde gleich nach dem Krieg unter dem von den Nationalsozialisten abgesetzten Genossenschaftsleiter Otto Passarge, der von 1946 bis 1956 auch Bürgermeister der Stadt war, wieder aktiv, konnte allerdings nur Ausbesserungsarbeiten vornehmen. Glücklicherweise war infolge der geringen Streuung der Bomben der Bestand des Vereins verschont geblieben, daher konnte der Verein seine Kräfte gleich für Neubauten einsetzen, da das Material vorhanden war, und mußte keine halbzerstörten Häuser reparieren. Das Vereinsvermögen, das 1948 noch 484.124 RM betrug, überstand die Währungsreform offenbar unbeschadet; erst 1950 wurden die Anteile im Verhältnis 1:1 umgestellt. 1949 konnten die ersten Bauten des Vereins errichtet werden, indem die Stadt ein zinsloses Darlehen bereitstellte und damit zwei Drittel der Finanzierung übernahm. Es waren zwei dreigeschossige Bauten mit achtzehn Wohnungen von meist zwei Zimmern.

Öffentliche Finanzierungshilfen waren auch in Lübeck weiterhin von großer Bedeutung. Sie wurden nach Inkrafttreten des ersten Wohnungsbaugesetzes im Rahmen des Europe Recovery Program verwirklicht und waren um so leichter zu erhalten, je billiger die Bauvorhaben geplant waren.

Von Bedeutung war auch der fehlende Baugrund. Zwar hatte während des Krieges Baudirektor Pieper bereits Neubausiedlungen für Rüstungsarbeiter in Brandenbaum, Eichholz, Marli und Kücknitz geplant, die Erschließung war während des Krieges jedoch schnell eingestellt worden. So beschränkte man sich nach dem Krieg auf die innenstadtnahen Gebiete, um wenigstens die Anbindung an das Zentrum und damit die Infrastruktur zu nutzen. Man baute am Marliring und in St. Jürgen. Die neuen Wohnungsbauten waren zunächst dreigeschossig, ab Mitte der fünfziger Jahre auch viergeschossig und in Zeilenbauweise angelegt. Der Bauverein wandte traditionelle Formen und Materialien an; Flachdächer wurden vermieden und die Häuser waren aus Ziegelsteinen. Sie hatten einfache Fassaden und funktionale Grundrisse. Die Bauvorhaben wurden ausgeschrieben und von freien Architektenbüros durchgeführt. Meist handelte es sich um den Architekten Ernst Scharnweber.

Das erste größere Projekt war die Siedlung »Roter Hahn« in Lübeck-Kücknitz, einem Dorf, das schon seit Anfang der zwanziger Jahre mit Arbeitersiedlungen belegt worden war.[51] Otto Pieper hatte es als »Groß-Kücknitz« in seine Planungen einbezogen. Der gemeinnützige Bauverein führte hier 1947 bereits 140 Wohnungen auf. Bis in die 70er Jahre wurde Kücknitz erweitert, denn der Vorort wurde im Rahmen der »Demonstrativmaßnahmen« des Bundesministeriums für Städtebau und Wohnungswesen bebaut. Den größten Teil der kriegsbedingten Neubaumaßnahmen nahm der Bauverein in den fünfziger Jahren in Angriff. Es entstanden neunundfünfzig Gebäude mit 493 Wohnungen an den folgenden Straßen: Ratzeburger Allee, Hüxtertorallee, Kurt-Schumacher-Straße, Dorfstraße, Helmholtzstraße, Beringstraße, Nettelbeckstraße, Marliring und der verlängerten Robert-Koch-Straße.[52] In den Jahren 1961–64 wurden außerdem fünfzehn Wohngebäude am West- und Ostpreußenring und an der Tilsitstraße erstellt, die insgesamt 120 Wohnungen Platz boten.

Noch immer dominierten einfache Grundrisse und herkömmliche Materialien. Es handelte sich um Zwei- und Zweieinhalbzimmerwohnungen mit Bad und WC; Heizungen waren offenbar nicht selbstverständlich; sie wurden erst nachträglich eingebaut. Bis 1969 wurde in der Tannenbergstraße weitere vierundzwanzig Wohnungen gebaut. Daneben gab es außer der Siedlung Roter Hahn, an der weiterhin gebaut wurde, ein anderes Großbauprojekt am Vorstadtrand in St. Jürgen.

BILANZ

Die Untersuchung der Rolle der Baugenossenschaften beim Wiederaufbau von Kiel und Lübeck hat gezeigt, daß diese, zusammen mit den Bauvereinen, bedeutenden Anteil am Wiederaufbau hatten. Auch das Wiedererstarken der Wirtschaft ist von ihnen wesentlich mitbestimmt worden, wenn man, wie es die entsprechenden Publikationen nahelegen, in ihrer Klientel hauptsächlich Arbeiter sieht, die die Werften und andere Industriebetriebe nach dem Krieg wieder in Gang brachten. Ohne die Unterbringung der Arbeiter in betriebsnahen Wohnungen wäre das nicht möglich gewesen. Man könnte zusammenfassend sagen, daß Kiel von den Baugemeinschaften und den gemeinnützigen Wohnungsbaugesellschaften wiederaufgebaut und Lübeck in den Neubauvierteln stark von ihnen geprägt wurde. In der Broschüre »Bürger bauen eine neue Stadt«, die vom Magistrat der Stadt Kiel herausgegeben wurde, wird der Anteil der gemeinnützigen Baugesellschaften mit 54 % allerdings über den der Baugemeinschaften gestellt. Die Spuren der übrigen 15 Kieler Baugemeinschaften und der weiteren zwei in Lübeck könnte man weiter verfolgen, um ein genaueres Bild von ihren Tätigkeiten zu gewinnen. Im vorliegenden Rahmen konnte das Bauvereinswesen nur exemplarisch vorgestellt werden. Wie wichtig die Genossenschaften und Vereine im öffentlichen Bewußtsein für den Wiederaufbau waren, muß ebenfalls offen bleiben; aus den Veröffentlichungen der Gemeinschaften selber gewinnt man natürlich den Eindruck einer wichtigen Position im Leben der Stadt.

Festzuhalten bleibt, daß das Bild beider Nachkriegsstädte an einigen Stellen wesentlich von Genossenschafts- und Vereinsbauten bestimmt wurde. Ganze Straßenzüge tragen das Gesicht der 50er Jahre, in denen man vor allem billig, rationell und bescheiden bauen wollte, ohne dabei humanitäre Gesichtspunkte außer acht zu lassen. Kiel etwa wurde nicht nur wiederaufgebaut wie andere Städte auch, sondern es sollte *besser* aufgebaut werden, als es vorher war. Geht man mit offenen Augen durch die Wohnviertel der Städte, dann fallen einem immer wieder Wohnblocks auf, deren Gleichförmigkeit auf den Ursprung als Genossenschafts- oder Vereinsbauten hinweist. Man kann an ihnen Gestaltungsmängel bedauern, man kann aber auch einen Abschnitt der jeweiligen Stadtgeschichte in ihnen sehen.

ANMERKUNGEN

[1] Vgl. Hesberg 1947.

[2] Vgl. Suhren 1959.

[3] Minister für Arbeit, Soziales und Vertriebene, Kleines Land – große Sorgen 1949; ders. 10 Jahre Wohnungsbau 1956. Im folgenden werden sie nur mit dem Titel zitiert.

[4] Ibid., S. 4.

[5] 1929–38 gab es bereits ein jährliches Defizit von 5.700 Wohnungen. Vgl. Ibid., S.7. Vgl. auch Blumenroth 1975, S.331.

[6] Vgl. die Arbeit von Spörhase 1947.

[7] Ibid., S. 7.

[8] Ibid., S. 4.

[9] Ibid., S. 4.

[10] Die Belegungsdichte von 2,1 Personen pro Wohnraum in Schleswig-Holstein gegenüber 1,9 in Niedersachsen und 1,6 in Baden-Württemberg macht dies deutlich. Vgl. Ibid., S. 6.

[11] In Segeberg war das Verhältnis 60.700 : 55.100; in Eutin 61.100 : 54.700. Weitere Kreise mit mehr Zuwanderern als Einheimischen waren Eckernförde (48 400 : 45 700), Steinburg (85 600 : 80 100), Stormarn (81 700 : 65 800) und Herzogtum Lauenburg (81 800 : 69 400). Vgl. Ibid., S. 10, Abb. 8.

[12] Kleines Land – große Sorgen, S. 10.

[13] 9.628 Wohnungen wurden von den Besatzern in Schleswig-Holstein beschlagnahmt. Ibid., S. 6.

[14] Ibid., S. 6.

[15] Ibid., S. 16.

[16] Besonders deutlich wird die Unterversorgung mit Baumaterial bei Jensen 1947, S. 4f. dargestellt.

[17] Kleines Land – große Sorgen, S. 8.

[18] Xylander 1990, S. 12, vgl. Abb. 2, S. 11.

[19] Kleines Land – große Sorgen, S. 8.

[20] Zur Wohnungspolitik und der Geschichte der Genossenschaften vgl. die Arbeiten von Blumenroth 1975 und Stöcker 1976.

[21] Stöcker 1976, S. 232.

[22] Zu den Definitionen der Unternehmensarten vgl. Stöcker 1976, S. 16 ff u. S. 24 ff.

[23] Blumenroth 1975, S. 327.

[24] Kleines Land – große Sorgen, S. 4.

[25] Jensen 1947, S. 3.

[26] Ibid., S. 387. Auf der folgenden Seite zieht Jensen anhand von Abbildungen einen Vergleich zwischen der Vor- und der Nachkriegsbebauung: »Die technischen Mängel dieses Fotos sollen nicht darüber hinwegtäuschen, wie trostlos diese Straße früher einmal war.« Vgl. Ibid., S. 388.

[27] 40 Jahre Kieler Wohnungsbaugesellschaft mbH, 1976. Da es für die meisten Gesellschaften keine Quellen gibt, beschränke ich mich auf die sechs dokumentierten.

[28] Vgl. 75 Jahre Gemeinnützige Heimstätten-genossenschaft Kiel-Ost e.GmbH, 1964.

[29] In der Festschrift ist von »… den drei in Kiel sitzenden Genossenschaften …« die Rede; welche damit gemeint sind, wird nicht erläutert.

[30] Der genaue Zeitpunkt ist nicht angegeben.

[31] Um welche Straßen es sich handelt, wird leider nicht erwähnt, anzunehmen ist jedoch, daß es sich um einige der erwähnten bebauten Straßen in Ellerbek und Dietrichsdorf handelt.

[32] Vgl. 60 Jahre Bauverein Heimstätten-Genossenschaft Kiel-West e.GmbH, 1960.

[33] Nr. 96–102.

[34] Nr. 343–349 nach Auskunft der Festschrift; das Haus Nr. 349 gibt es jedoch zumindest heute nicht; nach der baulichen Situation muß die Zeile schon 1953 bei Nr. 347 geendet haben.

[35] Nr. 26–48.

[36] Langenbeckstr. 59, Virchowstr. 50–54, Groß Kielstein 2–4.

[37] Vgl. 25 Jahre Baugenossenschaft »Hansa« Kiel e.GmbH., 1961; 40 Jahre Baugenossenschaft »Hansa« e.GmbH. 1936–1976, 1976.

[38] Alsenstr. 8, 10, 12a, 14, 16, 18, 20, 26, 38 und Hansastr. 44.

[39] Alsenstr. 2, 28 und Hansastr. 42.

[40] 1952 wurden in Nr. 61–63 achtzehn Wohnungen, 1953 in Nr. 57–59 sechzehn Wohnungen gebaut.

[41] 1955/56 entstanden in Nr. 121–129 sechsundfünfzig Wohnungen. Vgl.: 40 Jahre Baugenossenschaft »Hansa« e.GmbH 1936–1976, Kiel 1976. Diese Hausnummern existieren heute nicht. Wegen der Kürze der Straße sind sie auch für 1956 unwahrscheinlich. Dem Augenschein nach handelt es sich vielmehr um die Hausnummern 14–18.

[42] 1952 wurden in Nr. 8 vierzehn, 1954/55 in Nr. 11 zehn Wohnungen gebaut.

[43] Für die Zeit davor gibt es keine Nachrichten über den Architekten.

[44] Vgl. 50 Jahre Baugenossenschaft Kiel-Wyk e.GmbH. 1908–1958, 1958.

[45] Tingleffer Str. 2, 6, 13, 12/14, Haderslebener Str. 4 und 8 und Hohenrade 36/38. Es ist anzunehmen, daß sich der Besitz der Genossenschaft bis dato auf dieses Gebiet beschränkte, da auch die Neubautätigkeiten hier stattfanden.

[46] Vgl. 40 Jahre Landhausbauverein Wellingdorf e.GmbH. 1950.

[47] Vgl. 50 Jahre Siedlergemeinschaft Tannenberg 1928–1978, 1978; 40 Jahre Baugenossenschaft »Hansa« e.GmbH. 1936–1976, 1976.

[48] Vgl. die entsprechenden Veröffentlichungen: 75 Jahre Verband norddeutscher Wohnungsunternehmen, 1965; Kohlmorgen 1976.

[49] Zur Nachkriegssituation in Lübeck vgl. 10 Jahre Wohnungsbau; 100 Jahre Lübecker gemeinnütziger Bauverein 1992

[50] Vgl. 100 Jahre Lübecker gemeinnütziger Bauverein 1992.

[51] Zur Bebauung von Lübeck-Kücknitz vgl. 10 Jahre Wohnungsbau, S. 60.

[52] Ratzeburger Allee 47b–51c, Hüxtertorallee 41, Kurt-Schumacher-Str. 1–9 und 2–16, Dorfstr. 16–20, Helmholtzstr. 27–29, Beringstr. 1a, Nettelbeckstr. 7 und 11, Marliring 50 und 54, Robert-Koch-Str. 8–28 und 7–23.

Bibliographie

Quellen

Festschriften der Bauvereine

25 Jahre Baugenossenschaft »Hansa« Kiel e.GmbH. 1936–1961, Kiel 1961

40 Jahre Baugenossenschaft »Hansa« e.GmbH. 1936–1976, Kiel 1976

60 Jahre Bauverein Heimstätten-Genossenschaft Kiel-West e.GmbH., Kiel 1960

50 Jahre Baugenossenschaft Kiel-Wyk e.GmbH. 1908–1958, Kiel o. J. (1958)

75 Jahre Gemeinnützige Heimstätten-Genossenschaft Kiel-Ost e.GmbH., Kiel 1964

90 Jahre Gemeinnützige Heimstätten-Genossenschaft Kiel-Ost e.GmbH., Kiel o. J. (1979)

25 Jahre Kieler Wohnungsbaugesellschaft mbH., Kiel o. J. (1955)

40 Jahre Kieler Wohnungsbaugesellschaft mbH. gemeinnütziges Wohnungsbauunternehmen, Kiel o. J. (1974/75)

40 Jahre Landhausbauverein Wellingdorf e.GmbH., Kiel o. J. (1950)

100 Jahre Lübecker gemeinnütziger Bauverein e.G., Lübeck 1992

50 Jahre Siedlergemeinschaft Tannenberg 1928–1978, Kiel 1978

75 Jahre Verband norddeutscher Wohnungsbauunternehmen, Hamburg 1965

weitere Quellen

Arbeitsgemeinschaft für zeitgemäßes Bauen e.V.: Bauen in Schleswig-Holstein. Veröffentlichungen der Abteilung Bauwesen im Landesamt für Aufbau, Kiel Nr. 1–44, Kiel 1947.

Dies.: Lehmbau in Schleswig-Holstein?, Veröffentlichungen der Abteilung Bauwesen im Landesamt für Aufbau, Kiel Nr. 1–44, ab 1947.

Exner, Klaus: Gemeinnützige Heimstätten-Genossenschaft Kiel-Ost e.GmbH. Im Spiegelbild eines Jahrhunderts, Kiel 1989.

Hesberg, Karl: Finanzierungshilfen zur Instandsetzung kriegsbeschädigter Wohnungen, in: Haus und Grund, 1947.

Jensen, Herbert: Umbau der Stadt Kiel. Betrachtungen zur Durchführung eines Wohnungsbauprogrammes der Stadt Kiel und seinen städtebaulichen Folgeerscheinungen nach dem Kriege, Kiel 1941.

Ders.: Kiel im Aufbau. Eine Denkschrift des Stadtbauamtes in der Schriftenreihe der Stadt Kiel, Kiel 1947.

Ders.: Neuaufbau der Innenstadt, eine Lebensfrage für die Stadt Kiel, in: Baurundschau 8/1950.

Ders.: Stadtplanung und Baupolitik der Stadt Kiel seit 1945, in: Neue Bauwelt 7/1952.

Ders.: Die neue Stadt Kiel. Ein Beispiel für den Umbau des Stadterlebnisses, in: Der Baumeister 6, 1957, S. 375–410.

Kohlmorgen, Günter: 60 Jahre Grundstücksgesellschaft Trave (Kleine Schriften zur Stadtgeschichte, 6), Lübeck 1976.

Magistrat der Stadt Kiel: Bürger bauen eine Neue Stadt, Kiel o. J. (1956).

Minister für Arbeit, Soziales und Vertriebene: Kleines Land – Große Sorgen. Schleswig-Holstein – seine Wohnungsnot, sein Wohnungsbau, Kiel 1949.

Ders.: 10 Jahre Wohnungsbau in Schleswig-Holstein 1946–1956, Kiel 1956.

Spörhase, R.: Wohnungsunternehmungen im Wandel der Zeit, Hamburg 1947.

Suhren, Heinrich: Beseitigt die Wohnungszwangswirtschaft, Neumünster 1959.

Literatur

Beseler, Hartwig/Gutschow, Niels: Kriegsschicksale deutscher Architektur. Verluste – Schäden – Wiederaufbau. Eine Dokumentation für das Gebiet der Bundesrepublik Deutschland, 2 Bde., Neumünster 1988.

Blumenroth, Ulrich: Deutsche Wohnungspolitik seit der Reichsgründung, Münster 1975.

Fehlhaber, Hans: Moderne Wohnsiedlungen in Lübeck, in: Der Wagen 1952/53, S. 16–18.

Scharff, Alexander: Schleswig-Holsteinische Geschichte. Ein Überblick, Freiburg / Würzburg 1982.

Stadt Kiel: Der Wiederaufbau der Innenstädte Kiel, Lübeck, Coventry. Dokumentation zur Ausstellung, Kiel 1990.

Stöcker, Heinz-Georg: Die Entwicklungsphasen in der gemeinnützigen Wohnungsbaupolitik unter dem Einfluß der Unternehmensformen, Bonn 1976.

Voigt, Hans: Die Veränderung der Großstadt Kiel durch den Luftkrieg. Eine Siedlungs- und wirtschaftsgeographische Untersuchung (Schriften des geographischen Instituts der Universität Kiel, Band XIII, H. 2, zugl. Schriftenreihe der Stadt Kiel), Kiel 1950.

Abbildungsnachweis

1. Häuser des Bauvereins in Ellerbek um die Jahrhundertwende, StaK.

2. Kiel-Ellerbek Doppelhaus, Diathek Kunsthistorisches Institut Universität Kiel.

3. Colonie Kiel-Gaarden. Wohnhaus für 20 Familien, Diathek Kunsthistorisches Institut Universität Kiel.

4. Erforderliche innere Umsiedlung von Flüchtlingen / Minister für Arbeit, Soziales und Vertriebene 1949.

5. Planungsräume und ihre Aufgaben / Minister für Arbeit, Soziales und Vertriebene 1949.

6. Verteilung der Flüchtlinge in Schleswig-Holstein / Magistrat der Stadt Kiel 1956.

7. Beispiele für Wohnungsbauten der Nachkriegszeit/Kieler Wohnungsbaugesellschaft m.b.H 1961.

8. Wohnbauleistungen in den einzelnen Stadtteilen ab Mai 1945, Stand 30. April 1961 / Kieler Wohnungsbaugesellschaft m.b.H 1961.

9. Siedlung Tannenberg / Siedlergemeinschaft Tannenberg 1978.

»Jedem Deutschen eine gesunde Wohnung«

Die Finnenhaussiedlung –
Flüchtlingsbau im Nationalsozialismus

Sven Hübner

Mit der vorliegenden Arbeit über die Entstehungsgeschichte der »Finnenhaussiedlungen«
in Bordesholm soll ein Aspekt der Regionalgeschichte Schleswig-Holsteins beleuchtet
werden, der in der Nachkriegsforschung nur wenig Beachtung fand. Während es an zeit-
geschichtlichen Darstellungen des Wiederaufbaus zerstörter Städte wie Kiel oder Lübeck
nicht mangelt, sind gerade die sozialen und strukturellen Auswirkungen des Kriegsgeschehens auf die Umlandgemeinden von der offiziellen Geschichtswissenschaft wenig oder nur am Rande bearbeitet worden. Oftmals sind es örtliche Geschichtsvereine,
Heimatsammlungen oder historisch interessierte Privatpersonen, die es sich zur Aufgabe machen, Quellen, Dokumente, aber zur Hauptsache Erlebnisberichte von Zeitzeugen zusammenzutragen. So erklärt sich das Fehlen von zusammenfassenden wissenschaftlichen Darstellungen auf diesem Gebiet. Als Quellen für diese Arbeit dienen vor allem
Interviews, die der Verfasser mit Bewohnern der Finnenhaussiedlungen in Bordesholm
und Flintbek führte, wobei das Alter der Befragten wie auch die zeitliche Distanz von
über 50 Jahren zu teilweise ungenauen oder auch widersprüchlichen Aussagen führte.
Nichtsdestotrotz berichteten die Interviewten über Details des Alltagslebens in den Siedlungen, die in keinem amtlichen Dokument, in keinem wissenschaftlichen Aufsatz zum
Ausdruck kommen könnten. Gerade diese Unmittelbarkeit der Überlieferung machte
für den Verfasser den Reiz seiner Recherchen aus.[1]

Ursachen der Siedlungsmassnahmen

»Mit dem Jahre 1943 nahm die Zahl der Obdachlosen in Kiel derart zu, daß nach einzelnen Angriffen Tausende von Einwohnern aus der Stadt evakuiert werden mußten…Für
die Unterbringung der evakuierten Kieler Bevölkerung war ein bis ins einzelne gehender
Evakuierungsplan in Zusammenarbeit mit den vorgesehenen Aufnahmekreisen und der
Reichsbahn ausgearbeitet worden. Die Aufnahmegebiete waren…die Landkreise Schleswig, Rendsburg, Eckernförde, Plön, Segeberg und Teile des Kreises Eutin. Die Gesamt-
zahl der auf diese Weise planmäßig untergebrachten Obdachlosen während des Krieges

beläuft sich auf 39.650 Personen. Daneben hat sich jedoch ein großer Teil der Obdachlosen auf eigene Faust untergebracht oder hat bei Verwandten Unterkunft gefunden.«[2]

Ein Großteil der Ausgebombten waren qualifizierte Facharbeiter, die für die Aufrechterhaltung der Rüstung unentbehrlich waren. Um nun diesen hochentwickelten Arbeitnehmerstamm, der nicht ersetzt werden konnte, aus der besonders gefährdeten Zone der Wohnviertel auf dem Ostufer (Stadtteile Gaarden, Wellingdorf) zu schaffen, beschloß man, außerhalb der Luftgefahrenzone geschlossene Siedlungsgebiete anzulegen und diese Arbeiter mit ihren Familien dorthin umzusiedeln. Schon 1941 begann die Kieler Stadtverwaltung, zusammen mit der Gauleitung und der »Organisation Todt«, die Planungen für das »Sonderwohnungsbauprogramm Nordmark«.

Die Kieler Gauleitung erhielt den Auftrag, geeignete Familien für die Umsiedlung auszuwählen. In einem Aktenstück aus dem Jahr 1941 ist vermerkt, daß »die Zuteilung der Wohnungen an die einzelnen Familien unter Oberleitung des Herrn Oberpräsidenten und Gauleiter Hinrich Lohse und des als Gauwohnkommissar beauftragten Gauobmann Bannemann von der DAF erfolgen soll.«[3] Es gibt keine Hinweise auf die Kriterien, die dieser Auswahl zugrunde lagen. Sicher ist nur, daß vor allem kinderreiche Familien von Facharbeitern der Werftindustrie berücksichtigt wurden. Über eine Bevorzugung von Parteimitgliedern läßt sich nur spekulieren. Ebenso unklar bleibt, inwieweit es sich um Zwangsumsiedlungmaßnahmen handelte. Die vom Autor befragten Personen waren alle erst in den letzten Kriegswochen oder nach 1945 in die Siedlungen gezogen und konnten über das Auswahlverfahren keine Angaben machen.

STANDORTWAHL UND PLANUNG

Bei der Auswahl der Siedlungsstandorte durch die Kreisverwaltungen standen zwei Kriterien im Vordergrund: Die Umsiedlungsgemeinden mußten in der Lage sein, zumindest den Grundbedarf der Neubürger zu decken. Dies erforderte eine ausreichende Anzahl an Nahrungsmittelgeschäften und Schulplätzen, letztere waren insofern besonders wichtig, da es sich bei den Aussiedlern vorrangig um kinderreiche Familien handelte.

Im Interesse der Wehrwirtschaft wurde besonderer Wert auf die verkehrsgünstige Lage der Gemeinden und die Nähe der Baugebiete zu den Bahnhöfen gelegt. Weil die umgesiedelten Werftarbeiter schnell und unkompliziert ihre Betriebe erreichen mußten, kamen nur Orte mit direkter Bahnverbindung nach Kiel in Frage. Man entschied sich für sieben Orte im Kieler Umland: Schönberg, Ascheberg, Preetz, Voorde, Flintbek, Einfeld und Bordesholm. Alle diese Orte liegen südlich des Nord-Ostsee-Kanals; die Arbeiter sollten auch nach einer befürchteten Zerstörung der Kanalhochbrücken ihre Werften und Betriebe noch erreichen können. Aus diesem Grund wurden auch Pläne für die Errichtung einer Siedlung in Gettorf verworfen.

In Bordesholm entschied man sich für das Gelände südlich der Bahnlinie unmittelbar an der Grenze zur Nachbargemeinde Wattenbek. Der Baugrund wurde von insgesamt zwölf Grundeigentümern, elf umliegenden Bauernstellen und der Reichsbahn erworben und durch Umgemeindungsmaßnahmen arrondiert. In den folgenden Jahren sollte auf diesem Gelände mit rund 450 Wohnungseinheiten die größte der sieben geplanten Siedlungen entstehen.

Da es sich bei deren Anlage nach damaligen Einschätzungen nur um eine vorübergehende Aussiedlung handeln sollte, wählte man eine zeit- und materialsparende Bauweise, die nur einen geringen Aufwand an Arbeitskräften erforderte. Es wurden montagefertige Holzhäuser aus Finnland eingeführt, deren Einzelteile nur noch an Ort und Stelle zusammengefügt werden mußten.[4]

Finnland, seit 1941 nach Beginn des »Barbarossa«-Feldzugs gegen Rußland Verbündeter Deutschlands, hatte seine wirtschaftlichen Beziehungen mit dem »Dritten Reich« intensiviert, außerdem verfügten die Finnen über große Erfahrungen auf dem Gebiet des Holzbaus. Über die Hersteller der Holzelemente sowie die Zahlungsmodalitäten war keine Information zu erlangen. Ebenso unklar bleibt, über welche deutschen und finnischen Häfen die Transporte abgewickelt wurden und wer diese durchführte. Ein Bewohner Bordesholms, der 1943 bei den Arbeiten als Zimmermann mitwirkte, gibt an, die Bauelemente wären mit der Reichsbahn aus dem Kieler Hafen abgeholt worden.

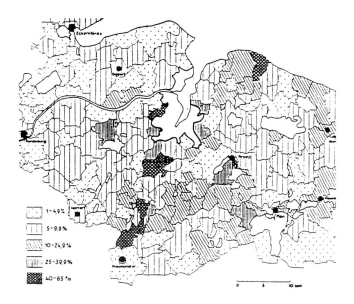

1 *Verteilung der evakuierten Kieler auf die Umlandgemeinden in Prozent.*

2 Bauskizzen Heimstättenweg.

Eine detaillierte Baubeschreibung in deutscher Sprache mit zahlreichen Konstruktionsplänen seien mitgeliefert worden. Finnische Arbeiter habe es auf den Baustellen jedoch nicht gegeben.

Die Finanzierung der Baumaßnahmen teilten sich mehrere Geldgeber: Das Deutsche Reich, die Germania-Werft sowie die Stadt Kiel traten als Bauträger auf. Über die genauen Anteile an den Baukosten waren leider keine Unterlagen (mehr) zu ermitteln. Den größten Teil übernahm wahrscheinlich das Reich. Die Kosten der Straßen- und Wasserbauvorhaben übernahmen zu einem erheblichen Teil die Gemeinden selbst.[5]

Für den Bau der Finnenhaussiedlung in Bordesholm kalkulierte die »Heimstätte Schleswig-Holstein« in einem Schreiben an das Arbeitsamt Neumünster vom 5.06.1941[6] mit folgenden Eckdaten:

Baukosten der Siedlung inklusive Straßenbau von 5.670.000 Reichsmark. Darin enthalten waren 2.300.000 Reichsmark Löhne an der Baustelle.

Für die Ausführung der Baumaßnahme errechnete man einen Bedarf von 450 Arbeitskräften: 300 Facharbeiter (Maurer, Zimmerer, Metallarbeiter, Bauhilfsarbeiter und Ungelernte), die von den Kreisverwaltungen in Segeberg und Rendsburg bereitgestellt werden sollten, sowie 150 Kriegsgefangene, deren Einsatz völkerrechtswidrig war. Die Bauarbeiter sollten, ebenso wie die Kriegsgefangenen, in Baracken nahe der Baustellen untergebracht werden.

Der gesamte umbaute Raum sollte 171.000 m² betragen; die Baukosten für eine Hauseinheit lagen je nach Typ zwischen 12.800 und 13.200 RM. Als Stichtag für den Baubeginn wurde der 15.6.1941 bestimmt. Nach 28 Wochen Bauzeit sollte die Siedlung am 31.12.1941 bezugsfertig sein.

Die mit der Bauausführung betraute Wohnungsbaugenossenschaft »Heimstätte Schleswig-Holstein GmbH« hatte schon in den zwanziger Jahren Siedlungsprojekte in Kiel und Umgebung durchgeführt und verfügte somit über die nötige Erfahrung mit Bauprojekten dieser Größenordnung. Der »Heimstätte« oblag nicht nur die Überwachung der eigentlichen Baumaßnahmen, sondern auch die Beantragung der Baugenehmigungen bei den jeweils zuständigen Kreisverwaltungen der betroffenen Gemeinden. Ferner mußte dafür gesorgt werden, daß in den Gemeinden auf den Gebieten Versorgung und Infrastruktur die notwendigen Voraussetzungen erfüllt wurden. Für die Gemeinde Bordesholm bedeutete dies im Einzelnen:

Den Bau einer Siedlungsschule, um den Zuwachs von etwa 450 schulpflichtigen Kindern zu bewältigen.[7] Für die gesamte Gemeinde Bordesholm sollte ein massives Schulgebäude für 16–18 Volksschulklassen errichtet werden. Da aufgrund des kriegsbedingten Mangels an Arbeitskräften und Baumaterialien mit einer schnellen Fertigstellung nicht zu rechnen war, sollten für die Zeit bis Kriegsende zehn schnell zu errichtende Schulbaracken den Bedarf der Siedlung decken; die Bereitstellung von Lehrerwohnungen; eine neue, von der Gemeinde zu bauende und auch zu finanzierende Brunnenanlage, um den Wasserbedarf der Siedlung zu decken. Ferner mußten die schon vorhandenen Gaswerke ausgebaut werden. Der Anschluß an die Gemeindekanalisation erforderte das Verlegen neuer Abwasserleitungen;

die personelle Verstärkung der Freiwilligen Feuerwehr sowie die Anschaffung eines neuen Spritzenwagens. Außerdem benötigte man neue Löschwasserteiche in der Nähe der Siedlung;

die Errichtung einer Ladenbaracke mit

einem Gemischtwarengeschäft (Kolonial- und Haushaltswaren)

einem Milch- und Butterverteilungsgeschäft

einem Frisörladen und

einer Schuhmacherwerkstatt.

Schon vor Baubeginn kam es wegen der Finanzierung der begleitenden Baumaßnahmen und der Bewilligung der Arbeitskräfte zu bürokratischen Streitigkeiten zwischen den betroffenen Gemeindeverwaltungen und den Kreisverwaltungen in Segeberg und Rendsburg. So kam es im Falle Bordesholms zu einem regen Schriftverkehr der Gemeinde mit der Kreisbaubehörde in Rendsburg. Die Hauptstreitpunkte lagen in der Errichtung der Schulbaracken und den dazugehörigen Lehrerwohnungen.[8] Beispielsweise klagte die örtliche »Kieler Tischfabrik Kurt Spethmann«, die das Schulinventar herstellen sollte, über mangelnde Zuteilungen von Materialien, insbesondere Stahl. Dieser konnte, aufgrund des kriegsbedingten Metallmangels, nur mittels »Dringlichkeitsverordnungen« des Regierungspräsidenten in Schleswig beschafft werden. Die endgültige Materialzuweisung erfolgte schließlich durch die Abteilung »Rüstungsbau« der »Organisation Todt« in Hamburg.

Aufgrund solcher organisatorischer Schwierigkeiten und Kompetenzstreitigkeiten verzögerte sich die Erteilung der Baugenehmigung durch die Kreisverwaltung Rendsburg erheblich. Erst am 26. März 1942 erteilte der zuständige Landrat die Ansiedlungsgenehmigung, beinahe ein Jahr später als in den Planungen des »Sonderwohnungsbauprogramms Nordmark« vorgesehen.

Auch im späteren Bauverlauf kam es zu Beschwerden der Bordesholmer Verwaltung betreffs der Siedlungsschule. Da ein großer Teil der Lehrer bereits zum Kriegsdienst eingezogen war und gleichzeitig die ursprünglich mit 450 kalkulierte Schülerzahl durch immer mehr ausgebombte Kieler Familien weit überschritten wurde, war ein geregelter Unterricht bald nicht mehr möglich. Lehrerinnen, die ihren Beruf schon aufgegeben hatten und Laienlehrkräfte wurden eingestellt. Hinzu kam, daß der Rektor der örtlichen Volksschule, der auch die Aufsicht über die Siedlungsschule innehatte, 1942 wegen Krankheit pensioniert wurde.

In einem Brief vom 12. Oktober 1943[9] beantragte der Bordesholmer Bürgermeister Ahrens eine Neubesetzung der Rektorenstelle und äußerte die Befürchtung, daß »mit einem Schüleranfall von etwa 700 Kindern zu rechnen« sei. Auch die Belegung der Mittelschule, »die in normalen Zeiten 80–85 betrug, ist auf 114 angestiegen; sie wird mit dem Bezug der Siedlung schnell weiter steigen…Ich bitte deshalb, bei dem Herrn Reichsminister für Wissenschaft, Erziehung und Volksbildung die baldige Erreichung einer Volksschulrektorstelle an der hiesigen Volksschule zu beantragen und nach Errichtung der Stelle einen Rektor zu ernennen.«

In der Antwort auf diesen Brief wurde durch den Landrat mitgeteilt, daß »im Auftrage des Regierungspräsidenten ihrem Antrage..auf Errichtung einer Volksschulrektorstelle..z. Z. nicht stattgegeben werden kann.«[10] Tatsächlich wurde die Rektorenstelle erst nach Kriegsende neu besetzt. Schon bald wurde deutlich, daß die Befürchtungen des Bürgermeisters bezüglich der steigenden Schülerzahlen weit übertroffen wurden. Im Jahr 1944 stieg die Anzahl der ursprünglich vorgesehenen 400 Wohnungen durch Teilung auf 624. Ferner entstanden in der Nähe der Finnenhaussiedlung Behelfswohnheime für 100 weitere Familien, so daß nun ca. 1.000 schulpflichtige Kinder zu versorgen waren.[11] Nach Kriegsende sorgten die aus den Ostgebieten eintreffenden Flüchtlingsfamilien für eine weitere Verschärfung des Problems. Die Gesamteinwohnerzahl Bordesholms stieg von 2.051 im Vorkriegsjahr 1939 auf amtliche 7.098 im Jahr 1946. Laut Aussage von Bordesholmer Bürgern lebten in der Nachkriegszeit tatsächlich ca. 10.000 Menschen im Gemeindegebiet.

KRIEGSGEFANGENE ALS BAUHELFER

In den Planungen der »Heimstätte Schleswig-Holstein« war vorgesehen, etwa 150 Kriegsgefangene bei dem Bauvorhaben in Bordesholm einzusetzen. Mit Beginn der Arbeiten wurde für deren Unterbringung ein Barackenlager in Wattenbek, östlich der heutigen Umgehungsstraße errichtet. Die dort Untergebrachten waren hauptsächlich Serben, aber auch Russen, Polen und Tschechen. Das in der Gemeinde als »Serbenlager« bezeichnete Gelände wurde von Soldaten der Wehrmacht bewacht. In Flintbek gab es ein ähnliches Lager, das sog. »Tschechenlager« mit etwa 100 Kriegsgefangenen. Über die Lebensumstände der Zwangsarbeiter war nur wenig in Erfahrung zu bringen. Zu näheren Kontakten mit der deutschen Bevölkerung kam es wohl nicht, in den Interviews wurden die Kriegsgefangenen meist nur auf Nachfrage erwähnt, auch die genaue Lage der Häftlingsbaracken kann nicht mehr genau bestimmt werden. Das Thema schien den Befragten peinlich zu sein.

Nach Kriegsende kehrten die polnischen und russischen Häftlinge in ihre Heimatländer zurück. In Bordesholm sollen noch 1950 einige Tschechen und Serben gelebt haben, die ihre Angehörigen hatten nachkommen lassen, insgesamt etwa 25–30 Familien. Mitte der fünfziger Jahre habe es dann eine Abstimmung unter den Landsmannschaften gegeben: Die Tschechen seien geschlossen in ihre Heimat zurückgekehrt, von den Serben seien zwei Drittel in Bordesholm geblieben, der Rest habe sich entschlossen, im neuen Jugoslawien zu leben. Der Autor hat versucht, einen der in Bordesholm Gebliebenen zu befragen, jedoch ohne Erfolg, da die Adressen von der Gemeinde aus Datenschutzgründen nicht herausgegeben werden konnten.

ARCHITEKTUR DES FINNENHAUSES

Die Dringlichkeit der Umsiedlungsmaßnahmen forderte einen möglichst schnell zu errichtenden und unkomplizierten Häusertyp. Das Bauprinzip des finnischen Holzhauses mit vorgefertigten Wand- und Deckenelementen war denkbar einfach und erforderte weitaus weniger Materialien als ein vergleichbares Massivhaus herkömmlicher Bauart. Gerade Ziegel, Steine und Baustahl wurden im Laufe des Krieges immer knapper und ihre Zuteilung durch die »Organisation Todt« streng reglementiert. Die normierten Holzelemente aus Finnland ermöglichten eine Rationalisierung des

Bauablaufes mit möglichst geringem Einsatz von Arbeitskräften. Auch der Verzicht auf eine Unterkellerung beschleunigte die Fertigstellung, umfassende Erdarbeiten für Ausschachtungen hätten einen weitaus größeren Aufwand erfordert, und die Kosten für eine Wohneinheit wären um ein Drittel gestiegen.

Die Fundamente der Finnenhäuser hingegen entsprachen in Stärke und statischer Tragfähigkeit denen vergleichbarer Steinbauten. Hier kommt zum Ausdruck, daß die Planungsbehörden 1942 noch mit einem baldigen siegreichen Ausgang des Krieges rechneten. Nach Kriegsende sollten die Holzelemente abgetragen und auf den alten Fundamenten Steinhäuser errichtet werden.

Tatsächlich blieben die Holzhäuser bis heute erhalten, wenn auch in den meisten Fällen vorgehängte Klinkerfassaden angebracht wurden. In der Bordesholmer Siedlung gibt es heute nur noch drei Häuser, bei denen die originale Holzschindelfassade erhalten ist.

Es gibt vier nur gering variierende Typen von Finnenhäusern, benannt nach finnischen Städten. In Bordesholm sind es die Typen »Lahti« und »Helsinki«, die sich in der Anordnung der Fenster und in der Fundamentgröße unterscheiden. Beim Typ »Helsinki« ist die Giebelfront ca. 10 Zentimeter länger. Heute sind diese Unterschiede nicht mehr erkennbar, da die meisten Häuser inzwischen statt der alten Holzfenster mit Thermoverglasungen ausgestattet sind.

Der Innenraum der Haushälften teilte sich wie folgt auf:
Wohnküche: 18,1 m²
Kochnische: 6,1 m²
Schlafzimmer: 15,7 m²
Flur: 3,9 m²
Windfang: 1,4 m²
WC: 1,1 m²
Schlafkammer 1: 11,1 m²
Schlafkammer 2: 13,6 m²
Bad: 3,8 m²

Die Gesamtwohnfläche betrug je Halbhaus 74,8 m². Verglichen mit ihren früheren, oftmals sehr beengten und primitiven Wohnverhältnissen in den Kieler Arbeitervierteln bedeutete dies für die meisten der Ausgesiedelten eine erhebliche Verbesserung. Die Häuser verfügten über fließendes Warmwasser und einen kombinierten Kohle-Elektroherd, die sogenannte »Brennhexe«. Die Innenwände bestanden aus Mauerwerk mit 17 cm Wandstärke, dem heutigen Standard entsprechend. Die Wandisolierungen waren allerdings nach heutigen Maßstäben ungenügend. Wellpappe und Strohhäcksel wurden in dünnen Schichten auf die Holzaußenwände aufgebracht. Spätestens nach 20 Jahren war die Isolation verrottet und wurde durch moderne Baustoffe wie Glas- oder Steinwollmatten ersetzt. Die Raumaufteilung sowie die große Wohnküche wird auch heute noch von den Bewohnern wegen ihrer Zweckmäßigkeit gelobt, auch wenn die Bäder und WCs etwas klein sind.

3 *Überarbeitung einer Aufzeichnung der Heimstätte Schleswig-Holstein G.m.b.H vom 11.2.1942.*
Straßen-/Giebel-/Hofansicht der Nummer 75/31.

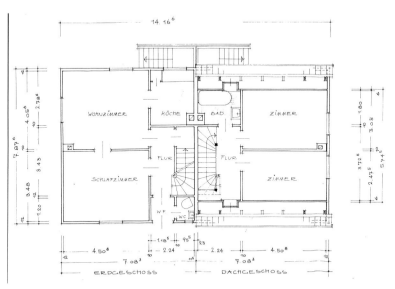

4 *Überarbeitung einer Aufzeichnung der Heimstätte Schleswig-Holstein G.m.b.H vom 11.2.1942.*
Grundrisse der Nummer 75/51.

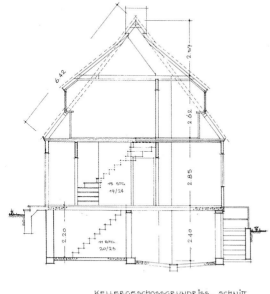

75/5. FINNENHÄUSER
NACH EINER AUFZEICHNUNG DER
HEIMSTÄTTE SCHLESWIG-HOLSTEIN G.M.B.H.
VOM 11.2.1942
ÜBERARBEITET VON · ARCH. D. LADWIG

KELLERGESCHOSSGRUNDRISS, SCHNITT
M. 1 " 50

BORDESHOLM. DEN
DER BAUHERR ·   DER ARCHITEKT ·
                    BAU-ING. DIETRICH LADWIG ARCHITEKT B.V.

5 Überarbeitung einer Aufzeichnung der Heimstätte Schleswig-Holstein G.m.b.H vom 11.2.1942. Grundrisse der Nummer 75/52.

Die zu jedem Haus gehörigen 500 m² Gartenfläche sicherten gerade in der Zeit der Lebensmittelrationierung nach 1945 das Überleben. Jede verfügbare Fläche wurde zum Anbau von Obst und Gemüse und für die Kleintierhaltung genutzt. Viele Familien hielten sich sogar Schweine auf ihren Grundstücken.

Für die Bordesholmer Siedlung war schon in den ursprünglichen Planungen von 1941 der Bau von zwei dreigeschossigen Häuserblöcken aus Massivstein geplant. In ihnen sollten Ladenzeilen, die Siedlungsverwaltung der »Heimstätte« sowie Lehrerwohnungen entstehen. Diese waren luxuriöser ausgelegt als die Finnenhäuser. Sie verfügten über Terrazzo – statt der üblichen Betonfußböden und einen modernen »Juno«-Heißwasserbereiter in den Badezimmern. Die Blöcke konnten allerdings in den Kriegszeiten wegen Materialmangel nicht fertiggestellt werden und wurden erst 1950 bezogen.

Bericht einer Zeitzeugin

Nachfolgend der Bericht einer Zeitzeugin, Frau Ruth Parbs, die 1944 in die Finnenhaussiedlung einzog und auch heute noch in Bordesholm lebt, allerdings nicht mehr in einem Finnenhaus.

»Mein Mann und ich wohnten in Kiel in der Gegend um den Klaus-Groth-Platz, und nach mehreren schweren Bombenangriffen in den Kriegsjahren kam ich zunächst im Juli 1944 nach Plön, da ich ein Kind erwartete. Am 4. November 1944 bezogen wir dann in Bordesholm, Struckenkamp 26, eine obere Finnenhauswohnung, also zwei kleine, schräge Zimmer mit einer Küche…Als ich von Plön über Ascheberg nach Bordesholm kam, stand ich am Diekenhörn vor einem Rätsel: Wie ich wohl mit dem Kinderwagen über den Struckenkamp kommen sollte. Dort war nämlich nur Schotter. Die Kriegsgefangenen arbeiteten an der Straße, und es ging ein Wachmann auf und ab…Es war das erste Mal, daß ich so ganz bewußt an arbeitenden Kriegsgefangenen vorbeigehen mußte. In Kiel war man immer mit den Gedanken bei seinen eigenen Sachen und durch die Kriegseinwirkungen auch stets in Hetze und Sorge, daß man die dort eingesetzten Gefangenen gar nicht so beachtet hatte.

In den ersten Tagen hatte ich noch keine Brennhexe in der Küche, war also zum Fläschchenkochen auf Nachbarn angewiesen, was auch hervorragend ging, denn wir waren ja mehr oder weniger alle »arme Deubel«. Miete zahlten wir damals, soweit ich mich erinnere, 24,50 Reichsmark für die Wohnung.[12] Die Häuser waren ja alle auf Feld und Wiesen gebaut, so daß wir hinter dem Haus einen Hof und Garten hatten.

Unser Vorteil war, daß am Ende des Gartens ein Knick entlang lief, dahinter ein Feldweg, der zum Teil wohl auch heute noch existiert. Die untere Wohnung in dem Haus wurde von einer in Kiel-Gaarden ausgebombten Familie Kankowski bewohnt. Frau Kankowski war Gärtnerin, und so lernte ich als Stadtkind das Umgraben der Graslandschaft, jeden Mittag ein bis zwei Stunden, wenn mein Kind schlief. Außerdem hatten wir ja zusätzliche Mahlzeiten dadurch.

Mit Ende des Krieges 1945 und durch die Überbelegung der Siedlung mit Ausgebombten und Flüchtlingen traten dann schon Versorgungsschwierigkeiten auf. Es gab Stromsperrstunden und damit verbunden auch eine eingeschränkte Wasserversorgung. Bis zu mir in die Küche oben stieg der Wasserdruck nur selten. So wurde das Wasser aus der Waschküche geholt oder gleich unten gewaschen. In der Finnenhaussiedlung gab es viele kleine Geschäfte und auch Handwerksbetriebe. Es war ja alles knapp, und natürlich gab es Lebensmittel nur auf Karten bzw. Marken. Das bedeutete insbesondere nach der Kapitulation langes Anstehen, wenn man etwas haben wollte bzw. ergattern konnte. Ecke Diekenhörn und Struckenkamp hatte ein Schuster seine Werkstatt in seiner Wohnung. Wenn sich noch ein altes Stück Leder auftreiben ließ, bekam man auch mal ein Paar neue Absätze oder Flicken auf die Schuhe. Da stand dann oft die Schlange der Anstehenden bis in den Struckenkamp hinein. Eigentlich waren wir Frauen dabei immer ganz vergnügt. Man hatte den Krieg überlebt, und irgendwie ging es wohl weiter.

Wie ich schon sagte, gab es viel Nachbarschaftshilfe. Es waren ja auch zunächst nach 1945 viele Männer arbeitslos, die Werften in Kiel waren kaputt, und so habe ich gute Hilfe erfahren beim Holzeinschlag in Sören bzw. später beim Sägen und Holzhacken. Mein Mann ist im Mai 1945 interniert worden und kam erst 1947 nach Hause … In einem Sommer gab es eine große Maikäferplage. Wir spannten an der Hausecke ein Laken auf, und die Käfer flogen zu Hunderten da rein. Sie wurden dann abgebrüht und den Hühnern vorgeworfen. Das hat man in dieser Zeit alles gelernt.

Nachdem das Gefangenenlager innerhalb der Siedlung geräumt worden war, zogen in eine Baracke dort zwei Flüchtlingsfamilien ein. Die anderen Baracken wurden in kleine Läden umfunktioniert.

… Die größte Sorge war eigentlich für alle die Beschaffung des Brennmaterials für den Winter. Die Öfen in den Finnenhäusern mußten oft durch den Hausmeister bzw. Verwalter, Herrn Mauersperger, kontrolliert werden. Es war ja alles Kriegsware gewesen, und oft fiel einem der Schamott aus dem Ofen entgegen, wenn man stocherte…

Da fällt mir noch ein, daß die Steinhäuser am Steenredder gar nicht alle mit Fenstern und Türen versehen, also noch im Rohbau waren. In diesen Häusern waren wohl Stoffe und Schuhe gelagert und eines Tages nach der Kapitulation wurden die Häuser gestürmt. Schuhe und Stoffe sollen aus den Fenstern geflogen sein, und einige Leute sind mit einem Schuh nach Hause gegangen, weil sich die Leute darum gerissen haben. Darüber ist lange gesprochen worden in der Siedlung…Überhaupt war die Wohnungsaufteilung sehr praktisch. Die Küche konnte man von der Stube aus erreichen, und so hatte man die Kinder immer unter Aufsicht. Außerdem zog die Wärme der Brennhexe mit ins Zimmer, denn zu der Zeit konnte man ja frühestens nachmittags den Stubenofen anheizen.

Am 21. Juni 1948 war ja die Währungsreform gewesen, und es ging mit allem langsam bergauf…Inzwischen waren nun schon die Gärten, auch die Vorgärten der Finnenhäuser…sehr schön angelegt und gepflegt. Die Straßen waren natürlich noch nicht gepflastert, aber es waren gute Fahr- und Gehwege. Autoverkehr gab es so gut wie gar nicht, die Kinder konnten ungestört spielen und Radfahren lernen. Auch die Hilfsbereitschaft war noch groß und gut. Es wurde sich gegenseitig beim Renovieren etc. geholfen, und es soll heute noch so sein.«[13]

INTEGRATION DER AUSSIEDLER

Für die betroffenen Ortschaften brachten die Finnenhaussiedlungen nicht nur Probleme der Infrastruktur und der Versorgung. Die ausgebombten Kieler Familien veränderten auch in gravierendem Maße die Sozialstrukturen in den Gemeinden. Die Siedlungsgemeinden waren vorher durch Landwirtschaft und Kleingewerbe geprägt, auch wenn Bordesholm als ehemaliger Verwaltungssitz des »Amtes Bordesholm-Land« schon seit 1840 den Status eines Unterzentrums hatte.

Fast alle Einwohner arbeiteten in ihrer Gemeinde, man kannte sich, das Alltagsleben war dörflich geprägt. Im Gegensatz hierzu lebten in den Siedlungen städtisch geprägte Arbeiter, die in den Gemeinden keine Anstellung fanden und zum Großteil täglich mit der Bahn zu ihren Arbeitsplätzen nach Kiel pendelten.

Für die Gemeinde Flintbek gliederten sich die Berufsgruppen der Familienvorstände in der Siedlung wie folgt:[14]

| 16 Beamte | 75 Angestellte | 18 Freiberufler |
| 124 Facharbeiter | 49 Arbeiter | |

Die soziale Verteilung dürfte in der Bordesholmer Siedlung ähnlich gewesen sein.

So blieb das Verhältnis der Alteingesessenen zu den Neubürgern distanziert, von Mißtrauen und Abwehr geprägt. In den Notzeiten nach Kriegsende verschärften sich die Gegensätze noch. Besonders die große Zahl von Kindern in der Siedlung gab Anlaß zu Beschwerden der Alt-Bordesholmer. Deutlich wird dies in einem Brief eines Bürgers an die Gemeinde aus dem Jahr 1944:

»Wir Anwohner des Wattenbeker Wegs haben durch die Besiedlung seit Herbst recht trübe Erfahrungen machen müssen. Größere und kleinere Jungen, die aus der Enge der Großstadt herausgekommen sind, fühlen sich nunmehr in ihrer Freiheit ungebunden. .. Was wir mühsam pflegen, wird da sinnlos zertrampelt. Schlimm wurde es erst, als die Früchte in unseren Obstgärten anfingen zu reifen. Wir haben wiederholt festgestellt, daß die Kriechlöcher zum Durchschlüpfen benutzt werden, und dann rann, selbst an das unreife Obst. Das bißchen ausgesäte Korn wird als Deckung benutzt und die Gemüsebeete dabei zertreten .. Will man einen fassen, dann sind sie verschwunden und tun so, als sei nichts geschehen. Die Namen der Übeltäter sind schwer feststellbar. Versucht man die Eltern zu ermitteln, dann sind es ihre Kinder bestimmt nicht gewesen, ja, man setzt sich noch dem Spott und der Pöbelei aus. Mit Grauen denken wir an die Zeit, wo der Garten wieder bestellt werden muß und wieviel Ärger einem noch bevorsteht..Diese Zustände sind für die Anlieger untragbar und können nicht länger geduldet werden.«[15]

Doch auch mit den erwachsenen Siedlern kam es zu Problemen; die Bauern begannen, aus Angst vor Diebstählen ihre Felder zu bewachen. Die Finnensiedlungen blieben für längere Zeit Fremdkörper in ihren Gemeinden. Innerhalb der Siedlungen war der Zusammenhalt und die Nachbarschaftshilfe dagegen um so stärker, man organisierte sich, jede Siedlung hatte einen Siedlerverein, der zumindest in Bordesholm immer noch besteht.

Mit der Zeit wurden die Neubürger jedoch mehr in die Ortsgemeinschaft integriert. Aber auch jetzt noch heben sich die Siedlungen zumindest äußerlich in ihrer Einheitlichkeit von den alten Ortskernen und den neueren Wohngebieten ab, und bei den Interviewten ist noch heute so etwas wie »Siedlungsmentalität« und Identifikation mit ihrem Wohnviertel spürbar.

Die Finnenhaussiedlungen nach 1945 und heute

Die Arbeiten an den Siedlungen in Bordesholm und Flintbek, deren Fertigstellung schon Anfang 1942 geplant war, wurden de facto erst um 1950 beendet. Schuld daran waren die Kriegswirren und der damit verbundene Mangel an Arbeitskräften und Baumaterialien. So gab es 1945 weder geteerte Straßen noch Straßenbeleuchtung. Gelagerte Baustoffe wurden von den Mietern zum Heizen verwendet, die Wohnungen waren überbelegt, bis zu 20 Personen lebten in einem Haus. Viele Wohnungen waren noch nicht an die Ortskanalisation angeschlossen. Die in der Siedlungsplanung vorgesehenen Massivbauten und Ladenzeilen waren erst halb fertiggestellt, die Holzmaterialien und andere Baustoffe wurden von den Siedlern »demontiert« und zum Heizen oder zur Ausbesserung ihrer Wohnungen verwendet.

Nach 1945 wurde die Bundesrepublik als Rechtsnachfolger des Deutschen Reiches Eigentümer der Finnenhaussiedlungen. Die Verwaltung der Liegenschaften übernahm die Bundesvermögensstelle der Oberfinanzdirektion in Kiel. Im Jahr 1951 gründeten die Mieter der einzelnen Siedlungen die »Vereinigten Interessengemeinschaften der Finnenhausmieter«, die nun die Vertretung der Mieter in Renovierungs- und Umbaufragen übernahmen. Gerade bei Umbauten gab es häufig Konflikte, da die Bundesvermögensstelle sehr genau darauf achtete, die äußere Einheitlichkeit der Siedlungen zu bewahren. So konnte der Antrag auf Versetzung einer Innentür zu monatelangem Schriftverkehr führen. Auch die Farbe des Außenanstrichs, die Bepflanzung der Vorgärten oder der Anbau einer Garage wurde genau kontrolliert.

Als die Bundesvermögensstelle im September 1960 beschloß, die Mieten um 20% zu erhöhen, kam es zu Protesten der Mietervertretungen. Man wies auf die teilweise erheblichen Mängel der Holzhäuser hin. Ein Besichtigungsprotokoll von 1962 stellte unter anderem fest:

»viele der Dachpfannen blättern ab und sind zum Teil unbrauchbar die äußere Bretterverschalung ist an den unteren Enden…häufig verfault. An vielen Fenstern und Dachgauben werden Undichtigkeiten festgestellt. In den meisten Häusern befinden sich noch alte Elektroleitungen mit Alu-Draht. Viele Treppen sind von Holzwürmern befallen.«[16]

Die Mieterhöhung konnte jedoch nicht verhindert werden. 1968 beschloß der Bund als Eigentümer der Siedlungen den Verkauf der Häuser an ihre Bewohner. In einer Bundestagssitzung am 27. Mai 1969 stellte der damalige Bundesschatzminister Schmücker ein langfristiges Kauffinanzierungsmodell für die Mieter in Aussicht. Ihnen sollte freigestellt werden, entweder in ihren Häusern als Mieter weiter zu wohnen oder sie mit Vorkaufsrecht zu erwerben. Der Kaufpreis sollte in 15 Jahresraten bezahlt werden. Der Kaufpreis lag zwischen 20.000 und 25.000 DM, je nach Zustand der Immobilie.

Viele Mieter nahmen das Angebot in Anspruch. 1990 waren noch etwa 25 Häuser in Bordesholm in Bundesbesitz, heute sollen es nur noch zwei sein. Mit dem Verkauf der Häuser änderte sich auch das Erscheinungsbild der Siedlungen. An fast jedem Haus wurde um- oder angebaut, Wintergärten und Garagen wurden errichtet, fast alle Häuser haben vorgehängte Klinkerfassaden. Viele, insbesondere ältere Siedlungsbewohner bedauern diesen Zustand, dennoch sind die Siedlungen immer noch als einheitliche Wohngebiete zu erkennen.

6 *Finnenhaussiedlung* 1977.

7 *Typischer Finnenhaustyp in Bordesholm 1998.*

286

Anmerkungen

[1] Hildebrandt 1992. Einzige zusammenhängende, wenn auch auf Bordesholm beschränkte Darstellung des Themas, die dieser Arbeit zugrunde liegt.

[2] Voigt 1950, S.33.

[3] GA Bordesholm.

[4] Voigt 1950, S.57.

[5] GA Bordesholm.

[6] Hildebrandt 1992, S. 29 f.

[7] Die Schulräume wurden später auch mehr und mehr von der Hitlerjugend in Anspruch genommen. Die Probleme, die sich daraus ergaben, liegen auf der Hand.

[8] GA Bordesholm.

[9] Ibid.

[10] Ibid.

[11] Hildebrandt 1992, S. 70.

[12] Nach der Währungsreform 1948 betrug die Miete für eine Haushälfte 40, 71 DM.

[13] Parbs 1990.

[14] Voigt 1950, S. 40.

[15] GA Bordesholm.

[16] Akte des Vorsitzenden der Interessengemeinschaft der Finnenhausmieter, Walter Heidt.

Bibliographie

Quellen

Archiv der Gemeinde Bordesholm. Das Archiv der Gemeinde Bordesholm wird nicht hauptamtlich durch einen Archivar betreut, eine genauere Angabe der Provenienz ist daher nicht möglich: Finnenhaussiedlung 1941/1943/u.a.

Vorsitzender der Interessensgemeinschaft der Finnenhausmieter Walter Heidt

Literatur

Boelck, Detlef: Kiel im Luftkrieg, Kiel 1980. (Nachdruck)

Hildebrandt, Frauke: 1942–1992. Finnenhaussiedlung Bordesholm. Beiträge zur Kulturgeschichte im Raum Kiel-Bordesholm-Neumünster, Heft 1, hrsg. von der Arbeitsgemeinschaft Heimatsammlung Bordesholm im Kultur- und Verschönerungsverein e.V. , Bordesholm 1992.

Jensen, Herbert: Die neue Stadt Kiel, in: Baumeister, 54. Jg. S. 375–406.

Parbs, Ruth: Private Aufzeichnungen über die Finnenhaussiedlung, Bordesholm 1990.

Voigt, Hans: Die Veränderungen der Großstadt Kiel durch den Luftkrieg, Kiel 1950.

Abbildungsnachweis

1. Verteilung der evakuierten Kieler auf die Umlandsgemeinden in Prozent/Parbs 1990, S. 28.

2. Bauskizzen Heimstättenweg/GA Bordesholm.

3. Überarbeitung einer Aufzeichnung der Heimstätte Schleswig-Holstein G.m.b.H. vom 11.2.1942/Straßen/Giebel/Hofansicht der Nummer 75/31/GA Bordesholm.

4. Überarbeitung einer Aufzeichnung der Heimstätte Schleswig-Holstein G.m.b.H. vom 11.2.1942, Grundrisse der Nummer 75/51/ GA Bordesholm.

5. Überarbeitung einer Aufzeichnung der Heimstätte Schleswig-Holstein G.m.b.H. vom 11.2.1942, Grundrisse der Nummer 75/52/ GA Bordesholm.

6. Kieler Nachrichten vom 24. April 1977, S. 20.

7. Finnenhaustyp im Steenredder/Finnenredder 1998/ privat.

Historische Grenzen, Funktionalität und Charakter
versus vordergründige Designideen

Öffentlicher Raum in Kiel nach 1945

Entwicklung der Platzanlagen in der Kieler Innenstadt

Agnes Köhler

Das Herz einer jeden Stadt, ihre Lebensader, ist die Innenstadt. Hier liegen die städtischen Wurzeln, hier liegt der historische Kern, aus dem sich die Stadt weiter entwickelt hat. Die Identifikation der Einwohner mit ihrer Stadt läuft über den Stadtteil, in dem sie wohnen, und über den Stadtkern, dessen Erscheinungsbild wesentlich durch die Gestaltung des öffentlichen Raumes geprägt wird. Raumbildung ist ein zentrales Thema der Stadtgestaltung. Jeder Straßen- und Platzraum gewinnt seine eigene Bedeutung durch Dimension, Form, Proportion, Fassung, Nutzung und Gestaltung.[1]

In der heutigen Zeit der räumlichen und sozialen Isolierung erhalten die öffentlichen Räume die Aufgabe, für die lokale Öffentlichkeit einen zwanglosen Begegnungsraum darzustellen. Die Plätze fungieren dabei als öffentliche »Wohnräume« der Stadt. Auf ihnen finden alle größeren, nicht in Straßen unterzubringenden Veranstaltungen statt. Eine abwechslungsreiche Folge von Räumen schafft die Voraussetzung für die Orientierung in und Vertrautheit mit der Umgebung.[2] Inwieweit der öffentliche Raum in Kiel nach den zerstörenden Bombenangriffen wieder oder neu aufgebaut wurde, inwieweit auf Tradition zurückgegriffen wurde, oder ob man auf historische Bezüge verzichtete, soll hier erörtert werden. Dabei wird der öffentliche Platz des Stadtkerns im Vordergrund stehen und auf Straßen nur insoweit eingegangen werden, wie sie eine Beeinflussung für die Platzgestaltung bedeuten.

ENTWICKLUNG DER ÖFFENTLICHEN PLATZANLAGEN BIS 1945

Der alte Markt: Mittelpunkt Kiels bis ins 19. Jahrhundert

Die Entstehung der Stadt Kiel geht auf die Landnahme durch die Grafen von Schauenburg zurück, die im Zuge der Besetzung und Kolonisation des wendischen Siedlungsgebiets mehrere Städte entstehen ließen. Die Siedlung Kiel entstand ab 1233 durch Graf Adolf IV. und zeigte den typischen Grundriß der planmäßig angelegten Kolonisationsstädte,[3] die sich durch eine klare geometrische Straßenführung und eine zentrale Lage der Kirche auszeichneten.

Wie auf dem mittelalterlichen Stadtgrundriß der Stadt Kiel zu sehen ist, trafen an den Eckpunkten des ebenen Marktplatzes folgende Straßen rechtwinklig aufeinander: Die Holstenstraße und Schuhmacherstraße, die Flämische Straße und die heutige Schloßstraße, die Dänische Straße und Haßstraße und die Küterstraße mit der Kehdenstraße.[4]

Die Dänische Straße und die Holstenstraße, die beiden Hauptstraßen, die zu den entgegengesetzten Ein-, bzw. Ausgängen der Stadt führten, trafen an den diagonal entgegengesetzten Eckpunkten auf den Marktplatz, so daß man diesen diagonal überqueren mußte, wollte man durch die Stadt hindurch. Die anderen Straßen führten zur Burg und zum Wasser, der Kieler Förde und dem Kleinen Kiel. An der südwestlichen Seite des Platzes stand das Rathaus, an der südöstlichen, auf der höchstgelegenen Stelle, die Kirche mit Kirchhof.

Der Platz bildete den Mittelpunkt des städtischen Geschehens in Kiel. Es wurde auf dem Platz Markt betrieben, die Hauptverkehrsadern führten hindurch, die Stadtpolitik und Geistlichkeit repräsentierten sich symbolisch durch die Gebäude des Rathauses und der Kirche. Die offene, von Häusern umschlossene Fläche der sonst eng erbauten Stadt wurde also verschiedentlich genutzt und durch die zentrale Lage und der guten Aufenthaltsqualität, im Vergleich zu den engen Gassen, zur Bühne der lokalen Gesellschaft. Auf der Karte von 1588 sieht man, wie die Kirche dem Platz als wichtige architektonische Akzentuierung diente, vor deren Kulisse sich der Mensch bewegte. Auch wenn sie westlich durch eine Häuserreihe vom Markt abgetrennt lag und einen eigenen Raum bildete, so überragte sie die Gebäude doch bei weitem.

Der Marktplatz von Kiel blieb lange in seiner Funktion als gesellschaftliche Bühne erhalten. Noch 1850, Kiel zählte inzwischen etwa 15.000 Einwohner, bildete er den Mittelpunkt des städtischen Geschehens. Er war umgeben vom alten Rathaus, mit Feste und Tanzsaal und den Persianischen Häusern, die vor der Nikolaikirche dem Platz als Begrenzung dienten.

Neue Platzanlagen im Zuge der Stadtvergrößerung

Der Platz im historischen Kern der Stadt wurde, nachdem Kiel Reichskriegshafen der Ostsee geworden war und sich ständig vergrößerte, in seiner Funktion als Marktplatz zu klein. Auf dem Stadtplan von 1883[5] sieht man den Neumarkt, den späteren Rathausplatz, am kleinen Kiel eingezeichnet. Er wurde 1869 angelegt,[6] um den halb so großen Markt in der Gründungsstadt zu entlasten.

Im Rahmen des Generalbebauungsplans von 1901, dem Stübbenplan,[7] bekam der Neumarkt eine repräsentative Funktion. Dort entstanden ab 1907 das Rathaus an der Südseite und das Stadttheater an der Westseite des Neumarktes. Der Platz wurde repräsentativer Vorhof zum Rathaus, seitlich umschlossen von den massigen Baukörpern des Stadttheaters und des Bankgebäudes der Vereinsbank und kann mit seiner Öffnung zum Kleinen Kiel und zum Rathausturm, der an den venezianischen Campanile erinnert, als nordische Variante des Markusplatzes gesehen werden.[8] Auf dem Platz weihte man 1912 den Schwertträgerbrunnen ein, eine kreisförmige Brunnenanlage mit der Plastik eines Schwertträgers.

Als Marktplatz wird ab 2. August 1902 der Exerzierplatz beansprucht, der 1744 zur militärischen Demonstration vom Herzog von Holstein-Gottorp und späteren russischen Zaren Peter III. auf dem Weideland vor der Stadt angelegt wurde. Um 1846/48, inzwischen von den Garnisonstruppen des dänischen Gesamtstaates übernommen, verlor er seine Aufgabe als Exerzierfeld.[9]

In den neu angelegten Stadtteilen wurden nach 1900 auf der Grundlage des Stübbenplanes weitere Plätze angelegt: Der Vinetaplatz als Marktplatz, Einkaufszentrum und Ort politischer Veranstaltungen im Arbeiterviertel Gaarden-Süd, das 1910 eingemeindet wurde, und der Blücherplatz, der im gründerzeitlichen Viertel ab 1907 als Marktplatz diente und noch heute dient.[10]

Entwicklung innenstädtischer Plätze und Fussgängerzonen nach 1945

Nach dem Krieg war der Aufbau von Häusern wesentlich dringlicher als eine Platzgestaltung. Die Plätze definierten sich in den ersten Jahren durch die entstehenden (bzw. fehlenden) Randbebauungen und deren Nutzung. Wichtiger für den öffentlichen Raum war die Um- und Neugestaltung von Verkehrswegen, zu deren Gunsten Plätze verändert, aber auch neu geschaffen wurden.

Historische Plätze

Der Alte Markt

1945 war die Bebauung des Alten Marktes total zerstört. Die noch stehenden Fassaden der Bürgerhäuser, wie die der Persianischen Häuser und des alten Rathauses, wurden nach dem Krieg abgerissen. Durch den Verlust der Persianischen Häuser verlor der Platz seine östliche Randbebauung und öffnete sich zur Nikolaikirche.

In den 50ern entstanden am Platz Geschäftshäuser. Im Dezember 1949 wurde ein modernes Geschäfts- und Wohnhaus dort errichtet, wo früher die Hofapotheke stand.[11]

Die letzte Baulücke wurde 1960 vom Bau der Agrippina-Versicherungsgruppe geschlossen.[12] Die wieder aufgebaute Nikolaikirche präsentierte sich weiterhin dem Platz, hier wurden keine neuen Gebäude errichtet. Der Alte Markt diente dem Verkehr und der Straßenbahn, ein Teilbereich wurde als Parkplatz genutzt. 1969 wurde ein städtebaulicher Architekturwettbewerb zur Gestaltung des Alten Marktes ausgeschrieben. Initiatoren waren Geschäftsleute und Bürger mit Unterstützung der Kieler Westbank.

Den Wettbewerb gewann der Kieler Kulturpreisträger und Dipl.-Ing. Wilhelm Neveling, der in Kiel bereits in den 50ern als Architekt wirkte (Ostseehalle 1950/51, »Howe-Haus« 1950).[13] Sein Entwurf berief sich auf eine Bebauung des Geländes des Alten Marktes: Es entstanden sechs pavillonartige, zwei- und dreigeschossige Gebäude unterschiedlicher Größe, die einen tiefergelegten Platz-im-Platz umkreisen. Um den Platz diagonal zu durchqueren, mußte man durch die sechseckigen Pavillongebäude auf ab- und aufführenden Treppen zwei Ebenen durchschreiten.[14] Der Entwurf hob die Linienführung des alten Marktes auf, die diagonale Fußgängerpassage blieb aber durch die Treppenführung erhalten. Die tiefergelegte Mulde sollte als Kommunikationsachse zum Verweilen einladen.[15] An Bürger mit Rollstühlen oder Kinderwagen hatte man offensichtlich weniger gedacht.

Der Entwurf wurde verwirklicht, aber schon vor seiner Realisierung stark kritisiert. In der Zeitschrift »Die Bauwelt«[16] erschien 1970 ein Aufsatz, welcher klar die Kriterien aufzeigte, die im Platzentwurf von Neveling nicht berücksichtigt wurden:

Die historisch überkommene Raumstruktur wird nicht herausgearbeitet, sondern durch eine willkürliche Gruppierung von Einzelbaukörpern zerstört, die weder eine klare und deutliche östliche Begrenzung des Platzes darstellt, noch die Fußung des Straßenzuges Flämische Straße akzentuiert.

Es entsteht ein Binnenraum, der durch die Tieferlegung und die Treppen aus dem räumlichen Gefüge des Marktes herausgelöst wird. Damit ist ein »Markt-im-Markt« geschaffen, was laut Begründung zum Bebauungsplan als besondere Gefahr bei Neugestaltung des Platzes vermieden werden sollte.

Die sechseckigen Baukörper erheben durch die Aufnahme der zufälligen Schiefwinkeligkeit des Platzes diese zum Prinzip und isolieren damit den Platz erst recht aus seinem orthogonalen Bezugssystem des Straßen-Platz-Gefüges. Der Platz wird mit der angestrebten Geschäftsnutzung einer einseitigen Zweckbindung unterworfen.

Wie wichtig für die Stadt das Interesse der Geschäftsnutzung war, läßt sich klar an Zahlen belegen. Die Gesellschaft »Handelshof Alter Markt« pachtete mit einem Kommanditkapital von 4 Millionen Mark das 7,5 Millionen teure Projekt an.[17] Die Stadt blieb Grundstückseigentümer, war für die Oberflächengestaltung des Platzes zuständig und steuerte dem Projekt 1,7 Millionen DM für die Pflasterung bei.[18] Damit entfiel für die Stadt ein großer Teil der Kosten.

Die Platzgestaltung im Sinne des Einkaufscity-Modells kam den Geschäftsleuten wegen der zusätzlich geschaffenen Geschäftsräume in solch zentraler Lage sehr zugu-

1 *Häuser am alten Markt. Blick von der Haßstraße 1890.*

te. Die Holstenstraße, die in den 50ern zur Fußgängerzone umfunktioniert wurde, führte direkt zum Alten Markt und leitete den Strom von Einkäufern zu den neu entstandenen Geschäftspavillons. Der Alte Markt hatte seine kommerzielle Funktion beibehalten. Die historische Struktur des Platzes ging allerdings zu Gunsten geschäftlicher Interessen verloren. Andere Nutzungsmöglichkeiten wurden durch die massive Durchgestaltung eingeschränkt. Der städtische Bürger kann sich in der künstlichen Gestaltung schlecht orientieren, da der Platz weder praktisch noch repräsentativ erscheint. Die Randkulisse wie Kirche und Häuser und damit die Kulisse, die das städtische Leben widerspiegelt, wurden durch die Pavillons verdeckt.

Daß eine Gestaltung der Fläche im Sinne der »Stadtlandschaft« durch Findlinge, Stufen, einen Brunnen und eine Aufwölbung der unteren Ebene für einen solch zentralen Platz im Nachhinein für nicht angebracht gehalten wurde, zeigt die Zurückführung dieser gestalterischen Elemente im Jahre 1992.[19]

2 *Alter Markt vor den Kriegszerstörungen (Blick von der Kütertraße, rechts die Nikolaikirche und die Persianischen Häuser. Links die Einmündung der Dänischen Straße).*

3 *Der alte Markt nach der Umgestaltung 1972.*

Der Rathausplatz

Der Rathausplatz erhielt seinen Namen nach Kriegsende 1945. Der als Neumarkt ange-
legte Platz diente ab 1911 dem neu erbauten Rathaus als Vorplatz und wurde 1933, nach
Besetzung des Kieler Rathauses durch SA- und SS-Formationen und Übernahme des
Oberbürgermeisteramtes durch Kreisleiter Behrens, in Adolf-Hitler-Platz umbenannt.
Nach dem Krieg wurden das zerbombte Rathaus und Stadttheater wieder aufgebaut, der Wiederaufbau im Juni 1950 abgeschlossen.[20] Dort, wo früher die Vereinsbank stand, wurde das Gebäude der Landeszentralbank errichtet. Der Platz behielt
seine ursprüngliche Raumbegrenzung durch die großen, massigen Repräsentations-
gebäude, wurde jedoch nicht in seinen alten Zustand gebracht. Als ebene, unbehan-
delte Fläche, diente er Fußgängern zur Überquerung, um vom Rathaus zur Holstenbrücke zu gelangen. Der Verkehr wurde an der östlichen und südlichen Seite, am
Bankgebäude und Rathaus, entlanggeführt. Zeitweise diente er als Parkplatz, auch
wenn Parkverbotsschilder am Platzrand aufgestellt wurden.
Anläßlich der Olympiade wurde er 1972 durch den Architekten Peter Hense umgestaltet. Die Fläche wurde mit Granitgroßpflaster befestigt, die Öffnung zum Wasser durch eine terrassenartige Anhebung der Platzfläche zum Kleinen Kiel aufgehoben; die Mauer, die sich als Abschluß des Platzes zum Kleinen Kiel hin bildete, durch
Treppen unterbrochen. Die Fläche selbst wurde mit einem unauffälligen Quadrat-
muster durchgebildet und im mittigen Quadrat, wo vor dem Krieg der Brunnen
stand, das Olympische Feuer plaziert. Die Figur des Brunnens, den Schwertträger,
stellte man näher zum Rande des Platzes wieder auf.[21]

4 *Rathausplatz, Einwei-
hung des Schwertträger-
brunnens 1912.*

Der Rathausplatz hat seine repräsentative Funktion beibehalten; er hat seine historischen Grenzen durch den Wiederaufbau der ihn umschließenden Gebäude bewahren können und wurde als ebener Platz lediglich durch Details verändert, die sich dem ehemaligen Platzgefüge unterwerfen. Durch die Anhebung der Fläche zum Kleinen Kiel erfolgte eine Abtrennung zum Wasser und damit ein stärkerer Bezug zum Rathaus. Das sonstige Beibehalten der ebenen Fläche erlaubt bis heute eine vielseitige Nutzung. So z.B. im Sommer einen monatlich stattfindenden Flohmarkt, Auftaktkonzerte für das Schleswig-Holstein Musikfestival und den Internationalen Markt, der in der Kieler Woche Speisen verschiedenster Länder anbietet. 1999 präsentierte sich die Bundeswehr erstmals durch die öffentliche Vereidigung der Rekruten auf dem Platz, was viele Menschen anlockte und zu politischen Auseinandersetzungen führte.

5 *Der Rathausmarkt mit Bankhaus Ahlmann um 1938.*

6 *Der Rathausplatz als Parkfläche 1964.*

Neuer öffentlicher Raum

Die Holstenstraße wird Fußgängerzone.

Seit der Stadtgründung 1242 hatte sich die Holstenstraße, vom alten Markt zum Holstentor führend, zusammen mit der Dänischen Straße als Hauptstraße entwickelt. Eine weitere bauliche Entwicklung in südlicher Richtung setzte erst ab 1871 ein. Bis 1939 hatte sie ihre Bedeutung als Hauptgeschäftsstraße sichtbar gefestigt.[22] Bei Kriegsende 1945 wies die Straße noch neun halbwegs aufbaufähige Häuser auf, 92 Gebäude waren vollständig zerstört worden.[23]

In der Niederschrift über die Sitzung des Preisgerichts zum Ideenwettbewerb zur Erlangung von Entwürfen für die städtebauliche Gestaltung der Kieler Innenstadt wird als fünfter wichtiger Gesichtspunkt »eine Durchquerung der Altstadt mit einem Hauptverkehrszug über den Alten Markt ... nicht als wünschenswert angesehen. Einrichtung von Geschäftsstraßen oder Kaufhöfen ohne Fahrverkehr ist erstrebenswert.«[24] Diese Idee knüpfte an Sanierungspläne der späten 30er an[25] und wurde 1950 mit der Eröffnung der Neuen Straße (der heutigen Andreas-Gayk-Straße) realisiert. Im Juli 1950 sperrte man die obere Holstenstraße für den Autoverkehr, ließ jedoch noch weiterhin zwei Straßenbahnlinien und eine Fahrbahn zwischen den Gehsteigen.[26] Im Dezember 1953 wurde die Straßenbahn ganz aus der Holstenstraße entfernt, so daß man die Möglichkeit hatte, von der Hafenstraße bis zum alten Markt eine reine Fußgängerzone zu gestalten. 1955/56 erfolgte ein weiterer Ausbau der Holstenstraße. Ein genaues Datum, das auf die Übergabe der Holstenstraße als Fußgängerzone hinweist, konnte nicht ermittelt werden.[27]

Bis 1973 wurde in Abschnitten die mittlere und südliche Holstenstraße fußgängerfreundlich gestaltet; als letztes Teilstück funktionierte man den Holstenplatz, der bis dahin als Parkplatz gedient hatte, mit der angrenzenden südlichen Holstenstraße als Fußgängerzone um.[28]

Die Hauptverkehrs- und Geschäftsstraße wandelte sich zu einem reinen Geschäfts- und Bürobereich, der nur für Fußgänger zugänglich war. Mit der Neugestaltung des Alten Marktes und der Dänischen Straße erlangte die Fußgängerzone 1974 eine Länge von 1,1 km, die nur noch an der Holstenbrücke und am Asmus-Bremer-Platz vom Fahrverkehr durchkreuzt wurde. 1979 wurde der Asmus-Bremer-Platz umgebaut, indem der Fahrverkehr vom Platz genommen und der Platz in die Fußgängerzone mit einbezogen wurden. Bis heute bildet die Holstenbrücke die einzige Stelle, an der Fußgänger und der übrige Stadtverkehr zusammentreffen.

Die Fußgängerzone kann man keinen öffentlichen Platz nennen. Es ist allerdings wichtig aufzuzeigen, welche gesellschaftliche Bühne durch sie entstanden ist und wieviel öffentlichen Raum sie einnimmt. In vielen größeren deutschen Städten sind seit dem Ende des Zweiten Weltkrieges Fußgängerzonen entstanden, die, wie die Kieler

Fußgängerzone, konsumorientierte Bürger durch die Innenstadt lotsen. Der Käufer wird nicht durch Fahrverkehr von den Schaufenstern abgelenkt.

In Kiel wurde dieses sehr früh realisiert, und die Stadt schien und scheint stolz darauf zu sein. So schreibt Stadtbaurat Jensen: »Was das Erlebnis der Stadtmitte heute überall stark beeinträchtigt, ist die übertriebene Beherrschung des Stadtbildes durch die nervöse Unruhe des motorisierten Verkehrs, der die Aufmerksamkeit der Menschen viel zu stark für sich in Anspruch nimmt und so von anderem Erleben ablenkt. Erst die Zurückgewinnung der Stadtzentren für den Fußgänger durch zunehmende Schaffung reiner Fußgängerbezirke, wie z.B. die Holstenstraße und die neuen Fußwege, wird das ›neue Stadterlebnis‹ ermöglichen.«[29]

Die Stadt Kiel konnte sich als eine der ersten Städte in der Bundesrepublik einer Fußgängerzone rühmen. Ebenso früh waren auch Stimmen zu hören, die sich gegen die verkehrsfreie Zone im Herzen der Stadt aussprachen. In der Zeitschrift »Die neue Stadt« wird von Heinrich Hennings die fußgängerfreundliche Altstadt als »Konservenbüchse« kritisiert. Sie zöge nicht das Geschäftsleben an, sondern wirke wie tot. Vielmehr würden sich die Bautätigkeiten in der verkehrsreichen Vorstadt konzentrieren und dort Leben schaffen.[30]

Das geschäftliche Leben mag sich in der Holstenstraße im Laufe der Zeit geändert haben, doch der »tote« Eindruck bleibt zumindest nach Geschäftsschluß bestehen.

Ihre einseitige Funktion als rein begehbare Shopping-Meile läßt anderes Leben vermissen. Neben dem vermeintlich schrumpfenden Geschäftsleben litt die Altstadt besonders als Wohnbereich. Die Bevölkerungszahl der innerstädtischen Bezirke Altstadt und Vorstadt, die 1939 bei 15.000 Einwohnern lag, sank bis 1961 auf 4.000, bis 1979 auf 2.400 Einwohner.[31] Nachdem sich die bauliche Stadtentwicklung durch die

7 *Die Holsten-
straße um 1938.*

297

Politik der gegliederten Stadtlandschaft in den 70er Jahren auf die Stadtrandbereiche konzentriert hatte, fielen die Nachteile auf: Die Verlagerung der Wohnfunktion auf die äußeren Stadtteile war so weit fortgeschritten, daß man mittel- bis langfristig betrachtet mit einem sozialen und baulichen Verfall rechnen mußte.[32]

Die Idee, daß Plätze und Straßen durch Ausschließung des motorisierten Verkehrs an Attraktivität gewinnen sollen, ist nachvollziehbar; doch verdrängt man Anwohner, so beseitigt man damit auch öffentliches Leben, welches die Plätze und Straßen auch nach Geschäftsschluß belebt und welchem der öffentliche Raum dienen sollte.

8 *Holstenplatz vor der Umgestaltung.*

9 *Holstenstraße um 1976.*

Der Berliner Platz

Der Berliner Platz wurde 1951 im Zuge der neuen Verkehrsführung angelegt. Er hieß bis 1955 Runder Platz[33] und diente als Kreisel der Weiterführung des Hauptverkehrs, der durch die neu geschaffene Andreas-Gayk-Straße in die Innenstadt gelenkt wurde. Bis heute dient er hauptsächlich dem Verkehr. Obwohl durch den Bau der Mühlenweg-Autobahn ab 1990 die Holstenbrücke, an die der Berliner Platz direkt anschließt, nicht mehr durch Kraftverkehr beansprucht werden sollte, führte der Platz 1992 noch 80% des innerstädtischen Verkehrs durch die City.[34] Er bildet die Verbindung der Andreas-Gayk-Straße, der Holstenbrücke und der nach dem Krieg neu angelegten Eggerstedtstraße, die in die Altstadt führt.

Aufgrund der breiten angrenzenden Straßen und wegen der Nachbarschaft und Öffnung zum östlich gelegenen Bootshafen konnte keine geschlossene Raumkante gebildet werden. Zwischen den Straßen entstanden zwei Kaufhäuser, die bis heute durch Neugestaltung der Fassade und Wiederaufbau nach einem Brand nachhaltig verändert wurden. Die beiden Gebäudekomplexe trugen als Randbebauung durch ihre Zurückgesetztheit aber wenig zur Raumschließung bei. Durch den Erweiterungsbau des Kaufhauses Woolworth 1992/93 mußten am Berliner Platz Umbauarbeiten vorgenommen werden, die dem ehemals runden Platz eine eiförmige Form gaben. Die Kosten des Umbaus von 1,3 Millionen Mark übernahm der Konzern Woolworth.[35]

Der Berliner Platz vermittelt durch die einseitige Funktion der Verkehrsführung und einer kaum bemerkbaren Raumkante keinen hohen Aufenthaltswert. Der anliegende alte Bootshafen würde mit einer attraktiven Gestaltung zu einer Aufwertung des Kernbereiches beitragen; das wurde von der Stadt bis heute allerdings nicht wahrgenommen.

Der Asmus-Bremer-Platz

Der Asmus-Bremer-Platz hat, wie der Berliner Platz, keine Tradition aufzuweisen. Er liegt an der Kreuzung Holstenstraße, Fleethörn und Hafenstraße; an seiner Stelle befand sich ein Bekleidungsgeschäft, das im II. Weltkrieg zerstört und nicht wieder aufgebaut wurde. Nach dem Krieg wurde er lange Zeit und wie viele andere Plätze auch als Parkplatz genutzt.

Die Randbebauung des Platzes bilden bis heute die nach dem Krieg wieder aufgebauten Geschäftsgebäude der Commerzbank, der Kieler Nachrichten und eines Bekleidungsgeschäfts.

1979/80 erfolgte die Neugestaltung des Platzes, die 1980 zur Kieler Woche abgeschlossen sein sollte. Der Entwurf stammte aus dem Architekturbüro Wehberg, Lange und Partner und zeigte einen sorgfältig durchgestalteten Stadtplatz, aus dem der Verkehr herausgenommen wurde.[36]

Es entstand eine gepflasterte Fläche, die zum Gebäude der Kieler Nachrichten durch steinerne Aufwölbungen, die als Wellen zu deuten sind, abschließt. In der Mitte fließt eine Wasserrinne, die durch einen unauffälligen Neptunbrunnen gespeist wird. Mehrere Bäume begrünen nicht nur den Platz, sondern auch die angrenzenden Gebiete der Hafenstraße, die Sackgasse Mühlenweg und die Ecke Fleethörn. Auf einer Rundbank, die man um eine Linde an der Ecke zur Holstenstraße errichtete, sitzt als Plastik die bronzene Figur des Kieler Altbürgermeisters Asmus Bremer.

Die umliegenden Gebäude erzeugen durch ihre geringen Höhenunterschiede einen Eindruck der Geschlossenheit, auch wenn sich der Platz zur Holstenstraße öffnet, und bestärken den Platz in einer Funktion als Ruhepol an der Einkaufsstraße. Die Bänke im windberuhigten Bereich des Kieler Nachrichten Gebäudes dienen zum Ausruhen.

10 *Asmus-Bremer-Platz in den 60er Jahren, Fleethörn/ Ecke Willestraße nach dem Krieg.*

11 *Asmus-Bremer-Platz 1998, Holstenstraße/Ecke Hafenstraße.*

Das Zeitungs- und das Bankgebäude lassen den Menschen trotz der Grünanlagen sich als Städter fühlen; der Platz funktioniert damit nicht nur als Aufenthalts-, sondern auch als (kleiner) Repräsentationsplatz. Die Bronzefigur enthält Symbolcharakter; sie ist dem Kieler Bürger als ständig sitzende Figur vertraut und trägt als Wahrzeichen zum Eigenwert des Platzes bei.

Der Europaplatz

Der heutige Europaplatz entstand auf einem Gelände, das bis 1944 bebaut war. Wie man auf dem Stadtplan von 1937 sehen kann, befanden sich zwischen dem Kleinen und dem Großen Kuhberg die Straßen Neue Reihe und die Alte Reihe mit angrenzenden Häusern.

Nach dem Krieg wurden die Trümmer beseitigt, und nachdem das Gelände einige Jahre brachlag, wurde dort 1950/51 die Ostseehalle errichtet. Ungefähr 30 Jahre lang existierte ein Vorplatz der Ostseehalle, der als Parkplatz genutzt wurde.

Eine Platzgestaltung erfolgte erst 1980–82 durch Carsten Brockstedt und Ernst Discher, die den 1978 ausgeschriebenen Wettbewerb zur gestalterischen Integration

12 *Ostseehallenvorplatz vor der Umgestaltung, rechts verläuft der Kleine Kuhberg, vom Hotel Astor aus gesehen.*

der Ostseehalle ins Stadtbild gewannen. Die Neugestaltung des Ostseehallen-Vorplatzes war mit dem Bau einer Tiefgarage verknüpft. Durch das künstlich verstärkte Gefälle des zum Wasser abfallenden Geländes, das durch die Planung der Tiefgarage entstand, war bei den Gestaltungsplänen vor allem auf die Überbrückung des Höhenunterschiedes zu achten. Dies sollte, laut der Ausschreibung, durch Granitsteinwälle und Kaskaden geschehen, die den Höhenunterschied »niveauübergreifend« im Sinne einer Landschaftsgestaltung überspielen sollten.

Es entstanden »Wellenberge und -täler« aus norddeutschem Granitpflaster, die dem am Hang liegenden Platz eine maritime Gestaltung geben sollen. Ein »Wasserfall« plätschert zwischen den Steinwällen den Hang hinunter, und auch die Schalendächer rund um den Eingangsbereich der Ostseehalle nehmen das Motiv wogenden Wassers auf. Auf dem Platz selbst entstanden zwei Pavillons, die als Dachkonstruktion ebenfalls Schalendächer aufwiesen.[37] Diese waren für kommerzielle Zwecke bestimmt. Bauherr war eine Hamburger Gruppe, die »Gesellschaft bürgerlichen Rechts Europaplatz«, die Vermietung der Geschäftsräume lief über die Firma Schwarzkopfanlagen.[38]

13 *Europaplatz 1998.*

Ein weiteres praktisches Kriterium war die Verknüpfung des Fußgängerbereiches Holstenstraße und Holstenplatz durch die Sperrung der Schevenbrücke, die bis dahin für den Autoverkehr zugelassen war. Mit der Schaffung des Europaplatzes wurde ein weiterer Bereich für Fußgänger und Kaufleute geschaffen.

Die Gestaltung des Platzes rief beim Volke keine Begeisterungsstürme hervor. In den Zeitungen wurde Kritik vom Bürger laut. So wurde z.B. bei der Generalprobe des Brunnens der Kommentar geäußert: »Da fließen unsere Steuergelder hin«;[39] ein anderes Mal wird die Gestaltung als eine Formensprache empfunden, die an die brutale Seite des Menschen appelliert.[40] Als positiv wird im Kieler Expreß vom 24.06.1982 der Ausschluß des Verkehrs gesehen.

Die Kunstlandschaft, die entstanden ist, mag man von ästhetischen Gesichtspunkten her unterschiedlich interpretieren. Von praktischen Überlegungen aus betrachtet, kann die granitsteinerne Nachgestaltung einer Landschaft als unzweckmäßig angesehen werden. Ein solch zentral gelegener Platz sollte auf vielfältige Nutzung hin angelegt werden, der das städtische Leben widerspiegelt und dem Städter als Bühne dient. Eine künstliche Gestaltung des Platzes, in der sich der Mensch schlecht orientieren kann und die Übersicht verliert, trägt nicht zu einer klaren Stadtgestaltung bei.

BILANZ

Der öffentliche Platz in der Kieler Innenstadt erlebte durch die Bombardierungen eine weitgehende Vernichtung seiner Randbebauung und Fläche. Nach dem Krieg wurde das Thema der Platzgestaltung zugunsten des dringlichen Neuaufbaus der Geschäfts- und Wohnhäuser und des Ausbaus der Verkehrswege zurückgestellt. In den 50er Jahren dienten die Plätze in erster Linie als Parkplätze.

Die Fußgängerzone als neuentdeckter öffentlicher Raum für den Städter dominierte das Stadtbild und beeinflußte die Schaffung neuer und die Neugestaltung alter Plätze. So wurde der Alte Markt als Erweiterung der Fußgängerzone in das Modernisierungskonzept des Stadtbildes mit einbezogen und verlor seine historische Struktur durch den Verlust der alten Proportion, Form und Fläche.

Der Rathausplatz hingegen konnte seine historische Struktur als Repräsentationsplatz bewahren und wird multifunktionalen Nutzungsansprüchen gerecht. Zu überlegen wäre hier, ob der Platz nicht auch für den täglichen Gebrauch genutzt werden könnte. Durch die einseitige repräsentative Funktion der platzbegrenzenden Gebäude und fehlenden Wohnungen bleibt der Platz außerhalb größerer Veranstaltungen unbelebt.

Der Berliner Platz als Verkehrsknotenpunkt kann durch seine übermäßige Belastung durch den Kraftverkehr keinen günstigen Aufenthaltsort bilden. Die großen Straßen lassen eine Geschlossenheit des Platzes nicht zu.

Der Europaplatz zeigt besonders gut die Idee der städtelandschaftlichen Gestaltung im Zusammenhang mit der Errichtung freistehender Baukörpergruppierung auf, durch die der Platz in seiner Nutzung beschränkt und die ästhetischen Platzgrenzen, wie auch beim Alten Markt, aufgelöst werden.

Insgesamt erleiden die Plätze durch die einseitige Funktion der sie begrenzenden Gebäude einen Verlust der Aufenthaltsqualität.

Bereits während des Zweiten Weltkriegs wurden die schon vor dem Krieg vorhandenen städtebaulichen Pläne zur Auflockerung der Stadt den fortschreitenden Zerstörungen angepaßt.

Die drei planerischen Maßnahmen, die nach Kriegsende ergriffen wurden, um den Stadtkörper erkennbar zu ordnen, wurden schon erwähnt: 1. Stadtteilbildung durch Grünflächen, 2. klare Grundrißgestaltung des Verkehrsnetzes und 3. gute räumliche Ordnung und städtebaulich-architektonische Gestaltung, die auf die Eigenart der bewegten Fördelandschaft und den Charakter der Seehafenstadt besondere Rücksicht nimmt.[41] Diese Zielsetzungen nahmen den Plätzen ihre Bedeutung. Der Kontrast zwischen einer freien Fläche und den dichten Nutzungen ging verloren.

Die Platzgestaltung, die in den 70ern einsetzte, wandte wiederum ein Übermaß an Gestaltungsmitteln zur Flächengliederung der Platzoberfläche an. Dies geschah häufig in den 70er und 80er Jahren und lag unter anderem an der Lust der Gestaltung, der Angst vor freien Flächen und der Annahme, daß mehr Gestaltung auch mehr Qualität vermittle.[42] Anstatt auf historische Grenzen, Bedeutungen, Funktionalität und charakteristische Wirkungen zu achten, flüchtete man sich in vordergründige Designideen.

Anmerkungen

[1] Stadt Kiel / Baudezernat 1986, S.10.
[2] Ibid.
[3] Zu vergleichen mit den Grundrissen anderer Kolonisationssiedlungen des 13.Jh., z.B. Neubrandenburg (1248).
[4] Curdes 1993, S.129.
[5] Jensen 1986, S.12.
[6] Ebda.
[7] Nach dem Stadtbaurat Hans Stübben benannt.
[8] Mehlhorn 1997, S. 108.
[9] Kieler Nachrichten, 2.8. 1972.
[10] Mehlhorn 1997, S. 81, 157.
[11] Kieler Nachrichten, 14.3.1952.
[12] Kieler Nachrichten, 16.3.1961.
[13] Stadt Kiel / Baudezernat 1990, S.60/61.
[14] Vgl. Die Bauwelt 1969, S.1825.
[15] Kieler Nachrichten, 17.6.1982.
[16] Duvigneau 1970, S.486/487.
[17] Kieler Express, 7.9.1972.
[18] Kieler Nachrichten, 2.9.1972.
[19] Durch Jürgen Baade und Partner mit Günther Schulze, Hamburg, und Henning Klapper. Vgl. Mehlhorn 1997, S.59.
[20] Mehlorn 1997, S. 87.
[21] Ebda.
[22] Stadt Kiel / Baudezernat 1990, S. 64.
[23] Ibid., S.66/67.
[24] Ideenwettbewerb zur Erlangung von Entwürfen für die städtebauliche Gestaltung der Kieler Innenstadt. Niederschrift über die Sitzung des Preisgerichtes, 12. April 1948, S. 56–59.
[25] Mehlhorn, 1997, S. 87–88.
[26] Stadt Kiel / Baudezernat 1990, S. 66.
[27] Stadt Kiel / Baudezernat 1990, S. 64.
[28] Stadt Kiel / Baudezernat 1990.
[29] Jensen 1985, S. 22.
[30] Stadt Kiel / Baudezernat 1990, S.42.
[31] Stadt Kiel / Magistrat 1980, S. 2.
[32] Ibid., S.10.
[33] Kieler Express, 19.11.1981.
[34] Kieler Nachrichten, 22.5.1992.
[35] Ibid.
[36] Entwurf abgebildet in: Kieler Nachrichten, 17.6.1980.
[37] Kieler Nachrichten 3.7.1982.
[38] Ibid.
[39] Kieler Nachrichten 10.6.1982.
[40] Kieler Nachrichten 17.6.1982.
[41] Jensen 1985, S.22.
[42] Curdes 1993, S.139.

Bibliographie

Literatur

Baudezernat der Landeshauptstadt Kiel: Gestaltungsrahmen Kiel Innenstadt, Untersuchungen und Materialien, Kiel 1986.

Dass.: Wiederaufbau der Innenstädte Kiel, Coventry und Lübeck. »Chancen und Pläne«, Dokumentation zur Ausstellung im Kieler Rathaus vom 16. Januar bis 4. März Kiel 1990.

Curdes, Gerhard: Stadtstruktur und Stadtgestaltung. Stuttgart, Berlin, Köln 1993.

Duvigneau, Hans Jörg: Diskussion. Der Alte Markt in Kiel, in: Die Bauwelt, Jg. 61/1970.

Hädicke, Elli: Kiel, eine stadtgeographische Untersuchung, in: Mitteilungen der Gesellschaft für Kieler Stadtgeschichte Nr. 36, Kiel 1931.

Hilscher, Hans: Kieler Straßenlexikon, Kiel 1996.

Jensen, Jürgen: Kieler Zeitgeschichte im Pressefoto. Die 40er/50er Jahre auf Bildern von Friedrich Magnussen, Neumünster 1985.

Ders.: Historischer Stadtbildatlas Kiel. Eine Dokumentation zu den Anfängen der Ortsbild- und Denkmalpflege um 1900, in: Gesellschaft für Kieler Stadtgeschichte, Sonderveröffentlichung 19, Neumünster 1986.

Mehlhorn, Dieter: Architekturführer Kiel, Berlin 1997.

Sievert, Hedwig: Kiel einst und jetzt, Kiel 1963.

Stadt Kiel / Amt für Entwicklungsplanung der Landeshauptstadt Kiel, Entwicklungsplanung 1980–1984, Kiel 1980.

Abbildungsnachweis

1. Häuser am Alten Markt. Blick von der Haßstraße 1890 / Diathek Kunsthistorisches Institut Universität Kiel.
2. Alter Markt vor dem Krieg / StaK..
3. Der alte Markt nach der Umgestaltung 1972 / StaK.
4. Einweihung des Schwertträgerbrunnens 1912 / StaK.
5. Rathausplatz mit Bankhaus Ahlmann um 1938 / StaK.
6. Der Rathausplatz als Parkfläche 1964 / StaK.
7. Die Holstenstraße um 1938 / Sievert 1963, Bd. 1, Abb. 40a.
8. Holstenplatz vor der Umgestaltung / StaK.
9. Holstenstraße um 1976 / StaK.
10. Asmus-Bremer Platz in den 60er Jahren, StaK.
11. Asmus-Bremer Platz 1998 / privat.
12. Ostseehallenvorplatz mit Schevenbrücke 1980, StaK.
13. Europaplatz 1998 / privat.

Die Trabantenstadt Mettenhof

Rudi Heistermann

Mettenhof ist heutzutage sicher einer der interessantesten und gleichzeitig umstrittensten Stadtteile Kiels, den der Volksmund auch gern einmal als Manhattan-Hof oder Mettentown bezeichnet. Interessant wirkt der Stadtteil bezüglich der in Kiel vorbildlosen Architektur und städtebaulichen Gliederung seit den 60er Jahren, umstritten dagegen durch seinen aktuellen Ruf als Problemstadtteil. Mettenhof kann geradezu als Musterbeispiel dienen, um aufzuzeigen, wie sich Konzeption und Wirklichkeit unterscheiden. Dominierten bei der Planung noch die Leitvorstellungen einer Gartenstadt und des Nachbarschaftsgedankens, sollten die weithin sichtbaren Hochhäuser anfangs Fremde zum Besuch Mettenhofs einladen, so muß man heute eingestehen, daß Mettenhof diesen Ambitionen nicht gerecht wird. Weder die Kieler anderer Stadtteile, von denen einige Mettenhof nur aus der Zeitung kennen, noch Fremde fühlen sich von Mettenhof eingeladen oder angezogen.

Der Hof Metas

Der Name Mettenhof verweist gleichzeitig auf das einzig nennenswerte historische Erbe des Stadtteils. Hans-Heinrich von Kielmannsegg, ein Sohn des Gottorfer Kanzlers, gründete 1671 die selbständige Meierei und benannte sie nach seiner verstorbenen Frau Meta. Er versprach sich durch diese Gründung eine Ertragserhöhung des zu großen Gutes Quarnbek. Neben Mettenhof sollte auch die zweite Meierei Dorotheenthal, benannt nach seiner zweiten Frau Doro, die Effizienz des Gutes steigern. Mettenhof war also ländlich geprägt und verfiel abseits der Stadt Kiel in eine Art Dornröschenschlaf, aus dem es erst 260 Jahre später erwachen sollte. Durch Erbschaften, Konkurse und Verkäufe gelangte der Mettenhof 1896 in den Besitz der Stockseer Familie Behr, die bis 1960 den Großteil des damals 130 ha großen Anwesens besaß. Nachdem vor dem ersten Weltkrieg ein Kaufangebot der Stadt Kiel über den ganzen Hof abgelehnt wurde, veräußerte die Familie Behr 1937 20 ha an den großen Nachbarn, der das Gelände der Fa. Andersen Leitwerkbau zur Verfügung stellte. Die Leichtbausiedlung Alt-Mettenhof entstand und bis zur Eingemeindung in Melsdorf rechtfertigten 562 Einwohner den Aufbau einer nennenswerten Infrastruktur inklusive Grundschule und Jugendheim.

DAS KIELER METTENHOF

Durch die Zerstörung Kiels im und die Zuwanderung nach dem Zweiten Weltkrieg wurde eine städtebauliche Neuordnung der Landeshauptstadt notwendig. Das Stadtgebiet wuchs von 1950 bis 1970 von 65 auf 110 km², die Bevölkerung von 254.000 auf 272.000 Einwohner an, wohingegen die Bevölkerungsdichte von 3.900 auf 2.900 pro km² abnahm. Die Erben Behrs hatten das restliche Anwesen 1960 an die Neue Heimat verkauft, das Gebiet konnte somit der Stadt Kiel eingegliedert werden. Planungen für einen von Grund auf neuen Stadtteil konnten beginnen. Ging man zunächst noch von einem Bedarf von bis zu 40.000 Einwohnern aus, revidierte man die Zahl später auf ca. 21.000. Die kleine Gemeinde Melsdorf fühlte sich nicht in der Lage, Alt-Mettenhof in die neu zu gründende Infrastruktur einzubinden und trat die Leichtbausiedlung ebenfalls an die Stadt Kiel ab, sicherte sich und dem Kreis Rendsburg dafür aber Ausgleichs-, Tausch- und Versorgungsleistungen. Weiterhin wurden Teile angrenzender Gemeinden, z.B. Russee und Kronshagen umgemeindet, so daß das Gebiet Mettenhofs auf 281,4 ha anwuchs.

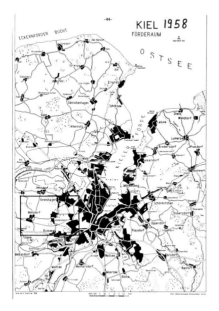

1 *Kiel Förderaum 1958.*

2 *Bebauungsplan Mettenhof.*

KONZEPTION UND WIRKLICHKEIT METTENHOFS

Größter Bauherr in Mettenhof wurde die Neue Heimat des DGB. Die architektonischen Entwürfe orientierten sich an den Konzepten des Briten E. Howard (Die Gartenstadt, 1898) hinsichtlich einer integrativen Stadtstruktur und künstlicher Gestaltung von Nachbarschaft und des Amerikaners C. A. Perry bezüglich der Verkehrsprobleme. Durch Architektur sollte soziale Isolation vermieden und Gemeinschaft entwickelt werden.

3 *Luftaufnahme des Planungsgebietes 1961.*

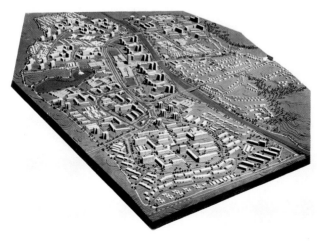

4 *Planungsmodell: Kiel-Mettenhof 1961.*

So wurde einerseits versucht, genügend große Wohnzellen zu gestalten, die eine Etablierung einer umfangreichen Infrastruktur und Grundversorgung rechtfertigten. Das lebenswerte Umfeld sollte andererseits durch die Einrichtung großzügiger Grün- und landwirtschaftlicher Nutzflächen, z.B. Kleingärten, sichergestellt werden. Dies führte dazu, daß die Wohnzellen von 3–5.000 Wohneinheiten enorme Ausmaße annahmen und der Stadtteil Mettenhof von Hochhäusern geprägt wird.

Nicht umsonst steht »der weiße Riese« als höchstes Wohnhaus Kiels mit 23 Stockwerken in der Mitte Mettenhofs. Der Eindruck von Wohnsilos dominiert das Bild dieses Stadtteils. Die Stockwerkshöhe nimmt vom Zentrum zur Peripherie hin ab. Daß Mettenhof von einem Eigenheimgürtel umgeben ist, fällt dem Beobachter kaum auf.

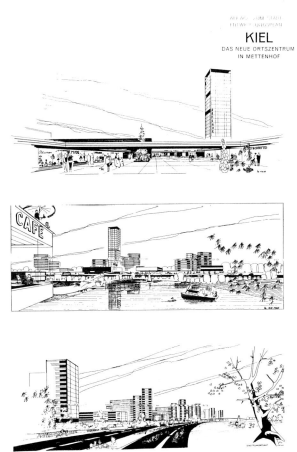

5 *Planungen zur Entwicklung des Zentrums von Mettenhof.*

Drei Jahrzehnte nach Planung und Bau Mettenhofs muß man heute feststellen, daß sich die meisten Überlegungen nicht haben verwirklichen können. Unbestreitbar bietet sich in Mettenhof die Möglichkeit, günstigen und großzügigen Wohnraum im Grünen zu bekommen. Nicht einmal 30% der Grundfläche Mettenhofs sind mit Wohngebäuden und Verkehrsflächen bebaut. Der soziale Wohnungsbau sorgte ebenfalls für einen überdurchschnittlich hohen Anteil von Vier-, Fünf- und Sechs-Zimmerwohnungen. Die Wohn- sowie Lebensqualität litten und leiden jedoch unter den architektonischen Wunschgedanken. Die Grünflächen um die Häuser wurden meist langweilig und monoton gestaltet und dienen häufig nur den Hunden. Nicht das Gefühl von Nachbarschaft und Gemeinsamkeit stellt sich durch die Hochhäuser ein, sondern die Art von Anonymität, in der jeder Besucher im Hausflur gegrüßt wird, da man nicht weiß, ob es sich bei ihm um einen Nachbarn oder nur Besucher handelt. Weiterhin sind die baulichen Mängel der Fertigteilbauweise dafür verantwortlich, daß eine Privatsphäre durch häufig zu dünne Wände nicht gewährleistet ist.

Bei der Grundversorgung muß weiterhin differenziert werden. Einerseits sind durch die ausgedehnte Anlage von Rad- und Fußwegen inklusive Straßenquerungen mittlerweile alle Versorgungseinrichtungen (wie Einkaufszentren, Ärzte und Schulen) innerhalb von Minuten erreichbar. Die notwendigen Versorgungseinrichtungen konnten in den ersten Jahren der regen Bautätigkeit nicht mithalten. So war die Schule zunächst von Pappwänden umgeben und der Supermarkt in einer Garage untergebracht. Definiert man aber die subjektive Grundversorgung darüberhinaus als autonomes Stadtteilleben, muß man Defizite einräumen. Gastronomische und kulturelle Einrichtungen sind so gut wie nicht vorhanden. Vor allem öffentlichen Trägern ist es zu verdanken, daß dieser Mangel ein wenig kompensiert wird. Insbesondere die nicht mobilen Jugendlichen sind diesem Zustand ausgesetzt und auf die Einrichtungen der ca. 5–8 km entfernten Kieler Innenstadt angewiesen. Weiterhin ist es nicht gelungen, Arbeitsplätze zu etablieren. Ca. 20.000 Einwohnern stehen nur 1.500 Arbeitsplätze im Stadtteil gegenüber. Dementsprechend hoch ist die Zahl der Pendler und das damit verbundene Verkehrsaufkommen, welches sich zu einem guten Teil auch auf die Nachbargemeinde Kronshagen ausweitet.

Einwohnerschaft und der Ruf eines Problemstadtteils

Am 26. September 1966 zogen die ersten Mieter in Neu-Mettenhof ein. Die Euphorie damals war ebenso wie die Erwartungen groß. Beide wurden jedoch von der Realität eingeholt. Die angestrebte soziale Durchmischung der Mettenhofer Einwohnerschaft wurde nicht erreicht. Die günstigen Mieten lockten vor allem junge und sozial benachteiligte Familien auf der Suche nach billigem Wohnraum in den Stadtteil.

6   *Kurt-Schumacher-*
Platz und »Weißer Riese«.

Gerade dieser Personenkreis war und ist von einem überdurchschnittlichen Armuts-
risiko bedroht. Dementsprechend liegt der Anteil von Sozialhilfe- und Wohngeld-
empfängern, Aussiedlern und Ausländern über dem Stadtmittel. Diese Tatsache reicht
aus, um Mettenhof dem Image eines Problemstadtteils auszusetzen. Versteht man den
Problemstadtteil als Mittelpunkt von Gewalt und Kriminalität, so ist dies faktisch
nicht nachzuvollziehen. In der Kriminalitätsstatistik unterscheidet sich Mettenhof
kaum von anderen Stadtteilen. Umso erstaunlicher ist es, daß die Mettenhofer selbst
dieses Image übernehmen. Im Problembewußtsein der Jugendlichen rangiert die Kriminalität noch vor der Arbeitslosigkeit auf dem ersten Platz. Derartiges Selbstverständ-
nis macht den grünen Stadtteil nicht attraktiver, obwohl paradoxerweise die Mettenhofer mit ihrem Stadtteil eher zufrieden als unzufrieden sind. Diejenigen, die es
sich leisten können, verlassen Mettenhof. Statistisch wechselt innerhalb von 10 Jah-

ren die gesamte Einwohnerschaft des Stadtteils. Mettenhof altert nicht. Es liegt deutlich unter dem Altersdurchschnitt Kiels.

Diese Abstimmung mit den Füßen verdeutlicht am eindringlichsten das Scheitern des ursprünglichen Projektes. Das angestrebte Heimaterlebnis hat sich bei den meisten Anwohnern nicht eingestellt. Diese Art von Lethargie und Gleichgültigkeit bezüglich der direkten Lebensumwelt äußert sich im Stadtbild durch ein Verkommen der gemeinschaftlichen Räume und Flure der Hochhäuser. Bei einem neueren Projekt (Kirunastr. 1–27, 1986) wurde versucht, dieses Problem einzudämmen. Die Häuser selbst sind für 6 bis 10 Mietparteien konzipiert und wurden in Ziegelbauweise errichtet. Die Mieter werden gestalterisch in die Pflicht genommen und übernehmen z.B. mit einer Erdgeschoßwohnung den dazugehörigen Vorgarten. Weiterhin können Terrassen, Mehrzweckbereiche sowie Dachausbauten bei Maisonettewohnungen von den Mietern eigenständig vorgenommen werden. Es ist jedoch mehr als fraglich, ob die mit dem Bauherrenpreis ausgezeichneten 126 Sozialwohnungen bei der Verbesserung des Stadtbildes ins Gewicht fallen.

BILANZ

Mettenhof ist ein traditionsloser, auf dem Reißbrett geplanter Stadtteil. Er war nie den langfristigen, wechselhaften stadtplanerischen Absichten und Zufälligkeiten eines historisch gewachsenen städtischen Lebensraumes unterworfen. Betrachtet man Mettenhof nur als Möglichkeit des vorübergehenden Wohnens, erfüllt es sicherlich diesen Zweck, birgt aber gleichzeitig die Gefahr einer Konzentration potentieller Problemgruppen, die von der etablierten Stadt getrennt werden. Möchte man aber die Attraktivität des Stadtteils erhöhen, um die Bewohner längerfristig dort zu binden, wird man die Anstrengungen um eine stadtteilspezifische Kultur und Tradition unter Einbindung der Anwohnerschaft forcieren müssen. Hinsichtlich der öffentlichen Finanzsituation erscheint aber eine derartige Sanierung in nächster Zeit unrealistisch. So ist davon auszugehen, daß sich Mettenhofs Ruf als unattraktive Trabantenstadt halten wird.

7 *Auch das ist Mettenhof: Ökologisches Wohnen in Kleinvillen.*

BIBLIOGRAPHIE

Literatur

Burmeister, R.: 25 Jahre Mettenhof, Kiel 1990.

Fleischhauer, Jürgen: Kieler Raumprobleme und Gebietsreform, in: Mitteilungen der Gesellschaft für Kieler Stadtgeschichte, Jg. 1992/93, S. 266–278.

Grönhoff, Johann: Mettenhof, Jg. 1970, S. 139–183.

Herrmann, Thomas: Jugend im Stadtteil – Eine Untersuchung in drei ausgewählten Kieler Stadtteilen, in: Arbeiterwohlfahrt Kreisverband Kiel/Ministerien für Arbeit, Soziales, Jugend und Gesundheit des Landes Schleswig-Holstein: Forum Jugendhilfe extra, Kiel 1995.

Kieler Nachrichten: Individuelles Wohnen möglich gemacht, in: KN vom 31.1.1987.

Pez, Peter: Mettenhof. Leben in einer Großwohnsiedlung, in: Werner Paravicini: Begegnungen mit Kiel, Neumünster 1992, S. 377–380.

Stewig, Reinhard: Kiels historische Struktur im Wandel, in: Mitteilungen der Gesellschaft für Kieler Stadtgeschichte, Jg. 1992/93, S.64–72.

Stewig, Reinhard/Jensen, Jürgen: Lebensqualität und Heimatgefühl in Kiel, Kiel 1994.

ABBILDUNGSNACHWEIS

1. Kiel Förderaum 1958, Burmeister 1990, S. 44.
2. Bebauungsplan Mettenhof, StaK.
3. Luftaufnahme des Planungsgebietes 1961, StaK.
4. Planungsmodell Kiel Mettenhof 1961, StaK.
5. Planungen zur Entwicklung des Zentrums von Mettenhof, Burmeister 1990, S.47.
6. Kurt-Schumacher-Platz und »weißer Riese«/ StaK.
7. Ökologisches Wohnen in Mettenhof heute/ Gemeinnützige Heimstätten-Genossenschaft, Kiel Ost e.G. 1989, S.10.

Zusammenfassung

Thomas Riis

Die Lage nach dem Krieg

Im Vergleich mit anderen Teilen Deutschlands wurde die Region nördlich der Elbe durch den Krieg verhältnismäßig wenig zerstört, die entscheidenden Schlachten wurden an anderen Orten geschlagen. Nur Lübeck, Hamburg und Kiel, die drei größten Städte nördlich der Elbe, wurden sehr stark durch Luftangriffe in Mitleidenschaft gezogen.

In Lübeck wurde im März 1942 das historische Zentrum um die Marienkirche und die Petrikirche zerstört, dies verringerte die nutzbare Fläche der Altstadt um 20%. Es ist bis heute nicht vollkommen geklärt, warum man die Stadt als Ziel ausgewählt hatte, ob man wirklich den Hafen treffen wollte oder ob es sich doch um einen Vergeltungsangriff für die Bombardierung von Coventry gehandelt hat, in jedem Fall ließ die Zielsicherheit der angreifenden Fliegerverbände zu wünschen übrig, was in den ersten Kriegsjahren keine Ausnahme war.

Ziel der Bombardierungen Hamburgs, insbesondere der Operation »Gomorrha«, Deckname für die zwischen dem 24. Juli und dem 3. August 1943 gegen Hamburg geflogenen Großangriffe, war die Demoralisierung der Zivilbevölkerung und die Zerstörung der Hafenanlagen. Zu besonders starken Schäden kam es auch in den Hamburger Außenbezirken, in denen eine Großzahl der auf den Hamburger Werften beschäftigten Arbeiter lebte. Die Angriffe forderten 47.000 Opfer, 270.000 Wohnhäuser oder ungefähr die Hälfte des gesamten Wohnungsbestandes, wurden total zerstört. Fast eine Million Menschen waren obdachlos geworden.

Auch in Kiel wollte man militärische Anlagen und die zivilen Wohnbezirke der Werftarbeiter treffen. Auf dem Kieler Ostufer reihten sich verschiedene Werften und Zulieferbetriebe aneinander, die fast alle für die Kriegsmarine arbeiteten. Kiel mußte mehrere Serien von Luftangriffen ertragen. Die Bombardements im Juli 1943 waren besonders stark. Doch führten erst Großangriffe vom April 1945 und die Besetzung der Stadt durch englische Landeinheiten einen Monat später zur vollständigen Einstellung der Produktion auf den Werften. Bis dorthin konnten Einbrüche in der Arbeit immer wieder aufgefangen werden. Nichtsdestoweniger waren am Kriegsende

80% der Gebäude auf dem Werftengelände total zerstört. Von den Wohnhäusern waren 35% nahezu pulverisiert worden, weitere 40% waren unbewohnbar.

Wohnraum war an allen Ecken und Enden knapp und dabei mußten noch Tausende von Flüchtlingen in Schleswig-Holstein untergebracht werden: Mitglieder der deutschen Minderheit in Osteuropa, Deutsche, die sich vor der Zukunft in der sowjetisch besetzten Zone fürchteten, und vor allem die deutschen Bewohner der nach 1945 von Polen verwalteten Gebieten (Pommern, Preußen, Schlesien). Weil Schleswig-Holstein mit Ausnahme der bereits erwähnten Städte durch den Krieg nur wenig getroffen worden war, hatte die Region im Vergleich mit anderen Bundesländern eine Vielzahl von Flüchtlingen aufzunehmen, deren Integration die Nachkriegspolitiker oft vor große Probleme stellte.

Die Bombardierungen der Schiffswerften und der Wohnungen der Werftarbeiter hatte in Kiel schon seit Kriegsbeginn das Wohnungsproblem aufgezeigt. Wo sollten die ausgebombten Werftarbeiter und deren Angehörige untergebracht werden? Man entschied sich, die neuen Wohnungen für die Arbeiter im Hinterland zu errichten, wo sie nicht weiter direkten Bombardierungen ausgesetzt sein sollten. Gebiete, die nördlich des Kanals lagen, kamen nicht in Betracht, befürchtete man doch eine Zerstörung der Kanalbrücken. Zusätzlich sollten die neuen Wohnsiedlungen möglichst günstig durch den Schienenverkehr an Kiel angebunden werden. Ein Gelände, das sich anbot, war die Gemeinde Bordesholm, gelegen an der Zugstrecke Kiel-Hamburg. Hier allein baute man 400 Wohnungen, bzw. 200 Häuser mit zwei Wohneinheiten. Das Unternehmen »Heimstätte Schleswig-Holstein« (Vereinigung für den Wohnungsbau) übernahm die Bauherrschaft; finanziert aber wurde der Bau durch den Staat, durch die Stadt Kiel selbst und durch die Germaniawerft von Krupp. Die Häuser wurden als Fertigbauteile aus Finnland geliefert, so daß man nur noch Holzwände auf ein Betonfundament stellen und ein Ziegeldach darüber setzen mußte. Jedes Haus hatte einen einheitlichen Grundriß, einen Keller, ein Erdgeschoß und einen Dachboden, auf dem sich das Badezimmer und die Schlafzimmer befanden. Die Holzkonstruktionen machten Maßnahmen zum Schutz vor Feuerbränden notwendig. Zusätzlich mußte man Kloaken einrichten und den Kindern der ausgebombten Werftarbeiter den Schulbesuch ermöglichen. Vor dem Krieg umfaßte die Schule in Bordesholm 350 Schüler, bevor das Gebäude 1941 Marinelazarett wurde. Seit Mai 1941 fanden die Schulstunden in angemieteten Räumen, hauptsächlich in Herbergen und Gaststätten, statt. Der Bau weiterer Wohnungen und eines neuen Schulgebäudes scheiterte an der Tatsache, daß mit zunehmender Kriegsdauer Baumaterialien überall knapp wurden. Obwohl im Frühjahr 1943 weitere Wohnungen in Gebrauch genommen werden konnten, wurden viele andere wegen der Materialknappheit erst nach Kriegsende vollendet. In diesen fanden auch zahlreiche Flüchtlinge Unterkunft. Ansonsten bemühte man sich aber, Flüchtlinge in weniger stark vom Krieg betroffenen Landkreisen unterzubringen.

1 *Grundriß der Lübecker Altstadtinsel*.

Die Stadt Husum etwa, im Südwesten des Landesteils Schleswig, wurde kaum durch den Krieg zerstört, daher mußte sie eine relativ hohe Anzahl von Flüchtlingen aufnehmen.

Problematisch für die Integration der Flüchtlinge war auch der Umstand, daß der Kreis Nordfriesland in wirtschaftlicher Hinsicht stark unterentwickelt war. Die Viehzucht und der Tourismus der Seebäder waren praktisch die einzigen bedeutenden Einkommensquellen. Zuerst brachte man die Flüchtlinge in Husum in insgesamt 22 Feldlagern unter, später dann in Schulen und bei Bürgern. Die schwachen Wirtschaftsstrukturen boten den Flüchtlingen langfristig kaum Beschäftigungsperspek-

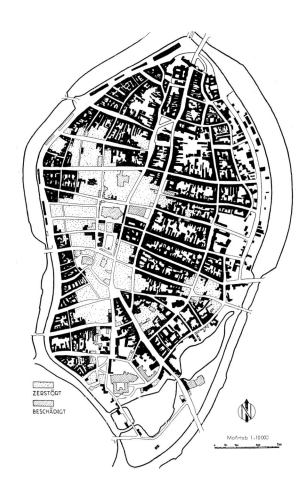

ZERSTÖRT

BESCHÄDIGT

Maßstab 1:10000

2 *Die Zerstörung der*
Lübecker Altstadt.

tiven. Die Arbeitslosenquote lag zwischen 1948 und 1950 bei 30–40%, wohingegen in ganz Schleswig-Holstein nur 21,5% ohne Arbeit waren. Auch wenn 1952 ein Kredit in Höhe von 3,3 Millionen DM für den Wohnungsbau zur Verfügung gestellt wurde und in Husum 1.600 Häuser allein in den Jahren von 1948 bis 1954 errichtet wurden, verließen bis 1960 17.017 Flüchtlinge den Kreis Husum. Von großer wirtschaftlicher Bedeutung war das »Programm Nord«, mit dem man die landwirtschaftliche Infrastruktur verbessern und die Landflucht bremsen wollte. Es war ein Erfolg, den man aber teuer bezahlen mußte: Allein bis 1976 waren 1,43 Milliarden DM investiert worden.

	Stadt Husum	Kreis Husum	total
1939	14.500	47.476	61.976
1946	23.858	84.259	108.118
davon Flüchtlinge – in %	10.300 43.2 %	40.900 48.5 %	51.200 47.4 %

DIE GRÖSSTEN SCHWIERIGKEITEN DES WIEDERAUFBAUS

Nach dem Krieg fehlte es an allen notwendigen Baumaterialien, Transportmitteln, Arbeitskräften, Bauplätzen und vor allem an Geld. Die britische Militärverwaltung stellte den Bau von Wohnungen zunächst zurück und machte sich an die Demontage der militärischen Anlagen und im Anschluß an die Wiederaufnahme der städtischen Infrastruktur: Freilegen und Ausbesserungen von Straßen, Kanalisationssystemen und der Wasser- und der Stromversorgung, schließlich kümmerte man sich auch um die Wiedereröffnung von Krankenhäusern. Auch wenn diese Prioritäten vernünftig erscheinen, lösten sie nicht das Problem der Wohnungslosen, denn bis 1947 waren keine privaten Baumaßnahmen in Kiel erlaubt. Erst im November 1948 wurden Gesetze geschaffen, die schließlich den Bau von Wohnungen ermöglichten.

Die Militärverwaltung verpflichtete die Gemeinden, die Bauflächen von Ruinen frei zu räumen und half bei der Reparatur der vom Krieg zerstörten Gebäude, vor allem bei öffentlichen Bauten mit. Darüber hinaus gewährte man jetzt Privatpersonen finanzielle Unterstützung beim Bau von Wohnungen unter der Auflage, daß wirtschaftlich und kostengünstig gebaut wurde und mindestens 10% Eigenbeteiligung ausgewiesen werden konnte. Ein weiteres Gesetz vom März 1950 schuf einen öffentlichen Hilfsfond für den Wohnungsbau. Die Landestreuhandstelle, die ihren Hauptsitz in Kiel und sechs weitere Unterabteilungen in Schleswig-Holstein besaß, wurde als Aufsichtsinstanz geschaffen, um den Wohnungsbau zu beaufsichtigen und zu koordinieren. Sie bestätigte die Baupläne, lieferte das notwendige Kapital aus öffentlichen und privaten Quellen und beriet die Bauherren und Architekten. Mit dem wirtschaftlichen Aufschwung im Laufe der 1950er Jahre verringerte sich die Rolle der öffentlichen Subventionen bei der Finanzierung und Konstruktion von Wohnungen. Seit Mitte der 1950er Jahre wurden die Arbeiten ausschließlich vom freien Kapitalmarkt und aus öffentlichen Anleihen finanziert. Der Wohnungsbau wurde aber zusätzlich durch steuerliche Vorteile gefördert.

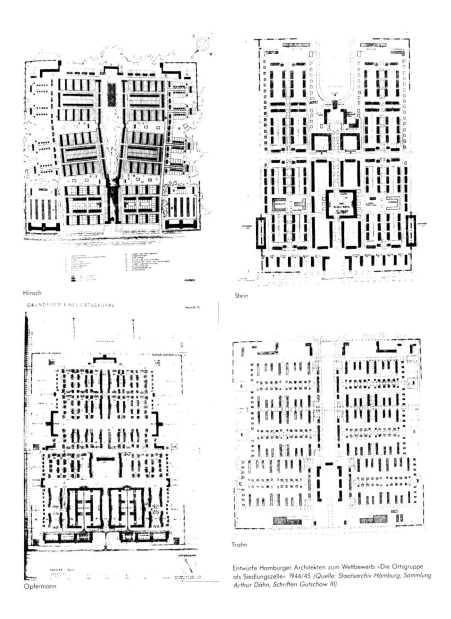

Hinsch

Stein

Trahn

Opfermann

Entwürfe Hamburger Architekten zum Wettbewerb »Die Ortsgruppe
als Siedlungszelle« 1944/45 (Quelle: Staatsarchiv Hamburg, Sammlung
Arthur Dähn, Schriften Gutschow III)

3 Entwürfe Hamburger Architekten zum Wettbewerb »Die Ortsgruppe als Siedlungszelle«
1944/45.

In fast allen zerstörten Städten standen die Stadtplaner vor der gleichen Aufgabe und stellten sich die immer gleiche Frage, ob man die Stadtviertel so aufbauen sollte, wie sie vor der Zerstörung ausgesehen hatten – eine Lösung, die mit Erfolg in der Altstadt von Warschau angewendet wurde – oder ob man die Gelegenheit nutzen sollte, um die zerstörten Viertel nach modernen stadtplanerischen Prinzipien zu gestalten?

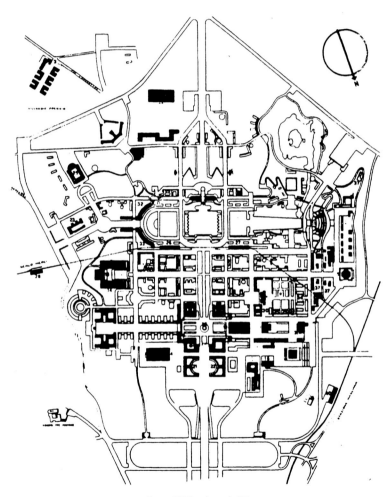

4 *Rom: EUR, ehemals E´42.*

Lübeck

Schon vor den Bombardierungen im März 1942 stritten sich die verantwortlichen Städteplaner, ob Lübeck im Falle einer Zerstörung im traditionellen Stil wiederaufgebaut werden sollte (vor allem Otto Hespeler, der Leiter der Baupolizei gegen Hans Pieper, den leitenden Archiktekt-Oberbaurat von Lübeck). Verschiedene Vorschläge wurden erarbeitet, aber nicht realisiert. Der Wiederaufbauplan wurde durch den neuen Oberbaurat Georg Münter im Februar 1949 verwirklicht. Man wollte die Chance nutzen, um die zerstörten Flächen in moderner, funktionaler Hinsicht, vor allem in bezug auf die Verkehrsführung wieder aufzubauen. Münters Grundideen konzentrierten sich daher auf die Verbesserung der wirtschaftlichen und verkehrstechnischen Bedürfnisse im Zentrum. Sein Plan rief auf beiden Seiten Widersprüche hervor: Seine Unternehmungen zur Straßenvergrößerung seien zu radikal, sein Architekturstil zu modern. Münter verließ sein Amt 1952, doch seine Ideen, ausgedrückt im Plan für den Wiederaufbau von 1949, wurden durch seinen Nachfolger ausgeführt. 1975 entschieden sich die Bürger für die Bewahrung des Zentrums als Kulturdenkmal, seit den 1980er Jahren ist das Zentrum eine Fußgängerzone und 1985 wurde ein verbindlicher Bewahrungsplan festgelegt: Die historische Altstadt wurde von der UNESCO zum Weltkulturerbe der Menschheit erhoben.

Hamburg

Wie schon seine Vorgänger zwischen 1909 und 1933 wollte auch der leitende Architekt für den Städtebau in Hamburg, Fritz Schumacher, die Wohnqualität der Stadt verbessern. Vor allem sollten mehr Bäume, Büsche und Grünanlagen das Stadtbild aufhellen. Für ihn waren die besten Wohnungen für die Stadt Reihenhäuser mit zwei Etagen nach dem Prinzip der Trennung von Wohnung und Arbeitsplatz. Der notwendige Raum, um diese Ideen zu verwirklichen, wurde im Jahr 1937 durch das sogenannte Groß-Hamburg-Gesetz geschaffen, das das Gebiet der Hansestadt erweiterte.

Eine erneute städtische Raumplanung wurde notwendig, und Hitler und Speer ergriffen die Gelegenheit, um die Gestalt der Stadt und vor allem des Elbufers nach ihren persönlichen Vorstellungen zu verändern. Projekte von gigantischen Ausmaßen wurden entworfen, besonders erwähnt seien hier der Parteipalast (Gauhaus) von 250 Metern Höhe und ein Kongreßhaus für 50.000 Personen. Der Generalplan von 1940–41 sah für die neuen Stadtviertel die Trennung von Wohnraum und Arbeitsplatz vor; außerdem wollte man Viertel mit einer gewissen Verwaltungseigenständigkeit errichten, entsprechend den in der Partei herrschenden Unterteilungen. Diese Viertel sollten höchstens 8.000 Einwohner umfassen. Ähnliche Ideen waren schon früher in mehreren italienischen Städten verwirklicht worden, z.B. in Mailand oder in Rom. Gutschow, dem Nachfolger Schumachers als leitender Architekt, war die Zerstörung der Stadt willkommen, da sie die scheinbar kostengünstige Verwirklichung des Generalplans zu ermöglichen schien. Die Projekte, die 1944–45 zurückgestellt wurden, brachten eine Zentralachse hervor, deren Gestalt stark an das EUR-Viertel bei Rom erinnert (Abb. 3–4). Man kann feststellen, daß die von Schumacher entworfenen Prinzipien, wie die Trennung von Wohnung und Arbeit oder das Errichten und Ausweiten der Grünanlagen, von seinen Nachfolgern noch unter den Nationalsozialisten, aber auch nach Kriegsende übernommen worden sind, obwohl der Wiederaufbau nach 1945 nach »demokratischen Prinzipien« fortgesetzt werden sollte. Die allgemeinen Pläne (1949–50) nach dem Krieg stimmten, mit einigen Ausnahmen und gesäubert von ihren größenwahnsinnigen Elementen, mit den alten Plänen überein.

Kiel

Auch hier wollten die Stadtplaner der Zwischenkriegszeit die Industriegebiete von den nach Möglichkeit zweistöckigen Wohngebieten trennen. Man wollte einen großflächigen Grüngürtel (Gärten, Friedhöfe, Parkanlagen, Sportplätze, Wälder) um ein repräsentatives Verwaltungszentrum herum anlegen. Unter den Nationalsozialisten änderte man den 1920 gefaßten Entwicklungsplan kaum, man stellte nur ein größeres Interesse an Monumentalität fest.

Schon 1940 schlug Herbert Jensen, leitender Architekt der Stadt von 1935 bis 1961, einen Raumaufteilungsplan vor, in dem das Zentrum ganz für die Verwaltung und die Geschäften mit einer Fußgängerzone reserviert bleiben sollte. Der Wiederaufbau nach dem Krieg konzentrierte sich in Kiel im wesentlichen auf vier Entwicklungsfaktoren:

1 Die wirtschaftliche Neugestaltung der Stadt sollte sich nicht weiter an den Bedürfnissen der Marine, sondern vornehmlich an denen einer Universitäts- und Verwaltungshauptstadt orientieren.

2 Der Wiederaufbau sollte zunächst auf die von Ruinen freigeräumten Plätze beschränkt werden.

3 Der Wiederaufbau des Straßennetzes sollte oberste Priorität besitzen.

4 Das Stadtbild sollte auch nach dem Wiederaufbau an die 1920er Jahre erinnern.

An einem städteplanerischen Wettbewerb im Jahre 1947 nahmen 79 Projekte teil, jedoch stieß keines auf ungeteilte Akzeptanz der Jurymitglieder. Wie schon in Hamburg hielt man auch in Kiel grundsätzlich an den Plänen von vor 1945 fest. Waren es doch noch immer die gleichen Köpfe, die über die stadtplanerischen Konzepte für den Wiederaufbau zu entscheiden hatten (Herbert Jensen in Kiel und die ehemaligen Mitarbeiter von Fritz Schumacher in Hamburg).

Im Gegensatz zu Warschau wollte Kiel mit der Vergangenheit brechen. Der Marktplatz der Altstadt sollte nicht mehr orientiert am historischen Vorbild wiederhergestellt werden, wie das in der polnischen Hauptstadt der Fall war. Diesen Bruch mit der Vergangenheit kann man auch an der Änderung der Straßennamen feststellen. Zum Beispiel trugen im Marineviertel eine Anzahl von Straßen die Namen von deutschen Admiralen; 1947 nahmen die Straßen die Namen von Orten in der sowjetisch besetzten Zone an. Im allgemeinen zeichnet sich die Stadt durch zwei Reinigungsbewegungen aus: 1945 wurden die nach Funktionsträgern und Einrichtungen der Nazis benannten Straßennamen abgeschafft, erst 1947 die anderen, nach weniger wichtigen, Nationalsozialisten benannten Straßen. Als neue Straßennamen wählte man unpolitische und damit beständigere Namen wie Pflanzen- oder Tierbezeichnungen.

SCHLUSSFOLGERUNG

Wie nach jeder Zerstörung ist die Finanzierung ein Hauptproblem. Schleswig-Holstein war da keine Ausnahme. Tausende von Flüchtlingen ohne Wohnung erschwerten die Situation noch zusätzlich. Hamburg und Kiel hatten im Gegensatz zu Lübeck schon während des Nationalsozialismus von den modernen Urbanisierungstheorien inspirierte Architekten gehabt. Deren Vorstellungen von städteplanerischen Konzepten ließen sich aber erst nach 1945 umsetzen. Nach dem Zusammenbruch des Nationalsozialismus drückte man der Stadtplanung einen demokratischen Stempel auf, einzig, um die noch aus der Zeit vor 1945 stammenden Pläne verwirklichen zu können. Inhaltlich Neues lieferten die Stadtplaner der erwähnten Städte nach Kriegsende kaum.

BIBLIOGRAPHIE

Literatur

Bose, Michael: »Ein neues Hamburg entsteht«, Hamburg 1986.

Grundmann, Stefan: Architekturfüher Rom. Eine Architekturgeschichte in 400 Einzeldarstellungen, Stuttgart 1997.

Pieper, Hans: Lübeck. Städtebauliche Studien zum Wiederaufbau einer historischen deutschen Stadt, Hamburg 1946.

Stoob, Heinz: Dt. Städteatlas, Liefg. 3, Nr. 6: Lübeck, Dortmund 1973.

ABBILDUNGSNACHWEIS

1. Grundriß der Lübecker Altstadtinsel / Stoob 1973.

2. Die Zerstörung der Lübecker Altstadt / Pieper 1946, S. 23.

3. Entwürfe Hamburger Architekten zum Wettbewerb »Die Ortsgruppe als Siedlungszelle« 1944/45, Bose 1986, S. 54.

4. Rom: EUR, ehemals E´42, Grundmann 1997, S. 321.